Otto Skorzeny · Wir kämpften – wir verloren

900 000 Männer standen in den
38 Divisionen der Waffen-SS
vor dem Feind.

Davon fielen an allen Fronten
des Krieges über
360 000 Soldaten,
Unteroffiziere und Offiziere
der Waffen-SS,
darunter
32 Divisionskommandeure.
50 000 Soldaten
der Waffen-SS
gelten als vermißt.

An Soldaten der Waffen-SS
wurden folgende Tapferkeits-
auszeichnungen verliehen:
2 Eichenlaub mit Schwertern
und Brillanten,
24 Eichenlaub mit Schwertern
zum Ritterkreuz des Eisernen
Kreuzes,
70 Eichenlaub zum Ritterkreuz
des Eisernen Kreuzes,
463 Ritterkreuze
des Eisernen Kreuzes.

Nach Verleihung
der Tapferkeitsauszeichnung
starben den Soldatentod:
8 Träger des Eichenlaubs mit
Schwertern zum Ritterkreuz
des Eisernen Kreuzes,
24 Träger des Eichenlaubs
zum Ritterkreuz des Eisernen
Kreuzes,
160 Träger des Ritterkreuzes
des Eisernen Kreuzes.

OTTO SKORZENY

Wir kämpften - wir verloren

ZWEITER BAND

© Verlag Helmut Cramer 1962
im DVG-Verlag, D-04703 Naunhof 6
Kontakt@DVG-Verlag.de
Tel. 03432-1636874
Fax 03432-1636875

ISBN 978-3-920722-88-7

ZUM GELEIT

Otto Skorzeny war kein »konventioneller Krieger«; aber einmal
hat er als kleines Rädchen im großen Getriebe einer mot. Division
begonnen, bevor ihm später das Geschick Gelegenheit gab, als
eigener Motor sich bei neuen Aufgaben zu vervollkommnen.
So mag der Kamerad und damalige Divisionskommandeur ihm das
Geleit- und Grußwort sagen.
Schon im und nach dem zweiten Weltkriege entstanden auf beiden Seiten neue Kampfformen von Sonderverbänden unter findi-
gen Köpfen, die List und Täuschung im großen Maßstabe aus-
nutzten und in ihrem Tun nicht immer den Beifall der vorgesetzten
Stellen fanden.
Darüber ist schon einiges veröffentlicht worden; auch die Polemik
hat sich dieses Gebietes angenommen.
Nun mag Otto Skorzeny selbst das Wort dazu nehmen.
Was er schildert, bezieht sich nicht nur auf die Vergangenheit;
seine Gedanken weisen in die Zukunft.[*]
Ausgeführt werden können sie nur von Männern mit Einsatzbereitschaft, Vielseitigkeit, Mut – aber auch Glück –, die immer noch
einen Ausweg, selbst auf verlorenen Posten, finden.
»Lebe gefährlich« ist zwar meist ein anmaßend klingendes Schlag-
wort – hier steht es zu Recht!
So grüßen wir alle die Männer, aus allen Wehrmachtsteilen
stammend, die unter ihrem Chef wahre Pfadfinder waren und ihm
auf gewagten Wegen zum Erfolge verhalfen.

P. HAUSSER
Generaloberst der Waffen-SS a. D

---

[*] Gemeint sind hier die „Kommando-Einsätze", wie sie in der Tat heute beispielsweise
von den israelischen Streitkräften praktiziert werden, zumal dieses Buch an der dortigen
Kriegsakademie als Lehrmittel für den Offiziersnachwuchs zur Pflichtlektüre gehört

Dienstgradübersicht
und Erläuterung dazu, soweit zum Verständnis

Gefreiter	Sturmmann
Obergefreiter	Rottenführer
Unteroffizier	Unterscharführer (Kurzbezeichnung: Uscha)
Unterfeldwebel	Scharführer
Feldwebel	Oberscharführer (Kurzbezeichnung: Oscha)
Oberfeldwebel	Hauptscharführer
Stabsfeldwebel	Sturmscharführer
Hauptfeldwebel	Stabsscharführer (genannt »Spieß«)
Fahnenjunker	SS-Junker
Fähnrich	Standartenjunker
Oberfähnrich	Standarten-Oberjunker (Anrede: Oberjunker)
Leutnant	Untersturmführer
Oberleutnant	Obersturmführer
Hauptmann	Hauptsturmführer
Major	Sturmbannführer
Oberstleutnant	Obersturmbannführer
Oberst	{ Standartenführer { Oberführer
Generalmajor	Brigadeführer
Generalleutnant	Gruppenführer
General	Obergruppenführer
Generaloberst	Oberstgruppenführer

Ärzte und Verwaltungsführer hatten die entsprechenden Dienst-
ränge der Truppenführer und vorher auch deren Ausbildung erhalten. – Der Reichsführer-SS Heinrich Himmler, kurz nur »Reichsführer« genannt, hatte keine militärische Befehlsgewalt über die
Einheiten der Waffen-SS.
Der Gruppenführer (Generalleutnant) ist nicht mit dem Gruppenführer einer Grenadier-Gruppe zu verwechseln.

XVIII

Hauptmann v. Fölkersam – Jägerbataillon 502 – Arbeitsgebiet Sonderwaffen – Kampfschwimmer – Kleinkampfverbände der Kriegsmarine – Einmanntorpedo »Neger« – Anzio-Brückenkopf – Offensive im Kleinen – Anzeichen der Invasion – Unverständnis beim Bürooffizier – Hanna Reitsch – Selbstaufopferung? – Bemannte V 1 – Die Idee wird Wirklichkeit – Feldmarschall Milch sagt ja – Überlistete Bürokratie – Eine Frau wagt es – »Alles prima« – Zu spät! – Schellenberg Nachfolger von Canaris – Nachtjäger desertiert – Gentlemen's Agreement.

Weihnachten 1943 hatte mich das Oberkommando der Kriegsmarine in ein U=Bootsmannschafts=Erholungsheim in Zürf am Arlberg eingeladen. Es waren acht Tage auf den Brettern bei führigem Schnee! In Friedenthal war unterdessen die Vorbereitungsarbeit für einen gewaltigen Papierkrieg getroffen worden, den ich bald nach meiner Rückkehr gegen die Heimatdienststelle der gesamten Waffen-SS, das SS-Führungshauptamt, eröffnen mußte. Bei uns in Deutschland mußte jede militärische Einheit ihre KStN und KAN haben. Für Leser, die Abkürzungen nicht lieben, seien die Wortungetüme ausgeschrieben: Kriegsstärkennachweisung und Kriegsausrüstungsnachweisung. Es waren dicke Hefte für jede Kompanie.
Mein guter Hauptsturmführer von Fölkersam – er war unterdessen befördert worden – und ich hatten uns nun in den Kopf gesetzt, für unsere Sonderformation auch die entsprechenden Sonder-KStN- und -KAN-Listen zu entwerfen und genehmigen zu lassen. Mit unserem simplen Untertanenverstand nahmen wir an, daß dann die Zuweisungen von Material und Personal leicht und flüssig erfolgen würden. Nach wochenlangem Warten und oftmaligen Verhandlungen, bei denen um jeden Mann, um jede Pistole oder jedes Auto gefeilscht wurde, war es soweit. Wir sollten die genehmigten Vorschläge abholen. Wir waren voller Hoffnung, nach zäher Arbeit jetzt auch den Lohn zu erhalten.
Der Tag brachte für Fölkersam und mich und alle meine Mitarbeiter eine tiefe Enttäuschung: Die KStN und KAN wurden genehmigt und die Aufstellung des Jägerbataillons 502 befohlen. Mit der Führung des Bataillons wurde Sturmbannführer d. R. Otto Skorzeny beauftragt. Der Schlußsatz des Aufstellungsbefehls, der mir genau in Erinnerung geblieben ist, erschütterte uns tief, und wir wußten nicht, ob wir über den schlechten

Scherz hell auflachen oder fürchterlich fluchen sollten: »Das SS-Führungshauptamt macht jedoch ausdrücklich darauf aufmerksam, daß weder mit einer Zuweisung von Personal noch Material zu rechnen ist.«

Wir hatten also ein schönes Papier in der Hand und sonst nichts. Nachdem wir den ersten Ärger verschluckt hatten, brachte uns unser alter Schlachtruf »Machen wir leicht!« zur richtigen humorvollen Auffassung der Sachlage. Wir beschlossen zweierlei: Erstens mit List und Tücke diesen Schlußsatz zu umgehen, zweitens überhaupt eine breitere Basis, nämlich die gesamte Wehrmacht, so bald wie möglich als Rekrutenquelle zu wählen. So kam es dann später dazu, daß in meinen Verbänden alle vier Wehrmachtsteile, Heer, Marine, Luftwaffe und Waffen-SS, nebeneinander vertreten waren.

Auf eine lustige Weise kam ich zu meinem nachmaligen IA, damals Obersturmführer Werner Hunke. Die Fernostabteilung des Amtes VI suchte einen guten Chinasachbearbeiter. Auf irgendwelchen verschlungenen und mir heute noch unerklärlichen Wegen hatte die Abteilung erfahren, daß bei einer Finnlanddivision ein Mann von den gewünschten Qualitäten sei. Nach langen Verhandlungen und größerem Papierverschleiß wurde dieser Chinafachmann, es war Werner Hunke, zum Amt VI versetzt und sollte nunmehr politischen Nachrichtendienst betreiben. Sehr zum Entsetzen aller Beteiligten stellte sich sofort zweierlei heraus. Erstens war Hunke wohl in China geboren, hatte das Land der Mandarinen aber schon im Alter von eineinhalb Jahren verlassen, und zweitens hatte er keinerlei Lust, Nachrichtendienstler zu werden. Ich lernte ihn kennen, und er gefiel mir recht gut. Am gleichen Tag noch war er zum Jägerbataillon 502 als Kompaniechef versetzt und erhielt darauf bei uns den echt chinesisch klingenden Spitznamen »Ping-Fu«.

Im Februar 1944 kam ein neues Arbeitsgebiet zu meinen bisherigen hinzu, das man umfassend als »die Sonderwaffen« bezeichnen kann. Nachdem Restitalien unter der Führung Mussolinis an unserer Seite weiterkämpfte, waren die Bindungen zwischen der italienischen und der deutschen Wehrmacht enger geworden. So hatten wir auch durch die deutsche Abwehr Einblick in die Arbeit einer der besten italienischen Verbände, der »X. MAS-Flottilla«, bekommen.

Sie stand damals unter der Führung des Kapitäns zur See Fürst Borghese, Angehöriger eines der ältesten italienischen Adelsgeschlechter.

Dieser Verband hatte mehrere sogenannte Kleinkampfmittel zum Einsatz auf den Meeren entwickelt. Da waren unter anderem kleine Sprengboote, deren Steuermann kurz vor Erreichung des Zieles mit seinem Sitz aus dem Boot geschleudert wurde, oder ein besonderer Torpedo, auf dem zwei Taucher saßen und unter Wasser ein feindliches Schiff ansteuern konnten. Mit dieser Waffe hatten schneidige italienische Sonderkommandos schon zwei vielbemerkte Einsätze gegen Feindschiffe in den Häfen von Alexandrien und Gibraltar durchgeführt. Auch eine Einheit Kampfschwimmer, die schwimmend und tauchend ein feindliches Schiff erreichten und dort an der Schlingerleiste eine Sprengladung befestigten, war bei der X. MAS-Flottilla aufgestellt worden. Verbessert wurde die Technik noch durch die Erfindung zweier Österreicher, Feldwebel Hass und Feldwebel N., die schon vor dem Kriege bekannt war. An den Füßen brachten diese beiden – damals noch Studenten – Schwimmflossen aus Gummi an und machten so schon damals die schönsten Unterwasseraufnahmen. – Die Schwimmflossen erhöhten die Geschwindigkeit beim Schwimmen und Tauchen und sparten Kraft. Ein deutscher Hauptmann H. der Abwehrabteilung II hatte so bereits als Einzelkämpfer über 50 000 Bruttoregistertonnen feindlichen Handelsschiffsraumes versenkt.

Eines Tages erhielt ich den Befehl, Vizeadmiral Heye aufzusuchen. Ein beweglicher kleinerer Herr von ungefähr 50 Jahren begrüßte mich. Er führte die neugegründeten »Kleinkampfverbände der Kriegsmarine« (KdK) als Kommodore. Eine Anzahl geeigneter Männer meines Jägerbataillons sollte an der Ausbildung teilnehmen.

Die Grundgedanken, die mir der Admiral, mit dem mich bald ein gutes Arbeits- und Vertrauensverhältnis verband, entwickelte, waren überzeugend und packten mich. Die deutsche Marine hatte, abgesehen von der U-Boot-Waffe, den Schnellboots- und Minenlegerverbänden, keine Möglichkeit mehr, in größeren Einheiten an den Meeresfronten aufzutreten und die feindliche Flotte in Seegefechten anzugreifen. Sie war, wichtige Transport- und Nachschubeinsätze ausgenommen, in eine passive und abwartende Position gedrängt. Und es gab viele Marinesoldaten und Offiziere, deren Tatendrang und Einsatzfreudigkeit nach Einsätzen gleich welcher Art verlangten.

An die Erfahrungen der Italiener anknüpfend, wurden nun von Admiral Heye und seinen Mitarbeitern in wenigen Monaten neue und wirksame Sonderwaffen entwickelt. Grundidee war, wenn möglich, Vorhandenes auszuwerten und notfalls umzukonstruieren. Alles mußte möglichst rasch gehen; denn wir alle wußten, wir hatten nicht mehr viel Zeit zu verlieren. Der Krieg ging dem Ende zu. Opferbereite Menschen, die freiwillig an einem sicherlich gefährlichen und oft genug auch einsamen Einsatz teilnehmen wollten, gab es in Deutschland genug. Sie alle wollten ihr Teil zum deutschen Sieg beitragen. Und war es nicht für jeden schneidigen Kerl verlockend genug, als Einzelkämpfer mit einigen Kameraden feindliche Schiffskolosse anzugreifen? Die Konstrukteure der Kriegsmarine verwandten die normalen Schiffstorpedos, bauten die Sprengladung aus, setzten eine Glaskuppel auf, montierten eine Steuerung ein, befestigten einen zweiten scharfen Torpedo darunter, und der »Einmanntorpedo« mit Tarnnamen »Neger« und etwa zehn Seemeilen Reichweite war fertig.

Wir wußten, daß die ersten Einmanntorpedos eine reichlich primitive und unvollkommene Waffe darstellten. Unsere Spekulation auf die Überraschung des Feindes war aber berechtigt. Gleichzeitig liefen Verbesserungsversuche an, und in wenigen Monaten waren tauchfähige Einmanntorpedos entwickelt, die schon Ähnlichkeit mit Kleinst-U-Booten hatten.

Der erste Einsatz dieser neuen Waffe, an dem auch einige Männer meines Bataillons teilnahmen, wurde ein voller Erfolg. Im Morgengrauen eines Sommertages im Jahre 1944 schoben 20 Männer der Kleinkampfverbände nördlich des alliierten Brückenkopfes bei Anzio ihre kleinen Fahrzeuge ins Wasser. Unbemerkt kamen sie an ihre Ziele, die Kriegs- und Transportschiffe, die vor Anzio lagen, heran. Dann zogen sie am Auslösehebel für den unteren Torpedo. Wenige Sekunden später krachten die Detonationen, und die Schiffsansammlung war jäh aus ihrer Ruhe gestört: ein Kreuzer getroffen und beschädigt, ein Torpedoboot versenkt und mehr als 30 000 t Transportschiffsraumes versenkt oder beschädigt. Das war das Werk einiger weniger entschlossener Soldaten. Sieben Mann kehrten sofort mit ihren Torpedos zurück, weitere sechs stiegen aus und landeten im feindlichen Brückenkopf. In den nächsten Nächten kehrten sie, durch die Feindstellungen schleichend, zu den eigenen Linien zurück. Sieben tapfere Soldaten hatten ein nasses Grab gefunden. Verschiedene spätere Einsätze brachten noch manche, wenn auch kleinere Erfolge im Mittelmeer und an der Kanalküste. Der Feind kannte natürlich bald die kleinen Glaskuppeln der Einmanntorpedos, die Gefahr bedeuteten. Wo sie auftauchten, schoß er mit allen Kalibern. Einige Male gelang dann folgender Trick: Nachts wurden bei günstigem Wind und guter Strömung leere Glaskuppeln, die schwimmfähig gemacht worden waren, ausgesetzt. Bald setzte dann ein wütendes Feindfeuer auf diese harmlosen Zielscheiben ein. Unterdessen kamen in aller Stille aus einer ganz anderen Richtung die gefährlichen Einmanntorpedos.

Die überlebenden Teilnehmer des Anzio-Einsatzes wurden in das Hauptquartier von Großadmiral Dönitz befohlen, um dort ihre verdienten Auszeichnungen zu empfangen. Es war eine noble Geste des Großadmirals, daß er mich zu dieser kleinen Feier persönlich einlud, um damit die Angehörigen meines Bataillons zu ehren. Alle beteiligten Marinesoldaten waren dann auch meine Gäste in Friedenthal. Es wurde eine so feuchtfröhliche Verbrüderung, wie sie sonst nur unter echten, alten Seebären gefeiert wird.

Es ist nicht meine Aufgabe, hier nun all die Sonderwaffen und Einsätze der Kleinkampfverbände der Kriegsmarine zu schildern. Ich will hier verschiedenes nur streifen, weil ich als Techniker für alle neuen Ideen große Begeisterung aufbrachte und in der Entwicklung dieser Waffen eine Möglichkeit sah, die Passivität des Defensivkampfes wenigstens stellenweise zu durchbrechen. Und allein die Tatsache, daß von deutschen Soldaten solch unerwartete Sondereinsätze an allen Fronten durchgeführt wurden, genügte, um bei den Alliierten eine gewisse Unruhe zu erregen. Eine unmittelbare Folge davon dürfte eine Bindung gewisser Kräfte gewesen sein, die damit nicht mehr voll und ausschließlich zum Beispiel für Angriffszwecke zur Verfügung standen.
Wenn ein Gegner überhaupt aus einer schon monatelang rein defensiven Kampfführung heraus noch die Kraft und die Festigkeit zu Offensivhandlungen aufbringt, ist das für die Gegenseite immer ein Zeichen dafür, daß der Angriffswille noch nicht erlahmt und der Gegner nicht zu unterschätzen ist. Die Sprengboote, die eine wesentliche Weiterentwicklung der italienischen Konstruktion darstellten, liefen unter dem Tarnnamen »Linse«. Die für die kleinen Sprengpanzer »Goliath« bereits entwickelten Fernlenkvorrichtungen wurden übernommen und ermöglichten ein Lenken zweier unbemannter Sprengboote von einem bemannten Boot aus. Technisch einwandfrei war auch die Lösung, daß der eigentliche Sprengkörper am Ziel zuerst absackte und dann erst in einer gewissen Wassertiefe zur Explosion kam. Dadurch wurde die Wirkung des Spezialsprengstoffes um ein Mehrfaches erhöht und dem feindlichen Schiff fast immer ein vernichtendes Leck beigebracht. Auch mit den »Linsen« wurden mehrere in der Öffentlichkeit nicht bekanntgewordene Einsätze im Mittelmeer und an der Invasionsfront gestartet.
Eine weitere Sonderwaffe waren die Kleinst-U-Boote, die vor uns schon von Japanern und einmal auch von Engländern in Norwegen eingesetzt worden waren. Es gab mehrere Bauformen,

mit denen auch verschiedene kleine Einsätze, allerdings unter starken Verlusten, bis zum Kriegsende durchgeführt wurden. Bis zum Schluß des Krieges wurde an Verbesserungen gearbeitet.

Schon im Frühjahr 1944 machten wir uns alle Gedanken darüber, wann und wo die unabwendbare Invasion auf dem europäischen Festland zu erwarten sein würde. Ich selbst habe die Luftbildaufnahmen vom Mai 1944 von südostenglischen Häfen gesehen und das Rätselraten darüber mitgemacht, als auf den Aufnahmen zum ersten Male lange Reihen von nebeneinanderliegenden schmalen Rechtecken festgestellt wurden. Erst nach einiger Zeit setzte sich die später als richtig erkannte Auffassung durch, daß es sich um künstliche, transportable Hafenanlagen für die Invasion handelte.

Es war nur logisch, daß mein Stab Überlegungen anstellte, wie wir unsererseits einen Beitrag zur Behinderung des feindlichen Nachschubes bei der kommenden Invasion leisten könnten. Zuerst richtete ich an Admiral Heye die Bitte, mir die fachmännische Ansicht des Oberkommandos der Kriegsmarine mitzuteilen, wo nach rein seemännischen Gesichtspunkten die Invasion zu erwarten sei. Ich erhielt eine klassifizierte Liste von zehn Küstenstrichen, wobei die Halbinsel von Cherbourg mit genauen Angaben der möglichen Landeplätze mit Nr. 1 an der Spitze lag. Die Voraussage, deren Richtigkeit sich später erwies, war sicherlich auch allen anderen zuständigen militärischen Stellen vorgelegt worden.

Hauptsturmführer von Fölkersam arbeitete nun in meinem Auftrag ein rasch durchführbares Sofortprogramm in der gleichen Reihenfolge wie die vermuteten Landeplätze aus. Wir schlugen vor, kleine Einheiten der KdK schon jetzt an die gefährdetsten Küstenstriche zu verlegen und die Bekämpfung von voraussichtlichen feindlichen Hauptquartieren und Nachrichtenzentren vorzubereiten. Wir hatten hier vor allem an vorbereitete Sprengungen gedacht, die im geeigneten Augenblick der Invasion mit Hilfe neuartiger Radiogeräte von unseren eigenen Flugzeugen ausgelöst werden sollten.

Dem militärischen Dienstweg gemäß, mußten wir diesen Plan dem Oberkommando West zur Genehmigung vorlegen. Nach mehrmaligen Anmahnungen erhielten wir von der »starkbeschäftigten« Dienststelle in Paris die Antwort: Grundsätzlich sei unser Plan sicherlich richtig und durchführbar. Dann kam aber das große »Aber«, das in der Ablehnung gipfelte, die ich versuche, nach dem Gedächtnis möglichst wortgetreu wiederzugeben: »Es ist nicht anzunehmen, daß die nötigen Vorbereitun-

gen zu Ihrem Plan gegenüber den in den Küstenstreifen statio-
nierten deutschen Besatzungstruppen gänzlich geheimgehalten
werden können. Jede solche Vorbereitung aber könnte bei diesen
Truppen den Glauben an die absolute Undurchdringlichkeit
des Atlantikwalls zerstören. Aus diesem Grunde muß daher der
ganze Plan abgelehnt werden.« Darunter stand die übliche unle-
serliche Unterschrift. Ich glaube, daß man heute eine derartige
Begründung nicht mehr wahrhaben will oder sie nicht für
möglich hält, wenn nicht überhaupt hinter der ganzen Sache
bestimmte Absichten standen. Eben deshalb führe ich sie aber
hier an. – Um richtiger verstanden zu werden, möchte ich ausdrücklich betonen, daß ich niemals angenommen habe, daß
allein die Durchführung unserer Pläne die Invasion zum Scheitern gebracht hätte. Ist es aber nicht wahrscheinlich, daß viele
solcher Pläne unterer Dienststellen mit ähnlichen Begründungen
abgelehnt wurden? Wir wußten, daß die kommende Invasion die endgültige Entscheidung dieses Krieges bringen würde, und
hier mußte alles, buchstäblich bis zum Letzten, in die Waagschale
geworfen werden.
Was nutzte späterhin die verzweifelte Tapferkeit verschiedener
Matrosen Admiral Heyes, als sie unter schwersten Bedingungen,
schon fast zu spät, bei Le Havre eingesetzt wurden? Was nutzte
es, wenn unbekannt gebliebene Helden bewußt die Reichweite
ihrer Sonderwaffen überschritten, um an den Feind heranzukommen, und damit aus freiem Willen auf die Rückkehr ver-
zichteten und in den fast sicheren Tod gingen?

Wir hatten uns bemüht, auch bei der Luftwaffe derartige Sonder-
entwicklungen mit gleichen Grundgedanken voranzutreiben.
Beim Kampfgeschwader 200 sollten entsprechende Versuche
durchgeführt werden. Besonders ein Kreis von Männern um
Oberleutnant Lange war in dieser Hinsicht aktiv. Sie gingen
allerdings einen Schritt weiter und waren bereit, unter Selbstaufopferung mit einer Gleitbombe ein lohnendes Ziel anzu-
fliegen. Auch hier war vor allem an Angriffe auf Schiffsziele
gedacht.
Dieser Kreis von Menschen wurde von vielen als verrückt oder
zumindest als überspannt angesehen. Konnte einem normalen
Menschen zugemutet werden, freiwillig in den Tod zu gehen?
Ging diese Aufopferung für das Vaterland nicht zu weit, und
war sie mit dem Wesen eines deutschen, europäischen Menschen
noch vereinbar? Als ich zum ersten Male von den Plänen hörte,
dachte ich wohl ähnlich. Ich erfuhr auch damals – es mag im
Frühjahr 1944 gewesen sein –, daß sich Adolf Hitler nicht un-

bedingt mit derartigen Plänen einverstanden erklärte. Er soll, wie ich erfuhr, den Standpunkt vertreten haben, daß derartige Selbstaufopferung nicht dem Charakter der weißen Rasse und auch nicht der deutschen Mentalität entspräche. Die Todesflüge der Japaner könnten nicht von uns nachgeahmt werden.

Ich wurde jedoch bald eines anderen belehrt. Ich hatte den Wink bekommen, daß ich mich doch über dieses Thema mit der allseits bekannten deutschen Fliegerin Hanna Reitsch unterhalten solle. Gerne kam ich dieser Aufforderung nach, da ich doch neugierig war, die Frau kennenzulernen, die sich tapfer wie ein Mann seit Jahren bei der Erprobung neuer Flugzeugtypen einsetzte. Besonders imponierte mir die Tatsache, daß sie als Frau schon frühzeitig am Einfliegen der schnellsten und modernsten Raketenjäger beteiligt und trotz ihres schweren Absturzes vor zwei Jahren wieder voll aktiv war. In einem kleinen, aber gemütlich eingerichteten Zimmer im Haus der Flieger stand ich eines Nachmittags einer kleinen, zarten Frau gegenüber. Ihr Gesicht zeigte noch deutlich Spuren des schweren Absturzes, ihre großen, lebhaften, blauen Augen musterten mich kritisch. Offen und aufgeschlossen sprach sie von ihren Gedankengängen und daß sie nicht nur die Bestrebungen Langes von ganzem Herzen fördere, sondern auch selbst für derartige Einsätze zur Verfügung stünde. »Wir sind keine Verrückten, die sinnlos ihr Leben aufs Spiel setzen wollen«, faßte sie ihre temperamentvollen Ausführungen zusammen, »wir sind Deutsche, die ihre Heimat glühend lieben, die ihre eigene Person gering einschätzen gegenüber dem Wohl und Glück des Ganzen. Darum sind wir bereit, in den Tod zu gehen, wenn es die Not des Vaterlandes fordert!« Nun erst verstand ich diesen Idealismus. Gewiß, auch der einfache Soldat an der Front setzte stündlich und täglich sein Leben ein, aber selten in dem Bewußtsein, gar keine Chance mehr zu haben. Doch auch diese Menschen waren keine Lebensmüden, sondern sicher Idealisten, in denen angesichts der großen Not ihrer Heimat dieser Entschluß gereift war. Zwar verstand ich nun Hanna Reitsch, die in gläubiger Liebe für Deutschland kämpfende Frau, und auch Oberleutnant Lange und viele seiner Kameraden, die sich ohne Werbung, ohne Gedanken an Auszeichnung oder Ruhm für diese Idee zur Verfügung gestellt hatten. Und doch glaubte ich, daß man die Entwicklung dieser Waffen ändern mußte. Vielleicht waren wir durch die drängende Zeit gezwungen, erst den von Lange eingeschlagenen Weg zu gehen. Gleichzeitig mußten wir aber einen Weg suchen, der dem Piloten eine kleine Chance gab, am Leben zu bleiben. Und ich habe später gefunden, daß der

Einsatzwille der meisten Freiwilligen nur gesteigert wurde, wenn man ihnen auch nur eine einprozentige reale Chance zum Überleben bot. Das galt nicht nur für diese Art von Einsätzen, sondern auch an der Front gab es Hunderte und Tausende solcher »Himmelfahrtskommandos«.

Die Entwicklung der Waffen beim Kampfgeschwader 200 verlief jedoch, damals unter dem Kommando von Oberst Heigl, nicht ganz so positiv, wie es die Beteiligten wünschten. Ich beobachtete alle Stadien äußerst aufmerksam, da ich einen eigenen besonderen Gedanken verfolgte. Ich wollte die Erfolgsmöglichkeiten der Kleinkampfverbände der Kriegsmarine durch einen gleichzeitigen Einsatz von Sonderwaffen aus der Luft noch steigern. Diese Gleichzeitigkeit der Angriffe mußte die Abwehr des Gegners zersplittern und damit auch unsere Verluste verringern. – Ein anderer Grundgedanke der Marine, vorhandene Waffen nur für einen Sondereinsatz umzubauen, schien für die Luftwaffe zunächst nicht anwendbar.

Da brachte mich eines Tages ein zufälliger Besuch in Peenemünde auf eine Idee. Mit einem Oberst der Luftwaffe war ich in einer Bücker-Jungmann-Reisemaschine zu der Ostseeinsel Usedom geflogen. Ich wollte die Erprobungsstätte der V 1 und verschiedener anderer geheimer Waffen sehen. Ich glaubte nicht, daß man mir damals alles zeigte, was wirklich in der Entwicklung stand; aber das Gesehene genügte mir. Hier waren tatsächlich neue Typen der Vergeltungswaffen im Versuchsstadium. Als ich mir die V 1 genauer ansah und einen Abschuß von der Startbahn miterlebte, kam mir plötzlich der Gedanke, ob man nicht ähnlich wie bei den Einmanntorpedos auch dieses Raketengeschoß bemannen könne. Ich ließ mir noch rasch einige Zahlen über Gesamt-, Brennstoff- und Sprengstoffgewicht geben, über erreichte Geschwindigkeiten und Reichweiten und über die Steuerungsorgane. Ich war nun leider kein Fliegeringenieur und daher auf den Ratschlag anderer angewiesen. Den aber wollte ich mir so rasch wie möglich einholen.

Während des ganzen Heimfluges, den ich zu meinem besonderen Vergnügen am Doppelsteuer fliegen konnte, dachte ich darüber nach. Wir landeten auf einem fabrikeigenen Flugfeld der Firma Heinkel in Berlin. Radl, der mich erwartete, rief ich schon von weitem zu: »Heute gibt es eine heiße Nacht, heute wird Schlafen klein geschrieben!«

Tatsächlich gelang es uns noch, die gewünschten Herren für diese Nacht zu einer Besprechung an den Wannsee in ein Gästehaus des Amtes VI zu bitten. Der Konstrukteur der V 1, Herr L., und ein zweiter Ingenieur der Firma Fieseler, Dipl.-

Ing. F., der Kommandeur des Kampfgeschwaders 200 und der Stabsingenieur K. vom Reichsluftfahrtministerium (RLM) und noch einige andere Flugfachleute waren unsere Gäste. Ich erreichte, diese Männer von meiner Idee zu begeistern, und bald bot sich ein merkwürdiges Bild. Zeichenpapier war am Boden ausgebreitet, Männer in Uniform lagen am Boden und zeichneten, und Papiere füllten sich mit den verschiedensten Berechnungen. Niemand sah nach der Uhr, und wir vergaßen die Zeit. Gegen fünf Uhr früh war es soweit. Die Fachleute versicherten mir, daß die Idee der bemannten V 1 durchführbar und mit einem ganz geringen Aufwand an Arbeitszeit und Material zu verwirklichen sei. Als wir dann noch bei einem Glas Wein beisammensaßen und auf das Gelingen unserer Arbeit anstießen, wurden die Mienen plötzlich wieder ernst, und ich erfuhr, daß mit größten bürokratischen Schwierigkeiten bei dem zuständigen Reichsluftfahrtministerium zu rechnen sei. Dort würden die eigentlichen Schwierigkeiten liegen, und diese zu beseitigen würde die erste und schwierigste Aufgabe sein.

Die erste, und wie ich damals glaubte, entscheidende Klippe nahm ich mit einem glücklichen Sprung unter Anwendung eines kleinen Tricks, der mir heute in Anbetracht meines guten Wollens verziehen sei. Es galt, die Zustimmung des Feldmarschalls Milch zu erhalten, den ich noch gar nicht persönlich kannte. In einer »äußerst dringenden Angelegenheit« bat ich in seiner Adjutantur um einen kurzen Besuchstermin. Er wurde mir für den darauffolgenden Tag gewährt. Erwartungsvoll betrat ich den schönen Arbeitsraum und wurde vom Feldmarschall sehr liebenswürdig empfangen.

Jetzt gilt es, dachte ich mir, schon die Einleitung muß entscheidend sitzen. Meine Papiere und Pläne unserer Nachtarbeit in der Hand – die Rollen müssen recht imposant ausgesehen haben –, begann ich: »Herr Feldmarschall, ich komme mit einem Projekt zu Ihnen, das dem Führer bekannt ist und dessen Entwicklung von ihm mit größter Aufmerksamkeit verfolgt wird. Ich habe in kürzesten Zeitabständen laufend Bericht zu erstatten!« Das war geflunkert, und ich mußte mich zusammennehmen, um mich nicht zu verraten. In kurzer Zeit hatte ich die Zusage, daß sich in wenigen Tagen die zuständige Kommission von Fachleuten mit dem Vorschlag beschäftigen und bei Annahme kurz darauf die bestimmende Sitzung der führenden Offiziere des RLM die endgültige Entscheidung treffen würde.

In Generalingenieur Hermann hatte ich eine große Hilfe. Ihn hatte ich nach gründlichem Vortrag ebenfalls von der Durchführbarkeit überzeugt. Mit ihm ging ich am nächsten Tag zu der

Sitzung der Kommission. Zu meiner Überraschung führte den Vorsitz ein Admiral mit einem weißen Seemannsspitzbart, den er während seiner langen Ausführungen immer abwechselnd mit seinen Händen hob und wieder nach unten strich. Leider begann er ungefähr bei der Arche Noah und war auch nach zwei Stunden noch nicht über interessante Erzählungen aus Seeschlachten des ersten Weltkrieges hinausgekommen. Dann erst gelang es unseren gemeinsamen Anstrengungen, in etwa auf unser eigentliches Thema zu kommen. Es wurde einiges für, doch noch viel mehr wider das Projekt vorgebracht. Die Ausführungen des Stabsingenieurs K., der mittlerweile vollständige Pläne und Berechnungen vorlegen konnte, die von Generalingenieur Hermann unterstützt wurden, und schließlich wieder meine glatt erfundene Mahnung an die Herren, daß ich »heute« noch dem Führer Bericht erstatten müsse, gaben den Ausschlag. Am nächsten Tage sollten endgültig in einer erweiterten Sitzung unter Vorsitz von Feldmarschall Milch die Entscheidungen getroffen werden.

Der Sitzungssaal im RLM war sehr eindrucksvoll. Zuerst mußte natürlich wieder einiges »Für« und viel »Wider« geredet werden; dann schien die Personalfrage für mein Projekt kritisch zu werden, denn ich benötigte ja Ingenieure, Werkmeister usw. Auf diesem Gebiet aber hatte ich mich vorher gut informiert. Ich war eigentlich, obwohl die Lage für mein Vorhaben sehr günstig war, erschüttert von einer Tatsache, die ich erfahren hatte: Jetzt im Sommer 1944, im Höhepunkt des Krieges, der sich unter anderem in den immer intensiver werdenden Luftangriffen der Alliierten widerspiegelte, war ein großer Teil der Flugzeugindustrie Deutschlands in keiner Weise ausgelastet, ja, infolge verschiedener Programmumstellungen, fast ohne Beschäftigung. Dies warf ich nur so nebenbei in die Debatte, da ich keine direkten Vorwürfe erheben wollte, und erklärte nur, daß die von mir benötigten drei Ingenieure und fünfzehn qualifizierten Werkmeister und Arbeiter ohne weiteres von der Firma Hentschel abgestellt werden könnten. Auch eine kleine Montagehalle sei frei und zu unserer Verfügung auf dem Betriebsgelände derselben Firma. Damit war ein letztes Argument widerlegt und das Projekt von der Versammlung grundsätzlich genehmigt.

In der nun folgenden mehr technischen Aussprache wurde ich gefragt, wieviel Zeit meiner Schätzung nach bis zu einer ersten Erprobung der bemannten V 1 vergehen würde. Auf Grund der mir von den Technikern genannten Daten war ich rasch mit der Antwort zur Hand: »In ungefähr vier Wochen hoffe ich auf die ersten Probeflüge.« Fast alle Anwesenden hatten nur ein mitleidiges Lächeln für mich übrig. Einer der Luftwaffengenerale faßte die Meinung dieser Mehrheit zusammen: »Mein lieber Skorzeny, Ihr Optimismus in Ehren, aber wir Fachleute mit unseren Erfahrungen können da nur warnen! Drei bis vier Monate werden auf jeden Fall vergehen, bis Sie so weit sind!« Diese recht spitze und herablassende Bemerkung machte mich in keiner Weise mutlos. Im Gegenteil, mein technischer Ehrgeiz wurde aufgestachelt. Nun erst recht! Es mußte schneller gehen! Mit den Ingenieuren hatte ich besprochen, daß wir diesen kleinen Betrieb, den wir ja in aller Eile anlaufen lassen mußten, wie es in diesem Sonderfalle ja auch möglich war, im besten Sinne des Wortes als Betriebsgemeinschaft organisieren wollten, um auf Höchstleistungen zu kommen. Um der Geheimhaltung willen und auch, um raschest weiterzukommen, hatten sich alle Mitarbeiter zu einer Art kleiner Klausur verpflichtet.

Neben dem großen Arbeitsraum und den beiden Konstruktionsbüros wurde eine weitere kleine Halle als gemeinsamer Schlafraum für Ingenieure und Arbeiter bestimmt. Nach zwei Tagen lief »unser« kleiner Betrieb bereits auf Hochtouren.

Noch jemand freute sich unbändig über meinen ersten raschen Erfolg gegen die Bürokratie: Hanna Reitsch.

Als ich nach der entscheidenden Besprechung im RLM noch mit Generalingenieur Hermann sprach, traf ich sie. Voll Freude über das Ergebnis, von dem sie schon gehört hatte, fiel sie mir fast um den Hals und gratulierte mir in ihrer überaus herzlichen Weise. Nun erfuhr ich erst, daß vor mir schon ein anderer auf die Idee gekommen war, die V 1 zu bemannen. Hanna Reitsch selbst hatte etwa drei Monate früher den gleichen Gedanken gefaßt und hatte sich bisher vergebens bemüht, ihn irgendwie in die Tat umzusetzen. Um so selbstloser war ihre Begeisterung, als sie hörte, daß mir dies als Außenseiter gelungen war, der, völlig unabhängig von ihr, den gleichen Plan gefaßt hatte. »Ich bin mit Herz und Seele dabei und helfe dir in allem und jedem!«

Vorsorglich hatte ich schon um Zuweisung von Versuchspiloten gebeten. – Das Unglaubliche wurde Wahrheit; in fünfzehnstündiger täglicher Arbeit hatten es die Männer geschafft. Nicht in vier Wochen, in zehn Tagen standen die ersten drei Maschinen startbereit auf einem Versuchsfeld bei Rechlin, auf dem übrigens auch die neuen Düsenjäger ihre letzten Erprobungsflüge durchführten. Es war ein sonniger Sommertag, als ich Hanna Reitsch traf, um in ihrer privaten Bücker-Jungmann zu diesem ersten Start zu fliegen. Die Luft über Deutschland war mittlerweile auch tagsüber zum Jagdrevier feindlicher Maschinen geworden. Wir mußten daher möglichst in Erdnähe fliegen und »heckenhüpfen«, wie es in der Fliegersprache hieß.

Hanna Reitsch war im Flugzeug wie verwandelt. Beim Start ganz Konzentration, fühlte man, wie sicher und ruhig ihre Frauenhand nicht nur diese leichte Maschine handhabte. Ich traute meinen Ohren nicht, als sie dann aus voller Kehle zu singen begann. Die Volkslieder aus ihrer schlesischen Heimat kannte sie wohl alle. Das Flugzeug hatte zwar ein Doppelsteuer; an meiner Seite fehlte jedoch der Steuerknüppel. Kurz entschlossen steckte ich die Motoranlaßkurbel in die Muffe, und, nachdem ich die Fußpedale auf äußerste Länge gestellt hatte, übernahm ich die Steuerung. Ich war stolz darauf, eine der besten Fliegerinnen der Welt fliegen zu dürfen, und Hanna schien sich recht wohl zu fühlen; denn sie sang unbekümmert weiter und ließ mich sogar widerspruchslos eine Zigarette rauchen. Im stillen dachte ich schon daran, welch böse Überraschung es bei der feindlichen Marine geben würde, wenn sich plötzlich eine der sonst so harmlos über den Ärmelkanal nach England ziehenden V 1 auf ein Nachschubschiff herunterstürzen würde. Ob man die ersten Male an einen Zufall glauben würde?

Als wir Rechlin erreichten, war alles zum Start vorbereitet. Wie ein Vogeljunges war die V 1 unter die He 111 gekoppelt. Nochmals wurde der Düsenmotor überprüft, und dann hieß es »Start«. Wir Zuschauer verfolgten gespannt die weiteren Vorgänge. Es ist doch immer, wenn etwas Erstmaliges geschieht, die Spannung weit über den Kreis der eigentlich Beteiligten hinaus zu spüren. So auch hier. Das gesamte Flugplatzpersonal, das schon oft Zeuge von Ersterprobungen gewesen war, starrte gespannt nach oben. – Da, jetzt löste sich die wie ein Spielflugzeug anmutende V 1 von der Muttermaschine. Nun merkte man erst die überlegene Geschwindigkeit des kleinen Vogels. 600 km/h gegen etwa 300 km/h der He 111. In etwa 1000 m Höhe zog der Pilot der V 1 einige weite Kurven. Von uns aus gesehen schien alles in Ordnung zu gehen. Jetzt drosselte er oben die Düse sichtbar und kam nach unten, um zu landen. Einmal überflog er in etwa 50 m Höhe in der dem Wind entgegengesetzten Richtung den Flugplatz. »Herrgott«, dachten wir, »der hat ja noch zuviel Geschwindigkeit; wenn das nur gutgeht!«

Schon kam er zum zweiten Male angeflogen. Diesmal schien er Ernst zu machen, war nur noch zwei bis drei Meter über dem Boden. Aber wieder überlegte er es sich anscheinend. Er setzte nicht auf die breite Kufe auf, sondern zog leicht hoch. »Hat der Pilot Platzangst?« stieg in uns die Frage hoch. Wir spürten unsere Unruhe wachsen. Die Ereignisse überstürzten sich. Die V 1 streifte beim dritten Anflug einen ganz leichten Hügel, und wir sahen, wie sie gerade noch den Wipfel eines Alleebaumes berührte. Nun verschwand sie hinter dem Hügelrücken, aber ein, zwei hohe Staubwolken zeigten uns an: Ein Unglück ist geschehen!

Rasch sprang ich auf ein fahrbereites Kettenkraftrad, noch zwei Sanitäter mit mir, und schon fuhren wir querfeldein mit Höchstgeschwindigkeit auf die Unfallstelle zu. Wir sahen von weitem die Trümmer des Flugzeuges; hier ein Flügel, dort den anderen und den Rumpf. Gott sei Dank brannte nichts. Etwa zehn Meter neben dem Rumpf fanden wir den Piloten. Er bewegte sich, war also nicht tot. Er mußte die Plexiglashaube abgeworfen haben; beim Überschlagen war er dann hinausgeschleudert worden. Er war nicht vernehmungsfähig und wurde sofort ins Krankenhaus gebracht. Wir konnten uns nur nach den Spuren den Hergang zusammenreimen. Der Pilot hatte offenbar auf dem Acker eine Notlandung versucht. Aber warum? Die Techniker untersuchten auf das genaueste alle aufgefundenen Teile. Es wurde kein Fehler gefunden. Wir beschlossen, am nächsten Tag einen weiteren Versuch zu wagen. Auch der zweite Versuchspilot war einverstanden. Und wieder passierte genau das gleiche. Die V 1 kam gut ab, diesmal flog der Pilot länger, als am Vortag geflogen wurde, er setzte zur Landung an, kam nicht auf die Landebahn zur Erdberührung, und wieder Bruch – unweit der gestrigen Stelle. Wieder war der Pilot schwer verletzt und nicht vernehmungsfähig. Wir waren sehr niedergeschlagen. Hanna konnte kaum die Tränen zurückhalten. Hatten die erfahrenen Herren im RLM recht, hatten wir zu rasch und überhastet gearbeitet?

Das Ministerium teilte mir mit, daß nach den Vorschriften nunmehr jeder weitere Versuch verboten sei. Eine neue Kommission würde den Fall weiter untersuchen und dann eine Entscheidung treffen. Ich hatte einen »horror« vor solchen Kommissionen. Ich wußte, jetzt würden Wochen vergehen. Außerdem machte ich mir Vorwürfe wegen der beiden Verunglückten. Es ging ihnen zwar besser. Sie sprachen von Vibrationen in der Steuerung, konnten aber keine eigentliche Ursache des Unglücks angeben.

Da kam – es war noch keine Woche vergangen – Hanna Reitsch mit dem Ingenieur, der den Bau leitete, und dem Stabsingenieur K. aus dem RLM zu mir. Ich erwartete eigentlich schlechte Nachrichten. Zu meinem Erstaunen erklärte mir nun Hanna, daß alle drei überzeugt seien, nunmehr die Ursache für die beiden Unglücke gefunden zu haben. Aus den Karteikarten der beiden Versuchspiloten sei erhoben worden, daß diese noch niemals eine wirklich schnelle Maschine geflogen hatten. Um die hohe Geschwindigkeit dieser überaus kleinen Maschine zu meistern, gehörte schon viel Erfahrung. Alle drei waren überzeugt, daß kein grundlegender Fehler in der Konstruktion vorläge. Als Beweis dessen boten sich alle drei an, sofort mit den schon fertiggestellten neuen Versuchsmaschinen selbst Erprobungsflüge zu unternehmen. Dabei gab es nur einen großen Haken. Das RLM bestand auf dem Verbot. Dagegen war nichts zu machen.

Sie wollten sich aber darüber hinwegsetzen, wenn ich nur einverstanden sei.

Da war guter Rat teuer! »Hanna«, meinte ich, »wenn dir was passiert, wird mir vom Führer persönlich der Kopf abgerissen!« Aber bald hatten die drei mich weich. Sie packten mich an allen verwundbaren Stellen; vor allem appellierten sie an den Grundsatz: »Jeder Soldat muß notfalls die Verantwortung auf sich nehmen, auch gegen den Befehl zu handeln!« Schweren Herzens gab ich meine Einwilligung. Der Flugplatzkommandant sollte einfach überrumpelt werden. Ihm sollten wir erklären, wir hätten die Bewilligung für neue Versuchsstarts mündlich erhalten.

Noch niemals klopfte mein Herz so stark wie am nächsten Tag, als die Plexiglashaube über Hanna Reitsch zuklappte und die Motoren anliefen. Start und Ablösen der V 1 klappten vorzüglich. Herrgott, konnte das Mädel fliegen! Das konnte man schon an ihren schneidigen Kurven sehen. Mit einer rasenden Fahrt kam sie herunter. Ich schwitzte innerlich und äußerlich; wenn ich zehn Daumen gehabt hätte, ich hätte sie mir alle zehn abgedrückt. Da, eine Staubwolke auf der Landungsbahn!

Als wir hineilten, konnten wir eine glückliche Hanna aus dem Sitz heben. »Alles prima!« war ihre erste Beurteilung. Nun flogen die beiden Männer, und alles klappte reibungslos. Zwanzig Starts schafften die drei, und kein Unfall. Idee und Konstruktion waren gerechtfertigt.

Feldmarschall Milch wurde noch nachträglich blaß, als ich meldete, daß Hanna Reitsch gestartet war. »Wenn etwas schiefgegangen wäre! – Das hätte Ihren Kopf gekostet«, war seine nunmehr überholte düstere Vorhersage.

Aber die Bewilligung zum Weiterbau und zur Schulung erhielten wir. – Die Werkstätte spuckte förmlich Maschinen aus. Noch fünf bis acht Versuchsmodelle, dann zweisitzige Schulflugzeuge, 20 Stück, und schließlich kamen schon die Einsatzflugzeuge dazu. Freiwillige für den Einsatz hatte ich auch genug. Dreißig Mann

meines Sonderverbandes hatten einen Pilotenkurs hinter sich, und von der Luftwaffe waren sechzig freiwillige Piloten in Friedenthal eingetroffen. Es konnte losgehen!
Bei der zuständigen Stelle im RLM hatte ich pro Flugschüler fünf Kubikmeter Fliegerbenzin zur Umschulung angefordert. Man wird es kaum für möglich halten, aber diese letzte Hürde haben wir nicht geschafft. Wochen und Wochen vergingen; wir bekamen wohl einmal zehn, dann noch einmal fünfzehn Kubikmeter. Die versprochene große Zuweisung aber blieb aus. Ich lief von Stelle zu Stelle; doch außer Versprechungen und Vertröstungen auf später brachte ich nichts mit. Im Herbst gab ich es endgültig auf. Da inzwischen eine weitere Verschlechterung in der Kriegslage eingetreten war, fand ich mich schweren Herzens mit den gegebenen Tatsachen ab. All unsere taktischen Überlegungen waren vergebens angestellt worden. Eine bemannte V 1 wäre wohl aus einem Schwarm unbemannter Raketen mit gleichem Kurs nicht leicht herausgefunden worden. Alle weiteren Entwicklungsarbeiten, auch in der Richtung, dem Piloten eine kleine Chance zur Rettung des eigenen Lebens zu geben, wurden nach und nach eingestellt. Die Freiwilligen blieben bei mir. Einen Lufteinsatz konnte ich ihnen nicht bieten; so wurden sie nach und nach in meine Bataillone eingegliedert. Sie haben auch dort ihre Pflicht getan!

Im Februar 1944 war Brigadeführer Schellenberg der lange vorbereitete und heimlich gewünschte Coup gelungen. Admiral Canaris war zurückgetreten, und damit war eine gewisse Umorganisierung im Amt Ausland-Abwehr möglich. So wie ich es damals sah und nach meinen Kenntnissen beurteilen konnte, waren es vor allem zwei Motive, die Schellenbergs Handeln beeinflußten. Das erste war rein sachlicher Natur. Der bisherige Zustand, daß es ein Nebeneinander- und auch Gegeneinanderarbeiten des militärischen (Amt Ausland-Abwehr) und politischen Nachrichtendienstes (Amt VI) jetzt im Kriege gab, war ein Unding. Diese beiden Nachrichtendienste mußten, um überhaupt zu einer gedeihlichen Arbeit zu kommen, zumindest in den Spitzen gemeinsam geführt werden. Das zweite Motiv war persönlicher Ehrgeiz. Das Amt Ausland-Abwehr wurde in Amt Mil umgenannt und dem Chef des Reichssicherheitshauptamtes Dr. Kaltenbrunner direkt unterstellt. Schellenberg wurde auf engste Zusammenarbeit mit dem Amtschef Mil angewiesen. Mit welchen Gedanken Schellenberg diese enge Zusammenarbeit antrat und welche Fehler er dabei machte, beweist sein Ausspruch mir gegenüber: »Die Abteilungschefs des Amtes Mil habe ich in der Tasche!« Ich wagte, die Richtigkeit dieses Ausspruches schon damals zu bezweifeln.

Durch diese Neuordnung kam ich auch in einen näheren Kontakt mit einigen Herren der Abwehr und bekam einen Begriff von dieser weitläufigen Organisation und deren Arbeitsmethoden. In Oberst i. G. Freiherrn Freytag von Loringhoven lernte ich einen Kavalier der alten Schule kennen. Ich kann nur sagen, daß ich mit ihm, bei Beachtung einiger selbstverständlicher gesellschaftlicher Spielregeln, ausgezeichnet auskam. Es war ein stillschweigendes Übereinkommen zwischen uns, daß das Gebiet der Politik nicht berührt wurde. Jedes derartige Thema wurde eben unter dem gemeinsamen Blickpunkt »Deutschland« betrachtet, und das gab eine gute gemeinsame Basis.

Weniger klar wurde ich mir über die Persönlichkeit von Oberst i. G. Hansen, der Amtschef Mil war. Ich sah ihn nicht so häufig wie Oberst Freytag-Loringhoven und bekam daher keinen persönlichen Kontakt mit ihm. Es kam mir so vor, als ob gerade Hansen, dem ja innere Zwiespälte nicht erspart blieben, unter der Neugliederung litt. Auch in der militärischen Führungsspitze war man von dieser Lösung keineswegs begeistert; denn für die Militärs Keitel und Jodl trug diese Lösung zu eindeutig den Stempel Himmlers und seines persönlich interessierten, engen Ratgebers Schellenberg.

Den Gesprächen mit Oberst i. G. Freytag von Loringhoven verdankte ich die Vertiefung der Erkenntnis, daß Deutschlands Position gerade bezüglich einer intensiven, aktiven Arbeit auf seinem Arbeitssektor, Sabotage und Feindzersetzung, denkbar ungünstig war. Mein Mißtrauen gegenüber der Arbeit mit bezahlten Agenten wurde immer größer. Und Idealisten fremdländischer Herkunft, die aus Überzeugung mit uns kämpften und freiwillig gefährliche Agentenaufträge übernehmen wollten, wurden immer seltener gefunden. Der Oberst teilte meine Auffassung, daß wir, um zu besseren Resultaten zu kommen, mehr und mehr auf Einsätze mit deutschen Soldaten zurückgreifen müßten. Ich selbst entschloß mich damals, meine gesamte Arbeitskraft den militärischen Kommandoeinsätzen zu widmen. Alles andere konnte nebenher laufen.

Ende April 1944 gab es für meine Mitarbeiter und mich einige ruhige Wochen. Ein Doppelfeiertag stand vor der Tür, den ich bei meinen alten Freunden am Wannsee verleben wollte. Am Vorabend saßen wir beisammen, als ich plötzlich ans Telefon gerufen wurde; das FHQ war am Apparat. Eine tolle Sache war in der letzten Nacht passiert und eben erst bekanntgeworden. Ein Messerschmitt-Nachtjäger, der das neueste Nachtpeilgerät mit sich führte, hatte sich angeblich verflogen und war auf einem

Schweizer Flugfeld gelandet. Die ganze Welt wußte, daß es in der Schweiz von Spionen und Agenten aus aller Welt nur so wimmelte. Es mußte also mit allen Mitteln verhindert werden, daß dieses neue deutsche Nachtjagdgerät dem Feind bekannt wurde. Es war ein kleiner, knapper Vorsprung, den die deutsche Luftwaffe eben errungen hatte, der nicht verlorengehen durfte. Der Auftrag an mich lautete, alles zu tun, um erstens festzustellen, ob es sich tatsächlich um eine Notlandung handelte oder ob die beiden Insassen des Flugzeuges desertiert waren. Zweitens sollten Vorschläge ausgearbeitet werden, wie das Gerät auf dem raschesten Wege wieder in deutschen Besitz kommen oder aber vernichtet werden konnte. Auch der Reichsführer SS hatte sich eingeschaltet und rief kurz danach an und wollte laufend Berichterstattung über den Fortschritt der Angelegenheit haben. Nun wurde es in dem nächtlich stillen Wannseeheim lebendig. Zwei meiner Offiziere, Besekow und Hunke, wurden zu mir befohlen. Durch telefonischen Anruf beim Kampfgeschwader 200 hatte ich mittlerweile verschiedene Daten des Flugzeuges festgestellt, Betriebsstoffinhalt, Betriebsstoffverbrauch und Aktionsradius. Auch der Abflughafen des Nachtjägers war bald ermittelt. Ein Blick auf die Karte und einige kurze Berechnungen zeigten, daß es sich auf keinen Fall um ein »Verfliegen« handeln konnte. die beiden Flieger waren also desertiert. Um so größer war jetzt die Gefahr. Weitere Telefonanrufe klärten Namen und Personaldaten der beiden.

Auch Schellenberg wurde von den Geschehnissen verständigt und kam zum Wannsee. Der Leiter des politischen Nachrichtendienstes für die westlichen Länder, Obersturmbannführer Steimle, Schellenberg und ich grübelten gemeinsam über das Problem. Schließlich kamen wir zu folgenden zwei Lösungen, die wir auch auf dem Dienstwege dem Führerhauptquartier vorschlagen wollten:

Es mußte der Versuch gemacht werden, auf dem Verhandlungsweg etwas zu erreichen. Auf keinen Fall konnten wir annehmen, daß die Schweiz ihre Neutralität verletzen und den Nachtjäger oder zumindest das neue Gerät an Deutschland ausliefern würde. Dafür mußte natürlich etwas geboten werden. Wir wußten, daß die Schweiz Messerschmittjäger von Deutschland erhalten wollte und derzeit nicht bekommen konnte.

Über einen Offizier der Waffen-SS hatte das Amt VI Verbindung mit der hohen Generalität der Schweizer Armee. Einem dieser Generale sollte der Vorschlag gemacht werden, daß bei Lieferung von (soweit ich mich erinnere) zehn Messerschmittjägern gegen normale Bezahlung die Schweizer Armee die Vernichtung des Flugzeuges mit dem Geheimgerät vornehmen würde.

Falls die Schweizer Armee dazu aber nicht zu bewegen wäre, müßte etwas anderes gleichzeitig vorbereitet werden. Meine beiden Offiziere sollten mit einem oder zwei Sprengspezialisten in die Schweiz fahren, um zu versuchen, auf dem Flugplatz an die Maschine heranzukommen und das Gerät zu vernichten. Dazu hatte ich aber noch eine Forderung an den Nachrichtendienst zu stellen. Es mußte zuerst eindeutig erkundet werden, wo die Maschine untergebracht war. Erst dann war ich bereit, diesen Einsatz zu wagen.

Der ganzen Angelegenheit wurde vom FHQ die größte Bedeutung beigemessen. Am nächsten Tag noch mußten die beiden Offiziere mit einer Kuriermaschine nach Berchtesgaden fliegen, um Bericht zu erstatten und die beiden schriftlich fixierten Vorschläge vorzulegen. Schellenberg und ich hatten gemeinsam diese Vorschläge meiner Sekretärin diktiert, die ihre Sonntagsruhe für diesen Zweck opfern mußte. Wie so oft war auch in diesem Falle der kaufmännische Vorschlag erfolgversprechend und wurde schließlich vom FHQ auch gewählt. Der Schweizer General, dem das Schreiben persönlich überbracht wurde, war mit der Lösung einverstanden, und im Beisein des Überbringers wurde die Maschine mit der kleinen Halle, in der sie eingeschlossen war, in die Luft gesprengt.

Das Geheimnis des neuen Nachtjagdgerätes war zumindest für kurze Zeit gewahrt geblieben. Nach dem Kriege traf ich zufällig in Spanien einen Schweizer Ingenieur aus Örlikon. Er war während des Krieges als Pilot bei der Schweizer Luftwaffe eingezogen, und er erzählte mir, daß seine Jagdstaffel in den drei kritischen Tagen Höchstalarm hatte, da man vermutete, daß Deutschland eventuell sogar einen Bombenangriff auf den Hangar wagen würde, in dem die Messerschmittmaschine abgestellt war. – Mein Schweizer Freund war noch zwölf Jahre später sehr böse darüber, daß er praktisch drei Tage ständig startbereit in seiner Jagdmaschine verbringen mußte.

XIX

6. Juni 1944 – Invasion – Entscheidung gefallen? – Der Weg der Pflicht – Besuch beim »Duce« – Der diplomatische Schutzengel – Diktator oder Philosoph? – Mussolini über Friedrich II. – Abschied fürs Leben – Auf Inspektion – Alliierte Kommandounternehmen – Begrenzte Mittel – Versuche mit Segelflugzeugen – Wieder zu spät – Unternehmen gegen Regierungszentren? – Pipelines – Suezkanal – Partisanen in Jugoslawien – Um Titos Hauptquartier – Wenn zwei dasselbe tun – Vorzeitig gewarnt – Das Nest ist leer.

Unterdessen hatte am Dienstag, dem 6. Juni 1944, die Invasion begonnen. Durch Wochen hindurch blieb die Lage ungewiß. Erst der Durchbruch von Avranches brachte die Entscheidung zugunsten der Alliierten. Es steht mir in keiner Weise zu, etwa eine Schlachtenkritik zu schreiben oder gar kriegsgeschichtliche Zusammenhänge aufzuzeichnen. Ich halte dies gegenwärtig auch für Berufenere noch für sehr gefährlich, da fast alle Berichte heute noch subjektiv gefärbt sind und so nicht als historische Wahrheit gelten können. Für mich war damals die Invasion eine glänzende militärische und technische Leistung der Gegner, die mit ihrem eindeutigen Erfolg endete. Jedem Einsichtigen war klar, daß damit der Krieg, rein militärisch gesehen, für uns verloren war. Auch ich habe mich dieser Einsicht nicht verschlossen und sie ruhig im engsten Kreise, zum Beispiel zu v. Fölkersam oder Radl, ausgesprochen.
Hatte ich daraus irgendwelche Konsequenzen zu ziehen? Diese Frage habe ich mir damals selbst vorgelegt, und sie wurde mir nach dem Kriege oft und oft in sachlicher oder unsachlicher Weise gestellt. – Ich finde es nicht so wichtig zu sagen, was ich heute denke, sondern offen auszusprechen, was ich damals dachte. – Meine Gedankengänge über diesen Punkt waren damals schon präzise und gründlich und sind bis heute dieselben geblieben: Über eine Weiterführung des Krieges oder sein Ende hatte weder ich noch die große Mehrzahl der Soldaten bis zu den Generalen hinauf zu entscheiden. Dafür fehlte uns allen sowohl die Gesamtübersicht als auch die Möglichkeit, irgendeinen Einfluß darauf auszuüben. Diese Entscheidung mußten wir den militärischen und politischen Führungsstellen überlassen. Deren Entscheidung, die auf Weiterkämpfen lautete, mußten wir gehorchen.
Mir war bekannt, daß im Führerhauptquartier sowohl Hoff-

nungen bezüglich irgendwelcher günstiger außenpolitischer Änderungen gehegt wurden als auch hinsichtlich der raschen Weiterentwicklung neuer Waffen, die nach meiner Kenntnis nicht unberechtigt waren.

Daß wir Offiziere unser Wissen um den verzweifelt ernsten Stand der Dinge nicht den Mannschaften mitteilten, ist wohl selbstverständlich. Wir standen jetzt im Kampf um unseren Heimatboden mit einem erbarmungslosen Gegner, der die bedingungslose Unterwerfung forderte. Dem konnten wir nur den festen Willen entgegensetzen: uns zu wehren, solange wir noch Atem hatten. Kein Soldat einer anderen Nation, der Heimatliebe und Ehrgefühl empfindet, würde jemals anders handeln. Die verzweifelten Kämpfe Titos und der russischen Partisanen, der Kampf der französischen und norwegischen Maquis werden als Heroismus verherrlicht. War der Einsatz der deutschen Soldaten weniger heroisch?

Auf unerwartete Weise wurde mir mein Duce-Unternehmen im Sommer 1944 in Erinnerung gebracht. Aus allen möglichen Ländern waren für meine Mannschaften und für mich Spenden und Briefe aller Art angekommen. Eine der nettesten Sendungen waren mehrere Kisten mit bulgarischen Zigaretten. Jede Schachtel war mit einer Banderole versehen: »In treuer Waffenkameradschaft von einem bulgarischen Regiment«. Aus Spanien kamen mehrere Kisten mit flüssigem Inhalt: bester Jerez-Kognak. Auf verschiedenen Umwegen erreichte mich aber auch eine interessante Nachricht aus diesem Lande. Einem Herrn der amerikanischen Botschaft in Spanien sei sehr an einer Unterredung mit mir gelegen. Ob ich nicht bald nach Spanien kommen könne? Ich hätte dieser Einladung zu gerne Folge geleistet. Aber meine vorgesetzten Dienststellen, denen ich die Nachricht vorlegen mußte, waren anderer Meinung. Wahrscheinlich wurde meinen diplomatischen Fähigkeiten für ein solches Gespräch nicht getraut. Offiziell wurde allerdings erklärt, daß man für mein Leben besorgt sei. Jedenfalls fuhr dann der höchste SS-Arzt, Professor Dr. Gebhart, nach Spanien. Ob und mit welchem Erfolg er dieses mit mir gewünschte Gespräch geführt hat, habe ich niemals erfahren.

Ebenfalls erhielt ich 1944 über die italienische Botschaft für jeden Teilnehmer am Einsatz, je nach Dienstgrad, verschiedene goldene Armbanduhren. Mir selbst wurde eine goldene Taschenuhr überreicht, die, in Rubinen eingelegt, das Initial »M« trug. Gleichzeitig wurde ich zum x-ten Male aufgefordert, einige Tage zum Besuch an den Gardasee – den neuen Regierungssitz Mussolinis – zu kommen. Wie schon wiederholt, mußte ich auch diesmal dem Auswärtigen Amt mitteilen, daß diese Reise nur angetreten werden könne, wenn ich gleichzeitig in der Lage sei, das dem General Gueli in Innsbruck abgenommene Tagebuch des »Duce« zurückzugeben. Und scheinbar waren sich die Herren des Auswärtigen Amtes noch nicht darüber einig, mit welchen diplomatischen Redewendungen und Floskeln die verspätete Rückgabe erklärt werden sollte, oder sie waren noch nicht mit dem Studium des Tagebuches fertig. Oder enthielt es wenig schmeichelhafte Bemerkungen über die deutsche Außenpolitik?

Mitte Juni war es dann doch soweit. Ich nahm meinen nach dem Einsatz zum SS-Hauptsturmführer beförderten Adjutanten Radl mit. Er hatte sich diese paar Tage einer Reise nach dem wunderschönen Südtirol redlich verdient. Gleichzeitig wollten wir unsere Mannschaften besuchen, die sich in den Ausbildungsstätten der Insel Kolk in Venedig, Sesto Calente am Lago Maggiore und in Valdagno nördlich von Verona auf ihre Einsätze mit Schnellbooten oder als Kampfschwimmer vorbereiteten.

Von Innsbruck aus benutzten wir ein Kraftfahrzeug und meldeten uns noch am gleichen Abend beim Botschafter Rahn in Fasano. Wir hatten einige offizielle Einladungen zu überstehen, bei denen ich auf diplomatisch vorsichtige Art auf meinen Besuch beim »Duce« vorbereitet werden sollte. »Dies« zu erwähnen sei nicht angebracht, und »jenes« würde Mussolini sicherlich nicht freundlich aufnehmen. Hingegen sei es wünschenswert, dieses Thema zur Sprache zu bringen, usw. Diese Belehrungen hörte ich mir nur mit halber Aufmerksamkeit an; denn ich kannte mich selbst besser, ich würde das sagen, was ich wirklich dachte. Und außerdem war es doch viel netter, sich mit der jungen, hübschen Frau des Botschafters über Segeln oder Schwimmen zu unterhalten. Dafür bekam ich jedoch als Mentor einen Beamten des Auswärtigen Amtes mit, der anscheinend mein Benehmen während des Besuchs überwachen und mich vor ungeschickten Gesprächsthemen bewahren sollte.

Abends besuchte ich dann den deutschen Militärattaché. Wie groß war meine Freude, als ich einen alten Wiener Bekannten, den Oberst i. G. Jandl, vor mir sah. Hier war der persönliche Kontakt sofort hergestellt, und wir vergaßen bald, die offiziellen Dinge zu besprechen. Von Botschafter Rahn und Oberst Jandl bekam ich ein anschauliches Bild der derzeitigen Lage Italiens. Mussolini bemühte sich wirklich nach besten Kräften, unsere Kriegsanstrengungen zu unterstützen. Allerdings gelang ihm dies nur voll und ganz in bezug auf Materiallieferungen, bei denen er wirklich alle italienischen Möglichkeiten ausschöpfte. Bezüglich einer direkten

Waffenhilfe konnte ihm dies nicht gelingen. Das Volk war kriegs-
müde und durch keine Propaganda mehr aufzurütteln. Die X.
MAS-Flottilla und einige wenige andere Einheiten bildeten die
rühmliche Ausnahme.

Die erste Audienz bei Mussolini fand am nächsten Nachmittag
im eigentlichen Regierungssitz des republikanisch-faschistischen
Staatsoberhauptes in Gargagno statt. Es berührte mich sonderbar,
daß die Absperrmaßnahmen durch ein Bataillon der Waffen-SS
und nicht von italienischen Truppen besorgt wurden. Das gesamte
Regierungsviertel war hermetisch durch Schlagbäume und durch
strenge Kontrollen gesichert. Wie mußte eine deutsche Bewachung
auf gutgesinnte italienische Kreise wirken? Konnte sich der
»Duce« nicht mehr auf seine Truppe verlassen? Mußte man nicht
auch auf den Gedanken kommen, daß Mussolini nur noch Herr-
scher von Hitlers Gnaden sei? Auf mich wirkte dieser erste Eindruck äußerst peinlich.

Der Palazzo war einer der typisch italienischen Prachtbauten, die
fast mittelalterlich anmuteten. In nächster Umgebung des Hauses
war keinerlei Bewachung zu sehen, und auch in der Halle wurden
Radl und ich nur von einem Adjutanten und einem Staatssekretär
in Zivil empfangen. Diese beiden Herren führten uns eine breite
Freitreppe hinauf. Im ersten Stock betraten wir ohne weitere An-
meldung das Arbeitszimmer Mussolinis. Es war ein mittelgroßer
Raum mit zwei Fenstern auf den See hinaus, die jedoch dem
Zimmer nur ein Halbdunkel gaben; den Fenstern entgegengesetzt,
in einer Ecke, stand der Schreibtisch, wo trotz des Nachmittags
eine Lampe brannte. Der »Duce« begrüßte mich auf das herzlichste
und lud uns ein, beim Arbeitstisch Platz zu nehmen. Als er sein
Bedauern aussprach, daß ich nicht schon früher und öfter gekommen sei, war ich gezwungen, meine Entschuldigungen vor-
zubringen. Der »Duce« zeigte Verständnis dafür und wechselte
bald das Gesprächsthema. Es war natürlich, daß wir über den
Krieg sprachen:»Sehen Sie, ich tue, was ich kann, damit die Achse
den Krieg gewinnt«, meinte der Duce. Aus seinen Worten spürte
ich allerdings keinerlei Optimismus mehr, der mir noch vor neun
Monaten so sehr imponiert hatte. Ganz ruhig und ohne inner-
lichen Schwung kamen die Sätze von Mussolinis Lippen. Der
Mann mußte schwer an einem inneren Zwiespalt leiden. Hatte er
schon resigniert? Fast schien es mir so. Als er dann sagte:»Lieber
Skorzeny, erinnern Sie sich noch an unser Gespräch während des
Fluges von Wien nach München über mein geschichtliches Ver-
säumnis? Jetzt hat mir das Königshaus durch seine feige Flucht
auch noch die Möglichkeit einer inneren Revolution genommen.
Die Republik Italien ist leider ohne Kampf gegründet worden.«

Auf die Frage, ob ich eine Bitte habe, erbat ich mir für die ganze Begleitmannschaft und für mich Fotos mit einer Widmung. Hatte ich doch auch von Hitler im September 1943 ein Bild mit der Unterschrift in einem silbernen Staatsrahmen bekommen: »Meinem Sturmbannführer Otto Skorzeny als Dank und zur Erinnerung an den 12. September 1943. Adolf Hitler!«

Als wir uns verabschiedeten, wurden wir für den nächsten Tag zum Mittagessen eingeladen. »Warum wollen Sie so schnell wieder weg, Skorzeny? Können Sie nicht wenigstens acht Tage hierbleiben?« Diese nette und ernstgemeinte Einladung mußte ich leider ablehnen. Sie war vom Auswärtigen Amt weder vorgesehen noch genehmigt; aber das allein hätte mich wahrscheinlich nicht gehindert. Ich glaubte damals wirklich, daß einige Tage Ferien, ein Fernbleiben vom Dienst, ein unverzeihliches Vergehen gegen Deutschland seien und einem Pflichtversäumnis gleichkämen.

Der nächste Tag war außergewöhnlich schwül. Für den Vormittag hatte ich mir eine Besprechung mit Fürst Borghese, dem Kommandeur der X. MAS-Flottilla, vorgenommen. Ich lernte in ihm einen vorbildlichen Offizier kennen. Er vertrat damals einen europäischen Standpunkt, wie ich ihn noch nie so klar formuliert gehört hatte. »In diesem Krieg kämpft das wahre Europa gegen Asien. Wenn Deutschland fällt, dann fällt das wahre Herzstück Europas. Deshalb bin ich bereit, mit meinen Männern bis zum Ende mit Ihnen zu stehen und sei es zuletzt vor den Toren Berlins. Die westlichen Alliierten, die jetzt mithelfen, Deutschland zu zerschlagen, werden das noch einmal bereuen!« Es war ein klarer Blick in die Zukunft Europas.

Dann leistete ich mir etwas, was bei vielbeschäftigten Adjutanten zu Nervenkrisen führen soll. Bei Radl war es nicht ganz so gefährlich, da er auch in dieser Beziehung sehr stabil war; ich habe ihn aber selten so nervös gesehen wie damals. In fünf Minuten sollte uns ein Auto zum Mittagessen in das Privathaus Mussolinis abholen. Ich aber beschloß, der Schwüle des Tages etwas abzuhelfen und noch rasch ein Bad im Gardasee zu nehmen. Unter allgemeinem Protest, auch dem unseres Mentors vom Auswärtigen Amt, hatte ich mich bereits entkleidet, lief zur Kaimauer und war schnell im Wasser untergetaucht. Mit Hilfe aller Anwesenden war ich pünktlich in fünf Minuten wieder angekleidet. Ich war nun jedenfalls ganz frisch, abgekühlt und guter Laune.

Ein steiler Weg führte zur Villa Faltrinelli hinunter, die direkt am Seeufer lag. Der Hausherr empfing uns in der Halle. Wie am Vortage trug er die einfache schmucklose Uniform seiner faschistischen Miliz. Wir wurden seinen beiden Schwiegertöchtern vorgestellt. Die beiden jüngeren Kinder kannte ich bereits aus München. An der Tafel – ich saß zwischen Mussolini und der Witwe seines Sohnes Bruno – fiel mir auf, wie einfach der Duce aß. Ihm wurde gesondert nur etwas Gemüse mit einer Eierspeise und Obst serviert. Unsere Tafelfreuden waren reichlicher, und nur die Hitze hinderte uns am vollen Genuß. Ich war etwas verlegen, als Mussolini mit mir als seinem »Lebensretter« anstieß. Ich weiß nicht, ob dieser Toast genau in das Programm der Herren vom Auswärtigen Amt paßte. Sonst verstand es mein Mentor jedenfalls meisterhaft, sich in alle Gespräche einzumischen und ihnen die harmlose, gewünschte Richtung zu geben.

Den Kaffee nahmen wir auf der Glasterrasse, die in den Garten hinabführte, ein. Hier war auch im Gegensatz zum FHQ das Rauchen gestattet. Der »Duce« hatte mich eingeladen, mit ihm in einer Ecke Platz zu nehmen. Radl widmete sich mit Lust und Eifer den drei jungen Damen, nur leicht gehemmt dadurch, daß keine der Südländerinnen auch nur ein Wort Deutsch sprach.

Der »Duce« begann ein Gespräch über deutsche Geschichte und zog verschiedene Parallelen zwischen damals und heute. Ich mußte mich zusammenreißen, um all den Daten und Zusammenhängen, die er dabei nannte, folgen zu können. Mussolini verfügte jedenfalls über Kenntnisse der deutschen Geschichte und Philosophie, die weit über dem Durchschnitt des Wissens eines deutschen Akademikers lagen. Dann kam er auf verschiedene Regierungsformen zu sprechen und hob dabei eine eigenartige Verflechtung des Ständestaatsgedankens mit rein demokratischen Grundsätzen als Ideal hervor. Der Senat sollte, ständisch organisiert, nach einem bestimmten Schlüssel von der Regierung ernannt werden. Die Volksversammlung sollte zu zwei Dritteln gewählt werden und zu einem Drittel aus Abgeordneten auf Lebenszeit bestehen. Er sagte selbst, daß dies erst Gedanken seien, die in stillen Stunden reiften; an eine Planung und Verwirklichung könne erst nach einer glücklichen Beendigung des Krieges gedacht werden. »Ein totaler Krieg erfordert auch die Idealgestalt eines Führertypus, der auf militärischem und politischem Gebiet gleich gebildet sein muß. Dilettantismus ist immer schlecht. Es hat bei uns beides gegeben: den militärischen Dilettantismus politischer Führer und den politischen Dilettantismus militärischer Führer.« – Mussolini war der Ansicht, daß Friedrich der Große in die moderne Geschichte gepaßt hätte; er sei ein politischer und militärischer Führer gewesen, und so habe er, zwar mit verschiedenen Mitteln, aber mit Ideen, die allein seinem Kopf entsprangen, und mit konzentrierter Urteilskraft und gestraffter Energie und Sachkenntnis seine Pläne durchdenken und verwirklichen können.

Mir kam es so vor, als ob der »Duce« jetzt viele stille, nach-
denkliche Stunden habe. Die Regierung selbst kümmerte ihn nicht
mehr allzuviel. – Als ich nach meiner Reise darüber nachdachte,
konnte ich dies am besten in den Worten zusammenfassen: Mussolini war im Sommer 1944 kein aktiver »Regierungschef« mehr, er
hatte sich zum »Regierungsphilosophen« entwickelt.
Damals dachte ich nicht daran, daß ich Mussolini das letzte Mal
die Hand gereicht hatte.
Nachmittags lernte ich noch einige Minister kennen, von denen
mir Graziani und Pavolini noch in Erinnerung sind. Die Arbeits-
räume waren, wahrscheinlich, weil in Fasano kein Gebäude zur
Aufnahme eines gesamten Kabinetts geeignet war, in Baracken
untergebracht. Die südliche Pracht des Gartens hätte allerdings
auch mich mit den primitiveren Baulichkeiten ausgesöhnt. Die
Minister schienen, soweit ich dies in den kurzen Gesprächen beurteilen konnte, im Gegensatz zu ihrem Regierungschef die praktischen Regierungsgeschäfte sehr intensiv zu betreiben und auch
ernst genug zu nehmen.
In Sesto Galente, das ich auf meiner Rückreise besuchte, waren
italienische Freiwillige der X. MAS-Flottilla zur Ausbildung und
eine Kompanie der KdK (»Kleinkampfverbände der Kriegs-
marine«). Man staunte besonders darüber, daß ich mit zwei
Offizieren allein im offenen Personenkraftwagen ankam. Die
Autostraße von Mailand zum Lago Maggiore galt als besonderes
Betätigungsfeld der gerade damals aktiv auftretenden Partisanen.
Gewöhnlich befuhr man nur im Geleitzug – also mit mehreren
Kraftwagen gemeinsam – diese Straßen. Ich war allerdings der
Ansicht, daß gerade diese Geleitzüge – bei dem vorzüglichen
Meldesystem der Partisanen – leichter gefaßt wurden als ein
einzelnes Fahrzeug und auch wegen der vermuteten wertvolleren
Ladung einen besonderen Anreiz zum Angriff boten. – Bei der
Besichtigung der Schnell- und Sprengboote und später bei den
Vorführungen kam es mir zugute, daß ich selbst eine gute Praxis
im Motorbootfahren hatte. Den Männern gefiel es sichtlich, daß
ihr Kommodore selbst mit den schnellsten Gleitbooten umgehen
konnte.
Auch in Valdagno nahm ich an den Übungen der Kampfschwimmer teil. Ich hätte niemals in einem so kleinen Ort ein so großes
Hallenschwimmbad vermutet. Die italienischen Freiwilligen, alles
prachtvoll aussehende Sportgestalten, wurden von einem Capitano
geführt, der, seiner Abstammung nach, weißrussischer Emigrant
war.
Mit dem größten Vergnügen verfolgten diese Männer meine
ersten Versuche mit dem Atemgerät. Da ich seit jeher eine

Wasserratte war, konnte ich mich mit Anstand aus der Affäre ziehen.

Unsere Zeit für die Reise war knapp bemessen, und so fuhren wir noch am selben Tag nach Venedig weiter. Hier trainierten die Kampfschwimmer in ihrem eigentlichen Element, im Seewasser. Sie verbrachten bis zu zehn Stunden täglich auf, im und unter Wasser. Auf dem Schulungsprogramm standen Unterwasserspaziergänge bis zu 12 km. Der Marinekommandant des Hafens war großzügig genug, uns für Übungszwecke einen alten Frachter zur Verfügung zu stellen. Mit einer Sprengladung von nur 3½ kg unseres besten Spezialunterwassersprengstoffes, an der Schlingerleiste des Schiffes angebracht, erzeugten wir ein Leck von solchen Dimensionen, daß wir später leicht mit dem Ruderboot ins Innere des Schiffes fahren konnten; das Schiff selbst war im seichten Hafenbecken auf Grund gegangen.

Als ich abends meine Anstandsvisite beim Hafenkommandanten machte, gab es zwei Überraschungen: Der Stabsarzt, der mich in einem alten italienischen Schnellboot an Land brachte, übersah leider eine der schönen, schwarzen, vielleicht acht Meter langen Gondeln. Der Zusammenstoß ging zuungunsten der Gondel aus, und der Gondoliere verlangte fürs erste einen Betrag, der genügt hätte, um ihn auf Lebenszeit samt Kindern und Kindeskindern zu versorgen. Ich wandelte mit einem strafenden Seitenblick auf den verdatterten Stabsarzt das bekannte Sprichwort vom »Schuster, der bei seinen Leisten bleiben soll«, murmelnd ab: »Wer Aspirin ausgeben kann, soll nicht Schiffe steuern.« – Die zweite Überraschung war bei weitem freudiger. Der Hafenkommandant war mein alter Bekannter aus St. Maddalena, Kapitän zur See Hunnäus. Er vergaß im Laufe der feuchtfröhlichen Abende wieder ganz seine Ischias. Es war auch kein Wunder bei der Menge flüssiger Arzneien, die wir gemeinsam durchprobierten.

So schön solche kurzen Dienstreisen auch waren, ich war dumm genug, sie nur selten anzutreten. Dazu gab es bei uns in Friedenthal immer vielzuviel zu tun. Gewiß, fünfzig Prozent unserer Arbeitskraft mußten wir auf Bewältigung des Papierkrieges und auf die Beschaffung von Personal und Material aufwenden. Aber es blieb immer noch genügend Energie übrig, um fernreichende Pläne zu wälzen und auszuarbeiten. Ich hatte meinen Stabsoffizieren befohlen, alle irgendwie erreichbaren Meldungen über Sonderunternehmungen der Alliierten genauestens zu studieren. So hatten wir bald vollständige Unterlagen über Einsätze der »command troops« des Lords Mountbatton. Wir konnten aus Planspielen, die wir danach abhielten, eine Menge lernen. Wir beneideten die englischen Kommandeure dieser Truppe wegen der fast unbegrenzten Möglichkeiten, die ihnen zur Verfügung standen. Kreuzer und Zerstörer konnten in ihre Pläne einbezogen werden, ganz abgesehen von Luftgeschwadern aller Typen. Wie begrenzt waren dagegen unsere Mittel. Mit größeren Marineeinheiten konnten wir keinesfalls rechnen, und das Kampfgeschwader 200 hatte um jede einzelne Maschine zu kämpfen. So standen dem Geschwader ganze drei Langstreckenflugzeuge des Typs Ju 290 zur Verfügung!

Neidlos mußten wir anerkennen, daß die Kommandounternehmen der Alliierten immer unsere neuralgischen Punkte erfaßten. Sei es eine Ölfabrik auf einer norwegischen Insel, die angegriffen und zerstört wurde, sei es der Einsatz, welcher der Inbesitznahme eines neuen deutschen Ortungsgerätes an der französischen Kanalküste bei Dieppe galt, sei es der Angriff auf Rommels Hauptquartier in Afrika, der nur zufälligerweise – wahrscheinlich durch eine falsche Information – mißglückt war und auf das Hauptquartier des Generalquartiermeisters ging.

Die Alliierten mußten in ihren weiten Räumen wunde Punkte haben. Diese herauszufinden und anzugreifen, stellten wir uns als Aufgabe. Wir waren so vom Optimismus erfüllt, daß wir einige dieser Pläne wochenlang ausfeilten und vorbereiteten, um dann an einem einzigen Teilgebiet der Aufgabe zu scheitern, an der Transportfrage.

Da uns das beste deutsche Langstreckenflugzeug, die Ju 290, keinesfalls in genügender Anzahl zur Verfügung stand – die He 117 war nach Aussagen von Fachleuten mehr oder minder eine Fehlkonstruktion –, mußten wir hier auf einen Ausweg sinnen. Es mußte doch genügend viermotorige amerikanische Bomber geben, die in den von uns besetzten Gebieten oder in Deutschland selbst notgelandet waren und wieder betriebsfähig gemacht werden konnten! Der Luftwaffenführungsstab wurde für die Sache interessiert. Nach einer Besprechung mit General Koller erhielt ich die Zusage, daß eine eigene Instandsetzungstruppe aufgestellt werden und sich der Bergung und der Reparatur solcher Flugzeuge annehmen sollte. Diese Arbeit ging langsam voran. Im Spätherbst 1944 wurde uns endlich gemeldet: Sechs Stück viermotorige US-Flugzeuge vom Typ DC 4 stünden flugfertig auf einem Flugplatz in Bayern. Kurz darauf erreichte uns dann die Hiobsbotschaft: Bei einem alliierten Luftangriff seien alle Maschinen zerstört worden. Es mußte daher wieder von vorne begonnen werden.

Eine andere Frage war die einer sicheren Landung am Zielort. Fast nirgends konnte eine Landung mit den schweren Maschinen ins Kalkül gezogen werden. Wir mußten daher an eine Landung mit Lastenseglern denken. Nun war unser Typ DFS 230 nur für eine Höchstgeschwindigkeit von 250 km/h gebaut. Wir mußten aber für eine Geschwindigkeit von 350–400 km/h planen. Hier war Professor Georgi, ein alter Segelflugzeugspezialist und Freund von Hanna Reitsch, der richtige Mann, um uns zu helfen. Er entwarf auch einen Vogel mit dem nötigen Fassungsraum für etwa zwölf Soldaten mit Ausrüstung, der auch den geforderten Schleppgeschwindigkeiten gewachsen war.

Nun hatte ich noch eine schwere Sorge. Wie sah es mit der Rückkehrmöglichkeit für die Männer, die einen solchen Einsatz wagten, aus?

Nach dem derzeitigen Stand der Dinge hatten sie nach der Durchführung des Auftrages nur zwei Möglichkeiten. Sie konnten freiwillig in Gefangenschaft gehen – oder versuchen, sich über die oft viele hundert Kilometer lange Strecke zur Front durchzuschlagen. Die Chancen für das letztere waren für einen nüchternen Betrachter sehr gering. Ich vertrat die Ansicht, daß die Soldaten, denen eine reale Chance zur Rückkehr gegeben sei, auch ihren Auftrag mit größerer Sicherheit und Schneid angehen würden. Von selbst drängte sich der Gedanke auf, einfach das ganze Segelflugzeug abholen zu lassen.

Erkundigungen ergaben, daß auf dem Flugfeld Irding bei Passau an solchen Problemen gearbeitet wurde. Die dortigen Ingenieure hatten eine Vorrichtung entworfen, um ohne Landung des Schleppflugzeuges ein Segelflugzeug wiederaufnehmen zu können. Verschiedene Versuche, an denen ich selbst teilnahm, schienen erfolgversprechend zu sein. Zuletzt kamen wir aber zu der Erkenntnis, daß nur eine Lösung wirklich geeignet war. Das Schleppseil wurde rhomboidförmig am Boden verspannt und vorne über zwei Stangen etwa drei Meter über dem Boden gezogen. Hier griff nun ein besonders konstruierter Haken des niedrig über dem Boden fliegenden Schleppflugzeuges ein und holte das Segelflugzeug mit stetig wachsendem Zug in die Luft. Mit leichten Segelflugzeugen ging alles famos. Um dasselbe Prinzip auch bei den von uns benötigten schweren Maschinen anzuwenden, waren noch viele, viele Versuche und vor allem Sprit und Zeit nötig. Mit den beiden letzteren Dingen war es allerdings immer schlecht und schließlich ganz schlecht bestellt.

Ich frage mich oft vergebens, warum diese Art von Entwicklungen bei uns erst in der letzten Notzeit betrieben wurde und dann meistens zu spät oder gar nicht mehr zum Abschluß kam. Ich habe bis heute keine Antwort darauf gefunden. – Die Alliierten gingen die gleichen Wege der Entwicklung und zeigten uns unter anderem bei der großen Luftlandung in Holland am 17. September 1944, wie wirkungsvoll sie damit operieren konnten.

Ich habe mich nach dem Kriege andererseits auch oft gefragt, warum niemals, etwa im Winter 1944, als sich alle wichtigen deutschen Kommandostellen einschließlich des Führerhauptquartiers und alle Ministerien in Berlin befanden, eine Luftlandung von einigen alliierten Divisionen in der Umgebung der Stadt versucht wurde. Diese Truppen hätten bei guter Vorbereitung den gesamten deutschen Führungsapparat schlagartig in einem Überraschungsangriff außer Funktion setzen können. Ich muß gestehen, daß mir immer ein wenig vor dieser durchaus realen Möglichkeit bange war. Daß niemals ein derartiger Versuch gemacht wurde, mag wohl an strategischen und vor allem an politischen Überlegungen der Gegenseite gelegen haben. Es wäre aber ein geeignetes Glanzstück für die englischen Kommandotruppen und den amerikanischen »office of strategic service« unter dem Major General William T. Donovan gewesen. Ich hätte jedenfalls dem »Wild Bill« und seinen Truppen ohne weiteres einen derartigen Einsatz zugetraut.

Als ehrlicher Chronist will ich einige unserer großen Einsatzpläne kurz schildern, auch wenn sie nicht mehr zur Durchführung kamen. Sie waren auch so für uns eine Geistesschulung und für die einsatzbereiten Mannschaften eine Charakterprüfung. – Besonders verlockend war für uns der Gedanke eines Einsatzes im Vorderen Orient, der von England und Frankreich beherrscht wurde. Hier war es vor allem die große »Pipeline«, die vom Irak in zwei zuerst parallel laufenden Strängen bis zum Mittelmeer führte. Es war uns bekannt, daß achsenfreundliche Araber immer wieder versuchten, durch Sprengung der Rohrleitung die Versorgung der beiden an der Küste gelegenen Raffinerien in Haifa und Tripoli zu stören. In diesem Kriege war das Rohöl das am meisten umkämpfte und begehrteste Kriegsmaterial.

Solche arabischen Sprengkommandos anzuwerben und loszuschicken war eine sehr teure und trotzdem unsichere Sache. Und dazu war der Erfolg ungewiß und sicher nicht anhaltend und konnte nicht einmal richtig überprüft werden. Die wundesten Punkte einer solchen Rohrleitung waren aber die Pumpstationen. Wenn diese zerstört wurden, dann konnte mit einer Betriebseinstellung von zwei bis drei Monaten gerechnet werden. Deutsche Ingenieure entwarfen eine kleine Schwimmine von dem gleichen spezifischen Gewicht wie das Öl. Sie sollte durch ein kleines ovales Sprengloch irgendwie in die Rohrleitung gebracht werden. Das ovale Loch hätte durch eine genau berechnete Haftladung geöffnet werden und sofort wieder durch einen bereitgehaltenen ovalen Deckel verschlossen werden sollen. Die kleinen Minen konnten aber meiner Meinung nach höchstens die Eingangsventile bei den Pumpstationen zerstören und waren daher abzulehnen. Andere Techniker schlugen vor, durch Thermitbomben in Talsenken eine Reihe von Rohren auszuglühen und damit unbrauchbar zu machen. Aber auch dieser Vorschlag konnte keine nachhaltige Wirkung erzielen. Endlich schlug die Luftwaffe vor, durch kleine magnetische Bomben oder durch Beschuß die Ölleitung auf weitere Strecken hin zu zerstören. Die Versuche kamen nicht über das Anfangsstadium hinaus.

So blieb also nur noch ein Kommandoeinsatz auf die Pumpstationen und die dort eingebauten Dieselmaschinen und Pumpen übrig. Luftaufnahmen zeigten, daß bei jeder Pumpstation ein kleiner Flugplatz angelegt war, der die Überwachungsflugzeuge, die regelmäßig Patrouille flogen, aufzunehmen hatte. Daneben lag jeweils ein kleines Wüstenfort, das den Bewachungsmannschaften bei eventuellen Überfällen aufständischer Araber als Rückhalt dienen sollte. Einige hundert Meter weiter lag die Pumpstation. Unseren damaligen Angriffsplan will ich nur kurz skizzieren: Sechs viermotorige Flugzeuge landen auf dem Flugplatz. Die Bordkanonen und Maschinengewehre übernehmen den Feuerschutz für die vorgehenden Mannschaften; diese wieder ermöglichen dem eigentlichen Sprengkommando das blitzschnelle Erreichen des Maschinenhauses und die Erledigung seiner Aufgabe. – Jede einzelne Phase des Planes war genau festgelegt und durchdacht, ja, es war sogar ein eigenes Gerät vorgesehen, das schon beim Anflug die Antenne des Forts zerreißen und damit wenigstens die Aufnahme einer Funkverbindung für kurze Zeit verhindern sollte. Wir waren sicher berechtigt, mit einem starken Überraschungsmoment zu kalkulieren. Dieses ist ja das A und O aller Kommandounternehmungen. Nur eine unbekannte Größe war vorhanden. War der Flugplatz groß genug, um einen Start der schweren Maschinen zu erlauben? Die Luftbilder aus dem Jahre 1941 zeigten nur einen kleinen Flugplatz; es lagen aber beim Amt Ausland-Abwehr ziemlich sichere Nachrichten vor, daß diese Flugplätze unterdessen erweitert worden waren. Das Risiko hätten wir daher auf uns genommen. – Ich habe aber schon erzählt, daß wir niemals die nötige Anzahl von Langstreckenflugzeugen zur Verfügung bekamen.

Ein weiterer wunder Punkt der Alliierten waren der Suezkanal und besonders die engen Stellen. Eine Sperrung dieser Wasserstraße hätte für die Materialsendungen nach dem Fernen Osten den Umweg um Kap Hoorn und damit eine Verzögerung von zwei Monaten bedeutet. Kampfschwimmer waren bereit. – Infolge der absoluten Luftüberlegenheit des Gegners im Mittelmeer gegen Ende des Jahres 1944 wurde der Einsatz undurchführbar.

Ein anderer Einsatzplan bestand gegen das Ölgebiet von Baku. Es war natürlich unmöglich, das Bohrgebiet selbst oder die Raffinerien mit kleineren Sprengtrupps anzugehen. Bei genauerem Studium der dortigen Verhältnisse aber fanden wir dennoch wunde Punkte, die ich aus begreiflichen Gründen hier nicht nennen kann. Die Zerstörung derselben hätte eine tödliche Schädigung der Erdölproduktion bedeutet. Aus ähnlichen Gründen wie die oben angeführten kam auch dieser Plan nicht mehr zur Durchführung.

Auch einige Häfen der englischen Westküste boten lohnende Angriffspunkte, Schleusen usw., die uns genau bekannt waren. Aber all das und viele andere Pläne scheiterten an den Schwierigkeiten des sicheren Transportes der Angriffsmittel und der Soldaten. So waren zum Beispiel keine Lastensegler vorhanden, mit denen man Einmanntorpedos hätte transportieren können.

Die Partisanen im ehemaligen Jugoslawien machten der deutschen Führung seit 1943 große Sorgen. In diesem Lande, das wie kein zweites durch sein Gelände für einen großangelegten Widerstandskampf prädestiniert war, wurden deutsche Truppen gebunden und auch ständig in verlustreiche Kämpfe verwickelt. Wenn es gelang, das Hauptquartier Titos ausfindig zu machen und auszuheben, so konnte mit einer starken Entlastung der deutschen Truppen gerechnet werden. Dieser Auftrag lag mir seit dem Frühjahr 1944 vor.

Die Kampfstärke der Titotruppen, die um das Hauptquartier lagen, aber auch die Tarnungsmaßnahmen bezüglich des Ortes wurden von uns nicht unterschätzt. Wir mußten daher zuerst ein eigenes kleines Nachrichtennetz aufziehen, um uns zunächst über diese beiden Punkte völlige Gewißheit zu verschaffen. Als Vergleichswerte standen uns dann auch noch die Nachrichten der Abwehrgruppen des Heeres in Jugoslawien zur Verfügung.

Die Nachrichtenzentralstelle setzten wir nach Agram. Von dort aus wurde nach und nach das ganze in Betracht kommende Gebiet mit einem Agentennetz überzogen. Und bald kamen die ersten Nachrichten ein. Um ganz sicherzugehen, hatte ich befohlen, daß in den Gebieten, in denen Spuren auf das Hauptquartier hinwiesen, mehrere voneinander gänzlich unabhängige Nachrichtenlinien eingerichtet würden. Erst wenn drei dieser Linien gleichlautende Meldungen über den Standort des Hauptquartiers abgegeben hätten, wäre von uns aus der militärische Einsatz gestartet worden.

Um Besprechungen in Belgrad und Agram mit den verschiedenen Heeres- und Polizeidienststellen selbst zu führen, begab ich mich in Begleitung eines meiner Offiziere, Oberleutnant B., im Frühjahr 1944 – es mag April gewesen sein – im normalen Kursflugzeug nach Belgrad. Nach zwei Tagen war meine dortige Mission beendet, und ich setzte meine Reise nach Agram in einem geborgten Auto fort. Ich hatte die Straße Belgrad – Bjeljina – Brcko – Novska – Agram als Reiseroute vorgesehen. Fast alle deutschen Behörden hatten mir dringendst von dieser Autofahrt abgeraten, da verschiedene Gebiete als partisanenverseucht galten. Mir blieb aber nichts anderes übrig, da ich kein Flugzeug bekommen konnte und am nächsten Tag in Agram erwartet wurde. Zwei Feldwebel, die mir als bewaffneter Schutz angeboten wurden, nahm ich mit in den Wagen.

Frühmorgens ging es los. Bei einer deutschen Einheit in Krivica in der Fruska Gora machte ich einen kurzen Halt. Der Kommandeur erzählte mir noch einiges von den dortigen Verhältnissen, was ich zuerst für etwas übertrieben hielt; später konnte ich mich aber von der Richtigkeit seiner Angaben selbst überzeugen: »Wir haben hier jede Woche irgendwelche Kämpfe mit Partisanen zu bestehen«, erzählte der Kommandeur. »Wir können niemals mit ihnen fertig werden, da die meisten von ihnen zwischendurch auf ihre Höfe und in ihre Dörfer zurückkehren, die Waffen verstecken und für ein paar Tage wieder friedliche Bauern spielen. Toller aber ist es mit der beiderseitigen ärztlichen Betreuung der Verwundeten. Wir haben beide ein und denselben jugoslawischen Arzt. Meine Einheit hat bisher noch keinen Militärarzt zugewiesen bekommen. So sind wir in dringenden Fällen gezwungen, den ortsansässigen Arzt zu holen. Dieser muß aber auch, wie er uns offen zugibt, die Partisanen behandeln, die ihn bei einer Weigerung verschleppen würden. Wir sind sehr zufrieden mit ihm!«

Die Fahrt ging durch das fruchtbare Land weiter. Überall sahen wir Bauern in ihren weißen Hemden auf dem Feld arbeiten. Unwillkürlich mußte ich bei ihrem Anblick denken: »Wo haben diese wohl ihre Gewehre versteckt?« Wir hatten keinen Zwischenfall. In einem größeren Dorf nach Bjeljina hielten wir, um Eier bei einer Bauersfrau einzukaufen, die diese am Marktplatz feilhielt. Bald waren wir handelseinig. Beim Wegfahren bemerkten wir merkwürdige Gestalten in zerlumptem Zivil, die Gewehre umgehängt trugen. Wir faßten schon unsere Maschinenpistolen fester, die wir aber außer Sicht im Inneren des Wagens hielten. Beim Näherkommen grinsten die Kerle plötzlich freundlich und grüßten uns sogar. Bei der deutschen Garnison von Brcko erfuhren wir dann, daß diese Gegend derzeit von Partisanen besetzt und daher für deutsche Fahrzeuge nicht befahrbar sei. Es war nur gut, daß wir schon durchgefahren waren! – In Agram wollte man uns zuerst nicht glauben, daß wir die genannte Strecke befahren hatten. Wir seien seit Monaten das erste Fahrzeug, das heil durchgekommen sei, versicherte man uns. Bei der Schilderung der Unzahl von Überfällen und bei Betrachtung der Partisanen-Lagekarten wurde uns leicht übel – aber es lag ja hinter uns –. Dringende Aufgaben riefen mich wieder nach Berlin.

Im Sommer 1944 waren die Würfel gefallen. Das Nachrichtennetz war gut eingespielt. Die laufenden Meldungen wurden schon längere Zeit überprüft und als zuverlässig befunden. Das wandernde Hauptquartier befand sich derzeit bestimmt bei Dvar in Westbosnien.

Jetzt wurde es Zeit, den Einsatz raschest vorzubereiten und die Mannschaften und Hilfsmittel bereitzustellen, um dann das Kommando persönlich übernehmen zu können. – Ich schickte meinen IA, Hauptsturmführer von Fölkersam, zum zuständigen Korpskommandanten im Raume von Banja Luka, um die Verbindung aufzunehmen und um verschiedene Einzelheiten zu besprechen. Von Fölkersam berichtete mir bei seiner Rückkehr, daß er seltsam kühl und zurückhaltend bei diesem Stabe aufgenommen worden war. Das sollte uns aber nicht kümmern. Wir hatten unsere Aufgabe vor uns, die wir lösen wollten. Irgendwelche Antipathien mußten uns gleichgültig sein.

Eines Tages, Ende Mai 1944, bekamen wir eine merkwürdige Nachricht von einem unserer geheimen Mitarbeiter über die Zentrale in Agram: »Das Korps X bereitet ein Unternehmen gegen das Tito-Hauptquartier vor. Festliegendes Datum für den Einsatz Rösselsprung ist der 2. Juni 1944.« Jetzt konnten wir uns das kühle Benehmen der Herren erklären. Sie hatten in uns die »Konkurrenten« gesehen und uns ihre Absicht verschwiegen! Das war unfair; denn ich hätte, um der Sache zu dienen, gerne die Arbeit zusammengelegt und mich dem Korps unterstellt. Aber jetzt gab es etwas Wichtigeres zu tun. Sofort setzte ich einen Funkspruch auf und warnte vor dem Einsatz. Denn es war klar, daß nicht nur meine Leute, sondern auch die Nachrichtenträger Titos von dem geplanten Unternehmen erfahren hatten.

In den folgenden Tagen erhielt ich in Friedenthal noch manche ergänzende Nachricht von unten. Und jedesmal schickte ich eine neue Warnung und schlug vor, das Unternehmen für den vorgesehenen Zeitpunkt aufzugeben. – Doch vergeblich. Am festgesetzten Tag startete jener Einsatz. Ein Fallschirmbataillon der Waffen-SS, das dem Wehrmachtskorps unterstellt war, sprang in einem Talkessel im Partisanengebiet ab. Verstärkungen kamen mit Lastenseglern. Nach blutigen und verlustreichen Kämpfen waren das Dorf und der ganze Talkessel in deutscher Hand. Was vorausgesehen werden konnte, war eingetreten. Das Nest war leer. Vom Hauptquartier Titos wurden nur zwei englische Verbindungsoffiziere gefangen, die dieser vielleicht nicht einmal ungern zurückgelassen hatte. Von Tito wurde nur eine neugeschneiderte Marschallsuniform gefunden. Er selbst hatte wahrscheinlich schon vor Tagen das Dorf verlassen und ein neues Quartier bezogen. Aus kleinlicher Eifersucht war ein großer Plan gescheitert. Durch ein schneidiges und schwieriges Entsatzmanöver der Division »Brandenburg« mußten die SS-Fallschirmtruppen herausgeschlagen werden. Schon während des Krieges, besonders aber nach dem Kriege, ging in den Reihen des amerikanischen CIC das Gerücht um, daß ich den Einsatz geführt hätte. Es ist wohl darauf zurückzuführen, daß das genannte SS-Fallschirmjägerbataillon kurze Zeit später, ab September 1944, unter mein Kommando kam. – Ich kann nur sagen, daß ich den fehlgeschlagenen Einsatz auch deshalb bedauerte, weil damit die Chancen für ein zweites derartiges Unternehmen ganz gering wurden. Wir haben zwar den Weg des Hauptquartiers bis zur adriatischen Küste verfolgt und dann noch bis zu einer Insel. Eine reale Gelegenheit zum Angriff habe ich nicht mehr gefunden, obwohl wir eine Zeitlang ein Überraschungsunternehmen gegen die Insel im Sinne hatten.

XX

20. Juli 1944 – Zurückgeholt – Revolte, nicht Attentat – Alarm! – Panzer am Fehrbelliner Platz – Ruhig Blut – Kein Bürgerkrieg – Wer putscht gegen wen? – Fallschirmjäger alarmieren – Schellenberg verhaftet Canaris – Generaloberst Fromm fährt nach Hause – Mitternacht in der Bendlerstraße – Revolte in sich zusammengebrochen – Gegenparole »Weiterarbeiten« – Der Apparat läuft wieder – 2 Gestapobeamte gegen eine Revolte – Defaitismus schon 1942? – Gegner in der Führung? – Das Urteil der Geschichte? – Unmittelbare Folgen – Zusätzliche Aufgaben – Nimwegen-Brücke – Bereitstellung am Oberrhein – Unternehmen »Freischütz« – Scherhorn gefunden – Tragödie im Osten – Hinter der Ostfront – »Vergeßt uns nicht!« – Südkarpaten-Pässe sperren! – Typisches Kommandounternehmen.

Juli 1944 in Berlin. Die Lage wurde immer ernster. Im Juni hatte ein gewaltiger Angriff der Russen fast die ganze Ostfront aufgerollt. Die gesamte Heeresgruppe Mitte war praktisch aufgerieben. Über dreißig deutsche Divisionen waren in russische Gefangenschaft geraten. Wie es zu dieser Massenkapitulation kommen konnte, war uns allen damals ein Rätsel. Hatte hier die Führung oder die Truppe versagt? Im Westen war die Invasion gelungen, und der Feind marschierte mit seiner materiellen Übermacht auf die deutsche Grenze zu. Uns blieb nichts übrig, als die Zähne zusammenzubeißen und weiterhin unser Bestes zu geben.

Wir konnten uns einfach nicht vorstellen, daß es dem bitteren Ende zugehen sollte. Am 20. Juli 1944 machte ich mich gerade zu einer Reise nach Wien fertig. Eine Einheit der Kampfschwimmer sollte eine Trainingsmöglichkeit im Wiener Dianabad bekommen. Außerdem wollte ich mit mehreren Offizieren über die Weiterführung des geplanten Tito-Unternehmens verhandeln.

Da schlug wie ein Blitz am Nachmittag die Radiomeldung von dem mißglückten Attentat auf Adolf Hitler ein. Ich machte mir mit meinen Offizieren allerhand Gedanken darüber. Wie war so etwas im Hauptquartier möglich? Hatten tatsächlich gegnerische Kräfte eine Möglichkeit gefunden, einzudringen? Waren die Besorgnisse des Kommandeurs der Wachtruppen im Vorjahr doch berechtigt gewesen? Nie wäre uns der Gedanke gekommen, daß die Bombe aus den eigenen Reihen stammte. Ich sah daher auch keinen Grund, meine dringende Reise zu verschieben.

Um 18 Uhr waren Radl und ich am Anhalter Bahnhof und erreichten wie immer knapp, aber doch noch rechtzeitig unseren

Schlafwagenzug. Gemütlich richteten wir uns in unserem Abteil ein. Die Fahrt selbst bot Zeit für Erholungsstunden, die sonst schon recht selten geworden waren, sogar eine kleine Mokka-Expresso, die ich mir aus Italien mitgebracht hatte, war schon ausgepackt und der Spiritusbrenner angezündet. Auf dem letzten Halt innerhalb Groß-Berlin, auf der S-Bahn-Station Lichterfelde-West, sahen wir plötzlich einen Offizier den Zug entlanglaufen: »Sturmbannführer Skorzeny! Sturmbannführer Skorzeny!« hörten wir leise durch die Scheibe. Ich machte mich bemerkbar. Atemlos kam der Offizier heran: »Sie müssen sofort zurück nach Berlin, Sturmbannführer! Befehl von oben! Hinter dem Attentat steht ein Militärputsch!« »Unmöglich!« war meine erste Reaktion. »Da spielt wieder irgendwer verrückt! Aber ich muß ja wohl hierbleiben. Radl, Sie fahren weiter nach Wien und führen die Besprechungen allein. Wenn ich kann, komme ich morgen nach.« Rasch war mein Koffer auf dem Bahnsteig, und ich sprang aus dem wieder anfahrenden Zug.

Auf der Fahrt zum Amt VI, wo ich Näheres zu erfahren hoffte, berichtete mir der Offizier noch einige ihm bekannte Einzelheiten. Angeblich handelte es sich um ein Offizierskomplott. Panzertruppen, deren Haltung nicht klar sei, marschierten auf Berlin. »Das ist doch alles Quatsch«, dachte ich. »Offiziere haben doch jetzt etwas anderes zu tun, als zu putschen.« – Bei Brigadeführer Schellenberg erfuhr ich weitere Einzelheiten. Die Zentrale der Verschwörung sollte in der Bendlerstraße, beim Befehlshaber des Ersatzheeres, sein. »Die Lage ist ungeklärt und gefährlich«, erklärte mir der sehr blasse Schellenberg. Vor sich, auf dem Schreibtisch, hatte er eine Pistole liegen. »Hier will ich mich verteidigen, wenn sie kommen«, versicherte er mir. »Ich habe auch schon die männlichen Angestellten im Hause mit Maschinenpistolen bewaffnet. Können Sie nicht eine Kompanie Ihrer Truppen zum Schutze des Hauses sofort hierher befehlen?« Richtig, das hatte ich im Trubel ganz vergessen. Ich telefonierte Friedenthal an und bekam Hauptsturmführer von Fölkersam an den Apparat: »Das Bataillon sofort in volle Alarmbereitschaft setzen. Hauptsturmführer Fucker übernimmt das Kommando und erwartet weitere Befehle, die nur von mir persönlich kommen können. Die erste Kompanie kommt sofort hierher. Oberjunker Ostafel nehme ich als vorläufigen Adjutanten. Sie beide kommen im Pkw voraus!« Ich orientierte ihn noch kurz über die Lage. In einer Stunde konnte die Kompanie hier sein.

»Brigadeführer«, riet ich Schellenberg, »lassen Sie die Mehrzahl Ihrer Beamten gleich wieder entwaffnen. Es ist furchtbar, wie diese mit den Waffen umgehen. Ich habe einen Mann deswegen zusammengestaucht und in den Keller geschickt; da kann er mit seiner Maschinenpistole wenigstens keinen Schaden anrichten. Wenn übrigens die anderen kommen sollten, bevor meine Kompanie hier ist«, setzte ich mit einem Blick auf seine Pistole hinzu, »dann sehen Sie sich besser nach einem Fluchtweg in die Nachbarschaft um. Sie werden sich hier nicht halten können!«

Mit Ungeduld wartete ich auf der Straße auf Fölkersam und Ostafel. Da bog ihr Wagen um die Ecke. Sie mußten wie die Teufel gefahren sein. Fölkersam meldete mir, daß auch die Kompanie abgefahren sei. Ich wollte mich etwas in Berlin umsehen, da ja noch keine Befehle für mich vorlagen. Fölkersam blieb in der Berkaerstraße, und ich hielt mit ihm ständig Verbindung. In Gedanken schimpfte ich darüber, daß wir im deutschen Heer noch keine tragbaren Funksprechgeräte eingeführt hatten. So ein »Talki-walki« der US-Army wäre hier das richtige gewesen.

Ich fuhr in das Regierungsviertel, fand jedoch alles ruhig. Dann wollte ich auf dem Fehrbelliner Platz den mir bekannten General der Panzertruppen Bolbrinker aufsuchen. Hier schien etwas los zu sein. Zwei Panzer standen auf der breiten Straße. Ich richtete mich im Wagen auf. Anstandslos ließ man mich passieren. »Na, scheinbar ist die Revolte nicht so gefährlich«, sagte ich zu Ostafel. General B. empfing mich sofort und war selbst ziemlich ratlos. Auf Befehl des Chefs des Ersatzheeres seien zwar alle Panzertruppen aus Wünsdorf nach Berlin marschiert. Er habe aber die Truppen, um sie in der Hand zu behalten, in der Nähe des Fehrbelliner Platzes konzentriert. »Im übrigen befolge ich nur noch Befehle des Inspekteurs der Panzertruppen, General Guderian«, sagte er zu mir. »Da kenne sich der Teufel aus, was heute los ist. Da habe ich einen Befehl, ich solle bewaffnete Aufklärung gegen die Berliner Kasernen der Waffen-SS losschicken. Was meinen Sie dazu, Major Skorzeny?« »Haben wir denn Bürgerkrieg?« war meine Gegenfrage, »ich würde es für äußerst unvernünftig halten, einen solchen unsinnigen Befehl zu befolgen. Wenn Sie wollen, Herr General, so fahre ich einmal in die nahe Lichterfelder Kaserne und sehe nach, was da los ist. Ich werde Sie von dort anrufen. Ich glaube, es ist jetzt unsere gemeinsame Pflicht, jeden Zwischenfall zu vermeiden.« Der General war mit meinem Vorschlag einverstanden, und ich fuhr weiter.

In meiner alten Kaserne in Lichterfelde-Ost war alles ruhig. Aber das Ersatzbataillon und die anderen Einheiten befanden sich in Alarmzustand. Ich sprach mit dem Kommandeur, SS-Obersturmbannführer Mohnke. Ich bat ihn, auch seinerseits vernünftig zu sein und keinesfalls mit seinen Truppen die Kaserne zu verlassen. General Bolbrinker war mit meinem Anruf zufrieden. Die Zeit der

unverständlichen Befehle vom Wehrkreisbefehlshaber und aus der Bendlerstraße schien vorüber zu sein. Von Fölkersam meldete mir die Ankunft der Kompanie aus Friedenthal. Ich befahl, sie im Hinterhof der Berkaerstraße bereitzuhalten.
Ich konnte noch immer nicht genau übersehen, was da gespielt würde. Irgendein Alarmplan mußte auf Befehl des Chefs des Ersatzheeres ausgelöst worden sein, etwa um Mittag herum. In den späteren Befehlen lag kein System mehr. Ernst zu nehmen war die Sache kaum. Die Panzerwaffe stand »Gewehr bei Fuß« und verhielt sich neutral. Die Waffen-SS hatte keinerlei Befehle. Wer putschte eigentlich gegen wen? War das Ganze der schwer kämpfenden Front gegenüber zu verantworten? Da fiel mir noch General Student ein; er mußte jetzt in Berlin sein. Ich fuhr daher zum Stab der Fallschirmtruppen an den Wannsee. Die Offiziere wußten von nichts. Sie hatten auch keinerlei Befehle erhalten. Der General selbst war in seiner Wohnung in Lichterfelde. Der Ordonnanzoffizier fuhr mit, um eventuelle Befehle seines Generals entgegenzunehmen.
Es war mittlerweile dunkel geworden. Es mochte gegen 21 Uhr sein. In dem netten, kleinen Einfamilienhaus erwartete uns ein vollkommen friedliches Bild. Unter der halb verdunkelten Lampe saß General Student über einem Berg von Akten auf der Gartenterrasse. Er trug einen langen, hellen Hausrock und war keineswegs mehr auf so späten Besuch vorbereitet. Die Hausfrau saß neben ihm mit einer Näherei. Ich mußte unwillkürlich an die Komik der Situation denken: »Hier saß einer der wichtigsten Generale Berlins im Hausrock völlig friedlich da, und in der Hauptstadt wurde gleichzeitig ein Putsch versucht.« Erst ein mehrmaliges heftiges Räuspern ließ den General aufsehen.
Wir wurden, wohl erstaunt wegen der späten Stunde des Besuches, aber äußerst liebenswürdig empfangen. Das Band gegenseitigen Vertrauens, geknüpft in Italien im Vorjahre, war noch vorhanden. Als ich erklärte, eine dienstliche Meldung machen zu müssen, empfahl sich die Hausfrau. Als ich nun berichtete, was ich wußte, schüttelte Generaloberst Student nur seinen Kopf: »Aber nein, mein lieber Skorzeny, das kann ja gar nicht wahr sein! Ein Putschversuch, das ist ja unmöglich!« Es gelang mir kaum, den General vom Ernst der Situation zu überzeugen. »Das heißt, die Lage ist ja bestenfalls ungeklärt«, meinte General Student. Er wollte eben einen kurzen Befehl an seine Fallschirmtruppen abfassen: »Alarmbereitschaft! Befehle nur befolgen, wenn sie von General Student persönlich kommen!« Da schrillte in der Wohnung das Telefon. Der Reichsmarschall Hermann Göring war am Apparat. Dieser bestätigte und ergänzte General Student meine Meldung.

Das Attentat war wahrscheinlich von einem Offizier aus dem Stab des Ersatzheeres begangen worden. Aus der Bendlerstraße seien unter dem Motto »Der Führer ist tot« verschiedene Alarmbefehle herausgegeben worden. Auf jeden Fall seien nur die Befehle aus dem Hauptquartier, vom Oberkommando der Wehrmacht, zu befolgen. »Ruhe halten und Zusammenstöße vermeiden, die zu einem Bürgerkrieg führen können«, wiederholte General Student am Telefon. Nun glaubte er auch mir, daß etwas Außergewöhnliches im Gange war, und gab rasch seine Befehle durch. Er wollte mit mir und General Bolbrinker in Verbindung bleiben.

Ich fuhr sofort in die Berkaerstraße zurück. Hier hatte sich nichts Wesentliches ereignet. Brigadeführer Schellenberg bat mich um zehn Soldaten und einen Offizier. Er hatte Befehl erhalten, sofort Admiral Canaris zu verhaften, und wollte nicht allein fahren. Ich gab ihm einen Offizier mit; das mußte auch genügen. Nach einer Stunde war er zurück. Es mußte für Schellenberg ein unangenehmer Auftrag gewesen sein, seinen früheren Gegenspieler zu verhaften.

Am Fehrbelliner Platz und bei Generaloberst Student gab es nichts Neues. Ich konnte von einem Gedanken nicht loskommen: »Kann ein moderner Krieg gewonnen werden, wenn der Chef des eigenen militärischen Nachrichtendienstes Gegner ist?«

Mir wollte es nicht in den Kopf, daß dies heute wirklich eine Offiziersrevolte gewesen sein sollte. War ein solcher Schritt nicht geeignet, die gesamte Offizierstradition zu zerstören, die das Rückgrat eines jeden Heeres bildet? Würden jetzt nicht an der Front und in der Heimat zwei Parteien entstehen, eine für, eine wider? Müßten wir nicht alle nur ein Ziel haben, den Krieg für Deutschland zu gewinnen? Ich sprach über diese Gedanken mit Fölkersam. Aber wir kamen mit unseren gemeinsamen Überlegungen nicht weiter. Wir berieten schon, ob wir nicht am besten nach Friedenthal zurückfahren sollten.

Da erhielt ich einen Anruf aus dem Führerhauptquartier, wahrscheinlich veranlaßt durch Hermann Göring. »Sie fahren mit Ihren Truppen sofort zur Bendlerstraße zur Unterstützung von Major Remer, dem Kommandeur des Wachbataillons Großdeutschland, der bereits den Block zerniert hat.« Ich erklärte sofort, daß ich nur eine Kompanie in Berlin selbst hätte, und erhielt daraufhin die Weisung, vorderhand nur mit dieser Einheit den Auftrag auszuführen.

Es war schon um Mitternacht, als ich zur Einfahrt in der Bendlerstraße kam. Dort versperrten mir zwei Personenkraftwagen den Weg, und ich mußte halten. Als ich auf die Wagen zuging, erkannte ich SS-Obergruppenführer Kaltenbrunner. Im anderen Wagen war, wie ich später erfuhr, Generaloberst Fromm, der Chef des Ersatzheeres.

Ich hörte eben noch, wie dieser sagte: »Ich fahre jetzt nach Hause und bin dort jederzeit erreichbar.« Dann drückten sich die beiden Herren die Hand. Als der eine Wagen fort war, wurde für meine Kolonne die Straße frei. Dr. Kaltenbrunner rief mir noch zu: »Ich komme gleich nach.« Ich war etwas erstaunt darüber, daß der Chef des Ersatzheeres jetzt nach Hause fuhr. – Aber das sollte nicht meine Sorge sein.

Am Tor fand ich Major Remer und stellte mich vor. Er hatte den Auftrag, den ganzen Block hermetisch abzuriegeln. Wir vereinbarten, daß ich mit meinen Männern das Innere des Blockes besetzte. Die Kompanie ließ ich im Hof warten und ging mit Fölkersam und Ostafel nach oben. Ich kannte mich im Gebäude aus, da ich schon häufig hier dienstlich zu tun gehabt hatte. Auf dem Gang des ersten Stockes begegnete ich mehreren Offizieren, die in ihren Händen Maschinenpistolen hielten. Es war fast ein kriegerischer Anblick. Im Vorzimmer des Generals Olbricht traf ich einige mir bekannte Offiziere des Generalstabes. Auch sie waren mit Maschinenpistolen bewaffnet und erzählten mir nun in aller Eile die Vorgänge des Tages. In den späten Nachmittagsstunden hatten sie bemerkt, daß irgend etwas mit den ausgegebenen Alarmbefehlen nicht in Ordnung sein konnte. Bei Generaloberst Fromm hätten ständig Konferenzen stattgefunden, zu denen aber nur einige wenige Herren hinzugezogen worden seien. Die Mehrzahl der Offiziere im Haus habe sich im Gefühl der Unsicherheit mit Maschinenpistolen bewaffnet und von Generaloberst Fromm Aufklärung über die unklaren Vorkommnisse verlangt. Daraufhin habe dieser verlauten lassen, daß eine Revolte im Gange sei, die er, Generaloberst Fromm, soeben untersuchen wolle. Dann habe sich Generaloberst Beck erschossen, und drei Offiziere, darunter der Chef des Stabes, Oberst i. G. von Stauffenberg, der vermutliche Attentäter im Führerhauptquartier, seien vor ein Kriegsgericht unter Generaloberst Fromm gestellt worden. Die Todesurteile seien vor einer halben Stunde durch ein Peleton aus Unteroffizieren der Bendlerstraße vollstreckt worden. Im übrigen sei es nachmittags zu einer kleinen Schießerei im Gange des ersten Stockwerkes gekommen. – All das kam aufgeregt heraus, schien mir aber den Tatsachen vollkommen zu entsprechen.

Viel klarer wurde mir die Sachlage allerdings nicht. Was sollte ich jetzt tun? Ich wollte mir eine Telefonverbindung mit dem Führerhauptquartier geben lassen, kam jedoch nicht durch.

Es war klar, daß niemand das Haus verlassen durfte. Wie sollte das aufgeregte Haus wieder zur Ruhe gebracht werden, überlegte ich. Am besten durch sinnvolle Arbeit. Ich ließ die mir bekannten Herren nochmals zu mir bitten und schlug vor, daß alle Offiziere und Beamten im Hause die seit Nachmittag ruhende Arbeit wiederaufnähmen. »Die Fronten kämpfen und brauchen Nachschub«, sagte ich und fand die volle Zustimmung der Herren. Da fiel einem Oberst ein, daß verschiedene Entscheidungen über Nachschubfragen durch Oberst Graf von Stauffenberg, den Chef des Stabes, nötig seien. Ich erklärte mich bereit, die Verantwortung für diese Entscheidungen zu übernehmen. Vor allem mußten aber auch alle ergangenen Alarmbefehle, die unter dem Stichwort »Walküre« herausgegangen waren, sofort rückgängig gemacht werden. Es stellte sich heraus, daß dies schon in den meisten Fällen geschehen war.

Im Vorzimmer des Generals Olbricht traf ich auf zwei Gestapobeamte, die vor einigen Stunden von Gruppenführer Müller (dem Chef der Geheimen Staatspolizei) in die Bendlerstraße geschickt worden waren, um den Oberst Graf von Stauffenberg zu verhaften.

Ohne ihren Auftrag ausführen zu können, waren die beiden Beamten ihrerseits von Offizieren des eben aus dem FHQ zurückgekehrten Grafen Stauffenberg in ein Zimmer eingesperrt worden. Auch die sonst gut informierte Gestapo mußte also entweder von dem Aufstandsversuch noch nichts gewußt oder ihm keine Bedeutung beigemessen haben. Anders war die Entsendung von nur zwei Beamten zur Durchführung eines derartigen Befehles nicht zu verstehen.

Nun nahm ich mir Zeit, mich im Zimmer von Oberst Graf von Stauffenberg umzusehen. Die Schubladen waren alle geöffnet, als ob sie jemand in aller Eile durchsucht hätte. Auf dem Schreibtisch lag der Alarmplan »Walküre«. Ich konnte jetzt feststellen, daß dieser Plan von Stauffenberg zur Tarnung für den angenommenen Fall einer alliierten Luftlandung ausgearbeitet worden war. – Ein weiterer Fund in einem anderen Tisch erschütterte mich tief. Es war der Plan eines im Vierfarbendruck hergestellten Würfelspiels. Eine vereinfachte Karte von Rußland stellte, wie ich in der Erklärung las, den Weg dar, den ein Korps der Heeresgruppe Süd während des Rußlandfeldzuges genommen hatte. Es war das Korps, bei dem Oberst Stauffenberg als Chef des Stabes gedient hatte. Die Erklärungen zu diesem Würfelspiel, das anscheinend recht oft gebraucht und vorher in der Kartenstelle einer hohen militärischen Dienststelle gedruckt worden war, bezeugten so tiefen Pessimismus und Sarkasmus, daß ich mich fragen mußte, wie Offiziere mit einer derartigen Gemütsverfassung überhaupt noch im Krieg eingesetzt werden konnten.

In wenigen Stunden lief das komplizierte Räderwerk der Dienststelle wieder. Mir wurde oft bang vor den Entscheidungen, die zu treffen waren, da die drei wichtigsten Offiziere der Bendlerstraße fehlten: Generaloberst Fromm, General Olbricht und Oberst von Stauffenberg.

Die Tatsache, daß neben Admiral Canaris auch Spitzenkräfte der Dienststelle des Befehlshabers des Ersatzheeres an der Revolte beteiligt waren, zwang mir erneut die Frage auf: »Ist ein moderner Krieg zu gewinnen, wenn wichtige Schlüsselstellungen mit Persönlichkeiten besetzt sind, die gegen die oberste Staatsführung arbeiten?«

Nun bekam ich auch bald das FHQ ans Telefon. Ich bat, einen geeigneten General sofort mit der Leitung des Stabes des Befehlshabers des Ersatzheeres zu betrauen und mich abzulösen. Diese Bitte wiederholte ich alle paar Stunden bis zum 22. Juli frühmorgens. Immer wieder hieß es, es sei noch keine Entscheidung getroffen, und ich solle die Arbeit weiterführen.

Am 22. Juli kam Himmler mit dem Chef des SS-Führungshauptamtes, Obergruppenführer Jüttner, in die Bendlerstraße. Himmler war zur allseitigen Überraschung zum Chef des Ersatzheeres ernannt worden. Gewiß, er war ein treuer Gefolgsmann Adolf Hitlers, aber er war doch kein Militär. Wie konnte er zu seinen vielen anderen Ämtern auch noch dieses ausfüllen? General Jüttner, der zu seinem ständigen Vertreter ernannt wurde, schien nicht gerade glücklich über die neue Aufgabe. Himmler hielt dann eine Ansprache an alle Offiziere der beiden Kommandostellen.

Erfreulich fand ich seine Erklärung, daß nur ein kleiner Kreis an der Verschwörung beteiligt gewesen sei. Bei der Reaktion der Anwesenden war nur Zustimmung zu merken und ein gewisses Aufatmen darüber, daß das Gewitter so rasch vorbeiging. Den meisten war jedenfalls beim Gedanken an die von selbst zusammengebrochene Revolte nicht ganz wohl; derartiges liegt wohl auch nicht im Charakter und in der Erziehung des deutschen Offizierskorps. Endlich konnte ich wieder nach Friedenthal zurückfahren und fiel todmüde in mein Bett.

Ich konnte trotz meiner guten Nerven nicht sofort schlafen. Jetzt erkannte ich, daß Spannungen und Gegenkräfte in der deutschen Wehrmacht und im deutschen Volke existierten, an deren Vorhandensein ich niemals gedacht hätte. Das einzig Beruhigende war nur, daß dieser Aufstandsversuch im Heer teils von selbst, teils durch Gegenkräfte innerhalb des Heeres zusammengebrochen war. Tief befriedigt war ich von der Tatsache, daß die Waffen-SS, der ich angehörte, in keiner Weise aktiv hatte einzugreifen brauchen.

Es gibt ein falsches Bild vom Verlauf der Ereignisse des 20. Juli

1944, wenn heute immer von der »Niederschlagung« dieses Auf-
standsversuches gesprochen wird. Jeder unmittelbar an den Ereig-
nissen Beteiligte wird ehrlich zugeben müssen, daß schon sofort
nach Mißlingen des Anschlages – mit der einzigen Ausnahme des
Grafen Stauffenberg – alle beteiligten Personen von selbst resi-
gnierten. Sie zeigten von diesem Augenblick an keine Entschlossenheit mehr zum Handeln, und es bedurfte nur eines kleinen An-
stoßes einer Handvoll andersdenkender Offiziere, um das gesamte
Kartenhaus zum Einsturz zu bringen. Die Person Adolf Hitlers
mußte jedenfalls als ganz großer, alles entscheidender Faktor in der
Rechnung der Verschwörer eingesetzt gewesen sein. Ich habe Achtung vor jedem, der für seine Überzeugung in den Tod geht. Ob ihn
dieser Tod im Konzentrationslager oder an der Front ereilte, ist
nicht entscheidend. Es ist bestimmt kein menschliches Ziel, Vernichtung zu suchen oder zu wollen. Aber es kann für jeden Mann
der Augenblick kommen, wo er für seine Überzeugung selbst den
Tod auf sich nimmt. –
Nach mehr als zehn Stunden erwachte ich wieder ganz frisch.
Es war nur selbstverständlich, daß meine Gedanken sofort um
die Geschehnisse der beiden letzten Tage kreisten. Ich will versuchen, einige Gedankengänge aufzuschreiben, wie sie mich damals bewegten. Es ist vielleicht wichtiger zu sagen, wie ich damals
dachte und fühlte, als wie ich heute zu den Dingen stehe. – Es ist
immer leicht, nachträglich und nach Jahren weise zu erscheinen. –
Mein erstes Gefühl war das einer maßlosen Erbitterung gegen
die Männer, die dem kämpfenden deutschen Volk in den Rücken
gefallen waren. Aber da mußten doch schwerwiegende Motive vor·
handen gewesen sein! Jetzt fielen mir auch die wichtigsten Teile
der Gespräche wieder ein, die ich früher schon mit den verschiedensten Herren der Bendlerstraße in voller Offenheit geführt hatte. – Viele unter ihnen hatten klar zu erkennen gegeben, daß sie
keineswegs Anhänger Hitlers oder des Nationalsozialismus waren.
Aber eines waren sie: ehrliche Deutsche, die in allen schweren
Situationen nur an Deutschlands Schicksal dachten.
Wie aber sah es mit dem Personenkreis aus, der tatsächlich an der
Verschwörung beteiligt gewesen war? Nach allem, was ich hörte,
mußten auch Patrioten darin gewesen sein. Aber sie waren sich
nur in einer Ablehnung Adolf Hitlers als Staatsoberhaupt einig,
keineswegs über das, was nach der Beseitigung Hitlers hätte geschehen sollen. Vor allem nicht darüber, wie sie ihr Ziel, einen
raschen Friedensschluß in aussichtsloser Kriegslage, erreichen wollten. Der eine Teil, dem Stauffenberg angehörte, wollte versuchen,
mit Rußland zu einem Separatfrieden zu kommen; der andere wollte das gleiche mit den westlichen Alliierten versuchen. Nach einer

englischen Stellungnahme, die durch den Rundfunk erfolgte, konnte aber keiner der beiden Schritte richtig vorbereitet gewesen sein; denn der englische Rundfunk sprach davon, daß auch eine neue deutsche Regierung – offenbar war man drüben vom Tode Hitlers überzeugt – nur einen allgemeinen Frieden mit West und Ost, und zwar auf der Grundlage von Casablanca, dem »unconditional surrender«, erhalten könne. Zu welchen Schritten hätten sich diese Männer in einer solchen keineswegs besseren Situation entschlossen? Wie hätten sich die beiden Tendenzen, einmal für den Osten, einmal für den Westen, vereinigen lassen?

Mir drängte sich damals eine Befürchtung auf: Hätten das Attentat und eine gelungene Revolte unter diesen Umständen nicht den Russen die Möglichkeit gegeben, ganz Westeuropa zu überfluten und unter Sowjeteinfluß zu zwingen?

Erschüttert war ich, als ich vom Freitod des Obersten Freytag von Loringhoven erfuhr. Dieser Ehrenmann hatte gewiß nur nach seinem Gewissen gehandelt. Seine russophile Einstellung war mir bekannt gewesen. Bei ihm lebte wohl noch die Vorstellung einer großen Allianz Deutschlands mit Rußland, allerdings im verklärenden Lichte einer Vergangenheit, die sich nicht ohne weiteres auf die Gegenwart übertragen ließ. Der Schritt eines Grafen Yorck, die Konvention von Tauroggen, war eben nur gerechtfertigt durch den späteren Sieg der preußischen Sache und jetzt nicht zu wiederholen.

Gut erinnerlich ist mir noch ein Gespräch, das ich einige Tage später mit einem Admiral der deutschen Kriegsmarine hatte. Auch dieser Mann hatte mir schon lange vorher gesagt, daß er kein Nationalsozialist sei. Um so interessanter war mir seine Einstellung zu den jüngstvergangenen Tagen. Er zog zur Erklärung ein Beispiel aus der Seefahrt heran: »Ein Schiff scheitert in einem schweren Sturm an einem Felsriff. Fast alle Besatzungsmitglieder, auch der Kapitän, können sich in die Boote retten. Ein Teil der Mannschaft gibt dem Kapitän die Schuld für das Unglück. Er soll an Ort und Stelle bestraft und ins Wasser geworfen werden. Der besonnene Teil der Besatzung verhindert dies. Diese Männer sind der Ansicht, daß der Kapitän erst nach Erreichung des rettenden Ufers vor einem ordentlichen Seegericht zur Verantwortung zu ziehen sei. Sie sind sogar der Ansicht, daß ein gewaltsamer Kommandowechsel in dieser Situation das Schicksal der ganzen Besatzung gefährden würde.« – Wir waren uns trotzdem einig darüber, daß die Männer des 20. Juli unsere Achtung verdienten, wenn sie aus ehrlicher Überzeugung heraus das Odium eines mißglückten Hochverrates auf sich genommen hatten, sofern ihr Handeln nicht von purem Opportunismus bestimmt gewesen war.

»Es ist die alte geschichtliche Tragik solcher Männer, die ein derartiges Wagnis auf sich nehmen: Um als wahre Helden in die Geschichte ihres Volkes einzugehen, verlangt die objektive Geschichtsschreibung vor allem zwei Konsequenzen ihrer Tat: sie muß gelingen und muß für das Volksganze eine Besserung der Situation auf weite Sicht bringen«, schloß der Admiral unser Gespräch.

Der 20. Juli 1944 hat, von einem deutschen Blickwinkel aus gesehen, nur den einen Erfolg gehabt: Er machte Adolf Hitler, den »Führer und Kanzler des Deutschen Reiches und Obersten Befehlshaber der deutschen Wehrmacht«, körperlich und seelisch zum Wrack. Körperlich waren seine Verletzungen bestimmt nicht lebensgefährlich; aber ein Mensch mit einer derartigen Verantwortung hat mehr als ein anderer unter den kleinsten körperlichen Schäden zu leiden. Seelisch konnte er es nie überwinden, daß es Kreise im deutschen Offizierskorps gab, die eines derartigen Verrates an ihm und an der deutschen Sache fähig waren. Sein bisher nur instinktives Mißtrauen wurde zur Manie und verleitete ihn zu Verallgemeinerungen und Ungerechtigkeiten Menschen gegenüber, die es nicht verdienten. Darunter litt er auch selbst. Das bleibend Negative jedoch, durch die Ereignisse des 20. Juli hervorgerufen, war, daß nunmehr jeder Verständigungsfrieden mit den Alliierten ohne bedingungslose Kapitulation unmöglich geworden war. Denn nun konnten die Alliierten mit Recht auf die Uneinigkeit der Führungsschicht in Deutschland rechnen. Die Unmöglichkeit einer Verständigung bezog sich aber nicht nur auf den Staatschef Adolf Hitler allein, sondern auch auf einen eventuellen Nachfolger. Die deutsche Führung hatte kaum mehr einen Weg zu einem Verständigungsfrieden offen. Jeder Versuch dieser Art wäre mit Ironie von den Alliierten zurückgewiesen worden. Es war dies sicher ein Grund mehr für die unbeugsame und starre Haltung Adolf Hitlers bis zum Ende.

Als unmittelbare Folge dieser schicksalsschweren Tage ergab sich für mich eine Erweiterung meines Arbeitsgebietes. Die frühere Abteilung II des ehemaligen Amtes Ausland-Abwehr seit März in das Amt Mil D umgewandelt, wurde mir unterstellt. Da ich die Grenzen meiner Arbeitskraft klar erkannte, stellte ich vor allem mit dem bisherigen Abteilungschef, Major i. G. Naumann, ein gutes persönliches Verhältnis her. Er blieb mein persönlicher Vertreter, und ich behielt mir nur die allerwichtigsten Entscheidungen vor. Die gesamte Arbeit der Abteilung II an den Fronten war fast nur Routinearbeit geworden; ich ließ vorderhand alles beim alten. Wichtiger und interessanter war für mich die Tatsache, daß sich nun

Angehörige der Division »Brandenburg« in großer Zahl freiwillig zu meinen Verbänden meldeten. Es waren dies all die aktiven Kräfte, die sich in der jetzt üblichen, normalen Frontverwendung der Division nicht mehr wohl fühlten und sich nach wie vor für Sondereinsätze zur Verfügung stellen wollten. Nach verschiedenen Verhandlungen mit dem Divisionsstab in Berlin und dem Wehrmachtsführungsstab ergingen zwei Befehle, die mir für unsere zukünftigen Einsatzmöglichkeiten von großer Bedeutung erschienen. Das Jägerbataillon wurde zu Jagdverbänden erweitert, die sechs unabhängige Bataillone umfaßten. Eintausendachthundert Offiziere und Mannschaften der Division »Brandenburg«, die sich freiwillig meldeten, wurden zu den Jagdverbänden kommandiert.

Nun ist es auch an der Zeit, daß ich von einigen Einsätzen meiner Verbände im Sommer und Herbst 1944 berichte. Ein gemeinsames Unternehmen der Kampfschwimmer der Marine und der von uns abgestellten Mannschaften hatte seinerzeit ziemliches Aufsehen erregt. Es stand unter Führung von Hauptmann Hellmer, einem Offizier der Abwehr II, die mir gerade unterstellt worden war. Die englischen Invasionsarmeen unter Feldmarschall Montgomery hatten in einem groß angelegten und blendend durchgeführten Luftlandeunternehmen bei Nimwegen einen gefährlichen Brückenkopf über den Waal, einen der Mündungsarme des Rheins in Holland, gebildet. Leider war ihnen auch die Brücke unbeschädigt in die Hand gefallen, und ihr gewaltiger Nachschub rollte ungehindert darüber. Luftangriffe mit Sturzkampfbombern zeigten infolge der starken Abwehr keinen Erfolg.
In dieser Lage kam die Idee auf, mit Kampfschwimmern das Objekt anzugreifen, um so wenigstens zeitweise eine Erleichterung für die Front zu schaffen. Für solche und ähnliche Zwecke waren schon früher aus einem besonderen Unterwassersprengstoff sogenannte Torpedominen angefertigt worden. Sie hatten die Form und die Größe von halben Torpedos und konnten durch geeignete Luftkästen eben schwimmfähig und daher im Wasser leicht transportabel gemacht werden. Zwei solche Minen, auf den Grund eines Brückenpfeilers gelegt, zerstörten durch den kolossalen Wasserdruck bei der Explosion jede Brückenkonstruktion.
Der Brückenkopf umfaßte beiderseits der Brücke einen Geländestreifen von etwa sieben Kilometern. Das linke Waalufer war jedoch schon gänzlich in englischer Hand. Eines Nachts schwamm Hauptmann Hellmer im Alleingang das notwendige Aufklärungsunternehmen. Die Gummiflossen an den Füßen gestatteten ihm eine gute Geschwindigkeit ohne besondere Geräuschentwicklung.

Das zu helle Gesicht wurde unter einem engmaschigen Netz verborgen, das aber noch einen guten Durchblick gestattete. So ging er ins Wasser und schwamm vorsichtig der Brücke zu. Hier wurde der richtige Pfeiler ausgewählt und genau untersucht. – Beim Einsatz mußte jeder Griff klappen. Oben rollten unterdessen die Churchillpanzer der Front zu. Der Lärm der Motoren und Ketten konnte ganz wichtig werden. Er erstickte sicherlich jedes verdächtige Geräusch im Wasser. Die Brückenposten achteten auch nicht besonders auf das Wasser. Was sollte schon von dort kommen? War doch kilometerweit nach beiden Seiten eigenes Frontgebiet. Still schwamm unterdessen Hellmer weiter stromab. Er hatte genug gesehen und würde seine Männer am Einsatztag gut und genau einweisen können. Glücklich durchschwamm er die beiderseits vom Feind besetzten Ufer und traf dann wieder auf eigene Truppen.

Die Wetterprognose versprach eine finstere, vielleicht regnerische Nacht. Gerade das richtige Wetter für ein solches Unternehmen. Das Zuwasserbringen der schweren Torpedominen und das Ausbalancieren im Wasser war ein großes Stück Arbeit, besonders unter feindlichem Beschuß. Unter den Hilfsmannschaften gab es einige Verwundete. Endlich war es geschafft. Die zwölf Männer, die den Einsatz wagen wollten, machten sich fertig. Leise gingen sie ins Wasser und hörten ein letztes »Hals- und Beinbruch« der zurückbleibenden Kameraden. Dann schwammen sie mit ihren gefährlichen großen Zigarren stromab. Drei Männer an jeder Seite dirigierten die Torpedos. Sie sahen im Nachtdunkel die Silhouette der Brücke vor sich auftauchen. Sie hörten auch den Motorenlärm, verursacht durch den ständig strömenden Nachschubverkehr. Nach den Geräuschen zu urteilen, waren auch Panzer darunter. Die Männer langten unter der Brücke an. Die beiden Torpedominen waren in die richtige Stellung gebracht und schlugen mit leichtem Geräusch an den Brückenpfeiler. Nun wurden die Flutenventile an den Lufttanks geöffnet und gleichzeitig von zwei Spezialisten die Sicherungen an den Zeitzündern entfernt. Die beiden Kolosse waren jetzt gefährlich. Langsam sanken sie in die Fluten bis auf den Grund des Flußbettes. Rasch stießen sich die Kampfschwimmer ab. Nach fünf Minuten krachte es hinter ihnen. Die Zeitzünder hatten nicht versagt, die Brücke wurde in Trümmer zerrissen! Plötzlich wurde es aber auch auf beiden Ufern lebendig. Bald begannen die Engländer zu feuern. Die Nacht war etwas lichter geworden. Leichter waren die Köpfe auf dem Wasser zu erkennen. Vielleicht hielten sich die Schwimmer auch in verständlichem Trieb näher zusammen, als die Vorsicht gebot. Manche Schüsse kamen verdächtig nahe, und eine Maschinengewehrgarbe verwundete einen der Männer. Er wurde von seinen Kameraden in die Mitte genommen und mitgeschleppt. Noch mehrmals wurden sie entdeckt und angeschossen und noch zwei Kameraden von Kugeln getroffen. Bald mußten sie die eigenen Linien erreicht haben. Erschöpft schleppten die Kampfschwimmer ihre verwundeten Kameraden an Land. Vielleicht erfaßten sie nicht einmal, welch einmaligen Einsatz sie heute vollbracht hatten. – So wurde mir dieses Ereignis von Hellmer und seinen Kameraden geschildert. – Wir wußten, daß nunmehr der Gegner auf Abwehr sinnen und daß ein zweiter ähnlicher Einsatz ungleich schwerer sein würde.

Nach dem Gelingen der Invasion wurde von seiten der höchsten deutschen Führung die Befürchtung ausgesprochen, daß die Alliierten die Neutralität der Schweiz mißachten und über Schweizer Gebiet in Deutschland einfallen könnten. Diese Meinung kam damals auf, als die deutsche Westfront im September 1944 zum Stehen gebracht worden war. Sie verlief damals ungefähr entlang der deutschen Reichsgrenze. Innerhalb weniger Tage mußten auf Befehl des FHQ von mir Vorbereitungen für einen solchen Fall getroffen werden. Meine Kampfschwimmer sollten am Oberrhein bereitgestellt werden, um in dem Augenblick, da alliierte Truppen Schweizer Gebiet betreten würden, die Rheinbrücken bei Basel in die Luft zu sprengen. Diese reine Defensivmaßnahme sollte der deutschen Führung die Zeit gewinnen helfen, um an dieser Stelle, die bisher von deutschen Truppen unbesetzt geblieben war, eine Front aufzubauen und so einen etwaigen Angriff aus dem neutralen Lande abzuwehren.
Einige Wochen später konnten der gesamte Einsatz abgeblasen und die Männer zurückgezogen werden. Zu dieser Zeit war es klargeworden, daß die Alliierten keinesfalls den befürchteten Vormarsch über die Schweiz antreten würden.

Im Herbst 1944 machte mein Jägerbataillon 502 eine äußerst interessante Übung unter Leitung der Hauptsturmführer von Fölkersam und Hunke. Mit dem Direktor eines Rüstungswerkes bei Friedenthal hatten wir vereinbart, daß an einem bestimmten Tage gewisse Gruppen meiner Männer versuchen würden, als fremdländische Saboteure in das Werk einzudringen und es lahmzulegen.
Es war erstaunlich, wie gut diese Übung gelang. Etwa zwanzig Männer gelangten mit Hilfe von gefälschten Blechmarken in das Werk, und zehn Minuten später waren, unbemerkt von allen echten Arbeitern und Aufsichtspersonen, übungsweise Spreng-

ladungen an den wichtigsten und empfindlichsten Teilen des Werkes angebracht. Der sogenannte »Werkschutz« hatte an seine vorgesetzte Dienststelle einen langen Bericht zu schreiben, und ich vermute, daß im Verlauf der nächsten Zeit alle Werkschutzangehörigen der verschiedenen Rüstungsbetriebe neue Anweisungen bekamen. Einen Schluß zog ich aus dieser Erfahrung: Die feindlichen Geheimdienste standen anscheinend mit ihren Agenten auch nicht auf einsamer Höhe; sonst hätten mehr Sabotagefälle in der deutschen Industrie vorkommen und gemeldet werden müssen. Von seiten des deutschen Werkschutzes und anderer Abwehrorganisationen hatte der Feind jedenfalls keine unüberwindlichen Schwierigkeiten zu erwarten.

Aber auch im Osten gab es zu tun. Ein dringendes Fernschreiben rief mich im August ins Hauptquartier. Generaloberst Jodl verwies mich an zwei Generalstabsoffiziere, die mir folgendes berichteten: Kurze Zeit nach dem Zusammenbruch der deutschen Ostfront im Mittelabschnitt im Juni 1944 hatte ein Frontaufklärungskommando (Einheiten der Abwehr, die zu den einzelnen Armeen abgestellt waren) von einem russischen Agenten, der seit Kriegsbeginn für deutsche Dienststellen Fernaufklärung betrieb, folgende Funkmeldung erhalten: »In einem Waldgebiet nördlich Minsk befinden sich deutsche Truppenverbände, die sich noch nicht ergeben haben.« Auch einzelne versprengte deutsche Soldaten hatten ähnliches berichtet. Dann war der Agent selbst durch die Front zu dem Kommando gekommen und hatte seine Meldung ergänzt. Es handle sich um eine Kampfgruppe von etwa zweitausend Mann, die unter dem Kommando eines Oberstleutnants Scherhorn stünde. Die Ortsangaben hatte er auch noch etwas genauer ergänzen können. – Es seien von den Frontaufklärungskommandos verschiedene Versuche gemacht worden, direkte Verbindung mit den Versprengten aufzunehmen. Man sei jedoch noch zu keinen Resultaten gekommen. Der Wehrmachtsführungsstab wünsche nunmehr, daß alles unternommen würde, um die Gruppe Scherhorn aufzufinden und sie zur deutschen Front zurückzuführen. »Haben Sie die Möglichkeit, diesen Einsatz zu starten?« wurde ich gefragt.

Diese Frage konnte ich ruhigen Gewissens bejahen. Ich wußte, daß die hierfür geeigneten Offiziere und Soldaten, Balten und bei mir freiwillig dienende Russen, mit Begeisterung an die Sache gehen würden, wenn es galt, Kameraden in Not zu helfen. – In aller Eile wurde in Friedenthal ein Plan ausgearbeitet. Er erhielt den Decknamen »Freischütz«. Die direkte Ausführung wurde meinem eben aufgestellten Jagdverband »Ost« übertragen. –

Unser Plan war kurz folgender: Es wurden vier Gruppen von je fünf Mann gebildet, d. h. je zwei deutschen Soldaten des Jagdverbandes »Ost« und drei Russen. Ausgerüstet wurden die Gruppen mit je einem Funkgerät, mit Sprungverpflegung für vier Wochen, Zelt usw. und russischen Maschinenpistolen. Selbstverständlich konnte der Einsatz nur in der Tarnung russischer Soldaten durchgeführt werden. Dazu wurden alle nötigen Papiere und Ausweise beschafft. Auch nicht die geringste Kleinigkeit durfte vergessen werden. Alle Teilnehmer mußten sich an die »Majorka«-Zigarette gewöhnen und zumindest zum Vorzeigen einen genügenden Vorrat an schwarzem, russischem Zwieback und Konserven der Roten Armee mit sich führen. Die Köpfe aller Teilnehmer wurden wie beim russischen Militär kurz geschoren, und auf äußere Reinlichkeit und Rasieren wurde in den Tagen vor dem Einsatz verzichtet.

Zwei der Gruppen sollten östlich von Minsk, etwa bei Borisov und bei Gevenj, abgesetzt werden und das Gebiet in westlicher Richtung durchstreifen. Konnte die Gruppe Scherhorn von ihnen nicht aufgefunden werden, so hatten sie zu versuchen, sich zur deutschen Frontlinie durchzuschlagen. Die dritte und vierte Gruppe sollten bei Dzersinsk und bei Witejka abgesetzt werden. Sie sollten konzentrisch auf Misak zu marschieren. Wenn sie nicht auf Scherhorn stoßen sollten, hatten auch sie sich in Richtung deutscher Front zurückzuziehen.

Es war uns klar, daß unser Plan nur eine theoretische Grundlage für die Gruppen abgeben konnte. Sie mußten, erst einmal auf russischem Boden, ziemliche Handlungsfreiheit haben, sich auf den eigenen Instinkt verlassen und je nach Lage handeln. Wir hofften auf die Funkverbindung mit ihnen, um notfalls weitere Anweisungen geben zu können. Bei Auffindung der Gruppe Scherhorn wollten wir eine Rollbahn bauen lassen, um die Soldaten nach und nach mit Flugzeugen abzuholen.

Die erste Gruppe, die von Oberscharführer P. geführt wurde, sprang Ende August ab. Eine He 111 des Kampfgeschwaders 200 brachte sie an Ort und Stelle. Gespannt warteten wir auf die Meldung von der glücklichen Rückkehr des Flugzeuges. Der Flug führte damals schon immerhin 500 km weit in das feindliche Hinterland. Die Weichsel bildete ungefähr die Frontlinie. Er konnte nur nachts bei diesigem Wetter unternommen werden. Keine Jagdmaschine konnte die He 111 auf ihrem Flug begleiten. – Noch während der Nacht erhielten wir durch Fernschreiben die Nachricht, daß der Flug glatt verlaufen und die Gruppe richtig abgesetzt worden sei. In derselben Nacht hatte auch das Frontaufklärungskommando Funkverbindung mit dem Einsatz P. »Wir sind schlecht gelandet«, kam durch, »sammeln uns jetzt, erhalten aber MG-Beschuß . . .« Damit brach der Funkspruch ab. Wahrscheinlich hatte die Gruppe das Funkgerät zurücklassen und flüchten müssen. Nacht für Nacht saß unser Funker vergebens am Funkgerät. Gruppe P. meldete sich nicht mehr. Das war kein guter Anfang.

Anfang September startete die zweite Gruppe unter dem Kommando von Oberjunker Sch. Die Flugzeugbesatzung meldete einen glatten Absprung. Vier Tage lang danach meldete sich die Gruppe überhaupt nicht. Wir hatten schon größte Befürchtungen. Was konnte geschehen sein? Da, in der vierten Nacht, bekam unser Funker auf sein Rufzeichen Antwort. Das Kennwort der Gruppe Sch. stimmte. Auch das Geheimzeichen wurde gefunkt als Verständigung dafür, daß unsere Männer nicht unter Druck standen, und dann kam das Entscheidende: Die Kampfgruppe Scherhorn existierte und war aufgefunden! In der nächsten Nacht funkte Oberstleutnant Scherhorn selbst seinen Dank. In schlichten soldatischen Worten, wie ein Kamerad dem anderen dankt. War das ein schönes Gefühl für uns! Der Einsatz unserer Männer war nicht umsonst. Hier konnte sich echte Kameradschaft beweisen. Die dritte Gruppe M. sprang in der folgenden Nacht nach Gruppe zwei. Von ihr kam keine Nachricht. Nacht für Nacht wurde ihre Welle eingeschaltet, ihr Rufzeichen in den Äther gefunkt. Wochenlang, monatelang. Keine Nachricht. Die Gruppe M. war untergegangen im weiten russischen Land.

Die vierte Gruppe, geführt von Oberscharführer R., sprang einen Tag später. Ziemlich regelmäßig meldete sie sich in den ersten Tagen. Sie war gut am Boden angekommen und hatte alle Männer beisammen. Sie konnte nicht genau ihre Richtung einhalten, da sie russischen Polizeitruppen ausweichen mußte. Sie traf auf russische Deserteure, die sie für ihresgleichen hielten. Die Bevölkerung Weißrußlands war freundlich. Da plötzlich am vierten Tage brach die Funkverbindung ab. Wir hatten die genaue Standortsmeldung der Gruppe Sch. nicht mehr an R. durchgeben können. Wieder begann das nervenzermürbende Warten auf eine neue Nachricht. Adrian von Fölkersam, der als Chef des Stabes der Jagdverbände besonders an der Ausarbeitung des Planes beteiligt und der an dem Schicksal seiner Baltendeutschen, die in den Einsatz gegangen waren, naturgemäß sehr interessiert war, hatte mir täglich zu berichten.

Immer wieder hörte ich: »Keine Nachricht von Gruppe R., M. und P.« Nach etwa drei Wochen kam ein Telefonanruf eines Korps durch, das irgendwo an der litauischen Grenze lag: »Die Gruppe R. meldet sich ohne Verluste zurück.« An den Berichten, die Oberscharführer R. gab, waren viele militärische Stellen in-

teressiert. War er doch einer der wenigen Deutschen, die aus dem Hinterland der russischen Front aus eigenem Augenschein berichten konnten. Er meldete, wie ernst es der russischen Führung mit ihrem totalen Krieg war. Dort wurden, wenn es not tat, wirklich die letzte Frau und selbst Kinder zur Hilfe eingesetzt. Er bestätigte, wie bei mangelndem Transportraum Benzinfässer eben mit Hilfe der Bevölkerung an die Front gerollt wurden. Wie Granaten kilometerweit zur Artilleriestellung von Hand zu Hand wanderten. Wir konnten noch vieles von den Russen lernen! Oberscharführer R. hatte seine Kühnheit sogar so weit getrieben, daß er als russischer Leutnant ein Offizierskasino betreten und sich zum Essen hatte einladen lassen. Es wird vielleicht überraschen, daß ich das Wort Offizierskasino gebrauche. Die russische Armee hatte sich aber tatsächlich im Laufe der Kriegsjahre an so manche alte Tradition erinnert, an die breiten Offiziersschulterstücke der alten zaristischen Armee und an anderes. –
Des Oberscharführers perfekte Sprachkenntnisse hatten bei seinen Gastgebern keinen Verdacht aufkommen lassen. Einige Tage später war er über die deutschen Frontlinien zurückgekommen. Oberscharführer R. wurde dann natürlich einer der eifrigsten Helfer bei der weiteren Versorgung der Gruppe Scherhorn.
Es kam zunächst nur die Erfüllung der dringendsten Wünsche der abgeschnittenen Kampfgruppe in Betracht. Als erstes wurden Sanitätsmaterial und ein Arzt erbeten. Der erste Arzt, der an der nur durch schwache Lichtsignale gekennzeichneten Stelle eines Nachts absprang, brach sich beide Füße und starb nach einer späteren Funkmeldung bald darauf. Die Ankunft des zweiten Arztes wurde mit dankbarer Freude begrüßt. Dann mußten vor allem Verpflegung und später Munition für die Handfeuerwaffen abgeworfen werden. Der Gesundheitszustand der Soldaten war infolge der langen Entbehrungen so schlecht, daß an einen Abmarsch noch nicht zu denken war.
Das Kampfgeschwader 200 flog jetzt jede zweite oder dritte Nacht einen Versorgungsflug. Über den Funk kam nur die Klage, daß manche Abwürfe ziemlich ungenau erfolgten und dadurch vieles nicht ankam. Dann mußten die Versorgungsflüge wiederholt werden. Mit den Fachleuten des Kampfgeschwaders 200 hatten wir einen Rettungsplan für die Gruppe Scherhorn ausgearbeitet. In der Umgebung des derzeitigen Lagers sollte eine Rollbahn angelegt werden. Von dort sollten dann zuerst die Verwundeten und Kranken und dann nach und nach ein großer Teil der Soldaten abgeholt werden. Als Zeitpunkt waren die dunklen Nächte des späten Oktobers vorgesehen.
Ein Flugplatzspezialist der Luftwaffe wurde mit Fallschirm abge-

setzt. Der Bau der Start- und Landebahn wurde jedoch nach kurzer Zeit von den Russen entdeckt und durch Angriffe eine Weiterarbeit unmöglich gemacht. So mußte ein neuer Plan entworfen werden, mit dem sich Scherhorn einverstanden erklärte. Die Kampfgruppe sollte etwa 250 km nach Norden bis zu einer Seenplatte an der ehemals russisch-litauischen Grenze bei Dünaburg marschieren. Diese Seen froren erfahrungsgemäß gegen Anfang Dezember zu. Die Eisfläche sollte dann als Flugplatz dienen.

Um diesen Marsch einer so großen Truppe im feindlichen Hinterland zu erleichtern, gliederte Scherhorn die Kampfgruppe in zwei Marschgruppen. Die südliche wollte Scherhorn selbst führen, die Vorausgruppe der nördlichen sollte von unserem Oberjunker Sch. geführt werden. Die Truppe benötigte aber auch noch warme Bekleidungsstücke für den Marsch und tausend andere Kleinigkeiten. Mit 2000 multipliziert, ergaben sich immer ganz beachtliche Quantitäten. Außerdem wurden noch neun Funkgeräte abgeworfen mit russischen Bedienungsmannschaften, um bei einem Auseinanderziehen der Kolonnen den Funkverkehr aufrechterhalten zu können. Besondere Freude machte es mir, als wir eines Nachts für den Oberjunker Sch. die Beförderungsurkunde zum Untersturmführer (Leutnant) und das ihm verliehene Ritterkreuz zum Eisernen Kreuz in natura abwerfen konnten. Mein Gratulationsfunk wurde mit großer Freude bestätigt.

Im November 1944 war die Zeit gekommen. Die beiden Marschgruppen setzten sich in Bewegung. In Panjewagen wurden die Verwundeten und Kranken mitgenommen. Der Marsch ging langsamer vonstatten, als wir angenommen hatten. Es wurden nicht mehr als acht oder höchstens zwölf Kilometer am Tage zurückgelegt. Mehr als einmal mußten Ruhetage eingelegt werden, so daß Wochenleistungen von dreißig bis vierzig Kilometern die Regel waren. Die Funksprüche meldeten auch immer wieder von Zusammenstößen mit russischen Polizeitruppen und von neuen Verwundeten und Gefallenen. Alle von uns, die Rußland kannten, gaben sich keinen Illusionen hin. Die Chancen der Gruppe Scherhorn, wieder in die Heimat zu kommen, waren sehr gering.

Die Versorgungsflüge wurden jetzt wohl kürzer, aber das Finden der Abwurfstellen um so schwieriger. Über den Funk wurden die Stellen genau nach Planquadrat festgelegt und dann vom Boden aus zum vereinbarten Zeitpunkt gewisse Lichtsignale gegeben. Wie viele Nachschubabwürfe fielen wohl der ausgezeichnet arbeitenden Sicherheitspolizei der Russen in die Hände? Aber nicht nur das machte uns Sorgen. Das Kampfgeschwader 200 bekam von Monat zu Monat weniger Kraftstoff für die Flüge zugeteilt. Hin und wieder gelang es mir, für den Einsatz »Freischütz« ein Sonder-

kontingent von vier bis fünf Tonnen Betriebsstoff herauszu-
schlagen; aber auch das wurde immer schwerer. Wir mußten, trotz
dringendster Hilferufe, unsere Versorgungsflüge immer mehr
einschränken. Ich konnte mir denken, daß Scherhorn und seine
Kameraden in ihrer verzweifelten Lage kaum Verständnis für
unsere Schwierigkeiten aufbringen konnten. So versuchte ich wenigstens, durch persönlich gehaltene Funksprüche den Glauben
an unsere Hilfsbereitschaft aufrechtzuerhalten.
Im Februar 1945 befand ich mich selbst als Divisionskommandeur
an der Ostfront. Wir hatten täglich schwere Angriffe abzuwehren,
und alle Sondereinsätze sollten auch weitergeführt werden. Fast
jede Nacht kamen Berichte vom Unternehmen »Freischütz«, und
sie lauteten immer hoffnungsloser: »Schickt . . . ! Helft . . .! Vergeßt uns nicht!!!« Eine einzige erfreuliche Nachricht kam durch;
Scherhorn war mit seiner Gruppe auf den Einsatz P. gestoßen,
der seit Monaten vermißt war. Die anderen Nachrichten waren
eine zermürbende Nervenbelastung für mich und die anderen
Kameraden. Kaum einmal in der Woche konnten wir noch einen
Einsatzflug starten. Ein Flugweg war jetzt fast 800 km. Die Ab-
wurflasten wurden immer kleiner. Ich zermarterte mir den Kopf,
wie ich weiter helfen konnte. Wo war hier ein Ausweg?
Gegen Ende Februar erhielten wir überhaupt keine Betriebsstoff-
zuteilung mehr. Ich bekam fast einen Wutanfall, wenn ich daran
denken mußte, welch große Mengen Sprit den Alliierten bei ihren
Vormärschen in die Hände fielen. Und für unseren Einsatz konnte
ich nichts bekommen. Auf jedem Flugplatz im Warthegau, der
von den Russen besetzt wurde, lagen Hunderte von Tonnen Flug-
benzin! – Untersturmführer Sch. funkte um diese Zeit: »Habe mit
Voraustrupp die Seenplatte erreicht. Wir verhungern, wenn wir
nicht bald Nachschub bekommen. Könnt Ihr uns abholen?« Seine
Funksprüche waren immer schwächer und schwächer zu hören.
Immer dringender wurden die Hilferufe. Und wir waren machtlos.
Zuletzt bat Sch. nur noch um etwas Benzin zum Aufladen der
Akkumulatoren für das Funkgerät: »Ich will ja nur mit Euch in
Verbindung bleiben, Euch nur hören!« Der fortschreitende Krieg,
die Kopflosigkeit mancher Stellen waren stärker als wir. An ein
Abholen oder Versorgen war nicht mehr zu denken.
Und doch blieben unsere Funker Nacht für Nacht an den Geräten
sitzen, trotz Rückzug und ständiger Verlegungen. Sie hatten mit
einzelnen Funkstationen der Kampftruppe Scherhorn immer noch
Verbindung. Immer wieder kamen verzweifelte Funksprüche
durch. Bis zum 8. Mai 1945. Da war es auch mit dem Einsatz
»Freischütz« zu Ende.
Oft dachte ich später in vielen langen Nächten der Gefangenschaft

an das Unternehmen »Freischütz« zurück. Keiner meiner Männer und auch niemand von der Gruppe Scherhorn waren zurückgekommen. Kein Augenzeuge konnte über die Leiden der Gruppe und ihr Ende berichten. – Konnte es nicht sein, daß der russische Nachrichtendienst mit uns während der ganzen Zeit sein Spiel getrieben hatte? Gewiß, wir hatten Sicherungen für diesen Fall eingebaut. Jeder unserer Funker und Führer der von uns abgesetzten Gruppen hatte ein sogenanntes Schlüsselwort, das er bei Absendung seiner Funksprüche benutzen mußte zum Zeichen dafür, daß er unter keinerlei Zwang stünde. Immer und auf allen Linien war das richtige Schlüsselwort benutzt worden. Ich hatte aber mittlerweile so viele Erfahrungen über Vernehmungsmethoden gesammelt, daß mir nunmehr Zweifel aufkamen. Ich traute der Geschicklichkeit und den Methoden der Russen und auch der anderen Alliierten allerhand zu. Vielleicht wird mir in der Zukunft eines Tages auch die Lösung dieses Rätsels gelingen. (Etwa 1956 hörte ich, daß mit einem der letzten Heimkehrertransporte auch der Oberstleutnant Scherhorn nach Westdeutschland zurückgekommen sei. Leider ist es mir bis heute nicht gelungen, Scherhorn aufzufinden.)

Eine neue Katastrophe zeichnete sich Ende August 1944 an der Ostfront ab. Die gesamte Heeresgruppe Süd in Bessarabien und Rumänien schien von der Flut des sowjetischen Vormarsches weggespült worden zu sein. Ein deutsches Millionenheer war wie vom Erdboden verschwunden, und unaufhaltsam marschierten die russischen Divisionen in Rumänien ein. Auf der Lagekarte verfolgten wir, so gut es die Nachrichten zuließen, den Vormarsch. Was sollte aus den starken deutschen Volksgruppen in Rumänien werden?
Da kam ein Befehl aus dem Hauptquartier an meine Jagdverbände: »Sofort Einsatz in zwei Zugstärken zusammenstellen. Flugzeuge für den Transport stehen bereit. Aufgabe: Sperrung der Karpatenpässe, Aufklärung des rückwärtigen Gebietes, Störung des Nachschubs der Russen und Hilfe bei der Evakuierung von Volksdeutschen.« Das war wieder einmal ein »Hals über Kopf«-Befehl. – Untersturmführer G. erschien mir der rechte Mann für den Einsatz. Außer erfahrenen Pionieren und Stoßtruppkämpfern wurden ihm mehrere rumänischsprechende Soldaten zugeteilt. In aller Eile wurde die Ausrüstung zusammengestellt. – Es war gut, daß wir vorher noch einen Aufklärungsflug in den zuerst befohlenen Zielraum starten ließen. Der Flugplatz von Temesvar war entgegen der Lagemeldung bereits von starken russischen Verbänden besetzt. Dort hätte unsere Einsatzgruppe

landen sollen. Er wurde zum Armeekorps Phleps (V. Gebirgskorps der Waffen-SS) umdirigiert.

In vier Gruppen aufgeteilt, stieß der Stoßtrupp tatsächlich bis zu den Karpatenpässen vor. Von einer deutschen Frontlinie konnte in diesen Tagen dort nicht gesprochen werden; nur die Russen marschierten und marschierten. Wirklich konnte auf einigen Paßübergängen der russische Vormarsch gestört und mancher Gruppe verzweifelter Deutscher geholfen werden. Untersturmführer G. selbst zog auf dem Rückmarsch mit den russischen Truppen gemeinsam in Kronstadt ein: als rumänischer Soldat, der sich mit Blumen schmückte, um den siegreichen Vormarsch der russischen Armeen zu feiern. Dann allerdings, beim Versuch, durch die vordersten Linien der Russen zu kommen, verließ ihn das Glück. Er wurde mit seinen Männern erkannt. Sie wurden niedergeschlagen und fast gänzlich entkleidet, dann kurzerhand auf einem Hügel zum Erschießen aufgestellt. Im letzten Augenblick sprang G. im plötzlichen Entschluß davon. Seine Verfolger durchschossen ihm den rechten Fuß. Nach kilometerlangem Dauerlauf konnte er sich endlich in einem Sumpf verbergen. In der Nacht erreichte er bei Morosvasachely die notdürftig wiedererrichteten deutschen Linien. Durch seine Beobachtungen der Feindbewegungen gelang es, ein deutsches Korps im Raume von Gyergyoti aus der drohenden Einschließung zu retten. –

Die anderen drei Gruppen kehrten mit geringen Verlusten zurück und brachten wertvolle Nachrichten aus dem Hinterland des Feindes.

Das waren Kommandounternehmungen nach unserem Geschmack. Es war unglaublich, was kleine, tapfere Gruppen von Soldaten ausrichten konnten, wenn sie entschlossen und mit Selbstvertrauen an ihre Aufgabe herangingen. Alarmierend aber war eine andere Erkenntnis aus diesem Einsatz. Eine Gruppe von G. war in Rumänien auf eine Einheit von 2000 deutschen Flaksoldaten gestoßen, die sich ratlos abseits der Wege mit ihren Geschützen zurückgezogen hatten und dort praktisch auf ihre Gefangennahme warteten. Dreihundert von ihnen schlossen sich freiwillig G.s Männern an, entschlossen, sich notfalls zur Front zurückzukämpfen. Alle dreihundert Mann kamen heil zu den deutschen Truppen zurück. Wie mag das Schicksal der anderen geworden sein? Die große Frage, die sich aus diesem Erlebnis ergab, war die: War der deutsche Frontsoldat schon weich geworden, hatte er den Willen zur Selbstbehauptung verloren? Gab er die deutsche Sache schon auf? – Wir vermuteten, daß es nur eine Katastrophenstimmung an einzelnen Abschnitten war, die diesen »Russenschreck« in der Truppe hervorrief.

XXI

September 1944 – Erneut ins Führerhauptquartier befohlen – La-
gebesprechung bei Hitler – Ernste Entscheidungen – Begegnung mit
Hanna Reitsch und Generaloberst von Greim – Kritik an Göring –
Drohender Abfall Ungarns – Mein Auftrag – Umfassende Voll-
macht – Budapest als Nachschubzentrum – Vorbereitungen in
Wien – Fähnrichsbataillon – Geheimbesprechungen mit Tito –
Mit dem 65-cm-Mörser – Keine einheitliche Auffassung – Horthy
jun. verhaftet – Kurzes Feuergefecht – Radiobotschaft des Reichs-
verwesers – Aktion »Panzerfaust« ausgelöst – 16. Oktober 1944,
6 Uhr früh – Überraschungsangriff auf die Burg – Überrumpelung
gelingt – Kommandant kapituliert – Beiderseits geringe Verluste –
Freundschaft gesichert – Erinnerung an Alt-Österreich – Mit dem
Reichsverweser nach München – Wiedersehen im Justizpalast in
Nürnberg – Ein historisches Dokument – Zur Berichterstattung im
FHQ.

Vergebens hatte ich mit von Fölkersam gehofft, daß wir jetzt
wenigstens einige Zeit finden würden, um die Jagdverbände zu
dem auszubauen, was wir aus ihnen machen wollten, zu einer
schlagkräftigen Truppe, die wenigstens noch mit kleinen Einheiten offensive Einsätze durchführen konnte.
Unvermutet wurde ich etwa am 10. September 1944 ins Führerhauptquartier, in die »Wolfsschanze«, befohlen. Es lag jetzt nicht
mehr weit im Hinterland; die Front war auf wenig mehr als
100 km nahe gerückt. Ich erhielt von Generaloberst Jodl die Anweisung, einige Tage der Führerlagebesprechung, soweit sie die
Front im Südosten betraf, beizuwohnen. Es sei für mich und meine
Truppen ein wichtiger Einsatz in diesem Raum vorgesehen.
Zum ersten Male durfte ich also bei der »großen Führerlage«, wie
es im FHQ hieß, anwesend sein. Ich würde allerdings nur bei den
Vorträgen über die Südostfront, die Generaloberst Jodl meist
selbst hielt, im Lageraum sein. Trotzdem lernte ich in diesen
Tagen viel von den mehr als verwirrenden Befehlsverhältnissen
in der deutschen Führungsspitze kennen. Das Oberkommando des
Heeres (OKH) führte den Oberbefehl nur über die Ostfront, der
Wehrmachtsführungsstab gab seine Befehle für die anderen
Fronten, einschließlich der Balkanfront. Marine und Luftwaffe
schickten ihre eigenen Offiziere zum Vortrag. Über allem stand
nur Adolf Hitler als einziges einigendes und koordinierendes
Element, seitdem er den Oberbefehl übernommen hatte.
Im innersten Sperrkreis, etwa fünfzig Meter vom Führerbunker,

befand sich die Lagebaracke. Der neue Führerbunker war eben fertig geworden. Sieben Meter dicker Eisenbeton sollte Schutz gegen eventuelle Bombenangriffe bieten. Eine komplizierte Ventilationsanlage ersetzte die gänzlich fehlenden Fenster und sorgte für Frischluft. Die Atmosphäre war trotzdem ungesund. Ich hörte, daß der Beton noch nicht vollkommen abgebunden sei und noch immer chemische und daher schädliche Wärme ausströmte.

Die Lagebaracke mit weiten Fenstern, in der sich das große Lagezimmer, verschiedene kleine Konferenz- und Telefonräume befanden, war schon bedeutend freundlicher. Mittags gegen 14 Uhr und abends gegen 22 Uhr fanden die Lagebesprechungen statt, bei denen die großen Entscheidungen gefällt wurden. Am Tage meiner Ankunft noch – ich war frühmorgens mit dem Berliner Kurierzug gekommen – wurde ich zur Mittagslage befohlen. Der Lageraum war etwa 7 × 12 m groß. An der einen Längsseite, bei der großen Fensterfront, stand ein mächtiger Kartentisch. Neben der Tür, die sich den Fenstern gegenüber in der Mitte an der anderen Längswand befand, stand noch ein runder Tisch mit Polsterstühlen. Als ich eintrat, waren die meisten Herren, Generale und Generalstabsoffiziere aller Waffengattungen, schon versammelt. Ich hatte mich bei fast allen Herren vorzustellen, da ich nur wenige kannte. Ein kurzes Kommando meldete die Ankunft Adolf Hitlers, der in Begleitung von Feldmarschall Keitel und Generaloberst Jodl eintrat.

Zutiefst erschrocken sah ich auf den Mann, den ich vom vergangenen Herbst her ganz anders in Erinnerung hatte. Ich sah einen gebeugten Menschen, um Jahre gealtert; auch die tiefe Stimme schien müde geworden zu sein. War es eine schleichende Krankheit, die in ihm steckte? Besonders die linke Hand zitterte so stark, daß er sie, wenn er stand, mit seiner rechten festhalten mußte. War das eine unmittelbare Folge des Attentats vom 20. Juli? Oder war dieser Mann ganz einfach unter der Last der Verantwortung gebeugt, die er übernommen hatte und nun seit Jahren fast allein trug? Ich fragte mich nur, wie dieser alte, müde Mann noch die Energie für ein solches verantwortungsüberladenes Leben aufbrachte.

Adolf Hitler begrüßte einige der nächststehenden Herren mit Handschlag. Auch für mich hatte er einige freundliche Worte und befahl mir nochmals, bei jeder Lagebesprechung über den Balkan zugegen zu sein. Dann bat er um die Vorträge. Zwei Stenographen hatten an den Schmalseiten des Tisches Platz genommen. Alle Anwesenden standen. Nur für Hitler war in der Mitte der Längsseite ein Hocker vorgesehen, den er aber nur selten benutzte. Vor ihm lagen eine Reihe von Farbstiften und seine Brille.

Generaloberst Jodl, der rechts von Hitler stand – Feldmarschall Keitel stand links von ihm –, begann mit dem Lagevortrag. Auf der großen Generalstabskarte konnte alles verfolgt werden. Nummern von Divisionen, Korps, Panzerregimentern wurden genannt. Dort hatte der Russe angegriffen, war aber zurückgeschlagen worden. Hier war vom Feind ein tiefer Einbruch erzielt worden. Kräfte für einen Gegenangriff wurden angesetzt. Es war erstaunlich, welche Details, Regimentsnummern, Anzahl der einsatzfähigen Panzer, Betriebsstoffvorräte Hitler im Gedächtnis hatte. Neue Zahlen wurden genannt, Truppenverschiebungen an Hand der Karte befohlen. Die Lage war ernst. Die Front verlief jetzt etwa entlang der ungarischen Grenze, von einigen Einbrüchen abgesehen. Aus meiner Erfahrung heraus fragte ich mich innerlich: Waren denn die hier genannten Divisionen noch voll kampfkräftig? Wie sah es mit ihren Geschützen, ihren Fahrzeugen aus? Wie viele Panzer und Sturmgeschütze waren seit den vorliegenden Meldungen wieder ausgefallen? »Heute sind keine ganz großen Entscheidungen gefallen«, hörte ich einige Generalstabsoffiziere flüstern. Richtig, ich vergaß ganz, daß man hier oben nur mit Armeen und Heeresgruppen rechnete.

Beim Vortrag der Luftwaffe schien etwas nicht zu stimmen. Adolf Hitler richtete sich auf, und jetzt war es auch die alte klangvolle Stimme, die den vortragenden Offizier um genaue Aufklärung bat. Die einst so bevorzugte Luftwaffe schien nicht mehr sehr hoch im Kurse zu stehen! Die Zahlen der eingesetzten Kampfflugzeuge, die der Offizier nannte, klangen nicht überzeugend. Mit einer kurzen Handbewegung beendete Hitler diesen Vortrag und wandte sich ab. Generaloberst Jodl bedeutete mir, das Lagezimmer zu verlassen; es kämen nun andere Frontabschnitte zur Besprechung.

In einem Vorraum blieb ich noch bei einigen jüngeren Generalstabsoffizieren stehen. Eine Ordonnanz bot uns Wermut an. Wir sprachen von der Ostfront. In Warschau war gerade der Aufstand der polnischen Untergrundarmee im Gange. Es mußte dort grauenhafte Kämpfe geben. Südlich von Warschau sah es noch schlimmer aus; von dort lagen ganz schlechte Nachrichten vor. »Diese Nachrichten kann man dem Führer nicht vortragen«, meinte einer der Offiziere. »Das muß sonst irgendwie ausgebügelt werden.«

Drei Tage später wurde ich zufällig bei der Besprechung über die anderen Fronten nicht hinausbefohlen. Der vortragende Offizier meldete die verzweifelte Lage, die an jener Frontstelle entstanden war. Adolf Hitler sprang auf und schrie den Offizier an: »Warum ist mir das nicht früher gemeldet worden?« Er warf seine Bleistifte heftig auf den Kartentisch, so daß einige auf den Boden fielen. Ich hörte Vorwürfe gegen Jodl, gegen das OKH und gegen die Luftwaffe. Alle schwiegen betreten. Ich selbst drückte mich vor diesem unbeherrschten Zornesausbruch noch etwas weiter in den Hintergrund.

Mußte diese Zurechtweisung vor allen Anwesenden erfolgen? Fast noch beängstigender war der plötzliche Umschwung Hitlers auf eine ruhigere Stimmung. Er wandte sich an einen anderen General mit einigen sachlichen Fragen: »Stehen noch Reserven zur Verfügung? Kann ein Munitionszug noch rechtzeitig zur Stelle sein? Ist eine schwere Pioniereinheit in der Nähe?« So wurde wieder geflickt und repariert, und ich schöpfte Hoffnung, daß die Sache einigermaßen in Ordnung kommen würde.

Im Laufe des Nachmittags suchte ich noch verschiedene Bekannte im FHQ auf. Nirgends erfuhr ich irgendwelche erfreulichen Neuigkeiten. Ich beschloß, auf anderthalb Stunden zu verschwinden. Es gab eine Sauna im Hauptquartier, die wollte ich aufsuchen. Es tat gut, den Körper dem brennend heißen Dampf auszusetzen. Und danach eine Massage! Dann fühlte ich mich wieder frisch und einer langen Nachtsitzung gewachsen. Schade nur, daß die Seen so weit weg waren; jetzt müßte Schwimmen guttun!

Überraschend traf ich auf einem Weg im Hauptquartier Hanna Reitsch. Wir begrüßten uns freudig. Ich war so froh, daß dieser tapferen Frau bei den kürzlichen Versuchen mit der V 1 nichts zugestoßen war. Sie erzählte mir, daß sie mit Generaloberst von Greim hier sei, und zeigte mir ihre Wohnung. »Wollen Sie nicht abends zu uns kommen?« Gern versprach ich das, erwähnte aber, daß ich erst nach der Abendlage kommen könne. »Wir sind auch noch so lange auf; es sind wichtige Dinge im Gange! Kommen Sie nur!« So verabschiedeten wir uns.

Nach der Abendlage – es war schon gegen Mitternacht – tappte ich über die stockdunklen Wege zu der beschriebenen Baracke. In einem großen Wohn- und Schlafraum stellte mich Hanna Reitsch dem Generalobersten Ritter von Greim vor. Weißes, gescheiteltes Haar umrahmte sein sympathisches, scharfgeschnittenes Gesicht. Unter dem Ritterkreuz entdeckte ich den »Pour le mérite« des ersten Weltkrieges. Bald waren wir in einer angeregten, ernsten Unterhaltung. Thema: Der Krieg und die Luftwaffe. Ich war erstaunt über den Schwung, den dieser General noch aufbrachte. Bald erfuhr ich den eigentlichen Grund seiner Anwesenheit im FHQ: Reichsmarschall Hermann Göring sollte vom Oberkommando der Luftwaffe abtreten; von Greim war von Hitler als Nachfolger bestimmt. Es waren jedoch noch nicht alle Fragen geklärt. Vor allem die Personalpolitik der Luftwaffe wollte Hermann Göring in der

Hand behalten. Damit war aber von Greim nicht einverstanden. Hitler hatte jedoch noch nicht das letzte Wort gesprochen.

Zwei Nächte lang saß ich bis in die frühen Morgenstunden mit den beiden prachtvollen Menschen im Gespräch zusammen. Beide waren Idealisten im besten Sinne des Wortes. Es war für mich erstaunlich, wenn auch nicht neu, wie heftig die Führung der Luftwaffe und besonders Hermann Göring von Generaloberst von Greim kritisiert wurden. »Die Luftwaffe hat sich auf den verdienten Lorbeeren der Kriegs- und Erfolgsjahre 1939 und 1940 ausgeruht, ohne an die Zukunft zu denken. Die Worte ›Wir haben die beste, schnellste und tapferste Luftwaffe der Welt‹, die Göring einst gebrauchte, können allein keinen Krieg gewinnen.« So etwa fand von Greim bittere Worte über die Luftrüstung während der vergangenen Jahre. Mir sind nicht mehr alle Einzelheiten der stundenlangen Gespräche gegenwärtig; nur an einen kleinen Lichtblick erinnere ich mich: die neuen Düsenjäger waren im Kommen. Vielleicht konnten wir mit ihrer Hilfe die pausenlosen Luftangriffe auf deutsche Städte abwehren und wenigstens teilweise wieder die Luftherrschaft zurückgewinnen. Offen blieb nur die Frage: Hätten diese Düsenjäger nicht schon früher zur Verfügung stehen können? Die Entwicklung war doch schon 1942 abgeschlossen worden. War dies wieder ein Kapitel der deutschen Kriegsgeschichte, über dem das Wort »zu spät« stand?

Generaloberst von Greim wurde damals noch nicht Oberbefehlshaber der Luftwaffe. Erst in den letzten Tagen des April 1945, in den Trümmern Berlins, wurde ihm dieses Amt übertragen. Beim Flug in die schon gänzlich eingeschlossene Hauptstadt, an dem seine treue Begleiterin Hanna Reitsch teilnahm, wurde er schwer verwundet. So kam er auch zwei Wochen später in Kitzbühl in amerikanische Gefangenschaft. Er wollte nicht gezwungen sein, bei den Alliierten gegen seinen früheren Oberbefehlshaber Göring auszusagen. Das war einer der Gründe für seinen Freitod.

Am dritten Tage nach der Abendlage wurde mir bedeutet, noch im Besprechungszimmer zu bleiben. Hitler hatte außerdem noch Keitel, Jodl, Ribbentrop und den an diesem Tage anwesenden Himmler gebeten, zurückzubleiben. Wir nahmen an dem bereits erwähnten runden Tisch in der Ecke Platz. Adolf Hitler erläuterte noch einmal kurz die Lage im Südosten. Die eben zum Stehen gekommene Front an den Grenzen Ungarns mußte unter allen Umständen gehalten werden. In diesem riesigen Bogen befand sich über eine Million deutscher Soldaten, die bei einem plötzlichen Zusammenbruch verloren sein würden. »Wir haben geheime Nachrichten«, fuhr Hitler fort, »daß der ungarische Reichsverweser, Admiral von Horthy, versucht, mit den Feinden in Verbindung zu kommen, um einen raschen Separatfrieden für Ungarn zu erreichen. Dies würde aber den Verlust unserer Armeen bedeuten. – Er versucht nicht nur, mit den Westmächten zu verhandeln, sondern auch mit Rußland. Er wird sich auch diesem unterwerfen.

Sie, Skorzeny, werden für den Fall, daß der Reichsverweser seinen Bündnisverpflichtungen untreu wird, die militärische Inbesitznahme des Budapester Burgberges vorbereiten. Der Generalstab denkt da an ein Fallschirm- oder ein Luftlandeunternehmen. Die Befehlsgebung für die gesamte Operation in Budapest wird dem neuernannten Korpsgeneral, General der Artillerie N., übertragen. Sie sind ihm unterstellt, haben aber sofort mit Ihren Vorbereitungen zu beginnen, da der Korpsstab erst in Aufstellung begriffen ist.« So etwa erklärte Adolf Hitler den Anwesenden den bevorstehenden Einsatz. »Damit Sie die bei der Aufstellung auftretenden Schwierigkeiten leichter überwinden, erhalten Sie von mir einen schriftlichen Befehl mit weitgehenden Vollmachten.« – Generaloberst Jodl las anschließend von einem Befehlsblatt die mir neu unterstellten Einheiten vor: Ein Bataillon Fallschirmjäger der Luftwaffe, das Fallschirmjägerbataillon 600 der Waffen-SS und ein Infanteriebataillon mot., aufgestellt aus Angehörigen der Offizierskriegsschule Wiener Neustadt. Außerdem wurden bereits die Verlegung und die Unterstellung zweier Staffeln von Lastenseglern befohlen. »Sie erhalten auch eine Maschine aus der Kurierstaffel des Führerhauptquartiers für die Dauer des Einsatzes zu Ihrer Verfügung«, schloß Generaloberst Jodl.

Adolf Hitler unterhielt sich noch eine Weile mit Ribbentrop über die Nachrichten, die aus der deutschen Botschaft in Budapest vorlagen. Auch hier hieß es, daß die Lage äußerst gespannt sei und die derzeitige ungarische Regierung keineswegs mehr als achsenfreundlich gelten könne. – Nachdem der schriftliche Befehl von Adolf Hitler unterschrieben war, wurde er mir übergeben. Die Herren verabschiedeten sich. »Ich verlasse mich auf Sie und Ihre Männer. Und alles Gute!« Mit diesen Worten zog sich Hitler zurück.

Als ich dann, allein geblieben, das Schriftstück überlas, war ich erstaunt über die weitgesteckten Möglichkeiten, die mir dieses Papier in die Hand gab. Es war auf sogenanntem Staatspapier geschrieben: Links oben in Gold der Adler mit Hakenkreuz, darunter in einfachen Antiqua-Buchstaben »Der Führer und Reichskanzler«. Der Wortlaut des Schriftstückes – es ging leider im Wirbel der Ereignisse des Jahres 1945 verloren, genauer gesagt, es wurde samt meinem Gepäck gestohlen – lautete ungefähr: »Der SS-Sturmbannführer der Reserve Otto Skorzeny handelt in Ausführung eines persönlichen, streng geheimen Befehls von höchster Wichtigkeit. Ich weise sämtliche militärischen und staatlichen Dienststellen an, Skorzeny in jeder Weise zu unterstützen und seinen Wünschen nachzukommen.« Darunter stand die sehr zittrig gewordene Unterschrift des deutschen Staatsoberhauptes. Einen Augenblick lang ging es mir durch den Kopf: Mit dieser Vollmacht konnte ich ja ganz Großdeutschland auf den Kopf stellen. In Wirklichkeit war ich entschlossen, dieses Schriftstück sowenig wie möglich zu verwenden. Ich schätzte den blinden Gehorsam einer Dienststelle gegenüber einem »höchsten« Befehl nicht allzusehr. Mir war es lieber, wenn ich volles Verständnis und so Erfüllung meiner Forderungen fand.

Um es gleich vorwegzunehmen: Ich habe dieses Schriftstück nur einmal aus der Tasche gezogen, und zwar einige Tage später in Wien. Ich hatte eine stundenlange Unterredung mit einem Oberstleutnant des Wehrkreiskommandos über die sofortige Motorisierung der mir unterstellten Kriegsschule Wiener Neustadt und anderer Einheiten. Listen mußten durchgesehen, Ladezahlen verglichen werden usw. Bei mir meldete sich ein grimmiger Hunger, und ich bat meinen Gesprächspartner: »Können Sie mir bitte ein Paar Würstel oder etwas anderes Fleischiges kommen lassen? Ich werde heute nicht mehr zum Essen kommen.«

»Gern, aber geben Sie mir bitte Ihre Fleischmarken«, war die Antwort. Als ich ihm erklärte, daß ich die kriegswichtigsten Stücke meiner Ausrüstung, die Lebensmittelmarken, vergessen hätte, trotzdem aber meinen Hunger stillen müßte, stand der Offizier meiner Bitte um ein markenfreies Paar Wiener Würstchen verständnislos gegenüber.

»Nein, leider ist das ganz ausgeschlossen. Das kann unsere Kantine niemals machen!« war die strikt ablehnende Antwort. Da wollte ich spaßeshalber die Zauberwirkung meiner Vollmacht und ihrer Unterschrift erproben. Wortlos faßte ich in meine Aktenmappe und legte das Schriftstück vor den verdutzten Kameraden auf den Schreibtisch. Ein kurzer Blick seinerseits genügte, dann kam seine Antwort: »Aber selbstverständlich, sofort! Unteroffizier L.«, rief er in den Vorraum, »bringen Sie sofort aus der Kantine zwei Paar Würstel!« Ich habe dann den Imbiß, serviert »auf höchsten Befehl«, getreulich mit dem zu pflichtbewußten Oberstleutnant geteilt. –

Nach dem Erhalt des Einsatzbefehls – es war schon zwei Uhr früh – hatte ich noch einiges zu erledigen. Vorsichtshalber hatte ich schon zwei Tage vorher an den Jagdverband »Mitte«, das frühere Jägerbataillon 502, Alarmbereitschaft durchgegeben. Ich wußte, Hauptsturmführer von Fölkersam würde auch in dieser späten Stunde noch auf meinen Anruf warten. Sofort hatte ich ein Blitzgespräch mit Friedenthal in der Leitung: »Hallo, Fölkersam! Ich habe soeben einen neuen wichtigen Auftrag erhalten. Schreiben Sie mit. Die verstärkte erste Kompanie wird heute früh acht Uhr auf dem Flugplatz Gatow verladen. Dreifache Munitionsausstattung und die Ausrüstung für vier Pioniersprengtrupps nicht vergessen. Für sechs Tage Notverpflegung ausgeben. Das Kommando übernimmt Obersturmführer Hunke. Zielort ist dem Kommando der Ju-52-Staffel bekannt. Ich selbst fliege heute so früh wie möglich von hier los und lande vor zehn Uhr auf dem Fabrikflugplatz der Heinkel-Werke in Oranienburg. Sie holen mich ab. Zwei Stunden später geht es weiter. Sie, Radl und Ostafel fliegen mit mir. Haben Sie noch eine Frage? Dann bis morgen! Wahlspruch bleibt: Machen wir leicht!« Ich wußte, jetzt ging in Friedenthal der Betrieb los. Da fiel mir auch für das neue Unternehmen der Tarnname ein: »Panzerfaust«.

Es ist ein schönes Gefühl, ein Flugzeug zur Verfügung zu haben, dachte ich mir ein paar Stunden später, als sich der Flugzeugführer der He 111 auf dem Flugplatz des Hauptquartiers bei mir meldete. Ich saß vorne neben ihm am Doppelsteuer und betrachtete die Landschaft, die unter uns dahinzog. Ich konnte es aber nicht verhindern, daß meine Gedanken schon ganz konkret um den neuen Auftrag kreisten. Da stand wieder einmal viel auf dem Spiel: All die deutschen Truppen entlang der ungarischen Grenze! Sie mußten bei einem plötzlichen Abfall der an den Karpaten eingesetzten ungarischen Truppen in eine sehr prekäre Lage kommen. Und wenn Budapest, das Hauptnachschubzentrum, ausfiel ... eine unausdenkbare Katastrophe! Hoffentlich gelangen noch alle Vorbereitungen rechtzeitig!

Da fiel mir noch etwas ein. Hatte ich nicht auch Lastenseglerstaffeln unterstellt bekommen? Und Fallschirmjägerbataillone? Wie stellte sich denn der Generalstab einen Sprung- und Luftlandeeinsatz auf dem Burgberg vor? Ich kannte doch Budapest und seine Innenstadt recht genau. Die einzige Landemöglichkeit in der Stadt war der große Exerzierplatz, das Blutfeld. Aber da würden wir, bei feindseliger Haltung der Ungarn, vom nahen Burgberg und von den anderen drei Seiten aus zusammengeschossen werden, bevor wir uns sammeln konnten. Ich konnte höchstens einige Spezialtrupps landen lassen, überlegte ich mir weiter. Das konnte sich aber nur aus der jeweiligen Situation ergeben.

Auf der Autofahrt nach Friedenthal informierte ich kurz meinen IA: »Da haben wir wieder einmal mehr als genug unsichere Komponenten in unserem Auftrag«, meinte von Fölkersam. »Aber dankbar ist er, und wir werden es schon schaffen. Die Verladung in Gatow ging klar«, berichtete er mir dann, »wir haben als Sammelplatz Wien. Das gibt für Sie vielleicht ein paar Freistunden bei Ihrer Familie; die sehen Sie ja auch gar nicht mehr.« Wir wußten beide, ohne darüber zu sprechen, daß wir kaum Zeit haben würden, »grüß Gott« zu sagen. Unsere Familien würden das schon verstehen; wir arbeiteten und kämpften ja auch für sie. Auf unserem Flug nach Wien hatten wir auch eine Kiste mit dem neuesten Pioniersprengstoff mitgenommen. Es saß sich ganz gut darauf; man durfte nur nicht daran denken, daß das Ding hochgehen konnte! Bei der feindlichen Fliegertätigkeit über Deutschland hatten wir ja allerhand Chancen! Aber darüber unterhielten wir uns nicht. Wir hatten nur das Nächstliegende, unsere neu unterstellten Truppen und unseren Auftrag, im Sinn. Ich schlug vor, daß wir auf jeden Fall alle drei Bataillone sofort motorisierten. Das würde ein gutes Stück Arbeit bei den Heimatkraftfahrparks kosten. Wir wußten, wie knapp derzeit die Lastwagen waren. Die Ostfront und auch jetzt der Westen hatten zu viele Fahrzeuge verschlungen. Da konnte auch die beste Industrie nicht mehr mitkommen.

Fölkersam, Ostafel und ich fuhren von Aspern aus sofort weiter nach Wiener Neustadt. Radl sollte in Wien Verbindung mit den Stellen des Nachrichtendienstes aufnehmen. Vielleicht lagen schon neue Berichte vor.

In Wiener Neustadt meldeten wir uns in der alten Kriegsakademie, deren Tradition noch auf Kaiserin Maria Theresias Zeiten zurückging. In den hohen Gängen schauten die alten Soldatenköpfe aller ehemaligen Kommandeure der Schule auf uns herunter. Der derzeitige Kommandeur, Oberst H., war von unserem Kommen unterrichtet. Als ich ihn kurz einwies, wollte er selbst am liebsten das Bataillon führen. Ich konnte ihn davon überzeugen, daß das bei seinem höheren Dienstrang doch wohl nicht angebracht sei; aber er ließ es sich nicht nehmen, wenigstens als »Schlachtenbummler« dabeizusein.

Dann wurden der vorgesehene Bataillonskommandeur, ein Major, und die Kompaniechefs hereingerufen. Es waren alles alte Fronthasen, jetzt als Lehrer an die Kriegsschule abgestellt. Unterdessen waren alle frontverwendungsfähigen Fähnriche im Hof angetreten, fast tausend Mann. Als ich vor die Front trat, um das mir jetzt unterstellte Bataillon zu begrüßen, lachte mir das Herz im Leib. Eine solche Auswahl von Prachtkerlen, ein solches Bataillon gab es heute in Deutschland kaum noch einmal. Ich war stolz darauf, dieses Kommando übernehmen zu können. Dieser Stolz klang vielleicht auch aus den kurzen Worten, die ich an die

Truppe richtete: »Sie haben wohl durch Ihre Offiziere meinen Namen gehört, und manche werden sich an meinen Italieneinsatz erinnern. Erwarten Sie aber nicht von mir, daß ich Sie in ein Abenteuer führen werde. Es wird ein ernster, vielleicht blutiger Kampf werden, in dem es um hohe Einsätze geht. Sie und ich, wir werden alle unsere Soldatenpflicht tun. Wenn wir den Glauben an unsere Sache haben, werden wir auch unser Ziel erreichen und damit dem Vaterland und unserem Volke dienen.«

Auch das Fallschirmjägerbataillon war schon im Raum von Wien eingetroffen. Es machte mit seinen Offizieren einen guten Eindruck. Ich mußte nur darauf sehen, daß ich die Offiziere gut in die Hand bekam. Sie machten mir den Eindruck, als ob sie sonst gerne auf eigene Faust vorgingen. Und das konnte den ganzen Einsatz verderben! Wie dieser vor sich gehen sollte, davon hatte ich allerdings noch keine Vorstellung. Ich hatte ja noch keine Ahnung, wie sich die Situation in Ungarn entwickeln würde. – Das zweite Fallschirmjägerbataillon, das der Waffen-SS, kam von der Ostfront. Es war ziemlich zusammengeschlagen und daher auch nicht mehr so kampfkräftig wie die anderen Einheiten.

Bis wir die Motorisierungs- und Ausrüstungsfrage geregelt hatten, waren doch drei Tage vergangen. Jetzt wurde es Zeit, daß ich mich in Budapest selbst umsah. Die Papiere für einen gewissen »Dr. Wolff«, einen Kerl von meiner Statur, waren bald beschafft. Dann schlüpfte ich in einen bequemen Zivilanzug. Durch einen Bekannten ließ ich mich an dessen Budapester Freund empfehlen, und dann konnte es losgehen.

In Budapest wurden wir, Karl Radl und ich, von dem Kaufmann N. mit einer Gastfreundlichkeit aufgenommen, wie sie nur die Madjaren kennen. Sie ging so weit, daß er selbst auszog, um uns die gesamte Wohnung mit Diener und Köchin zur Verfügung zu stellen. Ich scheue mich fast, es niederzuschreiben, aber ich habe in meinem ganzen Dasein nicht so gut gelebt wie in diesen drei Wochen, und dies im fünften Kriegsjahr! Ich hätte unseren Gastgeber zutiefst beleidigt, wenn ich im Essen bescheidener gewesen wäre.

Unser Kommandierender General war unterdessen auch in Budapest eingetroffen. Er hatte seine Sorgen, einen arbeitsfähigen Stab zusammenzustellen und die ihm unterstellten Truppen rasch auf einen guten Ausbildungsstand zu bringen. Fürs erste ließ ich von Fölkersam und Ostafel beim Korpsstab mitarbeiten. Es mußte dringendst ein Alarmplan für alle Truppen in und um Budapest ausgearbeitet werden, um für alle Fälle gerüstet zu sein. Vor allem mußten Bahnlinien, Bahnhöfe und Nachrichtenzentralen in unserer Hand bleiben.

Der Nachrichtendienst hatte unterdessen festgestellt, daß der Sohn des Reichsverwesers, Niklas von Horthy, schon eine geheime Besprechung mit Beauftragten Titos geführt hatte. Auf diesem Wege sollte eine Verbindung mit dem russischen Oberkommando hergestellt werden, um Verhandlungen über einen Separatfrieden einzuleiten. Die Informationen des FHQ stimmten also in diesem Falle. Der Weg über Tito, den Admiral von Horthy da eingeschlagen hatte, erschien mir unfaßbar. Wie war es nur möglich, daß dieser Statthalter der ungarischen Krone den Weg zu den ewigen Feinden Ungarns, den Jugoslawen, ging? Was für einen Nutzen konnte er für sich und sein Volk davon erwarten? Mit den maßgebenden Männern unseres Nachrichtendienstes besprach ich, daß versucht werden sollte, in die gesamten Verhandlungen einen eigenen Agenten einzuschalten. Ein Kroate brachte es tatsächlich fertig, sich sowohl bei den Gesprächspartnern aus Jugoslawien als auch bei Niklas von Horthy gut einzuführen und das beiderseitige Vertrauen zu gewinnen. So erfuhren wir auch, daß sogar in nächster Zeit eine nächtliche Besprechung mit dem Reichsverweser selbst geplant sei. Das war für uns eine eher unangenehme Nachricht, da wir keinerlei Interesse daran hatten, daß das Staatsoberhaupt persönlich in der Affäre irgendwie kompromittiert würde. Doch über all das hatten sich der Nachrichtendienst oder die Sicherheitspolizei den Kopf zu zerbrechen; ich hatte andere Sorgen.

Sooft ich auf den Burgberg fuhr, um entweder den Luftattaché, den deutschen Botschafter oder den Kommandierenden General zu sprechen, wurden meine Sorgen größer, da ich noch keinen festen Plan hatte, wie ich im gegebenen Fall auf dem Burgberg, der eine natürliche Festung war, operieren sollte. Wenn es auch in meinem Auftrag nicht klar ausgesprochen wurde, so konnte ich mir die Verhinderung des Abfalls der ungarischen Regierung nur durch eine Aktion gegen das Regierungsviertel und die Burg vorstellen. Diese konnte nur durch eine feindselige Handlung gegen Deutschland ausgelöst werden, die dann schlagartig beantwortet werden mußte.

Fölkersam bekam also den Auftrag, alle erreichbaren Stadtpläne auf das genaueste zu studieren und seine Kenntnisse durch oftmalige Erkundungen der Straßen und Baulichkeiten zu ergänzen. Bei diesem Studium erlebten wir allerhand Überraschungen. Der Burgberg war durch ein Labyrinth von Gängen unterminiert; im Ernstfalle ein schweres Hindernis für uns. – Der nunmehr ausgearbeitete deutsche Alarmplan für Budapest sah vor, daß ich mit den mir direkt unterstellten Truppen den Burgberg militärisch besetzen sollte. Auf eine Luftlandung oder ein Fallschirmunternehmen hatte ich ganz verzichtet. Jetzt wurde es Zeit, daß meine Truppen nach Budapest kamen; auch das Korpskommando bestand darauf. Etwa Anfang Oktober marschierten sie von Wien ab und bezogen Quartiere in den Vororten von Budapest.

In den ersten Tagen des Oktober kam SS-Obergruppenführer und General der Polizei von dem Bach-Zelewski nach Budapest. Er war vom FHQ beauftragt worden, den Oberbefehl in Budapest zu übernehmen. Er kam von Warschau, wo eben unter seinem Kommando der Aufstandsversuch der polnischen Untergrundarmee niedergeschlagen worden war. In den Besprechungen stellte er sich selbst als »starken Mann« vor. Er sei, wie er sagte, entschlossen, notfalls genauso scharf wie in Warschau vorzugehen. Er hätte sogar einen 65-cm-Mörser mitgebracht. Dieses Geschütz war nur zweimal, bei der Belagerung der Festung Sewastopol und dann wieder in Warschau, eingesetzt worden. Ich fand die vorgeschlagene Methode unnötig rauh und meinte, daß man im Ernstfall mit eleganteren Mitteln besser und rascher zum Ziel kommen würde; das Unternehmen »Panzerfaust« könne auch ohne Unterstützung durch dieses Geschütz auskommen. Viele Offiziere schienen durch das Auftreten Bach-Zelewskis beeindruckt; vielleicht hatten sie auch etwas Angst vor ihm. Ich habe mich um seinen rauhen Ton nie gekümmert, bestand auf meiner Meinung und setzte sie auch durch.

Es war mir nicht ganz verständlich, warum die Alarmpläne oft in Sitzungen mit fünfzehn und zwanzig Offizieren erörtert wurden. Ich konnte mir gut vorstellen, daß die ungarische Regierung einiges aus diesen Sitzungen erfuhr und dadurch selbst zu schnelleren Entschlüssen getrieben wurde. Alarmierend wirkten jedenfalls die Meldungen unseres Nachrichtendienstes, daß auch Generaloberst M., der Oberstkommandierende der ungarischen Armee in den Karpaten, direkte Verhandlungen mit den Russen aufgenommen haben sollte. All diese Nachrichten gingen natürlich auch dem FHQ zu, das aber noch keine festen Befehle über Gegenmaßnahmen herausgab.

Hier in Budapest war die Atmosphäre wesentlich anders als seinerzeit in Italien. Dort hatte ich nur mit General Student verhandeln müssen und im übrigen meinen Einsatz völlig selbständig vorbereitet. Hier gab es Besprechungen über Besprechungen. Der Korpsgeneral hatte eine etwas abweichende Ansicht gegenüber der Botschaft, die wieder anders dachte als der General der Polizei Winkelmann. Nachrichtendienst und gewisse deutschfreundliche ungarische Persönlichkeiten hatten wieder andere Vorstellungen. Ich war froh, daß ich mit der Koordinierung dieser verschiedenen Meinungen nichts zu tun hatte. Wegen meines umfassenden Auftrages wurde ich zu vielen Sitzungen hinzugezogen. Ich konnte nur hoffen, daß durch irgendwelche plötzlichen Tatsachen hier ein Wandel, eine rasche Einigung aller Stellen und deren Meinungen erzwungen werden würde.

Um den 10. Oktober 1944 fand in einer Villa eine nächtliche Unterredung zwischen Niklas von Horthy junior und den jugoslawischen Unterhändlern statt. Die deutsche Polizei wußte Bescheid, griff aber nicht ein. – Die nächste Besprechung sollte am Sonntag, dem 15. Oktober, in der Nähe des Donaukais in einem Geschäftshaus stattfinden. Nun wurde es Ernst! Das FHQ entsandte noch vor dem 15. Oktober auch General Wenck nach Budapest, der im Bedarfsfalle den Oberbefehl führen und an Ort und Stelle Entscheidungen treffen sollte. Die Sicherheitspolizei war entschlossen, bei der nächsten Gelegenheit zuzugreifen und den Sohn des Reichsverwesers samt seinen Gesprächspartnern zu verhaften. Für diese Aktion wurde der Tarnname »Maus« gewählt, da durch einen Hörfehler aus dem Rufnamen für Niklas, nämlich Nicky, Micky entstanden war. Die Kombination zu Micky-Maus ergab sich dann von selbst.

Bei der Planung dieser Polizeiaktion war wohl der Gedanke maßgebend, daß der Reichsverweser, um eine öffentliche Bloßstellung seines Sohnes zu vermeiden, einlenken und die Pläne für einen Separatfrieden aufgeben würde. General Winkelmann bat mich, für diesen Vormittag eine Kompanie meiner Soldaten bereitzustellen. Es war ihm bekannt, daß schon die anderen Besprechungen Niklas von Horthys unter dem Schutze von Honvedtruppen gestanden hatten. Sollte es auch dieses Mal der Fall sein, so waren meine Soldaten als Gegengewicht gedacht. Ich sagte meine Unterstützung zu unter der Bedingung, daß ich selbst über den Einsatz meiner Kompanie bestimmen könne. – Am Sonnabend erhielt ich ein dringendes Telegramm aus Berlin, und zu meinem Leidwesen mußte ich Karl Radl sofort in die Reichshauptstadt schicken. Grollend folgte er diesem Befehl.

Der 15. Oktober 1944 war ein klarer Herbstsonntag. Um zehn Uhr vormittags, der Stunde des Rendezvous, waren die Straßen noch still. Meine Kompanie stand in einer Seitenstraße bereit. Hauptsturmführer von Fölkersam hielt Verbindung mit mir. Ich selbst konnte an diesem Tag natürlich nicht in Uniform auftreten. Wenn ich am Schauplatz der Ereignisse sein wollte, mußte ich unauffälliges Zivil tragen. Mein Fahrer und ein zweiter Begleiter, beides Luftwaffensoldaten, saßen in der kleinen Parkanlage, die den Platz ausfüllte. Ich war mit meinem Personenkraftwagen kurz nach Beginn der Besprechung vorgefahren. Als ich auf den Platz einbog, standen vor dem bewußten Geschäftshaus ein Militärkübelwagen der Honveds und ein Privatwagen, mit dem anscheinend Horthy junior gekommen war. Kurz entschlossen parkte ich Kühler an Kühler, um die Wagen daran zu hindern, plötzlich davonzufahren.

Das Stockwerk über den Geschäftsräumen, in dem die Besprechung stattfand, war schon am Tage zuvor von einigen Kriminalbeamten besetzt worden, die sich in einer Pension eingemietet hatten. Andere sollten etwa um 10.10 Uhr von der Straße in das Haus eindringen und dann die Verhaftungen vornehmen. In dem geschlossenen Kübelwagen saßen, von außen nicht zu bemerken, drei Honvedoffiziere; zwei andere befanden sich in der Parkanlage. Ich stand gerade neben meinem Wagen – ich hatte eine Motorpanne vorgeschützt –, als die Aktion begann.

Kaum war der erste deutsche Beamte im Hauseingang verschwunden, als der zweite mit Maschinenpistolen aus dem Kübelwagen beschossen wurde. Mit einem Bauchschuß fiel er neben dem Wagen nieder. Die beiden Offiziere aus der Parkanlage kamen schießend herbeigelaufen; ich hatte gerade noch Zeit, hinter meinem Wagen Deckung zu nehmen, als eine Geschoßgarbe die offengebliebene Wagentür durchlöcherte. Plötzlich wurde es lebhaft! In mehreren Fenstern und auf den Balkons der Häuser des Platzes tauchten Honvedsoldaten auf. Mein Fahrer und sein Begleiter waren sofort nach den ersten Schüssen zu mir geeilt; sie nahmen an, daß ich getroffen sei. Mein Fahrer erhielt einen Oberschenkelschuß, blieb aber aufrecht. Nun gab ich das Zeichen zum Einsatz der Kompanie, und wir drei setzten uns gegen das fast ununterbrochene Maschinenpistolenfeuer mit unseren Pistolen zur Wehr. Es war eine ungemütliche Situation und ein ungleicher Kampf, der freilich nur kurze Minuten dauerte. Mein Wagen sah immer mehr einem Sieb ähnlich. Die auf dem Pflaster abspringenden Geschosse heulten in unangenehmer Nähe an uns vorbei. Unsere Nasen konnten wir nur für Sekunden aus der Deckung hervorstecken, um durch unsere Schüsse die Gegner wenigstens auf Distanz zu halten, die ohnehin kaum zehn bis fünfzehn Meter betrug.

Da hörte ich aber schon aus der Nebenstraße das Laufen der in Aktion tretenden Kompanie. Fölkersam hatte die Situation erfaßt und ließ die erste Gruppe gleich am Platzeck in Stellung gehen. Die anderen besetzten blitzschnell die Parkanlage und richteten ihre Waffen gegen die Häuserfronten. Nach den ersten Schüssen zogen sich meine Bedränger in das Tor des Nachbarhauses zurück, in dem sich anscheinend noch eine stärkere ungarische Einheit befand. Als die Schießerei fast beendet war und nur noch einzelne Schüsse fielen, schleppten wir schnell unsere beiden Verwundeten in das Haustor. Dabei beobachteten wir, daß sich die Gegner aus dem Nachbarhaus offenbar zu einem Ausfall bereitstellten. Rasch entschlossen brachten wir an dem Toreingang eine Sprengladung zur Entzündung, die einige Marmorplatten und die Tür quer legte, so daß der Hausausgang versperrt war. Damit fand die militärische Aktion ein Ende; sie mochte kaum fünf Minuten gedauert haben.

Jetzt kamen auch die Polizeibeamten aus dem oberen Stockwerk herunter. Sie hatten vier Gefangene. Die beiden Ungarn, Niklas von Horthy – die »Micky-Maus« – und sein Freund Bornemizza, wurden in einen Lastwagen gepackt. Um Aufsehen zu vermeiden, wollte die Polizei eigentlich diese beiden Verhafteten, in je einen Teppich gewickelt, abtransportieren. Dieses Vorhaben war jedoch nach dem, was ich sah, nicht ganz gelungen. Die sich wehrenden Verhafteten mußten ziemlich kräftig auf den Wagen gehoben werden. Der Lastwagen fuhr ab, und meine Kompanie zog sich zurück. Weitere Zusammenstöße, die ja durchaus im Bereich der Möglichkeiten lagen, wenn sich der überraschte Gegner wieder sammelte, wollte ich vermeiden. Die Rücknahme der Truppe gelang ohne weiteren Zwischenfall.

Ein inneres Gefühl trieb mich dazu, dem Lastwagen nachzufahren. Ein anderer Kraftwagen mit Fahrer stand für mich bereit. Keine hundert Meter von dem Platz entfernt, unter der Elisabethbrücke, sah ich etwa drei Kompanien Honvedtruppen im Eilschritt anmarschieren. Wenn sie nach dem Platz weiterzogen, konnte es zu einem erneuten Gefecht mit meinen Männern kommen, was ich unbedingt vermeiden wollte. Hier konnte nur Bluffen helfen; einige wenige Minuten mußten gewonnen werden. Ich ließ den Wagen halten und lief dem Offizier, der die Truppe führte, entgegen: »Lassen Sie halten! Da oben ist ein wildes Durcheinander! Niemand kennt sich aus! Sehen Sie lieber zuerst nach, was los ist!« – Der Bluff gelang. Die Truppe hielt; der Kommandeur war anscheinend unschlüssig, was er tun sollte. Ein Glück, daß er etwas Deutsch verstand. Vielleicht hatte er auch gar nichts begriffen! Mir war aber nur der kurze Aufenthalt wichtig. Jetzt mußten meine Soldaten schon auf den Lastwagen sein und wegfahren. Ich rief dem Verdutzten noch zu: »Ich muß weiter!«, sprang in meinen Wagen und sauste los in Richtung Flugplatz. Als ich dort ankam, waren die beiden Ungarn schon im Flugzeug; und nach wenigen Minuten startete es in Richtung Wien.

Nun fuhr ich zum Korpskommando, das in einem Hotel ganz oben auf einem Hügel Budapests eingezogen war. Hier traf ich auch General Wenck. Wir warteten alle gespannt, was weiter ge-

schehen sollte. Wir wußten von gewissen militärischen Vorbereitungen auf dem Burgberg, die schon seit Tagen im Gange waren.
Die Garnison war verstärkt, auf verschiedenen Einfahrtsstraßen
unterirdische Minen gelegt worden. Gegen Mittag kam aus der
deutschen Botschaft – das kleine Palais befand sich auf dem
Burgberg – ein Telefonanruf. Der Militärattaché verständigte
uns, daß der Burgberg nunmehr ganz offiziell durch Honvedtruppen in den Verteidigungszustand gesetzt und daß die Zu-
fahrtsstraßen und Tore für jeden Verkehr gesperrt wurden. Der
Militärattaché hatte eben versucht, den Burgberg mit dem Wagen
zu verlassen, war aber auf allen Ausfahrtsstraßen zurückgewiesen
worden. Bald darauf wurden anscheinend die Telefonleitungen
gesperrt; denn kein Anruf kam mehr durch. Damit waren
praktisch alle deutschen Dienststellen – es befanden sich noch
mehrere auf dem Burgberg – von der Außenwelt abgeschnitten.
Das war ein erster »unfreundlicher Akt«, wie es so schön in der
Diplomatensprache heißt. Wir waren gespannt auf die Dinge, die
noch kommen sollten. Die nächsten Stunden mußten eine Entscheidung bringen. Es herrschte bei den meisten Herren eine gewisse Nervosität; denn es konnte noch keine Gegenmaßnahme
unsererseits getroffen werden. Noch lag das Gesetz des Handelns
auf der Gegenseite. Um 14 Uhr wurde eine Sondermeldung des
ungarischen Rundfunks angekündigt. Eine Botschaft des Reichsverwesers Admiral von Horthy kam durch: »Ungarn hat Waffenstillstand mit Rußland geschlossen!« Nun war alles klar; die vorbereiteten Gegenmaßnahmen mußten sofort eingeleitet werden.
Der große Alarmplan für Budapest wurde ausgelöst.
Auch die Aktion »Panzerfaust«, das Unternehmen gegen den
Burgberg, wurde befohlen. Ich hielt die Zeit jedoch noch nicht für
günstig und riet, einige Stunden, vielleicht bis zum nächsten
Morgen, zu warten. Als Gegenmaßnahme gegen die ungarischen
Vorbereitungen auf dem Burgberg schlug ich vor, mit deutschen
Truppen einen äußeren Sperrgürtel um den Berg zu legen. Die
22. Waffen-SS-Division übernahm diesen Auftrag. Die nach dem
Alarmplan erfolgende Besetzung der Bahnhöfe und anderer wich-
tiger Gebäude in der Stadt ging in den Nachmittagsstunden ohne
Zwischenfall vor sich.
Ein deutscher General wurde zum ungarischen Armeeoberkom-
mando an die Front entsandt. Er sollte notfalls den Oberbefehlshaber der ungarischen Armee festnehmen, kam aber mit seinen
Männern zu spät. Der ungarische General war bereits in Begleitung einiger Offiziere und Sekretärinnen zu den Russen über-
gegangen. Es war für uns überraschend, daß diese Tatsache und
die Rundfunkmeldung bei der ungarischen Truppe nicht schlim-

mere Folgen zeitigten. Im großen und ganzen blieb sie in ihren Stellungen. Die Mehrzahl der Offiziere folgte ihrem Oberkommandierenden nicht nach. Sie blieben bei ihrer Truppe und kämpften gegen die Russen weiter. Es mußte aber schnellstens verhindert werden, daß das Honvedministerium, das neben der Burg gelegen war, Befehle zur Kapitulation herausgab.

In einer Besprechung am späten Nachmittag wurde festgelegt, daß die Aktion »Panzerfaust« spätestens am 16. Oktober früh erfolgen sollte. Mir war dieser Zeitaufschub ganz recht, da ich noch manche Erleichterungen für unsere Ausgangslage von den folgenden Stunden erwartete. Ich ordnete meinerseits an, daß als X-Zeit die Morgendämmerung, d. h. sechs Uhr früh, festgesetzt wurde. Ich wollte unter allen Umständen eine Überraschung erreichen; dazu schien mir dieser Zeitpunkt besonders günstig zu sein. Zusammen mit Fölkersam saß ich während der nächsten Stunden über dem von uns gezeichneten großen Plan des Burgberges. Langsam nahm die Aktion feste Formen an. Ich wollte den Angriff konzentrisch ansetzen und gleichzeitig selbst versuchen, in der Mitte, die Wiener Straße entlang, einen Schwerpunkt zu bilden. Hier mußte auch das Überraschungsmoment zur Wirkung kommen. Ich hatte die Absicht, das Wiener Tor möglichst kampflos und ohne großen Lärm zu überrennen und dann mit meiner Truppe überraschend auf dem Platz vor der Burg aufzutauchen. Hier sollte dann eine rasche Entscheidung fallen. Wenn es gelang, schnell in die Burg, das vermutliche Zentrum des Widerstandes, einzudringen, war der Kampf bald zu Ende. Und das würde Blut auf beiden Seiten sparen.

Wir teilten nun unseren Verbänden ihre Aufgaben zu. Eine Kompanie Panther-Panzer und eine Kompanie Goliath-Panzer wurden uns noch zur Verstärkung zugewiesen. (Die kleinen Goliath-Panzer waren eine damals noch wenig bekannte Neuentwicklung, ferngelenkte, niedrige und wendige Raupenfahrzeuge mit einer starken Sprengladung im Vorderteil. Wir konnten sie vielleicht zum Brechen einer Barrikade oder eines Tores, das uns den Weg versperrte, gebrauchen.) – Das Bataillon der Kriegsschule Wiener Neustadt würde über die Gärten am Südhang des Burgberges angreifen. Es war eine schwierige Aufgabe; denn wir wußten, daß in den steilen Gärten verschiedene Stellungen und Maschinengewehrnester ausgebaut waren. Wir wollten so die Niederkämpfung des Widerstandes und die Besetzung der Burg erreichen. – Ein Zug des Jagdverbandes Mitte, verstärkt durch einen Panzerzug, sollte entlang der Westauffahrt der Burg angreifen mit dem Ziel, einen rückwärtigen Eingang zur Burg zu nehmen. – Ein Zug des SS-Fallschirmjägerbataillons 600 erhielt den Auftrag, durch den Kettenbrückentunnel, der unter dem Burgberg durchführte, den Eingang zu den unterirdischen Gängen zu erzwingen und von unten in das Kriegsministerium und das Innenministerium einzudringen. – Die Reste der Kompanie des Jagdverbandes Mitte, das Gros des SS-Fallschirmjägerbataillons, zwei Panzerzüge und die Goliath-Kompanie sollten für meinen Handstreich zur Verfügung stehen. – Das Luftwaffen-Fallschirmjägerbataillon hielt ich in Reserve für unvorhergesehene Fälle.

Die Befehle für jede einzelne Aktion wurden genau ausgearbeitet. Gegen Mitternacht zogen meine Truppen in die Bereitstellungsräume hinter dem Sperrgürtel, den die 22. SS-Division bereits nachmittags gebildet hatte.

Die Straßen Budapests hatten den Tag über kaum ihr Bild verändert. Sowohl die Aktionen der ungarischen als auch der deutschen Truppen waren von der Bevölkerung kaum bemerkt worden. Die Kaffeehäuser waren besetzt wie immer und leerten sich erst in den späten Nachtstunden. Auch die Nachrichten von den Bahnhöfen lauteten günstig. Der Nachschubverkehr aus dem Reich rollte ungehindert an die Fronten.

Es war schon Mitternacht vorüber, als sich beim Korpskommando ein höherer Offizier des Honvedministeriums melden ließ. Er kam auf uns unbekannten Wegen vom Burgberg und sollte im Auftrage seines Ministers Verhandlungen aufnehmen. Von unserer Seite wurde erklärt, daß vor Zurücknahme der Waffenstillstandserklärung des Reichsverwesers für Verhandlungen keine Grundlage gegeben sei. Ferner sei es ein mehr als unfreundlicher Akt, daß die Mitglieder der Botschaft und anderer deutscher Dienststellen auf dem Burgberg praktisch Gefangene seien. Auf mein Anraten hin wurde zur Änderung dieser Situation ein Ultimatum bis sechs Uhr früh gestellt. Bis dahin mußten die Minen und Sperren auf der Wiener Straße, die zur deutschen Botschaft führte, fortgeräumt sein. Das war gleichzeitig die gewünschte Voraussetzung für den Überraschungsangriff mit geringen Verlusten gegen die Burg.

Der ungarische Honvedoffizier erweckte in uns den Eindruck, daß von ihm und seinem Ministerium die plötzliche Kehrtwendung gegen Deutschland auch nicht positiv empfunden wurde. Man konnte aus den Worten des Unterhändlers heraushören, daß nicht alle Ungarn auf dem Burgberg mit dem raschen Entschluß und der Rundfunkansprache des Reichsverwesers einverstanden waren.

Die Unterredung war in einem freundschaftlichen Ton verlaufen, worauf sich der Offizier gegen zwei Uhr nachts verabschiedete. Etwa um drei Uhr bezog ich meinen Gefechtsstand am Fuß des Burgberges, auf dem Blutfeld. Dort stellte ich meinen Kübelwagen auf und befahl nochmals alle Offiziere zu mir. Die Nacht war sehr dunkel, und nur der schwache Lichtschein unserer abgeblendeten Taschenlampen huschte auf den Planskizzen hin und her. Die eine oder die andere Detailfrage war noch zu klären. Die Offiziere hatten gut vorgearbeitet und sich jede Einzelheit des Geländes genau eingeprägt. Mein Adjutant hatte schwarzen Kaffee besorgt, den wir heiß aus den Feldflaschen tranken. Das half in einer solch spannungsreichen durchwachten Nacht.

Mittlerweile hatte auch ich mir meinen Einsatzplan zurechtgelegt. Ich wollte versuchen, mit meiner ganzen Truppe einfach vor die Burg zu marschieren und möglichst den Eindruck zu erwecken, als sei dies die selbstverständlichste Sache von der Welt. Die Männer mußten also auf ihren Wagen bleiben; das Ganze mußte wie ein normaler Aufmarsch aussehen. Ich wußte, daß ich damit ein großes Risiko einging; denn meine Soldaten waren – auf ihren Wagen aufgesessen – bei einem feindlichen Angriff fast wehrlos. Aber es mußte gewagt werden, wenn ich den Kampf rasch beenden wollte. Nun gab ich auch den anderen Kommandeuren meine Absicht bekannt. Wenn mein Plan gelang, konnten sie auf baldige Unterstützung durch mich vom Burgberg her rechnen.

Ich stellte meine Marschkolonne zusammen. Sie mußte sich nach Passieren des Wiener Tores und Erreichen der Burgberghöhe teilen und auf beiden Parallelstraßen mit voller Geschwindigkeit auf den Burgplatz zufahren. Ich befahl alle Kompaniechefs und Zugführer zu mir und schärfte ihnen ein, mit ihren Männern strengste Feuerdisziplin zu halten. Sie sollten nicht einmal Einzelfeuer erwidern, sondern unter allen Umständen versuchen, mit ihren Fahrzeugen bis zu ihren Aktionspunkten vorzudringen, ohne selbst einen Schuß abzugeben. »Die ungarischen Soldaten sind nicht unsere Feinde!« Nach diesem Grundsatz mußte gehandelt werden.

Als erstes Fahrzeug stellte sich nun mein Kübelwagen auf der Auffahrt zur Wiener Straße bereit. Es war gegen fünf Uhr dreißig Minuten, und es begann eben zu dämmern. Hinter mir fuhren vier Panzer auf, dann kam ein Zug der Goliath-Kompanie, und dahinter folgte schließlich Zug auf Zug, auf den Fahrzeugen aufgesessen.

Die Waffen waren gesichert. Die meisten Soldaten hatten sich zurückgelehnt und schliefen noch ein paar Minuten. Sie hatten alle die guten Nerven des alten, kriegsgewohnten Landsers, der auch vor dem gefährlichsten Einsatz noch die Gelegenheit zu einem Schläfchen wahrnimmt. Sicherheitshalber schickte ich meinen Adjutanten noch einmal zum Korpskommando, um zu erfragen, ob irgendeine Änderung in den Plänen eingetreten sei. Er kam mit der

Meldung, daß nichts Neues vorliege, zurück. Der Angriffszeitpunkt blieb sechs Uhr.

Es fehlten noch einige Minuten. Ich ging noch einmal zu meinem
großen Kübelwagen. Neben Fölkersam und Ostafel befanden sich
darin noch fünf »alte Kumpel« vom Gran Sasso, Unteroffiziere
und Feldwebel. Sie sollten mein eigener Stoßtrupp sein. Jeder hatte
neben seiner Maschinenpistole noch ein paar Handgranaten am
Koppel hängen und eine Panzerfaust, das neue Panzerbekämp-
fungsmittel, in der Hand. Wir waren neugierig, wie sich die auf
dem Burgberg zusammengezogenen ungarischen Panzertruppen
verhalten würden. Nötigenfalls sollten sie mit den Granaten aus
unseren Panzern oder mit der Panzerfaust Bekanntschaft machen.
Noch ein Blick auf die Armbanduhr: Eine Minute vor sechs Uhr!
Ich machte mit dem rechten Arm eine kreisende Bewegung: »Motor anlassen!« Im Kübelwagen stehend, stieß ich jetzt den Arm
mehrmals in die Luft: »Anfahren!« Langsam – es ging bergauf –
setzten wir uns in Bewegung. Ich hoffte nur, daß keines meiner
Fahrzeuge auf eine Mine fuhr. Damit wäre die Kolonne zum Halten gezwungen und der schöne Plan in Frage gestellt gewesen.
Unwillkürlich lauschte ich zurück, ob nicht etwa eine Detonation
erfolgte. Da tauchte schon das Wiener Tor auf. Eine Durchfahrt
war frei gemacht. Einige ungarische Soldaten schauten neugierig
auf uns herunter. Nun hatten wir das Plateau erreicht. »Allmählich schneller werden!« rief ich leise meinem Fahrer zu.

Rechts von der Straße lag eine Honvedkaserne. »Unangenehm,
wenn wir jetzt Flankenfeuer bekämen«, murmelte neben mir Fölkersam. Vor der Kaserne waren zwei Maschinengewehre in Stellung; wir sahen außerdem Sandsackbarrikaden. Nichts rührte sich;
nur der Motorenlärm der Panzer hinter mir war zu hören. Ich nahm
die rechte Seitenstraße, in der auch die deutsche Botschaft lag. Nun
konnten wir schon eine beachtliche Geschwindigkeit fahren, ohne
die Fahrzeuge hinter uns zu verlieren. Die Panzer donnerten mit
35 bis 40 km Geschwindigkeit hinter mir her. Kaum 1000 m hatten wir noch bis zur Burg. Ein guter Teil unseres Auftrages war
also geschafft. Wir gelangten, ohne einen Schuß abzugeben, auf den
Burgberg. Da tauchte das massige, freistehende Gebäude des Honvedministeriums links vor uns auf. Wir hörten aus weiter Entfernung ein, zwei schwere Explosionen. Es waren wahrscheinlich unsere Männer, die sich unten im Tunnel den Eingang erzwangen.
Jetzt kamen für uns die entscheidenden Augenblicke. Schon waren
wir am Ministerium vorbei, und der Burgplatz lag vor uns. Es war
noch nicht völlig hell. Drei ungarische Panzer standen auf dem Platz
aufgefahren. Am ersten waren wir vorbei. Er fuhr sein Rohr hoch
zum Himmel – zum Zeichen, daß er nicht schießen wollte.

Vor dem Burgtor war eine meterhohe Steinbarrikade errichtet. Ich fuhr mit meinem Wagen etwas seitwärts und gab dem Panzer hinter mir ein Zeichen, mit voller Wucht auf die Steine loszufahren. Wir sprangen aus dem Wagen und liefen hinterher. Den Druck und die Wucht der 30 Tonnen hielt die Barrikade nicht aus. Sie brach zusammen, der Panzer wälzte sich darüber und streckte sein langes Rohr in den Burghof. Sechs Panzerabwehrgeschütze starrten ihm entgegen.

Neben dem Panzer und über die auseinandergebrochenen Steine sprangen wir durch das aufgestoßene Tor. Ein Oberst der Burggarde wollte uns mit vorgehaltener Pistole anhalten. Mein Adjutant schlug ihm die Waffe aus der Hand. Rechts vor uns war anscheinend der Haupteingang in die Burg. Wir liefen darauf zu. Einem Honvedoffizier, der uns entgegenkam, rief ich zu: »Führen Sie mich sofort zum Burgkommandanten!« Er lief brav neben mir die breite, mit roten Teppichen belegte Freitreppe hinauf. Im ersten Stock liefen wir in einem Gang nach rechts. Ich bedeutete einem meiner Männer, hier als Deckung zurückzubleiben. Der Offizier wies auf eine Tür. Wir kamen in einen kleinen Vorraum. Ein Tisch war an das offene Fenster geschoben; darauf lag ein Mann an einem Maschinengewehr, das eben auf den Platz hinaus zu feuern begann. Unteroffizier Holzer, ein kleiner, untersetzter Kerl, faßte das Maschinengewehr mit beiden Händen, stieß es zum Fenster hinaus, und schon zerschmetterte es auf dem Pflaster. Der Schütze war so verblüfft, daß er vom Tisch fiel.

Rechts sah ich eine Tür. Ich klopfte kurz an und trat ein. Ein Generalmajor der Honved kam mir entgegen. »Sind Sie der Burgkommandant?« fragte ich ihn. »Ich fordere Sie auf, sofort die Burg zu übergeben, Sie sind verantwortlich, wenn hier weiter unnütz Blut vergossen wird. Ich bitte um Ihre sofortige Entscheidung!« Von draußen hörte man tatsächlich Schüsse fallen, manchmal einen Stoß aus einer Maschinenwaffe. »Sie sehen doch, daß jeder Widerstand sinnlos ist«, sagte ich, »ich habe ja schon die Burg besetzt.« Ich wußte, daß die Kompanie des Jagdverbandes Mitte unter Führung des kaltblütigen Obersturmführers Hunke hinter mir angekommen war und sicher schon die wichtigsten Punkte besetzt hatte. Da trat Hunke auch schon ein und meldete: »Hof und Haupteingänge ohne Kampf besetzt! Bitte um weitere Befehle!«

Nun hatte auch der ungarische Generalmajor den für ihn sicher nicht leichten Entschluß gefaßt: »Ich übergebe Ihnen die Burg und werde sofort die Einstellung des Feuers befehlen.« Wir reichten uns die Hände. Rasch vereinbarten wir, daß je ein ungarischer und einer meiner Offiziere den Feuereinstellungsbefehl an die im Burggarten kämpfenden Truppen überbringen sollte.

Ich trat inzwischen auf den Gang hinaus, um mich umzusehen. Auf meine Bitte hin begleiteten mich zwei ungarische Majore. Sie blieben auch später als Verbindungsoffiziere bei mir. Wir kamen zu den anschließenden Räumen des Reichsverwesers. Dieser hatte kurz vor sechs Uhr die Hofburg verlassen. Wie ich später hörte, hatte sich Admiral von Horthy unter den Schutz des Generals der Waffen-SS Pfeffer-Wildenbruch in dessen Haus begeben. Seine Familie hatte schon vorher beim päpstlichen Nuntius Unterkunft gefunden. Die Anwesenheit Horthys hätte auch nichts an unseren Plänen geändert, die mit seiner Person nichts direkt zu tun, sondern die Inbesitznahme und Sicherung des ungarischen Regierungssitzes zum Ziele hatten. – Als wir aus einem der Fenster, die auf die Blutwiese gingen, hinaussehen wollten, pfiffen uns einige Kugeln um die Ohren. Später bekam ich von Hunke die Meldung, daß der Feuereinstellungsbefehl an einige der ungarischen Gefechtsstände auf der Donauseite des Burggartens nicht heranzubringen war. Zwei Panzerfäuste, von der Burg aus abgeschossen, brachten auch diese Besatzungen zur Erkenntnis, daß es zweckmäßiger sei, den Widerstand aufzugeben.

Keine halbe Stunde hatte der ganze Einsatz gedauert. Auf dem Burgberg war wieder Stille eingekehrt. Die Budapester, die im angrenzenden Stadtteil wohnten, konnten, wenn sie wollten, weiterschlafen. Ich gab fernmündlich auf einer Sonderleitung die Erfolgsmeldung an das Korpskommando und hörte das Aufatmen am anderen Ende der Leitung. Man hatte anscheinend nicht allzuviel Zutrauen zu meinem Überraschungsplan gehabt. – Vom Honvedministerium und Innenministerium bekam ich dann auch die Meldungen; nur im ersteren hatte es ein kurzes Gefecht gegeben. – Nach und nach meldeten sich die Kommandeure der Kampfgruppen bei mir; es hatte erfreulich wenig Verluste gegeben. Wir zählten nur vier Tote und etwa zwölf Verwundete. Zu schweren Kämpfen war es nur an der Gartenseite gekommen. Ich ließ beim Burgkommandanten nach den ungarischen Verlusten fragen: die »Gegner« hatten drei Tote und fünfzehn Verwundete. Wir freuten uns, daß auf beiden Seiten größere Opfer vermieden worden waren. Die Soldaten der Honvedbataillone am Burgberg, des Gardebataillons und der Kronwache mußten ihre Waffen im Burghof ablegen. Alle Offiziere behielten auf meine Anordnung ihre Waffen, und ich ließ sie in einen der Säle der Burg bitten. Dort hielt ich eine kurze Ansprache: »Ich erinnere Sie daran, daß seit Jahrhunderten Ungarn niemals gegen Deutsche gekämpft haben; immer sind wir treue Waffenbrüder gewesen. Auch jetzt ist kein Grund zum Hader; denn es geht ja um ein neues Europa. Dieses aber kann nur entstehen, wenn Deutschland gerettet wird.« – Meine österreichische Aussprache hatte sicher den Eindruck meiner Worte unterstützt; das spürte ich an dem Händedruck, den ich dann mit jedem der ungarischen Offiziere tauschte. Am Nachmittag marschierten diese Offiziere an der Spitze ihrer Truppen von der Burg ab in ihre Unterkünfte. Am nächsten Tag legten sie vor dem Honvedministerium den Eid auf die neue Regierung ab.

Das Korpskommando hatte befohlen, daß ich mit meinen Truppen bis auf weiteres den Burgberg besetzt halten sollte. Ich mußte also sehen, wie wir uns am besten einrichteten. Der Kammerdiener des Reichsverwesers machte ein so griesgrämiges Gesicht, daß es Fölkersam erst recht reizte, bei ihm ein Frühstück zu bestellen. Wir verspürten jetzt alle einen mächtigen Hunger. Widerwillig wurde schließlich das Verlangte im Arbeitszimmer serviert, und es schmeckte uns trotzdem ausgezeichnet. Am Abend begrüßte ich alle meine Offiziere bei einem Essen in einem der Speisesäle der Burg. Auch der Kommandeur der Kriegsschule Wiener Neustadt war anwesend, ganz glücklich, daß sich seine »Adler«, wie er seine Fähnriche gerne nannte, so gut geschlagen hatten. Es ging wohl wesentlich bescheidener her, als es früher in diesen Räumen üblich gewesen war. – Ein Diner am Hofe der schönen Kaiserin Elisabeth von Österreich-Ungarn hatte bestimmt länger gedauert. Wir waren natürlich in blendender Stimmung, da auch die Nachrichten von der Karpatenfront beruhigend lauteten. Ein schwerer Schlag für Deutschlands Armee in Ungarn war eben noch verhindert worden. – Nach dem Kriege erst erfuhr ich durch einen früheren ungarischen Offizier, daß sich in der Burg selbst die geheime Funkstelle befunden hatte, die direkt mit Moskau in Verbindung stand. Der Funkoffizier hatte sich selbst erschossen, als wir die Burg besetzten.

In einem großen, breiten Bett holte ich den verlorenen Schlaf nach. In der Frühe wurde ein heißes Bad genommen, und dann konnte die Arbeit wieder beginnen. Was gab es bei einer solchen Besetzung nicht alles anzuordnen! Die Posten mußten an allen wichtigen Punkten verbleiben und eingewiesen werden. Eine Telefonwache mußte bestimmt werden, um den Fernsprechverkehr zu übernehmen. Die Haupt- und Torwache war einzurichten. Die übliche Arbeit in den Stallungen, Gärten und anderen Betrieben mußte weitergehen. Alle ungarischen Beamten hatten auf ihren Posten zu bleiben. Die zurückgebliebenen schweren Waffen, die Panzerabwehr- und Flakgeschütze, ließ ich sammeln. – Ich hatte mir auch nicht träumen lassen, daß ich eines Tages auf der Budapester Burg Kommandant sein würde.

Der neue ungarische Honvedminister Bereghfy ließ sich melden und sprach mir den Dank der neuen ungarischen Regierung aus.

Ich drückte meine Freude darüber aus, daß der Kampf so kurz gewesen und jede Beschädigung an den prachtvollen historischen Bauten vermieden worden sei. Mit Schaudern dachte ich daran, welche Zerstörungen der 65-cm-Mörser des groben Herrn von dem Bach-Zelewski an den stolzen Bauten angerichtet hätte. Wir vereinbarten noch, daß eine gemeinsame Beerdigungsfeierlichkeit für die deutschen und ungarischen Gefallenen stattfinden sollte. Die ungarische Regierung wollte das offizielle Arrangement übernehmen. Ich war dankbar für diese Idee, die einen eventuell verbliebenen Groll zwischen uns und den Ungarn auslöschen sollte.

An altösterreichische Zeiten wurde ich durch den nächsten Besuch erinnert. Ein alter Herr in der kaiserlich-königlichen Uniform eines Feldzeugmeisters meldete sich. »Servus, servus«, begrüßte er mich. »Ich hab' schon gehört, du bist ein Wiener. Freut mich wirklich! Du hast doch das Stückl mit dem Mussolini gemacht! Prächtig, prächtig!« Fölkersam flüsterte mir zu, daß es der Habsburger Erzherzog Friedrich sei. Ich bot meinem Besuch einen Platz an und fragte nach seinen Wünschen. »O ja«, meinte er, »eine Anfrage hätt' ich schon. Ich habe meine Rösser im Burgmarstall stehen. Sie können doch dort bleiben?«

»Aber selbstverständlich, Durchlaucht«, versicherte ich. »Alles bleibt beim alten! Kann ich mir die Pferde einmal anschauen?«

So konnte ich mir dann etwas später die wirklich prachtvollen Tiere im vollbesetzten Stall ansehen. Ohne den Besuch des liebenswürdigen alten Herrn aus der guten alten Zeit wäre ich sicher nicht auf diese Idee gekommen und hätte etwas Sehenswertes in Budapest versäumt.

Am Abend erreichte mich ein Befehl aus dem FHQ. Ich sollte am nächsten Tag, dem 18. Oktober, den Reichsverweser als »Gast des Führers« in seinem Sonderzug nach Schloß Hirschberg bei Weilheim in Oberbayern bringen. Ich sei für die Sicherheit des Zuges verantwortlich. Also war es mit den schönen Tagen in Budapest vorbei. – Ich bestimmte die Kompanie des Jagdverbandes Mitte zum Zugbegleitschutz. Mein auf einem Budapester Flugplatz wartendes Kurierflugzeug bestellte ich auf den Flugplatz Riem bei München. Ich wollte so rasch wie möglich zurückkehren, um den Beerdigungsfeierlichkeiten beizuwohnen.

Am nächsten Tag fuhr ich zur Dienststelle des Generals Pfeffer-Wildenbruch. Von ihm wurde ich formgemäß dem Reichsverweser Ungarns, Admiral von Horthy, vorgestellt. Ich meldete mich bei ihm als Zugkommandant und erfuhr, daß ihn außer seiner Familie noch die ungarischen Generale Brunswik und Vattay begleiten würden. Im Kraftwagen fuhren wir zum Bahnhof. Für den langjährigen Regenten Ungarns war dies ein trauriger Abschied aus seiner Hauptstadt. Die wenigen Passanten auf der Straße sahen sich kaum um. Vor dem Bahnhof stand wohl eine kleine Menschenmenge, aber kaum einer hob die Hand zum Gruß.

Im Zuge war auch ein höherer Beamter des ungarischen Außenministeriums anwesend. Während der Fahrt wurde ich von ihm in den Salonwagen des Reichsverwesers gebeten und dort der Gattin Admiral Horthys und seiner Schwiegertochter, die Rotkreuztracht trug, vorgestellt. Die Fahrt verlief ruhig. Im Speisewagen unterhielt ich mich mit den beiden ungarischen Generalen. Es war eine angenehme, sachliche Aussprache über die jüngstvergangenen Tage. »Es hat so kommen müssen«, meinte der eine resignierend zu mir.

In Wien – es war mittlerweile Nacht geworden – wurde ich zum Reichsverweser gerufen. Er erklärte mir, daß gemäß dem Versprechen vom Auswärtigen Amt hier sein Sohn Niklas zusteigen würde. Er bestehe nun auf Erfüllung dieses Versprechens. Ich konnte ihm nur wahrheitsgemäß versichern, daß ich darüber nichts wüßte und auch nichts gehört hätte. Mit Recht grollend, zog sich der Admiral zurück. Es war auch kaum mit den alten diplomatischen Gepflogenheiten vereinbar, so leichtsinnig eine Zusage zu geben, die man dann nicht halten konnte. Bei Weilheim wurde der Zug ausgeladen und Admiral Horthy mit Familie – samt seinem umfangreichen Gepäck, das einen Lastwagen füllte – in dem wunderschönen und ideal gelegenen Schloß Hirschberg untergebracht. – So rasch ich konnte, flog ich von München zurück. Meine Kompanie, die mit ihren Verwundeten mit uns im Zuge gefahren war, hatte ich nach Friedenthal entlassen. Zu den Trauerfeierlichkeiten am 20. Oktober kam ich gerade noch zurecht. Der Burghof bot einen feierlichen Hintergrund für den Trauerakt. Je eine deutsche und ungarische Ehrenkompanie standen Totenwache. Die Schleifen in den Landesfarben Deutschlands und Ungarns hingen von den sieben Särgen. – Unsere Gefallenen wurden in die Heimat übergeführt.

Als ich etwa acht Tage später noch einmal nach Wiener Neustadt kam, hatte ich einen wertvollen Befehl aus dem FHQ in der Tasche. Ich hatte um die Versetzung von 20 Fähnrichen zu den SS-Jagdverbänden gebeten und eine entsprechende Bewilligung erhalten. Der Kommandeur hatte die gesamte Kriegsschule im Hof der Akademie antreten lassen. Ich trat vor die Front, teilte den Fähnrichen den Inhalt des Befehls mit und bat um freiwillige Meldungen. Fast neunzig Prozent der jungen Soldaten wollten zu den Jagdverbänden! Mit Hilfe des Kommandeurs suchte ich dann zwanzig fronterfahrene Männer heraus von den Waffengattungen, die ich gerade benötigte. Es gab viele enttäuschte Gesichter bei den Nichtgewählten. Alle Kameraden aber freuten sich mit den 20 Mann, als ich diesen ihre Ernennung zu Leutnanten mitteilen konnte, die ich gleichzeitig mit ihrer Versetzung zu den Jagdverbänden auszusprechen gebeten hatte. Die Begeisterungsfähigkeit dieser jungen Offiziere in der Kriegsschule und ihre weitere Opferbereitschaft in dieser Kriegslage festigten meinen Glauben erneut, daß unsere gute Sache noch nicht verloren sein konnte, solange es unter der Jugend noch so viel Idealismus gab.

Nach dem Krieg sah ich Admiral von Horthy noch einmal wieder. Diesmal waren wir beide Gefangene der Amerikaner im Justizpalast zu Nürnberg. Admiral von Horthy war in der ersten Zelle im Parterre des sogenannten »freien Zeugenflügels« untergebracht. Ein deutscher Fregattenkapitän half ihm, der unter den zahlreichen älteren Herren im Justizpalast einer der rüstigsten war, seine Zelle sauberzuhalten. Als ich aus meiner Einzelhaft ebenfalls in den angenehmeren freien Flügel verlegt werden sollte – es war gegen Ende November 1945 –, da hatte zuerst Admiral von Horthy einige Bedenken. Nach einigen Tagen Verzögerung kam es auf Befehl von Col. Andrus doch zu meiner Verlegung. Feldmarschall Kesselring, der den »Gefängnisältesten« spielte, riet zu einer Aussprache zwischen von Horthy und mir. Daraus wurde dann eine mehr als zweistündige Unterhaltung, die für mich allerhand Neues brachte. Ich konnte ihm ehrlich versichern, daß seine Person bei dem Unternehmen »Panzerfaust« keine Rolle gespielt hatte. Er erzählte mir dagegen, daß er immer eine deutschfreundliche Politik betrieben habe, und sprach von seinen Schwierigkeiten, die gegen Kriegsende ins Uferlose gewachsen seien. Das Gespräch war für mich eine Bestätigung der alten Schulweisheit: Zum vollen Verständnis einer Sache muß man mindestens zwei Seiten hören. –

In der Nachkriegszeit konnte man in verschiedenen Memoirenbüchern lesen, daß unser Einsatz in Budapest überflüssig gewesen sei, daß insbesondere der Reichsverweser Ungarns selbst niemals ernstlich an einen Separatfrieden mit der Sowjetunion gedacht und daß daher in dieser Hinsicht auch keine Gefahr für die deutschen Armeen bestanden habe. – Durch Zufall kam ich nach dem Kriege mit einem ehemaligen ungarischen Offizier in Verbindung. Dieser schrieb mir wörtlich:

»Lieber Kamerad!
Recht herzlichen Dank für Ihr Schreiben vom 21. v. M. – Ich will gerne Ihrem Wunsche entsprechen und, soweit ich mich selbst noch an die Einzelheiten unseres seinerzeitigen Ausflugs erinnern kann, Ihnen darüber berichten.
In meiner Eigenschaft als Adjutant hatte ich meinen Komman-

danten öfters auf Inspektionsfahrten durch die Gefangenen- und Interniertenlager zu begleiten, so daß es mich nicht wunderte, als mich Oberst Roland von Utassy am 12. Oktober 1944 um 21 Uhr in meiner Wohnung telefonisch anrief und mir die Weisung gab, mich für eine zwei- bis dreitägige Inspektionsfahrt bereit zu machen; er käme mich in einer halben Stunde abholen.

Während der nächtlichen Fahrt sprachen wir von allem möglichen, nur nicht über Zweck und Ziel derselben. Es fiel mir auf, daß wir alle an der Straße liegenden Lager unbeachtet ließen und uns immer mehr der Front näherten, enthielt mich aber jeder Frage. Im Morgengrauen erreichten wir das Bataillonskommando des Abschnittes vor Szegedin, wo Utassy beim Verlassen des Autos seine Pistole (übrigens immer ungeladen) abschnallte und mich veranlaßte, ein gleiches zu tun. Dem Bataillonskommandeur machte U. die für mich überraschende Mitteilung, daß wir von Reichsverweser von Horthy den persönlichen Befehl erhalten hätten, wegen einer menschenwürdigen Behandlung der Zivilbevölkerung in den besetzten Gebieten als Parlamentäre mit den Russen zu verhandeln. Der Kommandeur erhielt den Befehl, in seinem Abschnitt ab Punkt 8 Uhr strengste Feuerpause eintreten zu lassen — so lange, bis die zwei Parlamentäre zurückgekehrt wären. Auf der Gegenseite sei der gleiche Befehl von Moskau aus (wie ich später erfuhr, bereitete Generaloberst Miklóssy alles vor) an den betreffenden Abschnitt ergangen. Wir begaben uns unterdessen in die vorderste Linie und erwarteten dort die X-Zeit. Schlag 8 Uhr verließen wir den Schützengraben und gingen den einige hundert Meter entfernten feindlichen Linien zu. Ein eigenes Gefühl der gespannten Erwartung und des wehrlosen Ausgeliefertseins befiel mich. Unwillkürlich fiel mir der alte Witz von den ›Hunden, die bellen, beißen nicht‹, ein. Ich weiß es; aber ob der Hund das auch weiß?

Eine an einem Stock befestigte Serviette diente uns als Friedensflagge. Aus der Flanke — wahrscheinlich aus dem Nebenabschnitt, der von der Waffenruhe keine Kenntnis hatte — erhielten wir plötzlich Artilleriebeschuß. Zum Glück schlugen die Geschosse seitlich der von Menschen- und Tierkadavern eingesäumten Straße ein; wir blieben, abgesehen von einigen Dreckspritzern und Erdklumpen, die auf uns niederhagelten, unversehrt. Erst hier, zwischen den Linien, eröffnete mir U. den eigentlichen Zweck unseres ›Ausfluges‹. Als wir die feindlichen Linien erreichten, sprangen zwei mit Maschinenpistolen bewaffnete Russen hinter einem Baum mit einem ›Ruki do hore‹ hervor. Ich schwenkte unsere ›Flagge‹ vor ihrer Nase und verlangte, zu ihrem Kommandanten geführt zu werden (ich spreche ukrainisch und etwas russisch). Der Regimentskommandant, zu dem wir geführt wurden, empfing uns sehr liebenswürdig. Der einzige, dessen Namen ich mir von allen, die wir kennenlernten, gemerkt habe; er hieß nämlich Burik, zu deutsch: Nabel. In einem Buick geleiteten er und ein zweiter Oberst uns in die Stadt, wo wir in das gewesene Direktionsgebäude der Staatsbahnen, das jetzt den russischen Divisionsstab beherbergte, geführt wurden. Dort von einigen Generälen empfangen; der Kommandierende ließ uns gleich (wir dürften einen ziemlich dreckigen Eindruck gemacht haben – siehe Granateinschläge mit Spritzern!) in ein Badezimmer führen, wo wir uns waschen und herrichten konnten. Zwei russische Soldaten putzten uns die Stiefel und Uniformen und wollten kein Trinkgeld annehmen. Nach unserer Säuberung erwartete uns eine reich gedeckte Frühstückstafel mit allerlei russischen Spezialitäten und requirierten ungarischen Delikatessen, allerlei Getränken, sogar französischem Champagner, am frühen Morgen! Zur großen Verwunderung des ganzen Stabes, der uns Gesellschaft leistete, sprachen wir den Getränken aber äußerst mäßig zu, um einen reinen Kopf für das Kommende zu bewahren. Nach dem Essen wurde uns mitgeteilt, daß laut Funkspruch Marschall Malinowski, mit dem wir verhandeln sollten, erst in den späten Abendstunden zu erwarten sei. Die Verhandlungen würden gegen 22 Uhr in einem am anderen Theißufer gelegenen Dorf stattfinden.

Die Stadt bot ein äußerst lebhaftes Bild. Fast ununterbrochen zogen verschiedene Truppenteile, teils sogar unter Musikbegleitung, vorbei, so daß es fast den Eindruck einer uns zu Ehren veranstalteten Truppenschau erweckte. Der Straßenverkehr wurde von uniformierten Frauen geregelt, die mit bunten Fähnchen theatralisch herumfuchtelten. Auf dem Wege zum Dorf, den wir um ca. 14 Uhr antraten, begleitete uns eine unterdessen zu einem kleinen Stab angewachsene Wagenkolonne. Die Theiß mußten wir auf einer Fähre übersetzen, da alle Brücken zerstört waren. Unterwegs hatten wir Gelegenheit, größere Ansammlungen von motorisierten Geschützen und eine große Anzahl von ›Stalinorgeln‹ usw. zu beobachten.

In fünf Autos kamen wir in dem Dorf, dessen Namen ich vergessen habe, an und wurden in dem Lehrerhaus untergebracht. Es war noch früh am Nachmittag, und wir hatten eine lange Wartezeit vor uns. Angeblich käme Malinowski mit einem Sonderflugzeug direkt aus Moskau zu der Besprechung. Zur Gesellschaft wurde uns ein Fräulein ›Leutnant‹ zugeteilt, die außer ihrer Muttersprache perfekt deutsch, englisch, französisch, italienisch und sogar ungarisch sprach und von ihren Kenntnissen auch ausgiebigen Gebrauch machte, indem sie uns die ganze Zeit mit allerhand

Großtaten ihrer Landsleute traktierte, so daß wir nicht zu einer so nötigen kleinen Ruhe gelangten. Ein zwischendurch aufgetragener Imbiß stopfte ihr zwar vorübergehend den Mund, konnte aber die lange Wartezeit nicht wesentlich verkürzen. Endlich, kurz vor 22 Uhr, wurde uns eröffnet, M. sei eingetroffen, und kurze Zeit darauf betrat er in Begleitung eines kleinen Stabes unser Zimmer, ein gutaussehender Mann, Mitte 40, von herkulischem Körperbau, blond, mit Händen wie mittelgroße Handkoffer, einem regelmäßigen, hübsch zu nennenden, etwas derben Gesicht und blauen, klug und verschlagen dreinblickenden Augen. Er machte eher den Eindruck eines gutsituierten Fleischhauers als eines hohen Militärs. Mit ausgestreckten Händen kam er uns entgegen und begrüßte uns herzlich. Ein Hauptmann seines Stabes, ein Jude ungarischer Abstammung, fungierte als Übersetzer, da M. außer russisch keine andere Sprache spricht. Vorerst verlangte er die genaue Angabe der Stellungen unserer und der deutschen Truppen. An Hand einer Karte gab Oberst von Utassy ungenaue, teils sogar falsche Angaben, worauf M. recht ungehalten sagte: ›Es wundert mich sehr, daß Ihr Reichsverweser für eine so wichtige Mission keine besser orientierten Männer finden konnte. Sehen Sie her‹ – und gab einen bis ins Detail gehenden Positionsbericht, der uns nur staunen ließ. Dann legte er die Hauptbedingungen für einen eventuellen Sonderfrieden fest: Zurückziehen der Truppen aus dem Raum Debreczen, Einstellung der Feindseligkeiten an allen Frontabschnitten, den deutschen Truppen in den Rücken fallen und sie mit Hilfe der heranrückenden russischen Streitkräfte zur Übergabe zwingen. (Nähere Details sind mir leider entfallen.) Auf unsere Frage, was das Schicksal Ungarns sein würde, winkte er nur nachlässig mit der Hand ab: ›Von Ungarn wollen wir gar nichts, aber die Deutschen‹ – und ein fanatischer Haß entstellte sein Gesicht – ›die Deutschen werden wir vernichten!‹ Im Falle, daß die Bedingungen angenommen werden sollten, hätten wir in 48 Stunden wiederzukommen, um die Durchführung der Bedingungen zu melden. ›Ich hoffe, Sie dann schon als Freunde und Waffengenossen begrüßen zu können‹, sagte er zum Abschied. ›Und noch eines wollte ich Ihnen raten. Prägen Sie sich die Daten, die Sie sich notieren, gut ein und vernichten Sie Ihre Aufzeichnungen. Wie uns bekannt ist, hat die Gestapo bereits Kenntnis von Ihrer Anwesenheit hier.‹
Es war unterdessen 2 Uhr morgens geworden, als wir wieder in Szegedin in dem Gebäude, in dem wir empfangen worden waren, anlangten. Es wurden uns zwei Zimmer angewiesen; doch zogen wir es sicherheitshalber vor, in einem Raum beisammen zu bleiben. Mit großer Mühe zogen wir uns gegenseitig die Stiefel von

den verschwollenen Füßen, legten uns angezogen auf die Betten und büffelten unsere Lektion. Nach Vernichtung der Papiere hatten wir nicht mehr lange zu warten, bis unser treuer Begleiter Oberst Burik uns abholte. In einem Jeep, diesmal ohne Begleitstab, brachte er uns in die vorderste Linie und überließ uns dort unserem Schicksal. Mit gezückter ›Friedensfahne‹ schritten wir unserer Linie zu, fanden sie aber zu unserer größten Überraschung geräumt. Weit und breit keine Seele!

Nach einem Fußmarsch von ca. zehn Kilometern erreichten wir das Bataillons-Kommando und unseren Wagen, der unterdessen einen Zusammenstoß erlitten hatte und recht trostlos aussah, glücklicherweise aber betriebsfähig war. Am Vormittag kamen wir in Budapest an, wo Utassy nach kurzer Säuberung sich gleich in der Burg zur Berichterstattung meldete. Die für einen Fußmarsch ungeeigneten Stiefel hatten seine Füße derart aufgerieben, daß er keinen Schuh anziehen konnte und gezwungen war, sich in Pantoffeln bei Horthy zu melden. Vielleicht ist Ihnen noch erinnerlich, daß Sie einen bepantoffelten Obersten gefangennahmen, als Sie die Burg besetzten? Was nachher geschah, wissen Sie ja wohl besser als ich. Zum Glück kam es nicht mehr zu unserem in Aussicht genommenen zweiten Besuch bei Freund Malinowski. Kurz vor Ihrem Angriff auf die Burg, wohin ich Utassy begleitet hatte, kam ich noch mit knapper Not herunter. Da alle Zufahrtswege unterminiert waren, mußte ich mich in der Finsternis durch den Park und die darunter gelegenen Gärten durchschlagen. Am Morgen meldete ich mich dann beim Generalstabskommando und gab die ganze Sache zu Protokoll. Dann dasselbe auch bei der Gestapo, wo mich Herr Neugebauer (Hauptmannsrang) verhörte. Er soll in den späteren Kämpfen um Budapest gefallen sein . . .

. . . grüße ich Sie in herzlicher Kameradschaft
Ihr v. G., Oberst a. D.«

(Name und Anschrift sind dem Verlag bekannt)

Die Behauptungen einiger Freunde des Admirals von Horthy, daß dieser niemals geheime Friedensverhandlungen hinter dem Rücken seines Verbündeten geführt habe, dürften durch diese Schilderung widerlegt sein.

Am 20. Oktober 1944 saßen Fölkersam, Ostafel und ich wieder in unserem Kurierflugzeug. Diesmal ging es ohne Zwischenlandung nach Berlin, wo auf uns viel Arbeit wartete, die während der vergangenen fünf Wochen nicht erledigt worden war. Bei unserer Landung lag schon der Befehl vor, der mich für den nächsten Tag ins FHQ zur Berichterstattung rief. Gern war die Besatzung des Flugzeuges bereit, bis zum nächsten Tag zu warten. Diesmal nahm ich Fölkersam mit, dem ich damit einen seiner größten Wünsche erfüllte.

Wir flogen wieder bis Rastenburg. Diesmal war es beinahe ein Frontflug; denn die Russen waren schon tief in Ostpreußen eingedrungen. Ein Kraftwagen brachte uns zuerst nach »Birkenwald«, dem Hauptquartier Himmlers. Es lag nordostwärts vom FHQ, etwa 30 km entfernt. Hier war alles beim Packen, da die Front kaum mehr 20 km entfernt war. Himmler empfing uns in seinem Befehlszug und lud uns zum Abendessen ein. Während wir noch bei der Mahlzeit waren, fuhr der Zug ab in Richtung Rastenburg. Unsere Meldung über die Ereignisse in Budapest war bald beendet, und in Rastenburg verließen wir den Zug, um für die Nacht nach »Birkenwald« zurückzufahren, da wir im FHQ erst am nächsten Tag erwartet wurden.

In dieser Nacht hatten wir die ganze Anlage des Himmler-Hauptquartiers für uns allein. Nur zwei Ordonnanzen, Fölkersam und ich »bevölkerten« die kleine Barackenstadt. Als ich dann im Bett lag, hatte ich noch Muße, über verschiedenes nachzudenken. Ab und an hörte man leisen Geschützdonner von den Fronten. Nun hatte also der Krieg auf deutsches Gebiet übergegriffen. Dem russischen Koloß war es als erstem gelungen, die deutschen Grenzen zu überschreiten. Mußte diese Tatsache nicht das deutsche Volk und seine Soldaten zur letzten Kraftanstrengung veranlassen, mußte nicht jetzt der schon lange propagierte »totale Krieg« endlich Wirklichkeit werden? Mußten nicht jetzt alle gegensätzlichen Ideen und Anschauungen schweigen, um alle Kräfte auf ein Ziel zusammenzufassen: den Gegner im Osten wieder über Deutschlands Grenze zurückzuschlagen und dem Gegner im Westen den weiteren Vormarsch mit allen Mitteln zu verwehren? Dieses leere aufgegebene Hauptquartier im Osten ließ in mir zum ersten Male einen leisen Pessimismus aufkommen.

Hatten wir denn noch genügend Kraft und Reserven, um dem anhaltenden Druck von allen Seiten widerstehen zu können? Konnten solche Einzelerfolge, wie wir sie eben in Ungarn errungen hatten, den Verlauf der großen Geschehnisse überhaupt noch beeinflussen?

XXII

Russen nähern sich der »Wolfsschanze« – Mit Hitler unter vier Augen – Trotz allem Offensivplan – »Schutzwall gegen Asien« – Plan zur Ardennenoffensive – Mein Auftrag – Strengste Geheimhaltung – Einweisung durch Generaloberst Jodl – Größte Schwierigkeiten – »Lapsus« von höchster Stelle – Der »Werwolf«, Fiktion oder Wirklichkeit – V 1 gegen New York? – Himmlers Pläne – Vorschnelle Entscheidung – Ich wage zu widersprechen – Das Problem der Zielgenauigkeit – Die Zukunft der V-Waffen.

Am nächsten Tag verließen wir zeitig unser geräumiges Nachtasyl, mit uns die beiden letzten SS-Männer. In wenigen Stunden konnte die Gegend Frontgebiet sein. Zu früh kamen wir in der »Wolfsschanze« an. In der zu dieser Stunde noch völlig leeren Sauna vergaß ich die verzweifelten Gedanken der letzten Nacht. Nachmittags wurde ich zum Führerbunker befohlen. Fölkersam mußte im Vorraum warten; ich sollte allein zu Hitler kommen. Der Gang, der in den Bunker hineinführte, mutete wie ein Eingang in eine Kasematte an; elektrisches Licht beleuchtete den fensterlosen Betonklotz.

Rechts vom Mittelgang führte eine Tür in den Privatraum Adolf Hitlers, der Wohn- und Schlafraum zugleich war; die Trennung wurde nur durch eine Trägerkonstruktion angedeutet. Hitler empfing mich freundlich wie immer. Ich hatte fast den Eindruck, als sei er ein wenig frischer als das letzte Mal. Er gab mir beide Hände und gratulierte mir: »Das haben Sie gut gemacht, lieber Skorzeny. Ich habe Sie mit Wirkung vom 16. Oktober zum SS-Obersturmbannführer befördert und Ihnen das Deutsche Kreuz in Gold verliehen. Sie wollen doch auch sicher Auszeichnungen für Ihre Soldaten beantragen. Das sagen Sie meinem Adjutanten Günsche; es ist alles bewilligt. Jetzt müssen Sie mir aber von Ihrem Einsatz erzählen.« Damit führte er mich zu einer kleinen Sitzecke; nur zwei Polstersessel, ein kleiner runder Tisch und eine Stehlampe hatten dort Platz.

Ich begann, in chronologischer Reihenfolge zu berichten: über Unternehmen »Maus«, Ultimatum und Auslösung der Aktion »Panzerfaust« und endlich über den Handstreich auf die Burg. Hitler wollte genau wissen, wie ich mir den Einsatz der Goliath-Kompanie vorgestellt hatte. »Ja«, meinte er, »zum Sprengen von kleinen Barrikaden und Toren sind die kleinen Goliaths sicher ausgezeichnet.« Besonders freute er sich, als ich ihm von meinem Erfolg bei der Ansprache an die ungarischen Offiziere berichtete.

Herzlich aber lachte Hitler auf, als ich ihm von dem Besuch des Erzherzogs erzählte. Plötzlich aber wurde er ernst. Ich glaubte, meine Zeit sei um, und erhob mich. »Nein, bleiben Sie, Skorzeny. Ich habe Ihnen heute den vielleicht wichtigsten Auftrag Ihres Lebens zu erteilen. Bisher wissen nur einige wenige Leute um die Vorbereitungen zu einem geheimen Plan, in dem Sie eine große Rolle übernehmen sollen. Deutschland startet im Dezember eine große, für das weitere Schicksal des Landes entscheidende Offensive im Westen.«

In der nächsten Stunde entwickelte mir Adolf Hitler, bis in Details gehend, den Plan und die Grundgedanken dieser letzten Westoffensive, die als Ardennenoffensive oder »the battle of the bulge« in die Kriegsgeschichte einging. In den letzten Monaten war die deutsche Führung gezwungen gewesen, den Schwerpunkt aller Planungen auf die Abwehr und Abriegelung des Gegners zu legen. Es war eine Zeit der ununterbrochenen Rückschläge, der ständigen Geländeverluste an der West- und Ostfront. Die gegnerische Propaganda, besonders der westlichen Alliierten, war darauf abgestellt, in Deutschland schon den »stinkenden Leichnam« zu sehen, dessen Beseitigung nur noch eine Frage von Wochen sei, wobei die Wahl des Zeitpunktes zur endgültigen Liquidierung ausschließlich bei den Alliierten läge. »Sie wollen nicht sehen, daß Deutschland für Europa kämpft, sich für Europa verblutet, um Asien den Weg nach dem Westen zu versperren«, stieß Hitler in höchster Erregung hervor.

Die Bevölkerung Englands und Amerikas sei des Krieges müde. Wenn nun eines Tages das bereits als tot verschriene Deutschland wieder aufstünde, wenn der angebliche Leichnam noch einmal im Westen zuschlüge, dann könne angenommen werden, daß die westlichen Alliierten unter dem Druck der eigenen öffentlichen Meinung und angesichts der eigenen, als falsch erkannten Propaganda zu einem Separat-Waffenstillstand mit Deutschland bereit seien. Dann aber könne er, Hitler, alle Divisionen und Armeen zum Kampf an die Ostfront verlegen und in wenigen Monaten die Bedrohung Europas aus dem Osten für immer ausschalten. Diese Aufgabe Deutschlands, den Schutzwall gegen Asien zu bilden, sei eine historische, die seit über einem Jahrtausend getreulich erfüllt worden sei.

Einige wenige Angehörige des Generalstabes waren seit einigen Wochen mit den Vorbereitungsarbeiten zu einer umfassenden West-Offensive beschäftigt. Es wurde weit vorausschauend geplant, und es mußte besonders vorsichtig getarnt werden. Die Initiative, die seit Monaten auf seiten der westlichen Alliierten war, mußte wieder in deutsche Hände übergehen. Schon während des großen

Vormarsches der Alliierten von der Normandie bis zur deutschen Reichsgrenze hatte Adolf Hitler immer wieder daran gedacht, diesen Vormarsch durch kräftige Gegenstöße zu verlangsamen und endlich aufzufangen. Selbst in schwersten Krisentagen hatte ihn dieser Gedanke nicht losgelassen. Die geplanten, laufenden Gegenstöße waren jedoch durch die Ungunst der Lage an allen Fronten unmöglich gewesen.

Daß vor ungefähr drei Wochen der Gegner in den jetzigen Stellungen haltgemacht habe, sei unter anderem auf die Schwierigkeiten seines weiten Nachschubweges, aber auch auf Abnutzungserscheinungen zurückzuführen, die sich nach den viermonatigen Kämpfen und Vormärschen gerade bei der technischen Ausrüstung der alliierten Armeen bemerkbar machen mußten. Die Festigung unserer eigenen Front, nachdem diese zuerst beinahe gänzlich zusammengebrochen war, sei dadurch ermöglicht worden.

»Die fast absolute Luftüberlegenheit der Alliierten bei und nach der Landung war es, die sie die Invasionsschlacht gewinnen ließ«, stellte Adolf Hitler fest und fuhr in seinem Monolog fort. Er sprach in einer so eindringlichen und überzeugenden Weise, wie ich sie noch nicht erlebt hatte. Die deutsche Führung könne damit rechnen, daß die Wetterlage im Herbst und Frühwinter die Tätigkeit der gegnerischen Luftwaffe zumindest vorübergehend herabmindern würde. Der Plan müsse aber daher gerade für diesen Zeitraum mit labiler Wetterlage vorgesehen und die eigenen Nachteile dabei in Kauf genommen werden.

»Wir werden aber auch 2000 der neuen Düsenjäger einsetzen können, die nur für diese Offensive in Reserve gehalten werden«, schloß Adolf Hitler diesen Teil seiner Ausführungen. In diesen Worten lag vielleicht ein gewisser Widerspruch, der mir damals jedoch nicht auffiel. Die Tatsache, daß die neue, überlegene deutsche Jagdwaffe im Kommen war, bedeutete damals für uns alle eine starke Hoffnung und war der Inhalt vieler Gespräche.

Das Starten einer unvermuteten deutschen Offensive würde auch das Aufstellen von stärkeren französischen Verbänden verhindern. Die derzeitigen etwa 70 Divisionen und Kampfgruppen der Anglo-Amerikaner seien nicht ausreichend für eine Frontlänge von 700 km. Es müsse möglich sein, an einer günstigen Stelle einen genügend starken deutschen Schwerpunkt zu bilden und dort durchzubrechen, bevor eine wesentliche Verstärkung der Front durch neue französische Einheiten eintreten würde.

Es sei damit zu rechnen, daß weitere Voraussetzungen für diese geplante Operation in den nächsten Monaten erfüllt würden. Die derzeitigen Stellungen im Westen, auch in den Niederlanden, müßten gehalten werden. Die Ostlage müsse so stabil bleiben, daß sie während dieser Zeit keine Kräfte des Ersatzheeres beanspruchen würde und daß so eine laufende personelle und materielle Auffrischung der deutschen Weststreitkräfte möglich sei. Ferner müßten bei Angriffsbeginn die Feindstreitkräfte in der Front in kürzester Zeit vernichtet werden, um die zuerst mangelnde Tiefe im Operationsfeld zu gewinnen.

»Die Entscheidung, wo der Stoß zu führen ist, war wochenlang offen«, sprach Hitler weiter. Es hätten ursprünglich fünf verschiedene Operationen in Erwägung gestanden: eine Operation »Holland« mit einem Vorstoß aus dem Raum Venlo in westlicher Richtung auf Antwerpen – eine Offensive aus dem Raum »Nordluxemburg« in nordwestlicher Richtung, die später in nördlicher Richtung fortgesetzt werden sollte, mit einer Nebenoffensive aus dem Raum nördlich von Aachen – dann die Aktion »Luxemburg« mit zwei Hauptstoßrichtungen aus Mittelluxemburg und aus Metz und dem Ziel der Begegnung im Raum von Longwy oder eine ähnliche Offensive mit zwei Hauptstößen aus Metz und Baccarat, die sich bei Nancy begegnen sollten – und schließlich die Operation »Elsaß« mit zwei Stoßrichtungen aus den Räumen ostwärts von Epinal und Mômpelgard, die im Raume von Vessoul zusammentreffen sollten.

Genau wurden die Vor- und Nachteile der verschiedenen Pläne gegeneinander abgewogen. Die drei letzteren Möglichkeiten wurden nach ruhiger Überlegung abgelehnt, da die Nachteile überwogen. Die Operation »Holland« erschien als sehr lohnend, trug aber ein stärkeres Risiko in sich. Die Offensive aus dem Raum »Nordluxemburg« und die Nebenoperation von Aachen aus sollten unter Heranziehung aller Unterlagen genau ausgearbeitet werden.

»Ich erzähle Ihnen das so genau, damit Sie sich wirklich einfühlen können und wissen, daß wir alles genauestens überlegt und durchgearbeitet haben«, fuhr Adolf Hitler fort. Ich hatte Mühe, mir im Kopf die erwähnten Pläne auf der Karte vorzustellen, um den Erklärungen weiter folgen zu können. Diese Art der operativen Generalstabsplanung war mir keineswegs vertraut. Während der vergangenen und noch folgenden Wochen mußten die Vorbereitungen für die Offensive genau mit den für die Abwehrkämpfe zur Verfügung gestellten Kräften abgestimmt werden. Eine stabile Abwehrfront war nötig, um die Offensive überhaupt starten zu können. Während des Frankreichfeldzuges im Jahre 1940 war im gleichen Gebiet ein Durchbruch erzwungen worden. Die Erfahrungen aus diesem Feldzug waren wertvolle Unterlagen für die weiteren Vorbereitungsarbeiten des Generalstabes.

»Ihnen und den Ihnen unterstellten Einheiten wird eine der wichtigsten Aufgaben der Offensive zugewiesen. Sie werden als Vorausabteilungen eine oder mehrere Maasbrücken zwischen Lüttich und Namur in Besitz nehmen. Sie werden diesen Auftrag getarnt, und zwar in britischen oder amerikanischen Uniformen, ausführen. Der Feind konnte uns in verschiedenen Sonderunternehmungen dieser Art schweren Schaden zufügen. Erst vor wenigen Tagen habe ich die Meldung erhalten, daß ein solcher Tarneinsatz der Amerikaner bei der Eroberung der ersten deutschen Stadt im Westen, nämlich Aachen, eine große Rolle spielte. Außerdem«, fuhr er weiter fort, »soll durch Entsenden kleiner Kommandos in Tarnuniform, die falsche Befehle geben, Nachrichtenverbindungen stören und die feindlichen Truppen irreleiten, in den Reihen der Alliierten Verwirrung gestiftet werden. Die Vorbereitungen müssen bis zum 1. Dezember beendet sein. Die näheren Einzelheiten besprechen Sie mit Generaloberst Jodl.

Ich weiß, Sie werden Ihr Bestes tun«, sagte Adolf Hitler noch. »Jetzt aber noch das Wichtigste: Allerstrengste Geheimhaltung! Es wissen bisher nur wenige Personen von dem Offensivplan. Um die Vorbereitungen der Truppe gegenüber vollkommen zu verschleiern, haben Sie sich an folgende Grundgedanken, die wir als Tarnung festlegten, zu halten: Die deutsche Führung erwartet noch in diesem Jahre einen feindlichen Großangriff gegen den Raum Köln-Bonn. Alle Vorbereitungen gelten der Abwehr dieses Angriffes.«

Nach dieser gedrängten Einführung waren meine Gedanken ziemlich durcheinander. Wie sie mir einfielen, so sprach ich sie aus: »Mein Führer, die kurze Zeit, die mir noch zur Verfügung steht, wird viele Improvisationen erfordern. Und wie sollen während dieser Zeit die anderen Aufgaben der Jagdverbände durchgeführt werden? Beides zugleich kann ich nicht schaffen!« Als mir Hitler nicht sofort antwortete, führte ich diesen Gedanken noch weiter aus und wies unter anderem auf die Vorbereitungen hin zu dem Unternehmen gegen das Fort Ebn Emael im Jahre 1940, die über ein halbes Jahr gedauert hatten. Hitler ließ mich aussprechen und gab mir dann zur Antwort: »Ich weiß, daß die Zeit sehr, sehr kurz ist. Sie werden schon das menschenmögliche versuchen. Während der Vorbereitungszeit wird Ihnen für diese neue Aufgabe ein stellvertretender Kommandeur zugeteilt. Nur beim Einsatz selbst müssen Sie an der Front sein. Ich wünsche aber nicht, daß Sie persönlich über die Frontlinie gehen: Sie dürfen jetzt nicht in Gefangenschaft geraten.«

Damit erhob sich Adolf Hitler und begleitete mich in das kleine Lagezimmer im Bunker, links vom Eingang, wo Fölkersam auf mich wartete. Hier wurde ich Generaloberst Guderian vorgestellt, der damals Chef des deutschen Generalstabes war. Ich meinerseits stellte Fölkersam vor. Wir waren beide gleichermaßen überrascht, als Adolf Hitler aus der Erinnerung Fölkersam über den Einsatz in Rußland befragte, bei dem dieser das Ritterkreuz erworben hatte. Fölkersam gestand mir nachher, daß es ihm bei dieser ersten Begegnung genau wie mir seinerzeit ergangen war: Adolf Hitler hatte auf ihn nicht nur den größten Eindruck als Persönlichkeit gemacht, er hatte sich auch sofort im Banne dieses Mannes gefühlt.

Einige Stunden später wurden wir von Generaloberst Jodl empfangen. Dieser wies uns an Hand der Karte in verschiedene Details des Operationsplanes ein. Der Offensivstoß sollte grundsätzlich aus dem Raum zwischen Aachen und Luxemburg auf Antwerpen zu erfolgen. Dadurch sollten die 2. britische Heeresgruppe und die bei Aachen kämpfenden amerikanischen Kräfte abgeschnitten werden. Dabei sei an eine Abschirmung nach Süden in der Linie Luxemburg – Namur – Löwen – Mechelen und nach Norden in der Linie Eupen – nördlich Lüttich – Tongeren – Hasselt Albertkanal gedacht.

Unter günstigsten Umständen sollte das Angriffsziel Antwerpen etwa sieben Tage nach Beginn der Offensive erreicht werden. Das Ziel der Gesamtoperation sollte die Vernichtung des Feindes nördlich der Linie Bastogne – Brüssel – Antwerpen sein.

Die gesamten Angriffsverbände waren unter Feldmarschall Model in der Heeresgruppe B zusammengefaßt. Die Heeresgruppe umfaßte die 6. SS-Panzerarmee unter dem Befehlshaber General der Waffen-SS Sepp Dietrich rechts, die 5. Panzerarmee unter General von Manteuffel in der Mitte und die 7. Armee links, also am südlichen Flügel. Nach einer besonders heftigen, aber kurzen Feuervorbereitung (ich stellte mir unwillkürlich die 6000 Rohre vor, von denen Adolf Hitler vor einigen Stunden gesprochen hatte) sollten die Armeen an mehreren, taktisch günstigen Stellen durchbrechen.

Dann erklärte uns Jodl zum besseren Verständnis des Gesamtvorhabens die Aufgaben der einzelnen Armeen: Die 6. SS-Panzerarmee sollte die Maasübergänge beiderseits Lüttich nehmen, um dann an der Ysere und östlich Lüttich eine stärkere Abwehrfront aufzubauen. Dann sollte die Armee den Albertkanal zwischen Maastricht und Antwerpen gewinnen, um schließlich den Raum nördlich von Antwerpen zu erreichen.

Die 5. Panzerarmee sollte die Maas beiderseits von Namur überschreiten und auf der Linie Brüssel – Namur – Dinant etwaige Angriffe feindlicher Reserven vom Westen her abfangen und damit den Rücken der 6. SS-Panzerarmee abdecken.

Die 7. Armee bekam die Aufgabe zugewiesen, die Flanken gegen

Süden und Südwesten zu sichern, nachdem sie südlich von Dinant die Maas erreicht hatte.

Später sollte der Angriff der Heeresgruppe B noch durch einen Angriff der Heeresgruppe H, die in Holland lag und von Generaloberst Student geführt wurde, von Norden her wirksam unterstützt werden.

»Sie, Skorzeny, sollen auf Befehl des Führers im Gefechtsstreifen der 6. SS-Panzerarmee gemäß Ihrem Sonderauftrag eingesetzt werden. Für Sie hat daher diese Studie ein besonderes Interesse, in der gezeigt wird, wie sich die Lage nach 24 Stunden des Angriffsbeginns entwickelt haben könnte.« Mit diesen Worten breitete Generaloberst Jodl vor uns eine neue Karte mit Einzeichnungen aus. Wir ersahen daraus die Annahme, daß zu diesem Zeitpunkt der Angriff auf Eupen – Verviers – Lüttich eingeleitet und im Schwerpunkt die Bildung von zwei Brückenköpfen über die Maas bereits gelungen sei. Die Nordflanke der Operation würde nach dieser Studie bereits von stärkeren Reserven des Gegners angegriffen werden.

Generaloberst Jodl verabschiedete uns dann und befahl uns, kurzfristig eine Aufstellung über das nach unserer Meinung benötigte Personal und Material vorzulegen, ebenso eine Planung des Einsatzes unserer Einheiten. Weitere Fragen sollte ich noch mit dem Heerespersonalchef und dem Generalquartiermeister sowie mit den Herren des Generalstabes durchsprechen. Diese Unterredungen hatten von meiner Seite aus mehr den Charakter einer Vorstellung meines IA und mir, da ich die betreffenden Herren noch nicht persönlich kannte. So lernte ich General Burgdorf, General Schmund, General Warlimont und seinen Nachfolger General Winter kenne. Ich möchte feststellen, daß mir diese Offiziere später im Rahmen ihrer Möglichkeiten viel geholfen haben.

Eine bedeutungsvolle Unterredung hatte ich mit einem Generalstabsoberst aus dem Stabe des Generals Winter. Mit diesem besprach ich die völkerrechtliche Seite des Einsatzes. Auch dieser wies mich auf die Meldung aus Aachen hin und stellte es als sehr wahrscheinlich dar, daß Adolf Hitler erst auf Grund dieser Meldung den mir eben befohlenen Einsatz – unter Benutzung der feindlichen Uniformen als Tarnung – ins Auge gefaßt hatte. Die kleinen Kommandos liefen auf jeden Fall Gefahr, wenn sie ergriffen wurden, vom Feind als Spione behandelt und vor ein Kriegsgericht gestellt zu werden. Was das Gros meiner Truppen anbetraf, so verbot das internationale Völkerrecht nur den Gebrauch der Waffen, während die Feinduniform getragen wurde. Der Oberst empfahl mir daher, daß meine Männer unter der feindlichen Uniform die deutsche Uniform tragen und die Tarnuniform im Augenblick des eigentlichen Angriffs abwerfen sollten. Diesen Ratschlägen eines Fachmannes wollte ich natürlich Folge leisten.

Zuletzt erfuhr ich noch, daß der Wehrmachtsführungsstab einen Befehl an die gesamte Wehrmacht ausgeben wollte, alle englischsprechenden Soldaten und Offiziere für einen Sondereinsatz abzustellen. Aus diesen Freiwilligen sollte dann meine Truppe zusammengestellt werden. Dieser Befehl sollte später geradezu das Musterbeispiel eines militärischen »lapsus« werden in puncto Geheimhaltung, und zwar gerade von der höchsten deutschen militärischen Führungsstelle.

Nach einigen Tagen erhielt ich über meinen Fernschreiber in Friedenthal eine Abschrift des Befehls mit dem Verteilerschlüssel zugesandt. Ich mußte an mich halten, um nicht vom Stuhl zu fallen. Der Befehl war von einem der höchsten Offiziere des Wehrmachtsführungsstabes unterzeichnet; oben trug er den Stempel »Geheime Kommandosache«. Die wichtigsten Stellen lauteten ungefähr so: »Alle Wehrmachtseinheiten melden bis zum . . . Oktober 1944 alle englischsprechenden Angehörigen ihrer Dienststellen, die sich freiwillig für einen Sondereinsatz . . . in Marsch setzen zur Einheit des Obersturmbannführers Skorzeny in Friedenthal bei Berlin.« Und dieser Befehl ging laut Verteiler an alle Dienststellen der Wehrmacht in der Heimat und an den Fronten bis zu allen Divisionen. Man konnte annehmen, daß manche Division den Befehl mit Stempel »Geheime Kommandosache« womöglich vervielfältigte und an die Regimenter und Bataillone weitergab.

Ich bekam darüber beinahe einen Wutanfall. Es war mir klar, daß dieser Befehl auf jeden Fall dem gegnerischen Nachrichtendienst zur Kenntnis kommen würde. – Nach dem Krieg erfuhr ich auch, daß sein Wortlaut kaum acht Tage später dem amerikanischen Geheimdienst bekannt war. – Es blieb mir aber eigentlich immer unverständlich, daß dieser nicht seine Konsequenzen daraus zog und schon damals gewisse Vorsichtsmaßnahmen traf.

Damit war unserer Meinung nach unser Einsatz erledigt, bevor er auch nur zum Start kam. Ich diktierte daher sofort einen »flammenden Protest« an das FHQ und teilte »gehorsamst« meine Ansicht mit, daß der gesamte Einsatzplan zweckmäßigerweise abzusagen sei. Nun war allerdings zwischen mir und der dafür zuständigen Stelle, etwa Jodl oder Adolf Hitler selbst, ein gewaltiges Hindernis eingeschaltet, welches sich schlicht und einfach »der Dienstweg« nannte. Der war aber gar nicht so einfach und mußte eingehalten werden. Er führte über SS-Obergruppenführer Fegelein, dem Verbindungsoffizier der Waffen-SS im Führerhauptquartier und späteren Schwager Adolf Hitlers. Von ihm bekam ich auch postwendend die Antwort: Die Angelegenheit sei natürlich unglaublich und unverständlich, könne aber eben deshalb dem Führer nicht vorgetragen werden. Es müsse bei dem Einsatzplan bleiben, und die Vorbereitungen müßten mit aller Energie vorangetrieben werden. – Einige Tage später hatte ich Gelegenheit, die Sache Himmler vorzutragen; aber auch dieser hatte für mich keine andere Antwort als: »Der Blödsinn ist geschehen; aber der Einsatz muß doch durchgeführt werden.«

Aus der Tag- und Nachtarbeit der ersten Planungszeit dieses für uns erstmaligen und neuartigen Einsatzes wurde ich für einen halben Tag herausgerissen. Ich wurde für einen Nachmittag in das neue Hauptquartier des »Reichsführers SS« in der Nähe von Hohenlychen befohlen. Es war eine bescheidene Barackenansammlung in einem Birkenwald. Nach einer kurzen Wartezeit bei seinem Adjutanten wurde ich in Himmlers Zimmer gerufen.

Bei meinem Eintritt sah ich außer Himmler noch Dr. Kaltenbrunner, Schellenberg und Obergruppenführer Prützmann, dem ich vorgestellt wurde. Der Raum war schlicht, aber geschmackvoll ausgestattet: Möbel aus deutschen Werkstätten, wie sie in allen Kasinos der deutschen Wehrmacht zu finden waren; einfache bedruckte Vorhänge schmückten den Raum. Als wir alle an einem runden Tisch Platz genommen hatten, erklärte Himmler den Zweck der Besprechung: Die Volksbewegung des »Werwolf«, die bereits seit Wochen durch schriftliche und Rundfunkpropaganda als existent gemeldet wurde, sollte richtig organisiert werden. Bisher hatten die einzelnen »Höheren SS- und Polizeiführer« in den Gauen, je nach Ehrgeiz und Temperament, in dieser Hinsicht selbständig gearbeitet. Diese treffende Kennzeichnung der Lage gab uns Himmler und meinte dann, sich zu mir wendend: »Das würde ja zwar in Ihr Aufgabengebiet fallen, Skorzeny, aber ich glaube, Sie haben auch so genug zu tun.« Ich konnte ihm nur beipflichten.

Wir hatten im Frühjahr 1944 in Frankreich und Belgien sogenannte Invasionsnetze aufgebaut: Agenten, die aus den betreffenden Ländern stammten und teils aus Idealismus, teils aus Geldmangel zu den Deutschen hielten, waren zurückgelassen worden, um nach einer schon damals erwarteten feindlichen Invasion Sabotageakte hinter den feindlichen Linien auszuführen. Wir hatten bis jetzt noch keine besonders guten Erfahrungen gemacht oder entsprechende Erfolge erzielt. Ebenso hatte ich die Aufgabe gehabt, mit Widerstandsbewegungen, die sich in ihrer Zielsetzung gegen die Alliierten richteten, Verbindung aufzunehmen, sie zu unterstützen und, wenn es einen Erfolg versprach, auszubauen. Aber auch dieses Gebiet meiner Arbeit befand sich überall im Anfangsstadium und war eigentlich in eine Reihe mit den Vorhaben zu stellen, die den Sammelnamen »zu spät« trugen.

So konnte ich Himmler aus ehrlicher Überzeugung antworten: »Gewiß, Reichsführer, ich habe mehr als genug zu tun und bitte nur um genaue Abgrenzung des Arbeitsgebietes. Wenn ich einen Vorschlag machen dürfte, so beginnt das Arbeitsgebiet meiner Dienststelle jenseits der Reichsgrenze.« Himmler war mit meinem Vorschlag einverstanden und gab bekannt, daß er Obergruppenführer Prützmann zum Chef und Organisator des »Werwolfs«, der auszubauenden deutschen Widerstandsbewegung, ernannt habe. Himmler bestimmte noch, daß Prützmann auch von meiner Dienststelle bei seiner Organisationsarbeit zu unterstützen sei. Diese Unterstützung beschränkte sich in der Zukunft darauf, daß Angehörige der Jagdverbände um Rat gefragt wurden und in Ausrüstungs- und Aufstellungsfragen halfen. Außerdem wurden zentral von meinem IB Ratschläge in bezug auf Waffen- und Materialausrüstung erteilt.

Der soviel besprochene und zuerst auch gefürchtete deutsche »Werwolf« war mehr eine Fiktion. Praktisch ist er nicht zum Einsatz gekommen; möglich und geplant war er nur für den Fall, daß es wirklich z. B. zum letzten Widerstand in der »Alpenfestung« gekommen wäre. Jeder Krieg hinter den Fronten hat eine größere moralische als praktische Auswirkung. Wird ein solcher Krieg geführt, so stärkt er die Kampfmoral der eigenen Truppe und Bevölkerung. Er verhindert aber auch das Erlahmen des Widerstandsgeistes in den vom Feind besetzten Teilen des Landes. Die eigene Souveränität ist moralisch auch noch im Rücken des Feindes wirksam. Wenn eine entsprechende Lage gegeben ist, dann wird jedes Land versuchen, eine solche Widerstandsbewegung zu gründen. Am »Werwolf« war daher nur der Name originell. Der Plan ist also niemals eine nazistische Besonderheit oder ein Verbrechen gewesen. Interessant ist, daß der einzige je in Betrieb gekommene »Werwolf«-Sender im sowjetisch besetzten Teil Deutschlands stationiert war und auch einige Tage arbeitete. Er übte unter anderem Kritik an Würdenträgern des Dritten Reiches, die sich nach der Besetzung vor den Russen würdelos benahmen. Eine Erscheinung, die wir dann in den westlichen Teilen ebenso erleben konnten, ohne daß wir Gelegenheit hatten, dies im Rundfunk anzuprangern.

Wie jedesmal, so fragte Himmler auch jetzt interessiert nach dem Stand der Entwicklung der Sonderwaffen bei Luftwaffe und Kriegsmarine. Als ich davon berichtete, daß gerade Vorstudien über die Abschußmöglichkeit der V 1 von U-Booten aus abgeschlossen worden seien, sprang Himmler von seinem Stuhl auf, ging zu einem großen Globus bei seinem Schreibtisch und stellte an mich die Frage: »Dann kann man also New York mit der V 1 bombardieren?« Ich bejahte die Frage grundsätzlich. Wenn es den Technikern gelang, eine auf einem großen Versorgungs-U-Boot rasch zu montierende Startbahn für die V 1 zu schaffen, dann mußte es möglich sein. Himmler, der ein Mann von schnellen, oft sprunghaften Entschlüssen war, unterbrach mich wieder: »Dann werde ich sofort mit dem Führer und mit Admiral Dönitz sprechen; New York muß in nächster Zukunft mit der V 1 beschossen werden. Sie, Skorzeny, werden sich mit ganzer Kraft einsetzen, damit die Sache möglichst bald klappt.«

Auf diese sofortige Reaktion Himmlers war ich nicht gefaßt gewesen. Ich war aus verschiedenen Gründen nicht unbedingt überzeugt, daß Himmler hier eine richtige Entscheidung gefällt hatte. Neugierig war ich auf die Reaktion der anderen Anwesenden. Diese standen ja im Dienstgrad wesentlich höher als ich und hatten daher nach altem militärischem Brauch vor mir zu reden.

Prützmann erschien mir sehr desinteressiert. Er hatte eben eine nicht leichte Aufgabe mit der Führung des »Werwolfs« übernommen; ich konnte es verstehen, wenn sich seine Gedanken jetzt ausschließlich mit diesem Auftrag beschäftigten.

Dr. Kaltenbrunner hatte sein Mienenspiel sehr in der Gewalt; ich konnte daraus weder Zustimmung noch Ablehnung erkennen. Das für ihn typische nervöse Zucken der linken Gesichtshälfte hatte nichts mit wirklicher Nervosität zu tun. Er sah zu seinem Untergebenen Schellenberg hinüber. Der hatte ja wohl jetzt als Chef des deutschen Nachrichtendienstes seine Meinung kundzutun. Es ging doch hier um eine Entscheidung von größter politischer Tragweite. Schellenberg aber war vollauf damit beschäftigt, Himmler zuzunicken. Er hatte das getan, während der »Reichsführer SS« sprach und ihn ansah, er tat es überflüssigerweise auch noch, als ihm Himmler den Rücken kehrte. Er brauchte das übliche »Jawohl, Reichsführer« gar nicht auszusprechen; man konnte es ihm vom Gesicht ablesen. Er hatte sicher den Verstand, um über das Problem ein Urteil abzugeben, fürchtete sich aber, seine Meinung auszusprechen, ehe er sich restlos über die Ansicht seines höchsten Vorgesetzten im klaren war. Er nannte das selbst seine »diplomatischen Fähigkeiten«, die ihn davor bewahrten, sich jemals den Mund zu verbrennen.

Nun, da mußte wohl ich wieder einmal heran. Meine Überlegungen hatte ich indessen angestellt. Als mich Himmler, der auf und ab marschierte, wieder einmal ansah, bat ich um das Wort: »Reichsführer, ich bitte einiges zu dem Thema sagen zu dürfen! Ich darf darauf hinweisen, daß die Zielgenauigkeit der V 1 derzeit noch sehr ungenügend ist. Der Steuerkopf muß vor dem Abschuß eingestellt und während des Fluges kann die V 1 nicht nachgesteuert werden. Geräte für diesen Zweck sind in der Entwicklung, und es wird heute erst ein Trefferradius von acht Kilometern erreicht. Die Zielungenauigkeit erhöht sich um ein beträchtliches bei der augenblicklich üblichen Methode des Abschusses der V 1 von der He 111 aus, wie derzeit von holländischen Luftbasen aus gegen England gestartet. Die Ungenauigkeit dürfte sich beim Abschuß von U-Booten noch vergrößern. Zu der ungenauen Festlegung des Standortes auf dem Meer bei Nacht und diesigem Wetter kommt noch das Schlingern des Bootes beim geringsten Wellengang, was bei der verhältnismäßig geringen Beschleunigung der V 1 auf der langen Abschußbahn eine Rolle spielen dürfte. Auch bei der gewaltigen Ausdehnung von New York ist es also sehr unsicher, daß das Flächenziel überhaupt getroffen wird.«

Nach einer kurzen Pause fuhr ich fort: »Dazu kommt noch eines. Die deutsche Luftwaffe hat keinerlei Möglichkeit, für dieses Unternehmen eine Sicherung des Luftraumes über dem Abschußort zu übernehmen. Die Überwachung der Ostküste Amerikas und eines weiten Vorfeldes im Atlantik ist nach den vorliegenden Nachrichten durch Flugzeuge und Radargeräte ziemlich lückenlos und gut durchorganisiert.«

Während dieser Ausführungen beobachtete ich die Reaktion bei den Anwesenden. Himmler wanderte nach wie vor auf und ab und schien mir nicht allzu interessiert zuzuhören. Immer wieder blieb er bei dem Globus am Schreibtisch stehen; wenn er wieder in die Nähe unseres Tisches kam, blickte er uns kurz durch seinen Kneifer an. Ich kannte ihn nicht so gut, daß ich aus seinen Mienen schon eine Reaktion erkennen konnte. – Dr. Kaltenbrunner nickte mir mehrmals zu. Er wollte mich offensichtlich ermuntern, weiterzusprechen. – Bei Schellenberg nahm es mich nicht wunder, daß er verneinend den Kopf schüttelte. – Prützmann war nach wie vor mit seinen Akten beschäftigt.

Plötzlich blieb Himmler wieder vor uns stehen und nahm das Wort: »Hier sehe ich eine neue, ganz große Möglichkeit, eine Wendung dieses Krieges herbeizuführen. Amerika soll nun auch diesen Krieg unmittelbar zu spüren bekommen. Dieses Land wiegt sich in Sicherheit, und Roosevelt bildet sich ein, nur mit Gold und seiner Industrie Krieg führen zu können. Die Amerikaner glauben ihr Land weit ab von allen Gefahren. Die Schockwirkung eines solchen Angriffs wird ganz groß sein. Das Volk wird den Krieg im eigenen Land nicht ertragen können. Ich schätze die moralische Widerstandskraft der Amerikaner ganz gering ein; sie werden

unter diesen neuen, unerwarteten Schlägen zusammenbrechen.«
So etwa versuchte Himmler, seinen plötzlichen Entschluß zu erklären. Ich konnte seinen Gedankengängen nicht ganz folgen. Ich
hatte keineswegs etwa Bedenken gegen eine Luftkriegführung
gegen amerikanische Städte; dazu war die immer heftiger werdende Bombardierung deutscher Städte Begründung genug, und
die täglich anwachsende Zahl von Ruinen sprach eine zu deutliche
Sprache. Aber ich glaubte, daß die Wirkung auf das amerikanische
Volk durchaus falsch eingeschätzt wurde.
Ich wartete also auf eine günstige Gelegenheit, wieder in das Gespräch einzugreifen, die mir Himmler auch gleich gab:
»Reichsführer, ich halte es für durchaus möglich, daß die gegen-
teilige Wirkung eintritt. Die US-Regierung betreibt seit langem
ihre Kriegspropaganda unter dem Motto: Die USA werden von
Deutschland bedroht! Nach einem Einsatz der V 1 auf New York
könnte leicht das Gefühl einer tatsächlichen Bedrohung entstehen.
Ich schätze den Erbteil des angelsächsischen Blutes in der amerikanischen Bevölkerung ziemlich hoch ein. Und gerade die Engländer haben uns bewiesen, daß ihre moralische Widerstandskraft
in Zeiten der unmittelbaren Bedrohung beachtlich hoch ist.«
Nun hörte mir Himmler aufmerksamer zu. Ich ergriff die Chance
und sprach weiter:»Gewiß, ich könnte mir auch eine Schockwirkung auf das Volk vorstellen, aber nur dann, wenn sich die wenigen Schüsse, die wir abgeben können, in ein genau bestimmtes
Ziel lenken lassen. Es müßte z. B. – nach vorheriger Ankündigung
im deutschen Rundfunk – an einem bestimmten Tag, zu einer
bestimmten Stunde ein bestimmtes Objekt in New York von
einer V-1-Bombe getroffen werden. Das würde im doppelten Sinne
des Wortes ›einschlagen‹.«
Nun trug ich noch vor, daß Arbeiten zur Verbesserung der Zielgenauigkeit der V 1 im Gange seien. Deutsche Wissenschaftler
arbeiteten an zwei verschiedenen Lösungen: einmal an dem Bau
einer Steuerung, die, in den Kopf der V 1 eingebaut, eine Regu-
lierung und Beeinflussung auch während des Fluges ermöglichen
würde. Die Funkstation würde sich in diesem Falle in der Nähe
der Abschußbasis befinden. – Die andere Entwicklung war schon
etwas weiter gediehen: ein kleiner Sender, der allerdings in der
unmittelbaren Nähe des Zielpunktes aufgestellt und für kurze
Zeit in Betrieb genommen werden müßte, sollte die Steuerung im
Kopf der V 1 betätigen. Die Schwierigkeit bei dieser Lösung bestand noch in den zu kleinen Energiemengen, die in diesem Falle
zur Verfügung standen. Eine andere Schwierigkeit war außerdem
noch zu überwinden: der kleine Sender mußte zum richtigen Zeitpunkt, etwa durch Agenten, an Ort und Stelle gebracht werden.

Nach den Erfahrungen allerdings, die bisher bei versuchten Agenteneinsätzen in Nordamerika gemacht worden waren, mußte hier von uns noch viel verbessert und dazugelernt werden. (Einige Agenten, die mit Hilfe eines U-Bootes vor nicht allzulanger Zeit an der Ostküste der Vereinigten Staaten gelandet waren, wurden unmittelbar danach bereits verhaftet.) Auch Dr. Kaltenbrunner erklärte nun, daß er die gleichen Bedenken gegen einen sofort durchzuführenden Einsatz habe wie ich. Es wurde vorgeschlagen, die Entwicklung geeigneter Zusatzgeräte abzuwarten. – Himmler schien ebenfalls durch die Gegenargumente beeindruckt zu sein. Er nahm zwar seinen früheren Befehl nicht ausdrücklich zurück, befahl mir aber nur, ihn über alle Verbesserungen und Neuentwicklungen auf dem laufenden zu halten. Die Kriegsereignisse waren aber letzten Endes schneller als viele der erwarteten Neuentwicklungen und Forschungen in Deutschland. Wie bekannt, kam es niemals zu einem derartigen Einsatz der V 1 gegen das Gebiet der USA.

In den Jahren nach der Niederlage Deutschlands hörte man oft die Frage: Was wäre geschehen, wenn . . . ? Es ist in den meisten Fällen müßig, darüber zu diskutieren, da man nachträglich niemals alle Komponenten, die für die richtige Beurteilung eines möglichen Erfolges in Frage kommen, in ihrer gegenseitigen Wirkung rechnerisch erfassen oder auch nur einigermaßen abschätzen kann. In diesem besonderen Fall kann sicher aber eines gesagt werden: Kriegsentscheidend wäre dieser Einsatz nicht gewesen. Dazu waren die zur Verfügung stehenden Mittel niemals ausreichend und wirksam genug.

Anders aber sieht es mit der Frage aus, ob der wirkungsvolle Einsatz solcher ferngesteuerter Waffen in Zukunft möglich und zu erwarten sein wird. Es ist sicher, daß sich über diese Frage die Herren der alliierten Generalstäbe und auch Wissenschaftler in mehreren Ländern den Kopf zerbrochen haben und noch zerbrechen. Amerika und Rußland zum Beispiel haben neben ihren eigenen Forschern heute auch deutsche Wissenschaftler für derartige Arbeiten eingesetzt. Es ist sicher, und es wird darüber gerade in amerikanischen Zeitschriften in erstaunlicher Offenheit geschrieben, daß in den vergangenen Jahren gewaltige Fortschritte gemacht wurden. Um nur von den deutschen sogenannten V-Geschossen zu sprechen, gab es davon schon während des Krieges einige über die bekannte V 2 hinaus; sie sind in bezug auf ihre Reichweite ganz bedeutend verbessert worden. Auch bezüglich der Zielgenauigkeit und der Fernsteuerung sind sicherlich Fortschritte erzielt worden, wenn auch hierüber nicht so offen gesprochen wird.

Nicht umsonst erforscht auch die russische Wissenschaft seit Jahrzehnten das gesamte Eismeer und das Polargebiet. Heute oder morgen ist bei dem erreichten technischen Stand der Luftwaffe (ich denke hier nur allein an die heute normalen Flughöhen der Maschinen, die schon an die Stratosphäre herankommen) das Polargebiet eine strategische Basis für Flüge über den Pol nach Kanada und Amerika, aber auch eine glänzende Abschußbahn für alle V-Geschosse, um bei der deutschen Sammelbezeichnung zu bleiben.

Auch die neuesten deutschen U-Boote waren gegen Ende des Krieges fast radarsicher. Sie sind ebenfalls Beutegut der Alliierten geworden. Es ist mir natürlich nicht möglich, die Fortschritte zu überblicken, die in den vergangenen Jahren gemacht wurden. Bilder amerikanischer Zeitschriften zeigten, daß V-2-ähnliche Geschosse von Kriegsschiffen aus gestartet werden. Die russische Presse pflegt solche Bilder nicht zu veröffentlichen.

Eines jedenfalls ist sicher: Die fortschreitende Technik ermöglicht es den Strategen kommender Kriege, viel weitere Erdräume in ihre Planung einzubeziehen. Es ist wahrscheinlich nicht zuviel gesagt, wenn von einer kommenden globalen Strategie gesprochen wird.

Praktisch wird gegen jedes Angriffsmittel im Laufe der Zeit ein wirkungsvolles Abwehrmittel gefunden. Das lehrt die Geschichte aller bisherigen kriegerischen Auseinandersetzungen. Fast in allen Fällen erfolgt die Entwicklung solcher Abwehrmittel aber erst, nachdem das Angriffsmittel eingesetzt wurde. Bei dem heutigen hohen Stand der technischen Entwicklung – es ist traurig, daß wir diese Qualifikation auch bei Zerstörungsmitteln anwenden – wird jedoch die Zeitdifferenz zwischen Erfindung und Gegenerfindung immer entscheidender*).

---

*) Anmerkung des Verlages: Die Absätze über die mögliche Weiterentwicklung der V-Waffen wurden vom Verfasser im Jahre 1948 geschrieben und auch für diese Neuausgabe in der ursprünglichen Fassung belassen.

XXIII

Widerstandsbewegungen – Ukrainische Partisanen gegen Rote Armee – Unternehmen »Greif« – 3 Kampfgruppen – Kommandokompanie – Mangel' an Menschen und Ausrüstung – Wilde Gerüchte – Yes, no und O.K. – Improvisationen – Parolen und Gegenparolen – Die drei Maasbrücken – »Angriff auf alliiertes Hauptquartier?« – Eisenhower in Gefahr? – Café de la Paix – Wo bleiben die Luftbilder? – Hitler hilft nach – Aufmarsch vom Feind unbemerkt – Blitztransport nach dem Westen – Befehlsausgabe bei Feldmarschall Model – Bereitstellung.

In den kommenden Monaten fand ich aber kaum mehr Zeit, mich um Sonderwaffen oder um Widerstandsbewegungen zu kümmern. Es waren Franzosen, Belgier, Holländer, Norweger, die sich anboten, in ihren nun von den Alliierten besetzten Ländern Widerstandsgruppen zu bilden. Es war fast aussichtslos, in dieser Hinsicht etwas zu beginnen. Die Regierung Pétain zum Beispiel erfreute sich in Frankreich sicherlich nur noch eines geringen Anhangs. Und eine Widerstandsbewegung ohne Mithilfe eines ganz großen Teiles der Bevölkerung ist ein totgeborenes Kind. Da halfen auch die geheimen Waffen- und Sabotagemittellager, die noch unter Admiral Canaris überall in Westeuropa angelegt worden waren, nichts mehr.

Etwas anders lagen die Dinge in Ost- und Südosteuropa. Besonders in der Ukraine, also im russisch-polnischen Grenzgebiet, hatte die UPA, eine ukrainische Unabhängigkeitsbewegung, tatsächlich Widerhall in der Bevölkerung gefunden. Ihre Führer, Bandera und andere, waren von den Deutschen verhaftet und erst 1944 freigelassen worden. Die UPA hatte sich gegen Übergriffe der deutschen Zivilverwaltung aufgelehnt und später ebenso tapfer den Kampf gegen die zurückgekehrten Russen aufgenommen. Gerüchtweise verlautete, daß auch eine Anzahl deutscher Soldaten, die in den großen Rückzügen des Sommers 1944 von ihrer Truppe abgekommen waren, mehr oder weniger freiwillig in den Reihen der Ukrainer kämpfte.

Im Herbst 1944 wurde ein Hauptmann K. von mir beauftragt, durch einen Einsatz in der Ukraine die Richtigkeit dieser Gerüchte nachzuprüfen. Mit acht deutschen Soldaten – die Gruppe war auch mit Funk ausgerüstet – stieß Hauptmann K. über die Karpatenfront in das Innere der Karpato-Ukraine und weiter ostwärts vor. Drei Wochen dauerte der Einsatz. Beachtliche Strecken wurden hinter den russischen Linien zurückgelegt. Der Bericht der Gruppe nach der glücklichen Rückkehr ergab ein gutes Bild der Situation. Die UPA hatte tatsächlich größere, bis zu 1000 Mann starke Truppenteile gebildet und beherrschte damit gewisse Gebiete. Ihre Kampfführung gegen rückwärtige sowjetische Truppeneinheiten mußte notgedrungen beweglich sein. Bisher eroberten sich die Angehörigen der UPA ihre Ausrüstung, Waffen und Munition durch Überfälle selbst. Hauptmann K. hatte mit einigen der Führer der UPA direkte Gespräche geführt und bestätigt erhalten, daß deutsche Soldaten hauptsächlich als Unterführer in der sogenannten »Ukrainischen Freiheitsbewegung« tätig waren. Die UPA war bereit, gegen Lieferung von Ausrüstungsgegenständen die deutschen Soldaten nach und nach auszutauschen. Es waren sogar schon behelfsmäßige Flugplätze festgelegt worden, wo in erster Linie kranke und verwundete deutsche Soldaten abgeholt werden sollten. – Die Lage der Benzinversorgung der Front war unterdessen so kritisch geworden, daß uns für solche Einsätze kein Betriebsstoff mehr zugeteilt wurde.

Sosehr mir die geschilderten und andere kleinere Einsätze der verschiedenen Jagdverbände am Herzen lagen, ich konnte sie nur noch am Rande bearbeiten. Die Vorbereitungen zur bevorstehenden Winteroffensive waren wichtiger und gingen allem anderen vor. Wenn ich auch mit der eigentlichen Aufstellung und Organisation meiner Kampfgruppe, für die uns der Truppenübungsplatz Grafenwöhr zugewiesen worden war, nichts zu tun hatte, so mußten doch alle grundlegenden Befehle und der Gesamtplan in Friedenthal ausgearbeitet werden.

Für das Unternehmen hatten wir den Tarnnamen »Greif« gewählt nach dem in alten deutschen Fabeln vorkommenden sagenhaften Vogel. Unsere Truppe sollte in Form einer Panzerbrigade aufgestellt werden (sie hieß dann »Panzerbrigade 150«). Die Grundlage unseres Planes bildete der Zeitplan, der für die große Offensive im FHQ aufgestellt worden war. Am ersten Offensivtag sollte danach der völlige Durchbruch durch die feindliche Front erzielt werden. Am zweiten Tag bereits sollte die Maas erreicht und überschritten sein. Es war also vollauf berechtigt, wenn wir annahmen, daß sich die feindlichen Truppen schon am ersten Tage in voller Flucht und Desorganisation befinden würden.

Es war meinen Mitarbeitern und mir völlig klar, daß wir zum Hilfsmittel der Improvisation greifen mußten. In knappen fünf Wochen – der Offensivbeginn war damals noch für Anfang Dezember 1944 festgelegt – konnte keine normale Feldtruppe aufgestellt und aufeinander eingespielt sein, viel weniger noch eine Truppe, die für einen Spezialauftrag vorgesehen war. Es war fast eine Unmöglichkeit, das wußten wir genau. Da ich aber schon

Hitler gegenüber bei der Auftragserteilung darauf hingewiesen hatte, war unser Gewissen in dieser Hinsicht beruhigt. Wir hatten ja unsere Auffassung über diese Angelegenheit vertreten.

Da wir mit allen möglichen Zwischenfällen rechnen mußten, faßten wir drei Ziele ins Auge: die Maasbrücken bei Engis, Amay und Huy. Den uns bekannten Gefechtsabschnitt der 6. SS-Panzerarmee teilten wir demgemäß in drei Streifen ein; die sich allmählich verengenden Marschstreifen hatten jeweils eine der genannten Brücken als Endpunkt. Zur Erreichung dieser Ziele teilten wir auch unsere Panzerbrigade 150 in drei Kampfgruppen X, Y, Z auf. Schon die Bezeichnung Panzerbrigade 150 war ein leichter Bluff. Auf unsere erste Anfrage bekamen wir sofort zur Antwort, daß die Zuweisung von Beutepanzern für ein ganzes Panzerregiment, ja auch nur für eine Abteilung unmöglich sein würde. Wir wurden also schon zu Beginn an die alte Weisheit erinnert: In der Beschränkung zeigt sich der Meister. Es ist aber nicht gerade angenehm, mit einem solchen Minus einen derartigen Auftrag beginnen zu müssen.

Wir sahen nun in unserem ersten Vorschlag folgende Gliederung der Panzerbrigade 150 vor:

- 2 Panzerkompanien mit je 10 Panzern,
- 3 Panzerspähkompanien mit je 10 Panzerspähwagen,
- 3 motorisierte Infanterie-Bataillone mit je 2 Schützen- und je 1 schweren Kompanie,
- 1 leichte Flakkompanie,
- 2 Panzerjägerkompanien,
- 1 Werferabteilung,
- 1 Nachrichtenkompanie,
- 1 Stab, möglichst klein gehalten, der Panzerbrigade,
- 3 möglichst klein gehaltene Bataillonsstäbe,
- 1 Kommandokompanie (zur Erledigung des zweiten Teiles des Auftrages für die Panzerbrigade).

Um Mannschaften zu sparen, mußten fast alle sonst üblichen Hilfsdienste völlig wegfallen, da ja der Einsatz nur ein kurzfristiger sein sollte. Als Gesamtstärke waren etwa 3300 Mann vorgesehen. Dazu kamen umfangreiche Listen über die benötigten Beutewaffen, Munition, Kraftfahrzeuge, Ausrüstungsgegenstände und Uniformen. Es wurde uns selbst unheimlich, wenn wir daran dachten, wie unser Bedarf in den kurzen Wochen befriedigt werden sollte. Unsere Beutelager konnten ja gar nicht so groß sein. Während der letzten Monate waren die deutschen Armeen ständig im Rückzug gewesen, und es hatte keine größere Angriffsoperation gegeben, bei der uns entsprechende Beutemengen hätten in die Hände fallen können.

Als ich am 26. Oktober 1944 bei Generaloberst Jodl die Gliederung der Panzerbrigade 150 sowie die Ausrüstungslisten zur Genehmigung vorlegte, wies ich nochmals auf die kurze zur Verfügung stehende Zeit und die dadurch nötige Improvisation auf
allen Gebieten hin. Ferner erklärte ich, daß der Einsatz »Greif«
meiner Meinung nach nur dann Erfolg haben würde, wenn er in
der ersten Nacht nach Offensivbeginn gestartet werden und die
Überraschung beim Gegner voll ausgenutzt werden könne. Dazu
sei es nötig, daß die Frontdivisionen unbedingt am ersten Tage
ihre Angriffsziele erreichten. Dies war in unserem Abschnitt das
Überschreiten des Hohen Venns in breiter Front. Ich mußte diese
Bedingung für meinen Einsatz stellen. Ferner erbat ich vom Wehrmachtsführungsstab als unbedingt nötige Unterlagen die Luftbilder der drei Brücken.

Die von uns ausgearbeitete Gliederung der Panzerbrigade 150
wurde genehmigt und jede Unterstützung durch den Wehrmachtsführungsstab zugesagt. Dann schnitt ich nochmals vorsichtig die
Frage an, ob nicht schon durch den erwähnten Befehl des Wehrmachtsführungsstabes die ganze geplante Aktion verraten sei. Ich
muß gestehen, daß ich Generaloberst Jodl gegenüber nicht die
gleichen Schlußfolgerungen zog wie in meiner schriftlichen Ein-
gabe. Dort hatte ich etwa geschrieben: Jeder einfache Soldat, der
einen derartigen grobfahrlässigen Verstoß gegen eine Geheim-
haltungspflicht beginge, würde sicherlich aufs schwerste bestraft
werden. – Auch Jodl erklärte mir, daß es unmöglich sei, nach
diesem Fehler den Einsatz aufzugeben. Er werde aber sofort einen
Befehl ausarbeiten, der in der Zukunft derartige Dinge verhindern
würde. Für mich seien in künftigen Schriftstücken zwei Tarnnamen zu verwenden, einer an geraden, einer an ungeraden
Tagen. Den einen davon, »Solar«, habe ich noch in Erinnerung.
Die Idee für diesen Befehl, im Schriftwechsel für mich andere
Namen zu gebrauchen, geht übrigens auf einen Vorschlag des
SS-Gruppenführers Fegelein zurück, der ständiger Verbindungs-
offizier der Waffen-SS im Führerhauptquartier war.

Nun, viel war damit nicht gutgemacht; aber ich mußte mich zufriedengeben. In der Folgezeit kamen dann dauernd Verwechs-
lungen der geraden und ungeraden Tage vor. Ich blieb zuletzt
ganz beim Namen »Solar«; es war entschieden einfacher und tat
der gloriosen Idee Fegeleins auch keinen Abbruch.

Bei General Burgdorf hatte ich um drei frontbewährte Bataillons-
kommandeure gebeten. Einer von ihnen sollte mich während der
Aufstellungszeit als Kommandeur der Brigade vertreten. Obersturmbannführer Hardieck, den ich für diese Aufgabe erhielt, war
ein ausgezeichneter Offizier, hatte aber niemals einen solchen Spe-

zialeinsatz geführt. Ebenso ging es den beiden anderen Kommandeuren Oberstleutnant W. und Hauptmann Sch. Alle drei waren aber mit Begeisterung bei ihrem neuen Kommando, und so würde es schon irgendwie gehen. Ich selbst hatte ja bisher auch noch keinen derartigen Tarneinsatz geführt.

Noch ein Anliegen hatte ich an General Burgdorf. Es sei unmöglich, so trug ich vor, daß in vier Wochen aus Freiwilligen aller vier Wehrmachtsteile eine kampfkräftige Einheit mit einigem inneren Zusammenhalt entstehen könne. Ich müsse bitten, mir außer den Freiwilligen auch geschlossene Wehrmachtseinheiten zur Verfügung zu stellen, die ich dann wenigstens als Gerippe meiner Formationen verwenden könne. In der Folgezeit erhielt ich dann unter anderem zwei Fallschirmjägerbataillone der Luftwaffe, zwei Panzerkompanien des Heeres und eine Nachrichtenkompanie zugewiesen. Dazu stellte ich noch aus den Jagdverbänden zwei verstärkte Kompanien des Jagdverbandes »Mitte« und meines eigenen SS-Fallschirmjägerbataillons 600 ab.

Als sich nach etwa acht Tagen die ersten hundert Freiwilligen in Friedenthal gemeldet hatten, sah ich die Zukunft des Unternehmens »Greif« nur noch grau in grau. Wie sollte das weitergehen? In Friedenthal waren Sprachprüfer eingeteilt worden, welche die Freiwilligen in Sprachkategorien, je nach ihren Kenntnissen, einteilten. Die Kategorie I für Soldaten mit wirklich perfekten englischen Sprachkenntnissen wollte und wollte nicht wachsen. Der höchste Zuwachs pro Tag waren ein bis zwei Mann.

Um richtig verstanden zu werden, muß ich hier erwähnen, daß ich selbst damals kaum englisch sprach. Wo waren die Schuljahre geblieben? Achtzehn Jahre war es her, daß sich Professor Muhr bemüht hatte, uns Rowdys in der Realschule des Bezirks Währing in Wien die englische Sprache beizubringen. Da wir gerade in seinen Stunden nur an Unfug dachten, waren die Schulkenntnisse recht schwach geblieben. Und seit dieser Zeit hatte ich kaum Gelegenheit zum Englischsprechen gehabt. Trotzdem bemühte auch ich mich, dazuzulernen, und versuchte hier und da, einen vernünftigen englischen Satz zusammenzubringen.

Da hatte ich eines Tages mit einem ganz jungen Luftwaffenoffizier in Friedenthal ein nettes Erlebnis. Er hatte sich ebenfalls als Sprachenkundiger gemeldet. Zufällig sprach ich ihn bei einer unserer Unterkunftsbaracken an: »Give me your story about your last duty, please!«

Darauf bekam ich in fehlerhaftem Englisch zur Antwort: »Yes, Herr Oberstleutnant, I became my last order before five months . . .« Hier zögerte er etwas, setzte aber dann rasch hinzu: »Aber das Restliche darf ich lieber auf deutsch erzählen.«

Ich war damit zufrieden; der Junge schien ja das Herz am richtigen Fleck zu haben, seine Freiwilligenmeldung zeigte es. Aber mit diesen Sprachkenntnissen konnte er nicht einmal einen tauben Amerikaner täuschen.

Nach etwa zwei Wochen war die Freiwilligenaktion im großen und ganzen abgeschlossen. Das Endergebnis war erschreckend: Die Kategorie I – also Männer mit perfekten Sprachkenntnissen und einiger Vertrautheit mit dem amerikanischen Idiom – umfaßte etwa 10 Mann, meist frühere Seeleute, die auch in der Kategorie II ziemlich zahlreich vertreten waren. In dieser waren etwa 30–40 Männer mit perfekten Englischkenntnissen. Die Kategorie III mit Soldaten, die mittelmäßige Englischkenntnisse besaßen, war mit 120–150 Mann schon stärker. Die vierte Kategorie von Männern mit geringen Schulkenntnissen in der englischen Sprache bestand aus ungefähr 200 Mann. Die übrigen waren teils aus körperlichen Gründen völlig ungeeignet oder sprachen außer »yes« nur perfekt deutsch. Ich mußte also praktisch eine »Schweigebrigade« aufstellen; denn nach Abzug von etwa 120 der besten Leute für die Kommandokompanie blieben kaum noch sprachlich geeignete Männer übrig. Wir würden uns also, schweigend vor Kummer, den flüchtenden amerikanischen Kolonnen anschließen. – In meinen dreitägigen Meldungen, die ich an den Wehrmachtsführungsstab über Personal- und Ausrüstungsstand abgeben mußte, waren übrigens diese erschütternden Zahlen immer ehrlich angeführt.

Einige der englischsprechenden Soldaten, bei denen es überhaupt noch Zweck hatte, wurden für kurze Zeit auf Dolmetscherschulen geschickt. Andere wurden für einige Tage in amerikanische Kriegsgefangenenlager abkommandiert. Dort sollten sie echten amerikanischen Slang hören und sich außerdem mit dem freieren Umgangston und Benehmen der amerikanischen Soldaten, besonders Vorgesetzten gegenüber, vertraut machen. Da diese »Kurse« auf etwa acht Tage beschränkt waren, konnten wir keine Wunderwirkung auf die Sprachkenntnisse erwarten.

Bei der Masse der Truppe in Grafenwöhr, die ja überhaupt kein Englisch verstand, bestand die Sprachausbildung darin, daß wir den Soldaten einige kräftige GI-Flüche und die Bedeutung von »yes«, »no« und »O.K.« beibrachten. Außerdem lernten sie noch einige der gebräuchlichsten amerikanischen Kommandoworte. Damit waren die Möglichkeiten der sprachlichen Tarnung der Brigade erschöpft.

Fast noch schlimmer sah es mit der Ausrüstung aus, die nach und nach anrollte. Ich will zuerst die Schwierigkeiten beschreiben, die sich bei der Kraftfahrzeugausrüstung ergaben. Schon sehr bald erkannten wir, daß die benötigte Anzahl amerikanischer Panzer auf keinen Fall zu bekommen war. Um das Ende vorwegzunehmen: am Tag des Offensivbeginns waren wir die stolzen Besitzer von ganzen zwei Sherman-Panzern. Einer von den beiden fiel dann durch Getriebeschaden schon beim Anmarsch zum Eifelgebiet aus.

Wenn ich später in Zeitungen und Magazinen zu lesen bekam, daß die Panzerbrigade 150 allein mit 50 Sherman-Panzern ausgerüstet gewesen sei, so packte mich noch nach dem Krieg der Neid, und zwar der Neid auf die blühende Phantasie der Journalisten. Überhaupt hat sich ein gewisser Teil der Presse über das Unternehmen »Greif« blindwütig ausgetobt, und ihre Meldungen hatten nichts mehr mit objektiver Berichterstattung zu tun. Man sah sozusagen noch Jahre nach dem Kriege Gespenster. Und Jagd auf Gespenster ist – auf die Dauer gesehen – niemals einträglich!

Der Inspekteur der Panzertruppen in Berlin wies der Brigade als Ersatz für die nicht beschafften Beutepanzer zwölf deutsche »Panther«-Panzer zu. Diese wurden dann in Grafenwöhr durch eine Blechattrappe um das Geschützrohr und am Turmaufbau getarnt. Damit sollte die Silhouette der des Sherman-Panzers ähnlich werden. Ich war mir klar darüber, daß diese Täuschung nur des Nachts aus weiterer Entfernung und dann auch nur vielleicht jungen amerikanischen Rekruten gegenüber gelingen konnte.

Ferner erhielten wir noch von den verschiedenen Beutesammelstellen der Front etwa zehn englische und amerikanische Panzerspähwagen überwiesen. Der Sorge, was wir mit den englischen Typen anfangen sollten, wurden wir dadurch enthoben, daß sie wegen diverser Motorschäden schon auf dem Truppenübungsplatz ausfielen. Es blieben vier amerikanische Fahrzeuge übrig, die durch deutsche Spähwagen ergänzt wurden. Zwei amerikanische Schützenpanzerwagen bildeten zusammen mit zwölf deutschen die Fahrzeuge einer gepanzerten Schützenkompanie.

Rund dreißig Jeeps kamen nach und nach mit der Bahn in Grafenwöhr an. Von diesen Fahrzeugen mußten noch mehr bei der deutschen Fronttruppe im Westen in Verwendung sein. Aber gerade von diesen gut geländegängigen Fahrzeugen trennten sich die jeweiligen Besitzer anscheinend besonders ungern. Der Befehl zur Abgabe dieser Fahrzeuge wurde öfter umgangen, wie wir später selbst feststellen konnten.

Eine geringe Hoffnung blieb uns noch, und das war: in den letzten 24 Stunden vor unserem Einsatz an der Front selbst noch Beute zu machen. Es war die gleiche vage und deshalb auch trügerische Hoffnung, der sich auch die höchste deutsche Führungsstelle bei der Gesamtplanung dieser Offensive hingab; nämlich

große Benzinlager des Feindes während des Vormarsches aufzufinden.
Auch mit den Lastwagen stand es nicht viel besser. Zuletzt standen uns vielleicht fünfzehn echte amerikanische Fahrzeuge zur Verfügung. Die erforderliche Anzahl wurde durch deutsche Ford-Lastwagen ergänzt. Einheitlich war bei allen Fahrzeugen nur der grüne Anstrich wie bei den amerikanischen Armeefahrzeugen.
Mit den Waffen sah es fast noch schlimmer aus. An amerikanischen Armeegewehren waren nur 80% des Bedarfs vorhanden. Für die Panzerabwehrkanonen und Granatwerfer der US-Armee fehlte die Munition. Als dann einmal einige Waggons mit Beutemunition ankamen, ging diese infolge unsachgemäßer Lagerung in die Luft. So waren wir gezwungen, praktisch nur deutsche Waffen auszugeben. Nur die Kommandokompanie erhielt Beutewaffen.
Am tollsten war es aber mit der Bekleidung bestellt, auf die wir aus begreiflichen Gründen besonders Wert gelegt hatten. Einmal bekamen wir einen Haufen ungeordneter Kleidungsstücke zugewiesen, die sich bei genauer Betrachtung als englische Uniformstücke herausstellten. Dann erhielten wir Mäntel, die praktisch nutzlos waren, da wir wußten, daß die US-Frontsoldaten im Einsatz nur sogenannte »field jackets« (= Feldblusen) trugen. Als uns dann über den Chef für Kriegsgefangenenwesen eine Ladung solcher »jackets« zugeschickt wurde, waren diese mit dem Dreieck der Kriegsgefangenen markiert. Die Sendung ging sofort zurück. –
Bezeichnend für die Lage auf diesem Gebiet war es, daß für mich, den etwas zu groß gewachsenen Kommandeur der Brigade, nur ein amerikanischer Armeepullover vorhanden war. – Wir hatten jedenfalls hinreichend zu tun, auch nur die Kommandokompanie halbwegs auszurüsten. Aber auch diese war noch auf die Hoffnung angewiesen, daß der Feind bei der erwarteten Flucht eine Menge seiner Ausrüstungsgegenstände zurücklassen würde. Diese Hoffnung trog später zwar nicht; dies genügte aber bei weitem nicht, um die Tarnung der Masse unserer Soldaten zu komplettieren.
Alle diese mißlichen Verhältnisse meldete ich laufend an den Wehrmachtsführungsstab. Ich wußte, daß ich mich nicht besonders beliebt machte, wenn ich ständig mit solchen Klagen kam. Andererseits hätte ich ohne diese Hartnäckigkeit noch weniger erreicht. Besonders unliebsam aber fiel ich auf, als ich Anfang Dezember – die Offensive war mittlerweile auf einen späteren Termin verschoben worden – diese Zahlen auch bei den »Führerlagen« meldete, zu denen ich zugezogen wurde. Es gab dann immer ein Donnerwetter von seiten Hitlers gegen verschiedene Herren des Generalquartiermeisters, die für die Ausrüstung verantwortlich

waren. Genützt hat auch dieser höchste Nachdruck nicht mehr viel. Auf dem Truppenübungsplatz ärgerte sich unterdessen Obersturmbannführer Hardieck bei der Aufstellung der Brigade. Aus Geheimhaltungsgründen war der uns zugewiesene Teil des Geländes abgesperrt, und es war auch kein Postverkehr gestattet. Nichts war natürlicher, als daß die tollsten Gerüchte über den Zweck der Vorbereitungen und das Ziel des Einsatzes entstanden. Es war auch bekanntgeworden, daß ich die Brigade später führen sollte, und die Soldaten trauten mir wahrscheinlich wieder eine ähnliche Aktion wie beim Einsatz in Italien zu. Kurz und gut, Obersturmbannführer Hardieck wurde der Gerüchte nicht mehr Herr. Er hatte es mit immer strenger werdenden Maßnahmen versucht; aber es half alles nichts. Das Ausmaß der Gerüchte gefährdete bereits jede Geheimhaltung. Als er mir dies meldete, bestellte ich ihn zu einer Aussprache nach Friedenthal.

Was Hardieck in meinem Zimmer von Fölkersam und mir an Gerüchten erzählte, ließ uns die Haare zu Berge stehen. Die Phantasie unserer Soldaten arbeitete jedenfalls gut. Da wurde von einigen verbreitet, daß die gesamte Panzerbrigade quer durch Frankreich marschieren würde, um die in Brest tapfer kämpfende, eingeschlossene deutsche Besatzung zu befreien. Andere erzählten dasselbe von Lorient und wollten sogar schon von genauen Plänen wissen, wie wir in die Festung eindringen würden. So gab es Dutzende von »Parolen«, wie sie im Landserjargon genannt werden, und jede Version hatte ihre Anhänger und wurde von diesen fest geglaubt. Wir waren daher sicher, daß der gegnerische Nachrichtendienst auch schon einiges davon erfahren hatte, um so mehr, als er ja sicherlich durch den unglücklichen Befehl aus dem Wehrmachtsführungsstab auf uns aufmerksam gemacht worden war.

Wir standen also vor der Frage, wie wir uns nun weiterhin verhalten sollten. Mit Strafen allein kommt man solchen Dingen nie bei. Es mußte ein anderer Ausweg gefunden werden. Nach einigen Überlegungen fanden wir den einfachsten Weg als den besten: Von unserem tatsächlichen Einsatzziel und -zweck wußten bisher nur wir drei. Wir vereinbarten, daß wir nunmehr allen Gerüchten freien Lauf lassen würden, wenn wir auch weiterhin so tun mußten, als ob wir sie unterdrückten. Wir wollten sogar noch einen Schritt weitergehen und die Gerüchte fördern, natürlich nur, wenn ihr Inhalt völlig von der Wahrheit abweichen würde. Unsere Rechnung war einfach: auch die gegnerischen Nachrichtenoffiziere würden sich in dem Gestrüpp verschiedenartiger durch diese Gerüchte hervorgerufener Meldungen, die sie erreichten, nicht mehr zurechtfinden.

Die Ausbildung wurde in Grafenwöhr mit allem Eifer betrieben.

Aus den zugewiesenen guten Truppenteilen waren nur die besten Männer für die Panzerbrigade 150 behalten worden. Die anderen sollten als Reserve für einen besonderen Zweck dienen. Falls wider Erwarten die gegnerische Front doch noch für einen Durchmarsch einer unserer Kampfgruppen gewaltsam geöffnet werden mußte, stand uns diese Eingreifreserve zur Verfügung.

Die einzelnen Einheiten waren schon durch Fronteinsätze zusammengeschweißt, mußten aber vor allem mit dem fremden Gerät vertraut gemacht werden. Häufige Nachtmarschübungen trugen wesentlich dazu bei. Auch nächtliche Überraschungsangriffe wurden geübt. Als taktische Übungen wurde vor allem das Halten von kleinen Brückenköpfen in allen Varianten durchexerziert. Besonders schwer war es, das »zackige Benehmen« des deutschen Soldaten zu mildern, das bei seiner Rekrutenausbildung mit unnötiger Härte und Ausdauer in ihn hineingedrillt worden war. Der Umgang mit dem Kaugummi und der amerikanischen Zigarettenpackung gehörte als wichtige Nebensächlichkeit mit zum Ausbildungsprogramm.

Auch die beiden Kampfgruppenkommandeure, Oberstleutnant W. und Hauptmann Sch., wußten bisher nur, daß ein Tarneinsatz im Falle einer Großoffensive des Feindes geplant war. Von einer eigenen Offensive ahnten sie noch nichts. Es war das ein gewisser Nachteil, da ihre intensive Mitarbeit bei der Planung ausfiel; dies mußte aber aus Geheimhaltungsgründen in Kauf genommen werden.

Wir mußten, da wir schon Mitte November erkannten, daß die Tarnausrüstung der Brigade höchst mangelhaft sein würde, gewisse Änderungen in unserem Aktionsplan vornehmen. An einen Tarneinsatz im eigentlichen Sinne des Wortes war nicht mehr zu denken; wir mußten zu den Hilfsmitteln der List und Täuschung greifen, vor allem aber unsere Gegner bluffen!

Ein Bluff konnte aber nur dann gelingen, wenn der Gegner tatsächlich von der Offensive völlig überrascht und seine Truppen in regelloser Flucht zurückgehen würden. Wir mußten also unbedingt an unserer schon erhobenen Forderung festhalten, daß das vorgesehene Angriffsziel des ersten Tages auch tatsächlich erreicht würde. Die Masse unserer nur in deutsche Uniformen gekleideten und mit deutschen Waffen ausgerüsteten Truppen mußten in geschlossenen Lastwagen transportiert werden. Nur Fahrer und Beifahrer sollten, so gut es ging, mit amerikanischen Uniformstücken ausgerüstet werden. Als Beifahrer wurden Männer aus der Kategorie 3 – also mit mittelmäßigen Sprachkenntnissen – bestimmt, damit wenigstens diese einige Sprachbrocken bei einem notwendig werdenden Gespräch mit feindlichen Soldaten einwerfen konnten.

Die drei Kampfgruppen sollten etwa um Mitternacht des ersten Angriffstages die deutschen Angriffsspitzen in den ihnen zugewiesenen Streifen überholen. Als vorläufige Ziele waren Sammelpunkte in der Nähe der Brücken vorgesehen. Von dort aus sollten besonders gut getarnte Aufklärungstrupps die Verhältnisse an den Brücken erkunden. So war noch immer die Möglichkeit gegeben, den Angriff nur auf zwei oder eine der Brücken zu konzentrieren. Deshalb war auch die nördliche Kampfgruppe X unter Oberstleutnant W. nicht mit Panzern ausgerüstet. Sie war dazu ausersehen, wenn nötig die Maas auf einer der Brücken im Tarnmarsch zu überschreiten und einen Bereitstellungsraum westlich der Maas zu beziehen. Die Angriffe sollten dann im Morgengrauen aus den Bereitstellungsräumen in deutschen Uniformen erfolgen. Wenn beim Feind genügend Verwirrung herrschte, dann konnte ein Überraschungserfolg erreicht werden.

Ein besonderes Sorgenkind meines Stabes war die Kommandokompanie und damit der zweite Teil unseres Auftrages: Unruhe und Verwirrung in den Reihen des Gegners zu stiften. Keiner der Freiwilligen dieser Kompanie hatte jemals einen derartigen Auftrag ausgeführt. Keiner von ihnen war ein geschulter Spion oder Saboteur; und sie sollten nun in den wenigen Wochen dazu ausgebildet werden. Welch praktisch fast unlösbare Aufgabe!

In dieser Einheit hatten wir natürlich die Männer zusammengefaßt, die am besten englisch sprachen; das war aber auch das einzige Plus, welches sie für ihren Auftrag hatten. Sie wußten um die Gefährlichkeit ihrer Mission. Wenn ein Soldat in Feinduniform während des Einsatzes gefangengenommen würde, dann hatte er ein Kriegsgerichtsverfahren wegen Spionage zu erwarten, dessen Ausgang nicht zweifelhaft sein konnte. Für diese Männer waren wirklich Vaterlandsliebe und Begeisterung die einzige Triebfeder. Unter diesen Umständen waren wir entschlossen, diese Truppe so sparsam wie möglich einzusetzen. Die für sie vorgesehenen Aufträge waren nicht genau festzulegen. Sie mußten der Phantasie des einzelnen Soldaten viel freien Raum lassen. Als vorgeschobenes Auge der Front konnten sie wertvollste Aufklärungsarbeit für die Truppe leisten. Es sollte auch versucht werden, durch Verbreiten von falschen Gerüchten bei den alliierten Truppen die Verwirrung zu erhöhen. Falsche Parolen über größte Anfangserfolge der deutschen Divisionen sollten ausgestreut werden. – Durch Umstecken von Straßentafeln und Hinweisschildern sollten die feindlichen Kolonnen falsch geleitet, durch das Durchgeben falscher Befehle die Unsicherheit erhöht werden. – Telefonverbindungen sollten unterbrochen, Munitionslager durch Sprengungen beschädigt oder vernichtet werden.

Die Kommandokompanie beschäftigte sich mit zahlreichen Planspielen und Übungen. Es war nur natürlich, daß gerade diese Einheit eine besondere Quelle für entstehende neue Gerüchte um die Panzerbrigade 150 war. Ich mußte leider damit rechnen, daß sicher ein oder mehrere dieser »Jeep-Teams« gleich zu Beginn der Offensive in Gefangenschaft geraten würden. Wir hatten nicht einmal Zeit, ihnen ausführliche Instruktionen für die Verhöre durch den gegnerischen Nachrichtendienst zu geben. Da aber diese »Teams« auch nur Gerüchte verbreiten und nichts über das ihnen unbekannte Ziel des Einsatzes erzählen konnten, sah ich darin keine besondere Gefahr für die Hauptaufgabe. Im Gegenteil: die Vielzahl der Gerüchte mußte den feindlichen Nachrichtendienst erst recht auf falsche Spuren lenken.

Es war um den 20. November 1944, als ich zum ersten und einzigen Male dazu kam, meine Truppen in Grafenwöhr zu besuchen. Vormittags sah ich mir einige Gefechtsübungen und die Ausrüstung der drei Kampfgruppen an. Die letztere war noch unvollständiger, als ich befürchtet hatte. Das Notizbuch Fölkersams enthielt immer mehr dringendste Anforderungen. Das Hauptquartier würde wenig Freude über meinen nächsten Bericht haben!

Nachmittags hatte ich eine lange Aussprache mit den drei Kommandeuren der Kampfgruppen. Ich eröffnete ihnen den eigentlichen Auftrag der Brigade, das Besetzen und Halten von einer oder mehreren Brücken hinter den Linien des Feindes, alles jedoch unter der Voraussetzung einer erwarteten alliierten Offensive mit starkem Geländegewinn auf deutschem Boden. In der sich entwickelnden Kesselschlacht würden die Brücken im Innern des Kessels von ausschlaggebender Bedeutung sein.

Nun konnte ich wenigstens mit den Kommandeuren einige taktische Überlegungen über unsere Aufgabe unter halbwegs richtigen Voraussetzungen anstellen. Auch die Manöver der Einheiten konnten jetzt zielbewußter vorbereitet und durchgeführt werden. Noch während der Besprechung hörten wir mehrere gewaltige Explosionen. Als gemeldet wurde, daß einige Munitionswagen beim Abladen in die Luft gegangen waren, fand die Besprechung ein rasches Ende. Aber helfen konnten wir auch nicht mehr; es war nicht mehr an die brennenden Waggons heranzukommen.

Meine Stimmung war infolge des Unglücks ziemlich niedergedrückt, als sich Leutnant N., ein Offizier der Kommandokompanie, bei mir melden ließ und um eine Unterredung unter vier Augen bat. Mit sehr ernster Miene begann er mir folgendes zu eröffnen:. »Obersturmbannführer, ich glaube das wirkliche Angriffsziel der Brigade zu kennen.«

Ich war nun wirklich neugierig, was da folgen sollte. Hatte einer der beiden Mitwisser des Geheimnisses nicht geschwiegen? Bestand eine Gefahr für das ganze Unternehmen? Dies ging mir blitzartig durch den Kopf. Da fuhr aber Leutnant N., sichtlich zufrieden mit der Wirkung seiner ersten Worte, schon fort: »Die Brigade wird nach Paris marschieren und das dort stationierte alliierte Hauptquartier gefangennehmen!«

Die »Neuigkeit« war fast zuviel für mich; ich mußte mich zurückhalten, um nicht laut herauszulachen. Blitzschnell überlegte ich: Ist das nicht ein herrliches neues Gerücht? So hatte ich ein mehr oder weniger zustimmendes, auf jeden Fall vieldeutiges: »So so, hm« zur Antwort. Dem eifrigen Offizier genügte diese Zustimmung. Begeistert erklärte er noch: »Ich darf mich Ihnen, Obersturmbannführer, für engste Mitarbeit anbieten. Ich war lange Zeit in Frankreich und kenne Paris ganz genau. Auch mein Französisch ist gut. Sie können sich auf mich verlassen. Ich werde schweigen wie ein Grab.«

»Nun, haben Sie sich schon überlegt, wie wir den Einsatz durchführen können? Ist das Ganze nicht etwas gewagt?« fragte ich. »Die Sache ist durchzuführen!« versicherte mir der stolze Erfinder des Planes. »Sie werden sicher schon Ihre Pläne gemacht haben, Obersturmbannführer. Ich habe mir die Aufgabe auch überlegt und bin zu der folgenden Lösung gekommen.« Nun erklärte er mir bis in alle Details seinen Plan. Nur die tatsächlich perfekt englischsprechenden Soldaten sollten in Feindesuniform gekleidet werden und das angebliche Bewachungspersonal für einen Kriegsgefangenentransport bilden. Die Kolonne würde in mehrere Marschkolonnen eingeteilt und an einem geeigneten Sammelpunkt in Paris zusammentreffen. Selbst deutsche Panzer könnten als Beutestücke, zur Vorführung im alliierten Hauptquartier bestimmt, mitgeführt werden.

Nur mit Mühe konnte ich nach und nach den Redeschwall meines Gesprächspartners unterbrechen. Immer neue Einzelheiten wollte er mir vortragen. Es war trotz aller Verrücktheit interessant, zuzuhören. Vor allem seine Phantasie, mit der er allen meinen Einwänden begegnete, machte mir fast Freude. »Ich kenne selbst Paris recht gut und habe oft genug im Café de la Paix gesessen, kenne die Champs-Elysées und die Stadt und Umgebung«, sagte ich ihm auf eine diesbezügliche Frage.

Um zu einem Ende zu kommen, schloß ich dann: »Also, überlegen Sie noch einmal alles ganz genau und arbeiten Sie allein jedes Detail durch. Wir sprechen noch darüber. Aber schweigen Sie allen anderen gegenüber wie ein Grab.« In der Zukunft sollte sich dann herausstellen, daß dieses »Grab« nicht schweigsam war; besonders das Café de la Paix sprach sich als geheimnisvoller Sammelpunkt herum. Selbst der alliierte Abwehrdienst konzentrierte später wochenlang seine Abwehrmaßnahmen auf diesen Punkt. Welch weittragende Folgen diese Aussprache haben würde, ahnte ich damals allerdings noch nicht. Daß dieses Gerücht tatsächlich bis in das Hauptquartier Eisenhowers dringen würde, konnte ich keinesfalls annehmen. Noch viel weniger, daß es so ernst genommen würde beim Gegner und daß dieser sofort umfassende Gegenmaßnahmen ergriff. Es war, bildlich gesprochen, als ob ein kleiner Stein in einen stillen See geworfen würde und die bekannten konzentrischen Wellenkreise sich unaufhaltsam weiter ausdehnten. Eine der letzten Wellen, die im Krieg berechtigte, später aber üble Propaganda, die mit diesem Gerücht getrieben wurde, trug sicherlich dazu bei, daß ich fast drei Jahre später als Angeklagter vor einem amerikanischen Militärgericht stand.

Um eine bessere Unterstützung in der wichtigen Ausrüstungsfrage zu bekommen und um einige taktische Fragen des Einsatzes zu klären, machte ich noch im November 1944 eine Reise an die Westfront. Im Hauptquartier des Oberbefehlshabers West, Feldmarschall von Rundstedt, in Ziegenhain sprach ich bei dem Chef des Stabes, dem IA und dem IC vor. Ich konnte nicht erwarten, daß ich hier große Begeisterung für den mir befohlenen Einsatz vorfinden würde; fand doch die Aktion »Greif« im Rahmen einer Offensive statt, deren Plan vom Oberbefehlshaber West nicht besonders begrüßt worden war. Der Feldmarschall hatte sich meines Wissens für eine kleinere Offensive im Raum Aachen ausgesprochen. Trotzdem erhielt ich wertvolle Informationen über die derzeitige Lage an der Front und über die Formationen, die beim Gegner an der Front eingesetzt waren. Ich trug auch meinerseits den vom Wehrmachtsführungsstab genehmigten Plan des Einsatzes »Greif« vor. Eigentlich hatte ich gehofft, einige wertvolle Ratschläge mit nach Hause bringen zu können. Ich bekam jedoch keine. Andererseits wurden aber auch von den Herren keinerlei Bedenken gegen meinen Plan ausgesprochen. Mit dem Versprechen, daß die entsprechenden Befehle, welche die beschleunigte Abgabe aller Beutestücke anordneten, nochmals an die Truppe ausgegeben würden, fuhr ich weiter.

Auf dieser Reise stellte ich mich auch im Hauptquartier des Feldmarschalls Model vor, der mit der Führung der geplanten Offensive beauftragt war. Dort traf ich nur General Krebs, den Chef des Stabes, vor. Er arbeitete fieberhaft an den Vorbereitungen, und es kam mir vor, als ob dieser Mann tatsächlich an den vollen Erfolg dieser Angriffsschlacht glaubte. Mir kam dabei ein Wort Adolf Hitlers in Erinnerung, das er zu mir bei der Entwicklung seiner Pläne gesagt hatte: »Skorzeny, das wird *die* Entscheidungsschlacht des Krieges werden.« General Krebs schien ein ähnliches Wort gehört zu haben und es auch ernst genug zu nehmen. Auch bei diesem Besuch erhielt ich ernstgemeinte Versprechungen auf Hilfe und Unterstützung. Unsere Absichten, wie wir unseren Auftrag ausführen wollten, wurden von dem General gebilligt. Er gab uns noch einige Anregungen für kleine Kommandounternehmungen, die der Jagdverband »Südwest« in der Zeit kurz vor der Offensive starten könne. Wir hatten auch schon daran gedacht, die Lebensadern der motorisierten amerikanischen Armeen, die »pipelines«, anzugreifen. Diese »pipelines«, die eine von Boulogne, die andere von Le Havre, zogen sich von den Hafenstädten quer durchs Land bis kurz hinter die Front. Es war eine Meisterleistung des US-Ingenieurkorps. Wir wollten in aller Eile einige kleinere Sabotagetrupps zusammenstellen. Sie sollten ein paar Tage vor der Offensive in Frankreich mit Fallschirmen abspringen und versuchen, die wichtigen Treibstoff-Rohrleitungen zu sprengen.

In der Kürze der Zeit hatten wir keine Möglichkeit mehr, eine besonders sorgfältige Auswahl der Männer für diesen Einsatz zu treffen. Franzosen, die noch mit den Deutschen kämpfen wollten, waren zu dieser Zeit schon sehr rar geworden.

Ähnliche Aufträge hatte ich auch an die Leitstelle II West der Abwehr gegeben, die mir ja seit einigen Monaten unterstand. Ich gab mich bezüglich dieser Einsätze keinen trügerischen Hoffnungen auf einen großen Erfolg hin. Meine Meinung über den meist fragwürdigen Wert solcher Agenteneinsätze hatte sich noch nicht geändert. Aber ich hoffte wenigstens, die gegnerische Abwehr zu beschäftigen und zu beunruhigen.

Der Stab der 6. SS-Panzerarmee lag damals noch östlich des Rheins. Hier wurde mit dem IC, einem alten Bekannten von mir, abgesprochen, daß ich den angreifenden Panzerspitzen je ein »Jeepteam« beigeben sollte, das reine Aufklärungsaufträge für die Divisionen zu übernehmen hatte. Dafür konnte ich auch sofort einige bisher zurückgehaltene Jeeps erhalten. Ich wußte aber genau, daß es noch mehr Beutefahrzeuge bei den Divisionen gab. Als früherer Ingenieur-Offizier hatte ich Verständnis dafür, um so mehr als die Kraftfahrzeuglage im Herbst 1944 auch bei den Fronttruppen trostlos wurde. Von der IC-Abteilung erhielt ich dann laufend alle Feindnachrichten, die von Interesse für mich waren.

Gegen Mitte November war der Offensivbeginn vom 1. Dezember 1944 auf den 10. Dezember, dann später nochmals auf den 16. Dezember verschoben worden. Der Aufmarsch war nicht rechtzeitig vollendet, die Ausrüstung der frisch aufgefüllten Divisionen noch nicht vollständig zur Stelle gewesen. Es war ein Zeichen da-

für, daß für diesen Einsatz tatsächlich Großdeutschlands letzte Reserven an Soldaten und Waffen zusammengeholt wurden.
Diese Tatsachen konnte ich am besten bei den Lagebesprechungen im Führerhauptquartier beobachten, zu denen ich dreimal befohlen wurde. Jedesmal hörte ich, daß die eine Division noch dringend Panzer benötigte, die andere Geschütze und die dritte Kraftfahrzeuge. Es war eine ewige Kette von Wünschen, die nie abriß. Der arme Generalquartiermeister hatte alle Vorwürfe der anwesenden Oberbefehlshaber der Armeen anzuhören. Dabei fühlte ich deutlich, daß Generaloberst Guderian jeden Panzer, jedes Bataillon, die in den Westen geworfen wurden, an seiner schwer kämpfenden Ostfront vermissen würde. – Unsere Möglichkeiten waren wie eine zu kurze Bettdecke. Sollte sie am Fußende, im Westen, passen, dann war sie am Kopfende, im Osten, zu kurz. –
Es fiel mir nicht leicht, auch noch meine ständigen Beschwerden über noch fehlende Ausrüstung, Material oder Waffen vorzutragen, wenn ich zum Bericht aufgerufen wurde. Wollte ich aber ein richtiges Bild der Versorgungslage meiner Panzerbrigade geben, so mußte ich schonungslos die Wahrheit sagen. Sie lautete kurz und bündig: »Wir werden von A bis Z improvisieren müssen; aber wir werden trotzdem unser möglichstes und Bestes tun.«
Adolf Hitler hörte meinem Vortrag immer ruhig zu. Dann gingen seine Fragen an die zuständigen Offiziere: »Warum ist die Tarnausrüstung noch nicht vollständig? Warum wurden nicht genügend Beutefahrzeuge abgeliefert? Warum klappte dieses, warum funktionierte jenes nicht?« Es war ein Fragen ohne Ende, auf das immer eine Antwort kam: »Wir haben unser möglichstes getan, und wir werden nochmals einen entsprechenden Befehl durchgeben . . .«
Eines Nachmittags Anfang Dezember fand die Lagebesprechung wie gewöhnlich im Zimmer Adolf Hitlers im ersten Stock der Reichskanzlei statt. Das Lagezimmer war wesentlich kleiner als das in der »Wolfsschanze« in Ostpreußen. Alle Anwesenden mußten gedrängt stehen, und außer den militärischen Spitzen durfte nur der jeweils Vortragende im Zimmer sein. Hauptsturmführer von Fölkersam war wie immer dabei, und wir hatten vereinbart, daß wir diesmal unbedingt die noch immer fehlenden Luftbilder der drei Brücken anmahnen würden. An dieser Lagebesprechung nahm auch Reichsmarschall Hermann Göring teil.
Die Luftwaffe hatte gerade die Luftlage vorgetragen. Die zahlenmäßige Überlegenheit des Feindes war auch durch größte Tapferkeit nicht mehr auszugleichen. Adolf Hitler schien das genau zu wissen; denn er hörte kaum hin. – Da hörte ich eine Zahl nennen; »250 Düsenjäger werden für die Ardennenoffensive zur Verfügung stehen!« Ich traute meinen Ohren nicht. War das alles, was

von den ursprünglich vorgesehenen Zahlen erreicht worden war? Ich hatte noch die Stimme Hitlers im Ohr, wie er am 22. Oktober 1944 zu mir sagte:»2000 Düsenjäger werden uns zur Zeit der Offensive auch die Luftüberlegenheit sichern.« – Aber auch bei Nennung dieser verminderten Zahl wurde die Aufmerksamkeit Adolf Hitlers nicht mehr geweckt. Er hatte anscheinend die Luftwaffe abgeschrieben. Damals konnte ich das alles nicht verstehen. Hitler schien bei den Erörterungen über die Offensive lebhafter zu sein als im September und Oktober 1944. Seine Gesichtszüge waren etwas frischer, und er machte kaum noch den Eindruck eines kranken, alten Mannes. Bei dem Gedanken an die letzte Chance, diese Offensive, lebte offensichtlich auch der verbrauchte Mensch Adolf Hitler wieder auf. Später erfuhr ich, daß er bezüglich der Möglichkeiten der Luftwaffe schon völlig resigniert hatte. In der Luft hatte sich der Führer Deutschlands bereits geschlagen gegeben. Als ich dann zum Vortrag an den Tisch trat, erinnerte ich an die seit Wochen versprochenen Luftbilder. Da fuhr Adolf Hitler auf und machte dem Reichsmarschall die heftigsten Vorwürfe. Dieser kam lange nicht zu Wort. Für mich war das eine äußerst peinliche Situation; ein Oberstleutnant wohnt normalerweise nicht der Zurechtweisung eines Reichsmarschalls bei. – Endlich versprach Hermann Göring, daß nunmehr ein mit einer Kamera ausgestatteter Düsenjäger zur Aufklärung eingesetzt werden solle. – Es war unseren normalen Aufklärungsflugzeugen schon seit Wochen unmöglich, feindliches Gebiet zu überfliegen. So erdrückend war die Luftüberlegenheit des Feindes. –

Das Ergebnis der nunmehr befohlenen Aufklärung hielt ich einige Tage später in Händen, die Luftbilder der Brücken von Huy und Amay; das dritte Luftbild habe ich nie bekommen. Die Aufnahmen zeigten deutlich die feindlichen Flakstellungen bei den Brücken.

Aufatmend stellte ich auch fest, daß bei den Flußübergängen keine besonderen, neu angelegten Befestigungen zu erkennen waren. Dort hatten wir wenigstens mit keinen Überraschungen unangenehmer Art zu rechnen.

Bei dieser Lagebesprechung hatte Adolf Hitler auch für mich noch eine Überraschung. Als ich meinen üblichen Vortrag über die Ausrüstungslage der Panzerbrigade 150 beendet hatte und noch einige kleinere Fragen des taktischen Einsatzes besprochen worden waren, wandte er sich plötzlich nochmals an mich:»Skorzeny, ich muß Ihnen noch einen Sie persönlich betreffenden Befehl geben. Ich verbiete Ihnen nochmals ausdrücklich, daß Sie selbst hinter die Linien des Feindes gehen und am Einsatz persönlich teilnehmen. Sie werden das Unternehmen Greif nur durch Funk füh-

ren. Ich habe außerdem den Oberbefehlshaber der 6. SS-Panzerarmee für die Durchführung dieses Befehls haftbar gemacht. Sie
werden sich auf seinem Gefechtsstand aufhalten. Keinesfalls dürfen Sie in Gefangenschaft geraten; ich brauche Sie noch für andere
Aufgaben.«

Von diesem Befehl war ich so überrascht, daß ich das angebrachte
»Jawohl, mein Führer!« vergaß. Ich hatte angenommen, daß
Adolf Hitler diese Sache schon vergessen hatte. Auch sein Händedruck beim Abschied machte mir nicht soviel Freude wie sonst.
Wie ich damals aus dem Lagezimmer kam, weiß ich nicht. Ich
glaube, daß ich einen roten Kopf hatte. Wie sollte ich meinen
Kameraden in die Augen schauen, wenn ich ihnen mitteilen mußte,
daß ich selbst am Einsatz nicht teilnehmen würde? Sollte ich am
Funkgerät sitzen und keine Möglichkeit haben, persönlich in einer
kritischen Situation einzugreifen? Sollte ich beim Oberkommando
der Armee hocken, während meine Kameraden vorne einen verzweifelten Kampf bestanden? Es wäre das erstemal gewesen!

Hauptsturmführer von Fölkersam verstand meine Bestürzung über
den soeben erhaltenen Führerbefehl. Er sollte für mich eisernes
Gebot sein. Er aber meinte tröstend in seiner baltisch trockenen
Art: »Die Suppe wird nicht so heiß gegessen, wie sie gekocht wird.
Nur etwas abwarten!« – Ich beschloß, meinen Kampfgruppenkommandeuren von dem erhaltenen Befehl Mitteilung zu machen,
obwohl mir dies nicht leicht fiel. Ich wollte ihnen aber gleichzeitig
sagen, daß ich auf jeden Fall bei einer kritischen Situation zu einer
der Kampfgruppen stoßen würde. Beim Armee-Oberkommando
würde ich auf keinen Fall bleiben und mir meinen Platz weiter
vorne aussuchen. Der Oberbefehlshaber würde dafür schon Verständnis haben.

Mein Adjutant Karl Radl hatte sich schon bitter beschwert, daß
ich zu den Lagebesprechungen nur Fölkersam mitnahm und nicht
ihn. Auch er wollte einmal einer solchen beiwohnen und vor allem
einmal Adolf Hitler sehen und sprechen hören. Ich versprach, ihn
das nächstemal mitzunehmen.

Dabei hatte »Karli« schon im Parterre-Vorraum des von Bomben
getroffenen Flügels der Reichskanzlei Glück. Ich konnte ihn dem
Reichsmarschall vorstellen, der sich in diesem Raum aufhielt. Es
war eine gewisse Erleichterung für mich, daß dieser mir vom letzten Male nichts nachtrug. War ich doch der Anlaß zu Hitlers unangenehmen Vorwürfen gewesen. Bei dieser Gelegenheit erfuhr
ich von einem zum Offensivbeginn geplanten Fallschirmeinsatz.
Ein Bataillon Fallschirmjäger sollte im Morgengrauen des ersten
Offensivtages auf einen Höhenrücken westlich von Monschau bei
Monte Rigi abspringen. Eine wichtige Straßenkreuzung sollte so

im voraus genommen und gehalten werden, um den Feind an der Heranbringung von Reserven aus dem Norden zu hindern. Es war nötig, daß mit dem Kommandeur, den ich noch von Italien her kannte, eine Absprache getroffen wurde. Es war ja möglich, daß eines meiner Jeep-Kommandos sich in die Gegend verirrte. Sie sollten nicht von deutschen Kugeln abgeschossen werden.

Eben begrüßte mich Adolf Hitler im Lageraum im ersten Stock, als ich hinter mir Radl schwer atmen hörte. Mit geübter Eleganz hatte er es geschafft und sich hinter dem Rücken der anderen Offiziere neben mich geschoben. Hitler sah kurz zu ihm hin, und ich erfaßte die Gelegenheit: »Mein Führer, darf ich Ihnen Hauptsturmführer Karl Radl vorstellen, meinen alten Adjutanten und Mitarbeiter, der schon in Italien bei mir war.« Bei diesen Worten schob ich den völlig überraschten Radl nach vorne. Er »baute zakkig sein Männchen«, wie es in der deutschen Soldatensprache heißt. Adolf Hitler drückte ihm die Hand und wandte sich wieder dem Kartentisch zu: »Ich bitte um den Vortrag der Westlage.« Nun spitzte sich alles auf die bevorstehende Westoffensive zu. Alles wurde nur mehr aus diesem Blickwinkel betrachtet. Ich konnte wieder beobachten, daß die genannten Zahlen der Kampfmittel für die Offensive immer kleiner wurden. Ein alliierter Luftangriff auf den Rangierbahnhof einer Stadt hatte einen Zug mit neuen Panzern getroffen. In einer anderen Stadt lag ein Munitionszug schon seit zwei Tagen aus den gleichen Gründen fest. Es wurden nur ganz wenige gute Nachrichten vorgetragen.

Das Erfreulichste jedenfalls war, daß der Aufmarsch der Armeen bisher anscheinend vom Feind unbemerkt geblieben war, auf keinen Fall aber von ihm richtig beurteilt wurde. Die feindliche Front blieb ruhig und war nicht zu dicht besetzt. Die Amerikaner bereiteten sich an dieser Front offenbar zur Winterruhe vor. Die Wetterprognose für den nun endgültig festgesetzten Angriffstag, den 16. Dezember 1944, lautete auch günstig: Bedeckter Himmel, niedrige Wolken. Das bedeutete für uns Ausfall der feindlichen Luftüberlegenheit: Im stillen war ich sehr froh, daß keine große Kälte angesagt wurde. Meine Brigade war nur für einen kurzen Einsatz ausgerüstet und hatte daher auch keine besondere Winterbekleidung und -ausrüstung. Wir mußten mit jedem Kubikmeter Laderaum sparen.

Am 8. Dezember verließen die letzten Züge mit meinen Männern den Truppenübungsplatz Grafenwöhr. Die Brigade wurde im »Blitztransport« – ich hatte mit jedem Ausbildungstag gegeizt – auf den Truppenübungsplatz Wahn, südlich von Köln, verlegt. Am 12. Dezember traf ich dort in Begleitung von Fölkersam ein.

Mein Stellvertreter, Obersturmbannführer Hardieck, empfing mich freudig. Er war froh, daß er seiner Sorgen als Brigadekommandeur ledig wurde und seine Kampfgruppe, die Kampfgruppe »Z«, übernehmen konnte. Er war ein furchtloser Draufgänger und bezüglich des Einsatzes sehr optimistisch. Ihn würde ich höchstens zurückhalten müssen, das wußte ich. Er wollte mir eine Freude machen und überreichte mir zusätzlich zu meiner feudalen »Tarnausrüstung« – sie bestand immer noch aus dem Pullover – einen olivgrünen amerikanischen Mantel und eine Leutnants-Feldmütze. Leider paßte der Mantel nicht.

In Wahn bekamen wir sogar noch einige Jeeps von der Fronttruppe zugewiesen. Bis in die letzten Stunden hatten unsere Mechaniker in den Werkstätten zu tun. Sie blieben dann auf dem Truppenübungsplatz zurück, da sie für den kurzen Einsatz nur Ballast bedeuteten. »Die lumpigen 100 km bis zur Maas wollten wir auch so schaffen.«

Bei diesem übermütigen Gedanken ertappte ich mich selbst. Meine Stimmung war also trotz der Sorgen noch gehoben.

Die Mannschaften hatten noch keine Ahnung, wie nahe der Einsatz bevorstand. Sie mußten zwar fühlen, daß die rasche Verlegung nur auf Grund kurz bevorstehender Ereignisse erfolgt war. Auch meine Ankunft war natürlich nicht unbemerkt geblieben. Auf einem Rundgang sprach mich ein Landser an: »Jetzt geht es wohl bald los, Herr Oberstleutnant?« Natürlich konnte ich ihm noch keinen reinen Wein einschenken. »Da mußt du schon beim Ami drüben anfragen, wann er losschlagen will«, war daher meine Antwort.

Hauptsturmführer von Fölkersam arbeitete dann die Befehle für die Verlegung in den Blankenheimer Forst in der Nacht vom 13. auf den 14. Dezember aus. – Auf dem Marsch machten sich bereits verschiedene Ausbildungsmängel bei unserer Truppe bemerkbar. Wir hatten mehrere Ausfälle an Kraftfahrzeugen, die aber später nachkamen. Die ganze Nacht über waren alle Straßen der Gegend mit marschierenden Kolonnen angefüllt. Die 6. SS-Panzerarmee zog in ihre Bereitstellungsräume. In den ausgedehnten Wäldern südostwärts von Blankenheim wurde das erste Biwak im Freien bezogen. Es war feucht, kalt und der Boden naß. Das Nächtigen in Zelten bei dieser Jahreszeit war nichts für Muttersöhnchen; aber unsere Landser hatten fast alle den Winter in Rußland erlebt, und da kamen ihnen die hiesigen Wetterverhältnisse noch milde vor.

Die Umgebung des Forstes, in den wir einrückten, kannte ich schon. Am Tag vorher wurde dort, im Hauptquartier von Feldmarschall Model, die letzte Befehlsausgabe für alle Korps- und

Divisionskommandeure abgehalten. Die verschiedenen Nachschubfragen waren das Hauptthema. Bei den schlechten Straßenverhältnissen bis zur Maas würde der Nachschub, besonders für die Panzerdivisionen, eines der brennendsten Hauptprobleme sein. Würde er richtig funktionieren?

Fölkersam und ich waren die einzigen bei dieser Besprechung, die keine goldenen Schulterstücke oder rote Generalstabsstreifen an den Hosen trugen. Gegen Ende der Befehlsausgabe wurde ich von Feldmarschall Model aufgefordert, den anwesenden Generalen kurz das Unternehmen »Greif« vorzutragen und zu erläutern. Die Kommandeure mußten im Bilde sein, um zu verhindern, daß zurückkehrende »Teams« meiner Kommandokompanie als Feinde angesehen und beschossen wurden. Wir gaben daher Erkennungszeichen für Tag und Nacht bekannt. Bei Tag sollte der Stahlhelm abgenommen und über den Kopf hochgehalten werden. Bei Nacht würden sich meine Männer durch Lichtsignale zu erkennen geben. Leider wurden meine Erläuterungen bei einigen Divisionen in einem schriftlichen Befehl an die unterstellten Einheiten herausgegeben. Schon am ersten Offensivtag fiel dieser Befehl durch einen Bataillonskommandeur, der in Gefangenschaft geriet und den Befehl bei sich trug, in die Hand des Feindes. Es war nur gut, daß in diesem schriftlichen Befehl unser Angriffsziel nicht genannt, sondern daß nur Tarneinsätze unter meiner Führung erwähnt waren. So trug das Bekanntwerden unseres Vorhabens beim feindlichen Nachrichtendienst nur zur Erhöhung der Verwirrung bei, da der Gegner schon viele Kommandos hinter der eigenen Front vermutete.

Am Donnerstag, dem 14. Dezember 1944, übernahm ich offiziell das Kommando über die Panzerbrigade 150. In einem Forsthaus saß ich mit den Kommandeuren der drei Kampfgruppen zusammen. Zwei von ihnen hatten erst jetzt erfahren, daß wir im Rahmen einer Offensivhandlung eingesetzt würden. Die beiden waren alte Frontsoldaten und konnten sicherlich auch schwierige Situationen meistern. Wir mußten alles daransetzen, um gute Nachrichtenverbindungen zu halten. Dann würden wir auch richtige Entschlüsse fassen können und Erfolg haben.

Lange sprachen wir alle Möglichkeiten unseres Einsatzes durch. Das Wichtigste war, daß keiner der Soldaten die Nerven verlor. Wenn auch nur ein Schuß zu früh abgegeben wurde, war alles verloren. Es würde die schwierigste Aufgabe der Offiziere und Unteroffiziere sein, in dieser Hinsicht ihre Soldaten im Zaum zu halten. Die Kampfgruppen mußten fahren, fahren, und sich durch nichts beirren lassen. Wie die einzelnen Brücken zu nehmen waren, mußte sich aus der Lage an Ort und Stelle ergeben. Auf lange Kämpfe konnten wir uns bei unserer geringen Gefechtsstärke nicht einlassen. Unser Vorhaben konnte natürlich nur gelingen, wenn es keine geschlossene gegnerische Front mehr gab, wenn der Angriff am ersten Tag schon weit ins Hinterland getragen wurde. Unser Unternehmen sollte im Angriffsabschnitt des 1. SS-Panzerkorps durchgeführt werden. Der nördlichen Kampfgruppe des Korps war als Nahziel die Überschreitung der Maas zwischen Lüttich und Huy gesetzt worden. Sie war dem Kommandeur des 1. SS-Panzerregiments, dem jungen SS-Standartenführer Peiper, beigegeben worden. Auch Peiper hatte den Angriffsbefehl für seine Kampfgruppe ausgegeben. Die Auftragsstellung war kurz und klar: »Die gepanzerte Gruppe Peiper greift am 16. 12. 44 zur X-Zeit im Abschnitt Losheim–Losheimer Graben an und durchbricht die etwa noch bestehende feindliche Front. 1. Ziel: Inbesitznahme und Offenhalten der Maasbrücken südlich von Lüttich. Der Kampf ist ohne Rücksicht auf Flankendeckung und auf die Entwicklung der Front beiderseits des Angriffsstreifens und unter voller Ausnutzung der Schnelligkeit der Panzer bis zur Maas zu führen.«

Die Treibstoffvorräte bei den Panzerdivisionen waren so gering, daß sie nur für den Vormarsch bis zur Maas reichen würden, wenn ohne Kampf durchmarschiert werden konnte. Auch wir hatten wahre Rechenkunststücke vornehmen müssen, um das Benzin so auf alle Fahrzeuge zu verteilen, daß diese ihre ersten Ziele erreichen konnten. Weitere Reserven standen auch uns nicht zur Verfügung. Da sich meine Verbände bis zur Maas auf keinen Fall in irgendeinen Kampf einlassen durften, konnte ich hoffen, daß die Vorräte bis zum Ziel reichen würden.

Die gegnerische Front war immer noch ruhig. Von unseren nächtlichen Bewegungen hatte der Feind anscheinend noch keine Kenntnis. Tagsüber durfte sich auf den Straßen nichts bewegen, was verraten konnte, daß auf einem engen Raume zwei Panzerarmeen aufmarschiert waren. In der Nacht vom 15. auf den 16. Dezember schoben sich die gepanzerten Kolonnen noch weiter nach vorne bis knapp hinter die Front. Es war dem nebligen Wetter zu danken, daß uns die feindlichen Nachtflieger nicht entdeckten. Sie mußten in dem hügeligen Gelände ziemlich hoch fliegen, und die Bodennebel nahmen ihnen die Sicht. Diesen glücklichen Umstand hielten wir für ein günstiges Vorzeichen für die ganze Offensive.

Mit dem Armee-Oberkommando hatte ich vereinbart, daß ich vorerst meinen Gefechtsstand bei dem I. Korps in Schmidtheim beziehen würde. Dorthin befahl ich auch meine Funkstaffel und meinen Stab, der nur aus vier Offizieren bestand: dem IA, dem Ordonnanzoffizier, dem Funkoffizier und dem Nachschuboffizier.

Noch vor der Frühdämmerung waren alle Truppenbewegungen beendet und die Fahrzeuge in den Wäldern untergetaucht.

Den Schlaf hatten wir in dieser Nacht gestrichen. In zwei Räumen eines kleinen Wohnhauses am Stadtrand von Schmidtheim richteten wir uns für kurze Zeit ein. Wir rechneten ja damit, daß wir ein paar Stunden nach Offensivbeginn weitermarschieren müßten. Meine fünf Funkstellen waren am nahen Waldrande aufgebaut. Die Meldungen der drei Kampfgruppen liefen ein: Sie hatten sich hinter den Panzerangriffsspitzen bereitgestellt. Erst wenn sie von mir einen besonderen Befehl erhielten, würden sie ihre sogenannte, mehr als notdürftige Tarnung anlegen und zu ihrem Einsatz starten. Die Nachrichtenverbindungen funktionierten aber nicht so gut, wie es eigentlich sein mußte. Gerade für die Funktrupps war die Zeit der Ausbildung und des »Zusammenspiels« zu kurz gewesen. Wir hielten beide Daumen, damit der »Funkladen« während des Einsatzes klappte.

Obwohl von mir nur drei »Funkteams« bei den Angriffsspitzen standen, die »Fahrt frei«-Befehl hatten und die Lage an den Maasbrücken für unseren Einsatz und für die Angriffstruppen erkunden sollten, warteten wir alle ungeduldig auf die X-Zeit für die Offensive. Die allen Soldaten bekannte Spannung vor jedem Angriff hatte wohl die ganze Front vom General bis zum letzten Grenadier erfaßt.

XXIV

16. Dezember 1944 – Feuerüberfall aus mehreren tausend Rohren –
Tagesziel nicht erreicht – Mühsamer Vormarsch – Die ersten Kom-
mandos im feindlichen Hinterland – Panzer greifen ein – Kein Be-
triebsstoff – Hauptplan aufgegeben – Die ersten Teammeldungen –
Malmedy feindfrei? – Wirkung der Parolen – Falschmeldung des
Senders Calais – MP verhaftet US-Offiziere – Der Gegner be-
stätigt die Wirkung.

Fünf Uhr, Sonnabend, den 16. Dezember 1944.
Aus Tausenden von Rohren erfolgte der plötzliche Feuerüberfall
auf die feindlichen Stellungen. Es dauerte nicht lange, dann wurde das
Feuer vorverlegt, und die deutsche Infanterie trat zum Angriff an.
In dem Abschnitt, in dem später die Kampfgruppe Peiper durchbrechen sollte, war die dritte Fallschirmjägerdivision eingesetzt.
Das Warten auf die ersten Nachrichten war leicht zermürbend. Es
hing zuviel von ihnen ab, und um sie wirklich aus erster Hand
zu erhalten, ging ich zum Stab des 1. SS-Panzerkorps.
Gegen sieben Uhr trafen die ersten Nachrichten ein. Sie lauteten
nicht gerade günstig; aber das konnte sich ja noch ändern.
Der Feuerüberfall hatte anscheinend die feindlichen Stellungen
beim Losheimer Graben nicht besonders stark getroffen. Der Gegner wehrte sich mit besonderer Zähigkeit, und der Angriff machte
keine großen Fortschritte. Auch bis zum Mittag wurden nur heftige Kämpfe gemeldet, aber keine größeren Geländegewinne, vor
allem nicht der erstrebte Durchbruch.
Mir war nicht bekannt, warum nicht schon jetzt die gepanzerten
Gruppen eingesetzt wurden. Sie waren nur wenige Kilometer vorgerückt und standen in der Hauptkampflinie des Morgens. Meine
Kampfgruppen hielten sich noch immer hinter ihnen.
Ich hatte meinen IA zu unseren drei Kampfgruppenkommandeuren
vorgeschickt. Er sollte eine glattere Abwicklung des Funkverkehrs
erreichen.
Von den Kampfgruppen X und Y kam schon die Nachricht durch,
daß er dort gewesen sei. Plötzlich kam der Funkoffizier ganz aufgeregt mit einem Funkspruch zu mir: »Obersturmbannführer Hardieck ist gefallen!«
Das war ein schwerer Schlag für die Brigade! Mein Stellvertreter,
der die Truppe von der Aufstellung her kannte, war tot! – Ein Sol-
datenleben hatte seine Erfüllung gefunden, die Panzerbrigade 150
ihren ersten Tribut leisten müssen. Wir hatten einen guten Kameraden und vorbildlichen Offizier verloren.

Wie mir später gemeldet wurde, war er bei einer Erkundungsfahrt mit seinem Wagen auf eine Mine gefahren. Es war gut, daß sich mein IA gerade auf dem Wege zur Kampfgruppe befand; er mußte jetzt die Stelle des Kommandeurs einnehmen. Für mich bedeutete es zwar den Verzicht auf meinen besten Stabsoffizier; ich wußte aber, daß ich ihm mit dieser Beauftragung eine große Freude machte und daß er den Posten bestens ausfüllen würde. Bald darauf erhielt ich Fölkersams Funkmeldung: »Habe Kommando der Kampfgruppe Z übernommen!«

Der 16. Dezember verging, ohne daß ein durchschlagender Erfolg an der Front der 6. SS-Panzerarmee erzielt worden war. Schon am Nachmittag setzte sich die Auffassung durch, daß die Panzerverbände zum entscheidenden Durchstoß eingesetzt werden müßten. Um mir selbst ein Bild zu verschaffen, fuhr ich nach Losheim. Die Straßen waren völlig verstopft mit Fahrzeugen aller Art. Eigentlich mußten alle Offiziere zu Fuß neben ihren Fahrzeugen gehen, um ununterbrochen dafür zu sorgen, daß der Verkehr in Fluß blieb. Als ich in Losheim anlangte, war ich sicherlich 10 km der kurzen Strecke marschiert. Der Gefechtslärm war jetzt ganz deutlich zu vernehmen. Im Losheimer Wald und vor Ronsfeld kämpften die Fallschirmjäger noch. Weiter südlich sah es besser aus; es schien, daß wenigstens dort ein größerer Geländegewinn erzielt worden sei.

In Losheim traf ich die Teile der Kommandokompanie an, die nicht den Kampfgruppen zugeteilt waren und mir unmittelbar unterstanden. Für mich galt es nun, bald eine schwere Entscheidung zu treffen. Es war bereits klar, daß das Angriffsziel des ersten Tages nicht erreicht wurde. Folgerichtig mußte ich also das Unternehmen »Greif« absagen. Das ging mir aber nach all den mühevollen Vorbereitungen gegen den Strich. Niemals hatte ich so leicht aufgegeben! Wenn die gepanzerten Truppen noch heute nacht antreten würden, war durchaus noch ein Erfolg möglich. Ich entschloß mich daher, noch 24 Stunden zu warten. War das Hohe Venn zu diesem Zeitpunkt überschritten, dann erreichte die Offensive wahrscheinlich auch die Maas, und die vorherige Inbesitznahme der Brücken durch meine Truppen konnte entscheidend sein.

Die Stimmung bei den Männern der Kommandokompanie war nicht einheitlich. Einige schienen aus dem langsamen Fortschritt der Offensive ihre Schlüsse zu ziehen. Sie kamen mir nicht mehr unbedingt einsatzfreudig vor. Der größere Teil war aber noch voller Optimismus. Ihre ungewöhnliche Aufgabe lockte die Männer; sie wollten durchaus in den Einsatz. Von diesen suchte ich drei »Teams« aus, die.mir besonders für Gerüchteverbreitung geeignet erschienen. Es waren meist Marinesoldaten; sie hatten gute Sprachkenntnisse und ein dementsprechend sicheres Auftreten. Ich schickte sie mit dem Befehl los, weiter südlich ein Loch in der Front zum Passieren in das feindliche Hinterland zu suchen und dort je nach Gelegenheit ihre Aufträge auszuführen. Besonders legte ich ihnen ans Herz, die Lage auf den drei Marschstraßen, die wir für unsere Kampfgruppen vorgesehen hatten, zu erkunden. Nach Schmidtheim zurückgekehrt, meldete ich dem Korps und der Armee, daß ich weitere 24 Stunden warten wolle. Auch meinen Kampfgruppen ging ein entsprechender Funkspruch zu. – In Schmidtheim waren unterdessen die ersten hundert Gefangenen eingetroffen. Sie befanden sich in bester körperlicher Verfassung; das sah man auf den ersten Blick. Diese Amerikaner waren – für sie selbst völlig überraschend – im ersten Ansturm gefangengenommen worden. Einige von ihnen hatten vorher noch gar nicht aus ihren Quartieren herauskommen können. Jetzt saßen sie anscheinend ganz zufrieden an eine Mauer gelehnt, rauchten Zigaretten oder kauten ihr Gummi.

Mit einem Leutnant versuchte ich, durch einen Dolmetscher in eine Unterhaltung zu kommen. Er wußte nichts Wichtiges. Erfreulicherweise konnte ich jedoch feststellen, daß der Angriff tatsächlich eine vollständige Überraschung gewesen war. Die früheren Ermittlungen der IC-Abteilungen (Nachrichtenoffiziere) bezüglich der feindlichen Truppenteile an der Front und in Reserve fanden wir bestätigt.

Bei diesem ersten Zusammentreffen mit Amerikanern mußte ich mich fragen, ob wohl alle diese Soldaten aus Übersee wußten, um was es hier in Europa ging. Wußten sie, daß die eigentliche Entscheidung dieses Krieges, der Zukunftsbedeutung hatte, im Osten lag? Ahnten sie, welche Folgen eine dauernde Schwächung Deutschlands für Europa haben würde? – Leider mußte ich feststellen, daß all das für den jungen Offizier keine Begriffe waren. Die amerikanische Propaganda hatte es sich einfach gemacht: »Die Deutschen sind die ewigen Barbaren und werden noch dazu von einem Teufel in Menschengestalt beherrscht. Dieser will die ganze Welt beherrschen, und sein Volk hilft ihm dabei. Es ist daher eine christliche Tat, eine Forderung der Zivilisation, Deutschland vernichtend zu schlagen und seinen Wiederaufstieg für alle Zukunft zu verhindern.« Das war in kurzen Worten die Auffassung des Leutnants, die er mir freimütig mitteilte.

Gegen Mitternacht des 16. Dezember traten die Panzergruppe Peiper und südlich davon eine andere Panzergruppe zum Angriff an. In den frühen Morgenstunden des nächsten Tages konnten wir die ersten Nachrichten erwarten. Diesmal legte ich mich doch für einige Stunden angezogen auf ein Matratzenlager am Boden meiner Stube hin. Meine letzten Gedanken vor dem Einschlafen kreisten noch um das Wetter und ob es wohl so günstig bleiben würde. Am vergangenen Tag hatten wir unter feindlicher Fliegertätigkeit nicht zu leiden gehabt. Es war von entscheidender Bedeutung, daß es bei diesem Zustand bleiben würde.

Kurze Zeit später wurde ich geweckt. Ein »Team«, das am Morgen die Linien überschritten hatte, war zurückgekehrt und meldete sich. Die Nachrichten, die es mitbrachte, waren hauptsächlich für die Front von Bedeutung und wurden sofort an das Korps weitergegeben. Am nächsten Vormittag sollten sich die Soldaten bei mir melden. Jetzt war für sie der Schlaf das wichtigste.

Schon um fünf Uhr früh war ich wieder auf dem Korpsgefechtsstand. Die erste Meldung von der Panzerspitze traf bald ein: »17. Dezember, fünf Uhr, die Ortschaft Ronsfeld gegen starken Feindwiderstand genommen.« Jetzt schien es ja weiterzugehen; auch von der südlichen Panzerkampfgruppe trafen gute Nachrichten ein; sie war schon weiter westlich in Richtung Recht vorgestoßen.

Für den Tag war die Vorverlegung des Korpsgefechtsstandes in die Gegend von Manderfeld geplant. Ich ließ das zurückgekehrte »Team« benachrichtigen, daß ich nach Losheim zur Kommandokompanie unterwegs sei, und machte mich auf den Weg nach vorn. Die Verhältnisse auf den Straßen waren noch erheblich schlechter als am Tag vorher. Nur hundertmeterweise bewegten sich die endlosen Reihen der Fahrzeuge nach vorne. Es war trostlos, und ich konnte mir gar nicht vorstellen, daß alle Bewegungen dieser Kolonnen wirklich nötig waren. Als wieder ein langer Stopp eintrat – ich war noch kaum auf der Hauptstraße –, drehte ich um, fuhr nach Schmidtheim zurück und dann auf kaum passierbaren Wegen nach Dahlem. Dort fand ich das gleiche Bild: Fahrzeug neben Fahrzeug und nur selten eine Bewegung nach vorn. Also hieß es aussteigen, und ich wanderte langsam gegen Stadtkyll zu. Hier und da konnte ich ein rettungslos aussehendes Durcheinander von Fahrzeugen mit Mühe und Geduld entwirren. Jeden Offizier, den ich bequem im Wagen sitzen sah, schickte ich auf die Straße, um dort möglichst Ordnung zu schaffen.

In den steilen Talkurven vor Stadtkyll stockte der Verkehr vollkommen. Nur mühsam kam ich zu Fuß durch. Hier mußte einfach Ordnung hineinkommen, damit der wichtige Gegenverkehr zur Munitions- und Treibstoffversorgung der kämpfenden Truppe nicht gänzlich unmöglich wurde. In der letzten Kurve, die steil zu einem kleinen See abfiel, entdeckte ich die Ursache der Verkehrslähmung. Ein mächtiger, vielleicht 10 m langer Tiefladeanhänger der Luftwaffe hatte sich in der Kurve mit anderen Fahrzeugen völlig verklemmt und verkeilt. Ungefähr dreißig Mann waren bemüht, das Fahrzeug wieder flottzumachen.

Neugierig erkundigte ich mich nach der Ladung des Fahrzeuges. Ich war völlig überrascht, als ich erfuhr, daß es V-1-Bestandteile waren, die nach vorn transportiert werden sollten. Offenbar war dieser vorzeitige Befehl in der Annahme gegeben worden, daß sich die Front am ersten Tage schon weit ins Feindesland verlagert habe, und es war vergessen worden, diesen Marschbefehl zurückzunehmen.

Hier half nur eine Radikallösung, zu der ich auch entschlossen war. Ich ließ alle Mannschaften der umliegenden Fahrzeuge aussteigen, und viele hundert Arme waren bald damit beschäftigt, die Ladung des Anhängers – in den See zu entleeren. Zum Schluß kippten wir noch den ganzen Anhänger die Böschung hinunter, und nach 15 Minuten war die enge Straße wieder frei.

Das Weiterkommen auf der Hauptstraße hatte ich aufgegeben. Auf einer kleinen Nebenstraße über Kerschenbach-Ormont mußte es leichter möglich sein. Auf diesem Weg kam ich an zahlreichen ungeräumten Minenfeldern vorbei. In Gedanken an das Schicksal von Oberstleutnant Hardieck bewegten wir uns hier recht vorsichtig. Auf der Hauptstraße, die von Prüm nach Losheim führte, sahen wir die Wirkung des ersten Feuerschlages an den verlassenen ehemaligen Quartieren der Amerikaner. Hier konnte es nicht mehr viel Widerstand gegeben haben; drei abgeschossene Sherman-Panzer standen nahe der Straße, ausgebrannt, noch leicht qualmend.

Abends wurde im Korpsgefechtsstand in Manderfeld »großer Kriegsrat« gehalten. Auch Generaloberst Sepp Dietrich war anwesend. Die nördliche Panzergruppe war erst nach heftigen Kämpfen vorangekommen. Um acht Uhr früh hatte sie Bulligen genommen, mußte sich dann aber ihren Weg bis Engelsdorf, das sie in der Abenddämmerung nahm, schwer erkämpft. Jetzt standen die Männer im Angriff auf Stavelot und waren auf starken feindlichen Widerstand gestoßen. Die Nachrichten von anderen Frontstellen lauteten auch nicht viel günstiger. Die Überraschung war zwar gelungen, der Angriff jedoch nicht mehr in einem Zuge bis zur Maas vorzutragen. Es konnte nicht mehr angenommen werden, daß der Feind widerstandslos zurückgehen würde; von einer regellosen Flucht, die dem Einsatz »Greif« reelle Chancen gegeben hätte, konnte keine Rede mehr sein. Es war auch nicht damit zu rechnen, daß am nächsten oder übernächsten Tag in unserem Angriffsabschnitt die Maas erreicht werden konnte. Der Feind führte schon Reserven heran, die in den Kampf eingriffen.

In dieser Lage wäre es verantwortungslos gewesen, noch länger an unseren Einsatz zu denken; Improvisation wäre in dieser Situation sträflicher Leichtsinn gewesen. Es fällt einem Soldaten nicht leicht, auf ein geplantes Vorhaben zu verzichten. Auch mir ging es so. Aber nach reiflichen Überlegungen meldete ich der Armee meinen Entschluß, auf den geplanten Einsatz der Panzerbrigade 150 zu verzichten, und erhielt die Zustimmung des Armeeoberkommandos. Auch an meine Kampfgruppen ging ein dementsprechender Funkspruch ab. Sie sollten an Ort und Stelle Biwak beziehen und weitere Befehle abwarten.

Da meine Brigade nun einmal im Einsatzraum war, unterstellte ich sie dem I. SS-Panzerkorps zur infanteristischen Verwendung und bat um eine unserer Kampfkraft entsprechende Aufgabe.

Schon am 18. Dezember fand der Vormarsch der Kampfgruppe Peiper ein Ende. Bei Troisponts, das um 11 Uhr vormittags genommen wurde, waren die Brücken vom Gegner gesprengt worden. La Gleize und Staumont wurden nachmittags genommen. Jeder Funkspruch der Kampfgruppe meldete Treibstoff- und Munitionsmangel. Jeder weitere Vormarsch war ohne diesen dringendsten Nachschub unmöglich.

Verschiedene Offizierskommandos wurden zusammengestellt, die über die nach wie vor verstopften Straßen alle erreichbaren Tankfahrzeuge nach vorn bringen sollten. Ich stellte für diesen Zweck auch meinen Nachschuboffizier zur Verfügung. Tatsächlich gelang es noch einigen Tankfahrzeugen, im Laufe der Nacht bis zur Kampfgruppe Peiper durchzukommen. Aber es war nur ein Tropfen auf den heißen Stein. An eine Fortsetzung des zügigen Vormarsches war nicht mehr zu denken.

Eine neue Sorge kam am nächsten Tag hinzu. Fast die ganze Nordflanke der Offensivbewegung war ungedeckt. Besonders über den Straßenknotenpunkt Malmedy konnte der Gegner leicht mit neu herangeführten Kräften einen gefährlichen Stoß nach Süden ansetzen. Ich wurde gefragt, ob ich die Sicherung dieser schwachen Stelle durch einen Angriff auf diese Stadt übernehmen könnte. Nach dem Standort meiner Kampfgruppen war ein solcher Angriff nicht vor dem 21. Dezember morgens möglich. In den frühen Morgenstunden des 19. Dezember gab ich die Funkbefehle an meine drei Marschgruppen: »Versammlung im Laufe des 20. Dezember im Raum Engelsdorf.« In Engelsdorf meldete ich mich auf dem Divisionsgefechtsstand der 1. SS-Panzerdivision und besprach mit dem IA die Möglichkeiten eines Angriffes.

Infolge der gänzlich fehlenden Artillerieunterstützung entschlossen wir uns, in der Frühdämmerung des 21. Dezember Malmedy von zwei Seiten überraschend anzugreifen. Als Ziel wollten wir die

Höhen nördlich der Stadt erreichen, um dort Stellung zu beziehen und etwaige Gegenangriffe abzuwehren. Derzeit waren die Zugänge nach Engelsdorf auf den beiden von Norden kommenden Straßen gerade durch je eine Gruppe (neun Mann) gesichert. Ein unhaltbarer und ungemütlicher Zustand.

Als ich am 19. Dezember von einem meiner Aufklärungs-»Teams« die Nachricht erhielt, daß Malmedy am Vortag anscheinend nur von schwachen Feindkräften besetzt gewesen war, hatte ich Hoffnung, daß der Angriff auch ohne schwere Waffen gelingen würde. Meine zehn verbliebenen Panzer – die anderen waren durch technische Schäden vorübergehend ausgefallen – mußten genügen.

Der Führer dieses obenerwähnten »Teams«, ein älterer Kapitän der Kriegsmarine, gab ein beachtenswertes Beispiel für eine wahrheitsgemäße Meldung. Er berichtete, daß er gar nicht beabsichtigt habe, über die Frontlinie zu gehen, sondern daß er sich ganz einfach verirrt habe. »Auf dem Meer wäre mir das nicht passiert«, meinte er trocken. Er hatte seinen deutschen Offiziersledermantel angehabt. Plötzlich stand er vor den ersten Häusern eines kleinen Städtchens. Die wenigen Einwohner, die auf der Straße waren, begrüßten ihn mit der Frage: »Kommen die Deutschen?« Als er erfuhr, daß er sich in Malmedy befand und daß der Ort noch von Amerikanern besetzt war, machte er schleunigst kehrt und erreichte auch glücklich Engelsdorf. »Da sind wir wieder einmal mit dem Schrecken davongekommen. Wir hatten mehr Glück als Verstand«, bemerkte er selbst über sein Abenteuer. Für mich aber war es wichtig zu wissen, daß die Stadt offensichtlich nicht besonders stark gesichert war.

Seit dem zweiten Tage der Offensive wurden keine neuen »Teams« mehr über die Frontlinie geschickt. Ich sah auch den Einsatz der Kommandokompanie für beendet an. Von den neun »Teams«, die insgesamt den Befehl zum Einsatz erhalten hatten, waren wahrscheinlich nur sechs bis acht im feindlichen Hinterland gewesen. Es mag verwunderlich erscheinen, daß ich auch heute keine genaue Zahl anzugeben vermag. Ich war aber kritisch genug, an einigen mir erstatteten Meldungen zu zweifeln. Es war nur zu begreiflich, daß sich manche dieser jungen Soldaten schämten, einzugestehen, daß sie beim Beginn des eigentlichen Auftrages, beim Überschreiten der feindlichen Linie, der Mut verlassen hatte. War es nicht verständlich, wenn dem einen oder anderen die letzte Entschlossenheit fehlte, bei schwieriger Situation wirklich über die Frontlinie zu gehen?

Sicher ist nur die Tatsache, daß zwei »Teams« in Gefangenschaft geraten sind. Vier andere »Teams« haben mir von ihrem Einsatz so klare und eindeutige Meldungen machen können, daß an ihrer

Richtigkeit auch bei späterer Nachprüfung nicht gezweifelt werden konnte. Bei zwei anderen »Teams« erschienen mir die Meldungen übertrieben.

Aus den tatsächlich durchgeführten Einsätzen möchte ich einige Beispiele herausgreifen:

Ein »Team« hatte gemeldet, daß es ihm tatsächlich am ersten Offensivtag gelungen war, durch die aufgerissene Front bis in die Nähe der Maas bei Huy zu kommen. Dort hatten sich die Männer in der Nähe einer Kreuzung frech niedergelassen und beobachteten befehlsgemäß die Bewegungen des Feindes. Der »teamleader«, der ausgezeichnet englisch sprach, ging sogar einige Male zu der nahen Straßenkreuzung hinüber, um sich »die Sache auch von der Nähe zu besehen«.

Nach einigen Stunden fuhr ein Panzerregiment vorbei, dessen Kommandeur den Führer des Kommandos unvermutet um eine Auskunft fragte. Geistesgegenwärtig gab ihm der »teamleader« eine völlig irreführende Antwort. Er meldete, daß verschiedene Straßen bereits von dem »damned Germans« gesperrt seien. Er habe außerdem den Auftrag, seine Kolonne, auf die er angeblich wartete, auf einem weiten Umgehungsweg umzuleiten. Tatsächlich nahm die Panzerkolonne diesen als sicher beschriebenen Umweg. Auf dem Rückzug hatte dieses »Team« bei Marche einige neugelegte Fernsprechverbindungen stören und verschiedene Hinweisschilder amerikanischer Versorgungseinheiten entfernen können. Die Soldaten konnten außerdem eine ausgezeichnete Schilderung des Durcheinanders geben, das am ersten Tage hinter der amerikanischen Front geherrscht hatte. Diese Gruppe erreichte nach etwa 24 Stunden die eigenen Linien wieder im Bereich der 5. Panzerarmee und gab dort eine erste Schilderung ihrer Erlebnisse. Einen halben Tag später meldeten sich die Männer bei der Kommandokompanie in Losheim zurück.

Die deutsche Funküberwachung bestätigte tags darauf diese unwahrscheinlich klingende Meldung. Durch zahlreiche Funksprüche des Gegners, die sich über anderthalb Tage hinzogen, wurde ein Panzerregiment von der amerikanischen Führung gesucht.

Ein anderes Spezialkommando war ebenfalls gut durch die Linien gekommen und hatte in rascher ungehinderter Fahrt die Maas bei Amay überschritten. Dieses Kommando konnte melden, daß an den Maasbrücken von alliierter Seite bisher keine besonderen Sicherheitsvorkehrungen getroffen worden waren. Auf seinem Hin- und Rückweg hatte es drei zur Front führende Straßen durch Minenbänder, Warnungstafeln und Baumhindernisse gesperrt. Es konnte festgestellt werden, daß diese Straßen wenigstens für kurze Zeit vom amerikanischen Frontnachschub nicht benutzt wurden. Auch dies mag eine geringe Entlastung für die deutsche Front an der betreffenden Stelle bedeutet haben.

Ein anderes »Team« hatte ein kleines Erlebnis, welches erwies, wie aufnahmefähig damals die amerikanische Truppe für Gerüchte war. Am 16. 12. näherte sich dieses »Team« einem Ort südwestlich von Engelsdorf (wahrscheinlich war es das Dorf Poteaux). Dort hatten sich zwei amerikanische Kompanien zur Verteidigung eingerichtet, Straßensperren gebaut, Maschinengewehrnester angelegt usw. Das Erschrecken war sicher auf seiten unserer Männer, als sie von einem amerikanischen Offizier angesprochen wurden. Er wollte etwas über die Frontlage wissen, da die Kompanien ohne Verbindung mit höheren Stäben waren.

Nachdem der Offizier meiner Kommandokompanie – er trug die Uniform eines US-Sergeanten – die erste Verwirrung überwunden hatte, erzählte er dem aufhorchenden Kompaniechef ein Märchen. Der Schrecken, der unseren Soldaten noch vom Gesicht abzulesen war, wurde von dem Amerikaner wahrscheinlich auf die angebliche vorherige Begegnung mit deutschen Truppen zurückgeführt. Der »teamleader« berichtete nämlich, daß die »Krauts« (amerikanischer Spitzname für die Deutschen) an den beiden Flügeln rechts und links vom Dorfe bereits vorgedrungen seien und das Dorf daher praktisch fast abgeschnitten hätten.

Der amerikanische Kompaniechef mußte diese Meldung geglaubt haben; denn er gab bald darauf den Befehl zum Abrücken, nachdem er einen eigenen Aufklärungstrupp meinem »Team« mitgegeben hatte. Dieser erhielt glücklicherweise nur den Auftrag, den freien Abmarsch nach Westen zu erkunden.

Eine andere Gruppe der Kommandokompanie hatte auf ihrem Marsch zur Maas ein Munitionslager entdeckt. Es hielt sich bis zum Einbruch der Dämmerung in der Nähe verborgen. Zwei geschickt angelegte Sprengladungen zerstörten im ersten Abenddunkel einen Teil des Munitionslagers. Dieses »Team« stieß auch durch Zufall auf eine große Telefonsammelleitung. Es zerstörte diese an drei weit auseinanderliegenden Punkten.

Die Rückkehr dieses »Teams« war dann nicht mehr vom Glück begünstigt. Die Männer hatten sich zwei Tage hinter der feindlichen Front aufgehalten und stießen beim Versuch zur Rückkehr auf amerikanische Truppen, die gerade im Angriff auf Chevron waren.

Bis dorthin waren die Spitzen der nördlichen Panzergruppe vorgestoßen. In der Dämmerung machten sie dann den schneidigen Versuch, mit ihrem Jeep durchzubrechen. Ein Offizier des »Teams« wurde von den Schüssen, die ihm die Amerikaner nachfeuerten, tödlich getroffen. Die anderen drei »Team«-Kameraden wurden von der Panzergruppe Peiper aufgenommen, nahmen am Weihnachtsabend an dem verzweifelten Durchbruch der Überlebenden dieser Panzergruppe teil und erreichten mit diesen erst am 25. Dezember die deutsche Front ostwärts der Salm bei Wanne. Der Erfolg dieser wenigen Einsätze, den ich in seiner ganzen Tragweite erst nach dem Krieg bei meinen Vernehmungen erfuhr, überstieg bei weitem meine Erwartungen. Im feindlichen Hinterland mußte eine wahre Spionenpsychose hervorgerufen worden sein. – Nach einigen Tagen erfuhren wir von einer Rundfunkmeldung des amerikanischen Propagandasenders Calais. Diese besagte, daß ein umfangreiches deutsches Spionage- und Sabotageunternehmen unter Führung des »Colonels« Skorzeny, des Mussolini-»Entführers«, aufgedeckt worden sei. Es seien bereits mehr als 250 Angehörige der Panzerbrigade 150 gefangengenommen worden.

Da ich täglich die Stärkemeldungen meiner Kampfgruppen erhielt, konnte mich die in dieser Meldung genannte Zahl in keiner Weise beunruhigen. Ich überlegte, wie diese absolut falsche Meldung entstanden sein könne. Ich fand nur zwei Möglichkeiten: Entweder war die Zahl glatt erfunden; dann begingen die Amerikaner einen psychologischen Fehler. Denn uns konnte die hohe Zahl der Gefangenen nicht abschrecken, da wir sie ja unschwer nachprüfen konnten. Diese Falschmeldung konnte höchstens die Bildung und Verbreitung von Gerüchten innerhalb der US-Army erhöhen, da bekanntlich den Soldaten nicht nur die behauptete Leistung der eigenen Spionageabwehr imponiert, sondern sie in einem solchen Fall noch weitere Hunderte von Spionen hinter den eigenen Linien vermuten. – Oder die Zahl war tatsächlich annähernd richtig. Dann mußten sich unter den Gefangenen wesentlich mehr echte Amerikaner als Deutsche befinden. – Die gesamte Brigade hatte nach Beendigung ihres zweiwöchigen Einsatzes nicht mehr als 25 Vermißte, acht davon aus der Kommandokompanie. Die Vorstellung, daß sich unter zehn gefangenen angeblichen Angehörigen der Panzerbrigade 150 nur ein einziger echter Deutscher befand, wäre für uns beinahe amüsant gewesen, wenn wir uns nicht auch hätten vergegenwärtigen müssen, daß dieser eine Deutsche vor ein Kriegsgericht gestellt und erschossen werden konnte.

Später, nach dem Kriege, habe ich erfahren, daß tatsächlich der zweite Fall eingetreten war: Der amerikanische Abwehrdienst hatte im Übereifer eine große Anzahl von eigenen Soldaten und Offizieren eingesperrt.

Im August 1945 besuchte mich im Vernehmungslager Oberursel ein amerikanischer Captain, der mir folgendes erzählte: Er selbst sei Ende Dezember 1944 von amerikanischer MP (Military Police) festgehalten worden. Es dauerte eine ganze Zeit, bis er sich von dem Verdacht reinigen konnte, ein deutscher Spion und Angehöriger meiner Truppe zu sein. Gleichzeitig gab er aber zu, selbst schuld an seinem Malheur gewesen zu sein. In Frankreich hatte er während des Vormarsches ein deutsches Offiziersgepäck gefunden, ein Paar deutsche Offiziersstiefel entnommen und, da sie ihm paßten, auch angezogen. Aus diesem »Stiefelumstand« zog die auf Spionenjagd geschickte MP den nicht sofort widerlegbaren Schluß, einen deutschen Spion vor sich zu haben. Er wurde verhaftet und, wie er mir gestand, nicht gerade sanft behandelt. Die acht Tage als amerikanischer PoW unter Spionageverdacht würde er niemals vergessen, so versicherte mir dieser sehr anständige Captain. – Als ich ihm von meiner Seite einige Beschwerden über meine Behandlung als PoW vortrug, fand ich bei ihm volles Verständnis und Glauben. Allerdings gab er mir nicht viel Hoffnung auf Abhilfe, da dies, wie er am besten wisse, »nun einmal so sei« und leider an eine vollständige Abstellung dieser mißlichen Verhältnisse nicht zu denken sei.

Zwei US-Oberleutnante lernte ich im Jahre 1946 in Dachau kennen. Sie waren im Dezember 1944 gerade aus Amerika in Frankreich eingetroffen und auf dem Wege zur Front. Als sie bei einer fremden Einheit mittags zu Gast waren, lobten sie aus Höflichkeit das aus Konserven zubereitete Essen. Dies und ihre funkelnagelneuen Uniformen machten sie äußerst verdächtig. Vom Tisch weg wurden sie verhaftet und in ein Gefängnis eingeliefert. Die alten Frontsoldaten hatten nämlich das Essen aus Konservendosen längst über und fluchten schon in Gedanken an die nächste Mahlzeit.

Auch ein amerikanischer Sergeant erzählte mir bereits im Herbst 1945 im Gerichtsgefängnis in Nürnberg, daß er mit zwei Kameraden in der Nähe der Maas verhaftet worden war. Sie hatten in ihrem Jeep unglückseligerweise eine gefundene deutsche Tarnjacke liegen, die von der eifrigen MP entdeckt worden war. Das Pech wollte es, daß einer der Mitfahrenden Deutschamerikaner war und daß dessen Aussprache noch einen fremden Akzent heraushören ließ. Sie wurden für mehr als zehn Tage gefangengehalten und vier echten Soldaten der Panzerbrigade 150 gegenübergestellt. Nach den Erzählungen des Sergeanten dauerte diese Jagd auf deutsche Spione bis in den Februar 1945 hinein.

Die Arbeit der amerikanischen Spionageabwehr wurde auch noch dadurch erschwert, daß viele deutsche Soldaten anderer Divisionen gefangengenommen wurden, die ein irgendwo von einem GI vergessenes »field jacket«, eine Art Windbluse, trugen. Dies war darauf zurückzuführen, daß die amerikanische Windbluse ein für das zwischen Frost und Tauen wechselnde Dezemberwetter hervorragend geeignetes Bekleidungsstück war. Die deutsche Ausrüstung war im fünften Kriegsjahr qualitativ nicht mehr mit der amerikanischen zu vergleichen. Das Tragen einer solchen Windbluse genügte aber, um in den Verdacht der Zugehörigkeit zur Panzerbrigade 150 zu gelangen. In der späteren Kriegsgerichtsverhandlung gegen neun meiner Offiziere und mich war es unser Glück, daß kein einziger Angehöriger der drei Kampfgruppen (nicht der Kommandokompanie) so bekleidet in Gefangenschaft geraten war. Dies hätte unsere sichere Verurteilung bedeutet.

Die bemannte V 1, eins der Spezialgebiete der SS-Jagdverbände.

Der Einmann-Torpedo der Kriegsmarine. Aus der Notwendigkeit heraus feindliche Schiffsansammlungen in Gewässern zu bekämpfen, die für den Einsatz des U-Bootes ungeeignet sind, wurde der Einmann-Torpedo erfolgreich angewandt.

Ein Meeresgespenst taucht aus den Fluten – in rasender Fahrt dem Feind entgegen.

Hier wird ein Sprengboot mit dem Piloten zu Wasser gelassen, um in Kürze seine Fahrt feindwärts anzutreten.

Erst 150 m vor dem Gegner verläßt der Pilot das in rasender Fahrt befindliche Boot, das dann mit seiner todbringenden Sprengladung allein auf sein Ziel zusteuert. Rettungsboote nehmen den auf einem Floß treibenden Piloten auf.

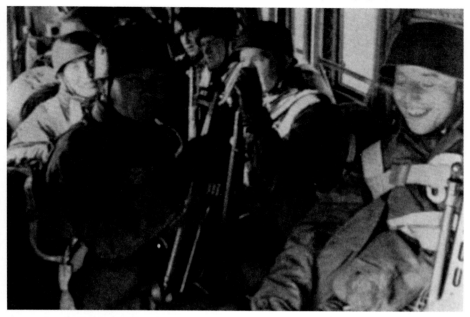

Im Anflug zum Hauptquartier Titos.

Nachschub mit abgeworfenen Versorgungsbehältern unterwegs (Hauptquartier Tito).

Fallschirmjäger nach geglückter Landung (Tito-Einsatz 1944).

Tito-Einsatz 1944. Bosnien. SS-Fallschirmjäger-Bataillon im Absprung in den Talkessel.

Lastensegler im gemeinsamen Einsatz von Fallschirmjägern. Hauptquartier Tito.

Gefechtspause, Bosnien 1944.

Straßenkampf in Drvar, Bosnien 1944.

Die Wunderwaffe der Fallschirmjäger: das LG-40, Bosnien 1944.

Auf dem Burghof Budapest: Horthy. 16. Oktober 1944. Aufstellung von zwei Ehrenzügen von deutschen Truppen, die am Einsatz teilgenommen haben, zur gemeinsamen Gefallenenehrung mit ungarischen Truppen.

In Friedenthal Oktober 1944. In der Mitte rechts: Chef des Stabes, Hauptsturmführer Adrian v. Foelkersam, links von ihm Ia, Hauptsturmführer Werner Hunke.

Februar 1944. Ski- und Bergkurs der Jagdverbände am Gamsteinhaus
in Tirol.

Februar 1944. Einer der Skilehrer im Jagdverband am Gamsteinhaus.

Bei einer Ansprache
im Hauptquartier der
SS-Jagdverbände in
Friedenthal.

Der Chef des Stabes der SS-Jagdverbände, Hauptsturmführer von
Foelkersam, im Kreise der zahlreichen baltendeutschen Männer.

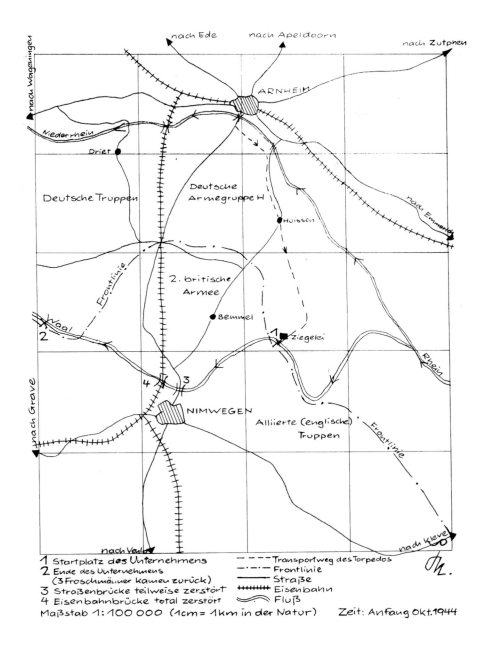

Einsatzskizze von Obersturmbannführer Skorzeny und Hauptmann
Hummel, Arnheim, Nymwegen, Kampfschwimmereinsatz Oktober 1944.

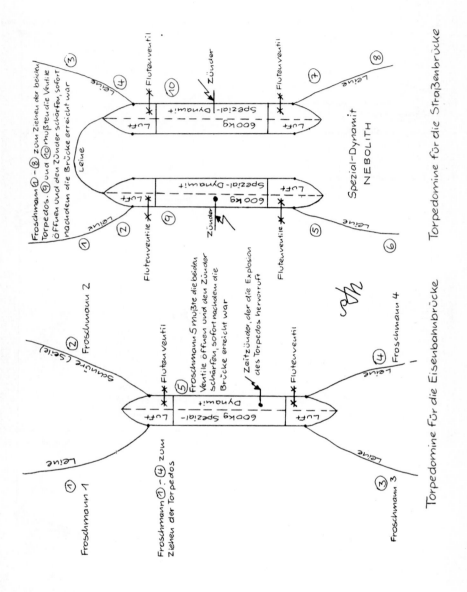

Einsatzskizze von Obersturmbannführer Skorzeny und Hauptmann
Hummel, Arnheim, Nymwegen, Kampfschwimmereinsatz Oktober 1944.

Der Kampfschwimmer macht sich einsatzfertig.
Die Kampfschwimmer schwimmen in Rückenlage, gegen Feindsicht
durch ein Netz getarnt.

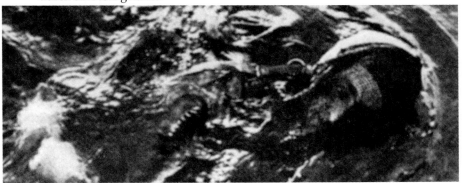

Links: Kampfschwimmer klar zum Einsatz. *Rechts:* Kampfschwimmer
kommt vom Einsatz zurück.

Skorzeny bei der
Übergabe der
Auszeichnung an
einen seiner
Oberscharführer.

Memelfront: Kdr. Hauptsturmführer Milius und Major Witzig,
Erstürmer von Eben-Emael, Ritterkreuzträger.

Brückenkopf Schwedt/Oder: Abgeschossener T-34.

Aufklärer über dem Brückenkopf Schwedt/Oder.

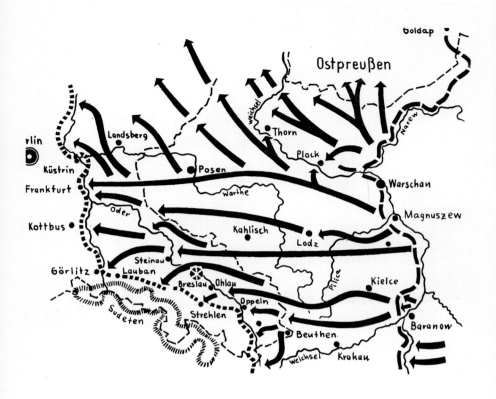

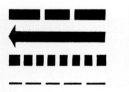 Frontverlauf   Anfang Januar 1945
Russische Stoßrichtungen
Frontverlauf   Anfang März 1945
Reichsgrenze von 1937

Frontverlauf Januar bis März 1945.

Der Chef der britischen Kommando-Truppen, Colonel David Stirling – heute ein guter Freund Skorzenys.

Februar 1945: Obersturmbannführer Skorzeny, Kommandeur der Div. Schwedt, im letzten Oder-Brückenkopf Schwedt.

August/September 1947. „Kriegsverbrecher"-Prozeß in Dachau gegen
Skorzeny und seine Offiziere. Ergebnis: „Freispruch aller Angeklagten".

1962. Skorzeny in seinem Madrider Ingenieurbüro.

XXV

Gerüchte als Kampfmittel – Eisenhower sein eigener Gefangener – Späte Begegnung mit Colonel Rosenfeld – 21. Dezember 1944 – Angriff und Rückzug – Versager bei V 1 – Werferabteilung ohne Munition – Wo bleibt Nachschub? – Weihnachten im Feuer – Absolute alliierte Luftherrschaft.

Durch verschiedene Vernehmungen amerikanischer Gefangener in den ersten Offensivtagen hatten wir einen kleinen, aber grundlegenden Fehler erkennen müssen, den wir beim Einsatz der Kommandokompanie begangen hatten. Diese, uns bisher unbekannte Kleinigkeit hatte möglicherweise zur Verhaftung unserer beiden vermißten »Teams« beigetragen. Uns Deutschen war bei der uns anerzogenen Sparsamkeit nicht der Gedanke gekommen, daß die US-Army ihre Jeeps nach unseren Begriffen nicht voll auslasten würde. So hatten wir als selbstverständlich angenommen, daß der geräumige Wagen mit vier Soldaten besetzt würde, und daher unsere »Jeepteams« aus je vier Mann gebildet. Wir mußten erfahren, daß dies außergewöhnlich und geradezu verdächtig wirkte. Die US-Army hatte eine so reichliche Kraftfahrzeugausstattung, daß jeder Jeep mit nur zwei bis drei Mann besetzt zu werden brauchte.

Den größten und von uns gar nicht beabsichtigten Erfolg hatte unsere »Parolenküche« weit im feindlichen Hinterland. Noch im Januar 1945 erfuhr ich durch Agentenmeldungen aus Frankreich, daß ich persönlich in Frankreich gesucht würde. Ich trieb mich angeblich, obwohl »the battle of the bulge« schon lange zu Ende war, noch immer im Hinterland herum.
Den ganzen Umfang dieser tollen Parolen erfuhr ich aber erst nach dem Kriege. Teils aus Zeitungsartikeln und Büchern, teils aus Gesprächen mit alliierten Offizieren wurden mir Einzelheiten bekannt, die mich gewissermaßen berechtigen würden, diesem Kapitel die Überschrift »Gerüchte als wirksame Kriegswaffe« zu geben.
Zwei Tage, nachdem ich am 16. Mai 1945 freiwillig in Gefangenschaft gegangen war, lernte ich in Augsburg den amerikanischen Colonel Sheen, den CIC-Chef der VII. US-Armeegruppe, kennen. Er war übrigens einer der fairsten und anständigsten Vernehmungsoffiziere, denen ich begegnete. Sechs Stunden lang bemühte er sich, mir alle meine »Geheimnisse«, besonders über den Einsatz »Greif«, zu entlocken. Dann mußte er wohl eingesehen haben, daß

es keine Geheimnisse mehr zu entlocken gab. Es kam zu einer ernsten, offenen Unterhaltung von Offizier zu Offizier.

Colonel Sheen gab mir als erster zu, wie gut unsere Gerüchtebildung in ihrer Wirkung gewesen war und welche große Verwirrung sie bei den alliierten Truppen angerichtet hatte. Ja, er stellte sogar mit einfachen Worten fest, daß dieser Hereinfall des amerikanischen Nachrichtendienstes eine große Schlappe gewesen sei. Von ihm erfuhr ich auch, daß ich persönlich bis in die Februartage des Jahres 1945 hinein in Frankreich gesucht wurde. In Zehntausenden von Exemplaren wurde meine Fotografie in Stadt und Land verteilt.

Er zeigte mir sogar mehrere Meldungen von Personen, die mich erkannt haben wollten. Ich kann mich noch an eine Meldung erinnern, in der ein Apotheker in der französischen Stadt T. angegeben hatte, daß ich bei ihm Aspirintabletten gekauft habe. Eine andere, übereifrige »Kriminalistin«, eine Bäuerin aus Mittelfrankreich, hatte gemeldet, daß ich bei ihr Lebensmittel eingekauft habe. Dies alles bestärkte damals den amerikanischen Abwehrdienst in der festen Überzeugung, daß ich mich nach wie vor hinter den Linien befände und irgendwie versuchen würde, an das alliierte Hauptquartier heranzukommen.

Eine Prüfung meiner französischen und englischen Sprachkenntnisse überzeugte Colonel Sheen vollends von der Haltlosigkeit all dieser »rumors«, wie er sich ausdrückte.

Einige Tage später, gegen Ende Mai 1945, hielt Colonel Sheen in Paris eine Pressekonferenz über dieses Thema ab, über die auch die amerikanische Soldatenzeitung »Stars and Stripes« berichtete. Er gab vor den Presseberichterstattern seiner Meinung Ausdruck, daß von deutscher Seite niemals ein Angriff auf das Hauptquartier General Eisenhowers geplant worden sei. Er gab bei dieser Konferenz außerdem offen zu, daß der Glauben an die vielen Gerüchte während »the battle of the bulge« einem Hereinfall der amerikanischen Spionageabwehr gleichzusetzen sei. Dieser Inhalt der Pressekonferenz, abgehalten von einem Gentlemansoldaten, konnte aber all die Gerüchte nicht zum Schweigen bringen. Die Sensationslust erwies sich weitere zwei Jahre lang als stärker als die bei weitem nicht so interessante Wahrheit.

Später wurde auch einmal meine Antwort veröffentlicht, die ich bei meinem ersten Verhör in Salzburg am 16. Mai 1945 auf eine Frage nach dem »Eisenhower-Plan« gegeben hatte. Sie klingt vielleicht heute etwas selbstbewußt, war aber damals für mich die einzig mögliche Antwort und der Versuch einer Beweisführung ohne jede Unterlage. Meine Worte waren etwa folgende: »Wenn ich einen Befehl des Wehrmachtsführungsstabes gehabt hätte, das alliierte Hauptquartier anzugreifen, so hätte ich auch einen Plan dazu gefaßt, der allerdings anders, als von der amerikanischen Abwehr vermutet, ausgesehen hätte. Wäre aber ein solcher Plan vorhanden gewesen, so hätte ich auch die Ausführung mit den besten deutschen Freiwilligen versucht. Und hätten wir es versucht, dann wäre der Einsatz auch wahrscheinlich glücklich durchgeführt worden: denn kein Hauptquartier ist im Kriege unverletzlich und unangreifbar. Bei einigem Soldatenglück könnte ein solcher Einsatz schon gelingen und zur Gefangennahme der bedeutendsten Personen und Erbeutung der wichtigsten Unterlagen führen.«

Zum letzten Male während des Krieges hörte ich durch Funkabhörberichte von der Suchaktion in Frankreich nach mir, als ich im Februar 1945 als Divisionskommandeur an der Ostfront den Brückenkopf Schwedt an der Oder verteidigte. Der gut arbeitende russische Nachrichtendienst hatte aber doch aller Wahrscheinlichkeit nach Kenntnis von meiner Kommandostellung an der Ostfront zur gleichen Zeit.

Als ich dies einem hohen amerikanischen Offizier gegenüber in Nürnberg erwähnte, meinte er vertraulich und zugleich resigniert zu mir: »Ja, ich weiß, der Austausch der Nachrichten mit unseren russischen Freunden hat nicht immer gut funktioniert. Die Russen hätten uns viel Arbeit ersparen können.«

Nach dem Krieg las ich in amerikanischen Kriegsbüchern einige recht humorvolle und echte Schilderungen von Schwierigkeiten, die sich hinter der alliierten Front infolge der umlaufenden tollen Gerüchte ergeben hatten.

General Eisenhower wurde selbst ein Opfer unserer Parolen; er war tatsächlich einige Zeit Gefangener in seinem eigenen Hauptquartier. Er mußte ein einfaches Haus beziehen und wurde dort von einem mehrfachen Kordon von Wachen, die bis weit in die Umgebung reichten, umgeben. Wie der General selbst in seinen Kriegserinnerungen schreibt, waren ihm diese Sicherheitsmaßnahmen bald unangenehm und erschienen ihm überflüssig. Er versuchte, sie mit List zu umgehen. – Die Spionageabwehr hatte sogar ein »Double« für den General gesucht und gefunden: ein Offizier seines Stabes, dessen Ähnlichkeit mit dem Oberstkommandierenden frappant war. Amerikanische Zeitungen brachten nach dem Krieg ein Bild dieses »Doubles«. Der falsche General mußte täglich die ihm fremde Generaluniform anziehen und im Wagen seines höchsten Chefs nach Paris fahren, um so die Aufmerksamkeit der »deutschen Spione« auf sich zu ziehen.

Dabei waren zu dieser Zeit die Nachrichtenergebnisse des deutschen Spionagedienstes im Westen so schwach, daß kein deutscher

Nachrichtenoffizier mit Sicherheit den damaligen Standort des alliierten Hauptquartiers angeben konnte.

Im Sommer 1946 wurde ich eines Tages aus meiner Einzelhaft im Dachauer Bunker zu einer Vernehmung gerufen. Ein Oberst der US-Army stellte sich mir vor:»Ich bin Colonel Rosenfeld. Ich will Sie, Oberst Skorzeny, kennenlernen; ich warte schon lange auf dieses Zusammentreffen. Wollen Sie mit mir ins Freie gehen; ich will, daß man von uns beiden eine Aufnahme macht.«

Ziemlich erstaunt über den merkwürdigen Wunsch und mißtrauisch zugleich, fragte ich, welchen Zweck er mit der Aufnahme verfolge. Colonel Rosenfeld erklärte mir dann, daß er im Winter 1944 der für die Sicherheitsmaßnahmen des alliierten Hauptquartiers verantwortliche Offizier gewesen sei. Er habe damals als sicher angenommen, daß ich auf irgendeine Art und Weise versuchen würde, Paris zu erreichen und das Hauptquartier anzugreifen. Nach dieser Erklärung meinte ich zu ihm:»Colonel Rosenfeld, erfolgt dieses Foto nicht etwas verspätet? Wenn diese Aufnahme damals, im Jahre 1944, hätte gemacht werden und Sie mich tatsächlich als ›Ihren‹ Gefangenen hätten hinstellen können, würde ich das Fotografieren als nette Erinnerung für Sie verstehen. Jetzt, nach dem Kriege, kann es Ihnen doch keine reine Freude mehr machen?« – Als höflicher Kriegsgefangener ging ich dann doch mit ihm vor die Gerichtsbaracke, wo noch eine mir unbekannte Dame hinzutrat und mehrere Aufnahmen gemacht wurden. Heute wäre eines dieser Fotos auch für mich eine Erinnerung besonderer Art, da ich Colonel Rosenfeld noch einmal treffen sollte. Aber das wußte ich damals noch nicht, und ich habe leider auch keinen Abzug der Aufnahmen erhalten.

Die Pariser hatten wegen der Spionenfurcht und meiner angeblich bevorstehenden Ankunft sicherlich einige Unannehmlichkeiten in Kauf zu nehmen. In der kritischen Zeit der Ardennenoffensive wurde eine nächtliche Ausgangssperre über die lebenslustigen Pariser verhängt. Die alliierten Posten und Kontrollen wurden vervielfacht, Straßensperren errichtet und der Großstadtverkehr dadurch behindert. Das Café de la Paix, das ich so leichtsinnigerweise erwähnt hatte, und seine nähere Umgebung waren das Ziel besonderer Sicherheitsmaßnahmen. Ich hoffe nur, daß mir die Pariser deswegen nicht mehr böse sind und die Unannehmlichkeiten schon vergessen haben, die ich, ohne es zu wollen, verschuldet hatte.

Im Sommer 1946 hätte ich nicht gedacht, daß ich Colonel Rosenfeld später wiedersehen würde. Er war zum Hauptankläger in dem Militärgerichtsprozeß gegen mich im August/September 1947 ernannt worden. Ich habe mich oft gefragt, ob ich an eine Ironie des Zufalls glauben sollte? Einen Vorteil allerdings hatte diese Ernennung: Ankläger und Angeklagter konnten aus eigener Erfahrung sprechen und tatsächlich Erlebtes ins Treffen führen. Das machte unser zweites Zusammentreffen zu einem lebhaften Zweikampf in Worten und war vielleicht für die Zuhörer interessant. Während »the battle of the bulge« war sogar der englische Oberbefehlshaber, Feldmarschall Montgomery, nicht sicher, von der MP aufgehalten und peinlich befragt zu werden, wie Zeitungsartikel nach dem Kriege zu berichten wußten. Es war nämlich auch das Gerücht im Umlauf, daß ein Angehöriger der »Skorzeny-Gang«, wie der liebenswürdigerweise für uns ausgewählte Fachausdruck aus der vergangenen Chikagoer Unterwelt hieß, sogar in englischer Generalsuniform Spionage betreiben würde. Jeder in Belgien reisende englische General wurde daraufhin genauestens unter die Lupe genommen.

Am humorvollsten aber war das Erlebnis eines amerikanischen Colonels, das ich nach dem Kriege las. Es wurde geschildert, wie dieser Offizier eines Nachts seinen Gefechtsstand verließ, um einem dringenden menschlichen Bedürfnis abzuhelfen. Auf dem Wege ins finstere Dickicht wurde er so oft von seinen eigenen Posten angehalten und kontrolliert, daß es beinahe zu einer Katastrophe gekommen wäre. Der Colonel war glücklich, als er endlich, ohne angeschossen worden zu sein, den Gefechtsstand wieder erreicht hatte. Nach diesem peinlichen Erlebnis schwor er sich, niemals wieder seinen Gefechtsstand bei Nacht zu verlassen, da ihm ein solch nächtlicher geheimer Weg zu riskant war.

Das Ende meiner tatsächlichen Erlebnisse während der Ardennenoffensive ist nun bald erzählt. Am Nachmittag des 20. Dezember 1944 traf als erste die Kampfgruppe Y des Hauptmanns Sch. in Engelsdorf ein und bezog den Bereitstellungsraum bei der Hauptstraße, die nach Malmedy führte. Auch Hauptsturmführer von Fölkersam war angekommen; seine Kampfgruppe Z befand sich allerdings noch auf dem Marsch und konnte erst in den Nachtstunden eintreffen. Mit der dritten Kampfgruppe X des Oberstleutnants W. konnten wir nicht rechnen. Sie war noch zu weit weg und durch die immer schlechter werdenden Wegeverhältnisse so behindert, daß sie auf keinen Fall rechtzeitig zu erwarten war. Ich konnte sie höchstens als ferne und unsichere Reserve betrachten. Das bedeutete eine schwere Minderung unserer Kräfte, mußte jedoch in Kauf genommen werden.

Auf Engelsdorf lag starkes Artilleriefeuer. Für meinen Gefechtsstand hatte ich mir ein ziemlich außerhalb des Ortes auf der Straße gegen Belleveaux zu gelegenes Haus ausgesucht; es lag am

Hinterhang und mußte daher nach menschlichem Ermessen außerhalb der feindlichen Geschoßbahnen liegen. Die Einschläge der Granaten störten uns kaum bei unseren Besprechungen. Als Angriffszeitpunkt auf Malmedy hatte ich die Morgendämmerung, die gerade Schußlicht gab, gewählt. Hauptmann Sch. sollte von Südosten, Hauptsturmführer von Fölkersam von Südwesten her angreifen. Der Plan sah vor, die ersten amerikanischen Linien sozusagen zu überrennen und möglichst bis in die Stadt hinein vorzustoßen. Auf jeden Fall sollte durch diese Kämpfe nur ein Teil unserer Kräfte gebunden werden; die Masse sollte durchmarschieren und die Straßen nördlich der Stadt auf der Kammlinie besetzen.

Die Kampfgruppe Fölkersam kam erst spät in der Nacht an, da ein Sperrfeuer sie am Passieren von Engelsdorf gehindert hatte. Einige Treffer verursachten die ersten Verluste. Kurz vor fünf Uhr früh bekam ich die Meldung von beiden Gefechtsständen, daß alles zum Angriff aufmarschiert sei. Mit einem letzten »Hals- und Beinbruch« verabschiedete ich die beiden Kommandeure.

Zur Zeit des Angriffsbeginns glaubte ich, stärkeres Geschützfeuer von Norden zu hören. Ich hatte mich nicht getäuscht. Der rechte Angriffsflügel war in einen heftigen Sperrfeuerriegel geraten und gestoppt worden. Hauptmann Sch. hatte sich daraufhin entschlossen, den Angriff abzubrechen, und seine Kampfgruppe in die Ausgangsstellungen zurückgeführt. Als ich die Meldung bekam, befahl ich, etwa vier Kilometer nördlich von Engelsdorf eine Verteidigungsstellung zu beziehen, da normalerweise ein Nachstoßen des Gegners zu befürchten war. Außerdem mußte die Kampfgruppe bereitstehen, wenn der Angriff des linken Flügels gelingen sollte.

Von diesem bekam ich lange keine Nachricht. Nur der Gefechtslärm und zurückkommende Fahrzeuge mit Verwundeten verrieten mir einiges von dem, was vorn vorging. Als es ganz hell wurde, ging ich langsam nach vorn. Auf dem Höhenkamm hatte ich zwar keine Aussicht auf Malmedy, wohl aber konnte ich die mächtige Straßenschleife im Westen der Stadt sehen. Es waren gerade sechs unserer Panther mit überlegenen Panzerkräften des Gegners in einen aussichtslosen Kampf verwickelt. Sie hatten den linken Flankenschutz des Angriffs übernommen.

Hauptsturmführer von Fölkersam kannte ich als zähen Kämpfer. Er wollte anscheinend den Angriff noch nicht verlorengeben. Kurz darauf kamen schon die ersten Infanteristen zurück. Ich erfuhr, daß sie auf stark ausgebaute und gut besetzte feindliche Stellungen gestoßen seien, die ohne Artillerieunterstützung nicht zu nehmen waren. Unsere Panzer kämpften einen aussichtslosen Kampf, um jetzt den Rückzug zu decken. Ich ließ hinter der Höhenlinie sammeln, um auch hier einen möglichen Gegenstoß aufzufangen. Immer seltener kam ein Schützenpanzer mit Verwundeten den Berg heraufgerattert.

Die Sorge um den Kommandeur wuchs in mir. Fölkersam war mir ein so guter Freund und Mitarbeiter geworden, daß ich ihn nicht verlieren wollte. Endlich kam er als letzter mit dem Stabsarzt der Brigade über die Wiesen zum Kamm hinauf. Müde und sichtlich von der Schlappe mitgenommen, meldete er sich bei mir zurück. Ich ordnete an Ort und Stelle eine Offiziersbesprechung an, um die zu beziehende Hauptkampflinie auf dem Höhenkamm festzulegen. Fölkersam ließ sich sehr vorsichtig auf dem feuchten Waldboden nieder. Sein zum Sitzen bestimmter Körperteil hatte einen Splitter abbekommen.

Eine kleine, mit Panzerfäusten bewaffnete Gruppe »sicherte« unsere Besprechung. Als diese beendet war, erlebten wir noch eine erfreuliche Überraschung. Der schon totgeglaubte Chef der Panzerkompanie, ein kleiner, verwegener Untersturmführer, kam hinkend an. Er war an diesem Tage nicht weniger als siebenmal verwundet worden. Seine Uniform war über und über mit Blut beschmiert. Er berichtete, daß er frühmorgens mit seinen Panzern bis in die feindlichen Artilleriestellungen eingedrungen sei und eine Batterie glatt überrollt habe. Erst eine doppelt so starke Panzerkolonne des Feindes konnte ihn zum Rückzug bis auf die Straßenschleife zwingen. Beim Versuch, diese zu halten, um den Infanteristen das Lösen vom Feind zu ermöglichen, seien alle Panzer bis zum letzten abgeschossen worden.

In den Nachmittagsstunden hatten wir eine dünnbesetzte Hauptkampflinie in der Länge von fast zehn Kilometern bezogen. »Mittlere« Granatwerfer waren unsere »schwerste« Waffe. Um den Feind über unsere Stärke zu täuschen, hatte ich befohlen, daß täglich mehrere starke Aufklärungsvorstöße zu führen seien. Das feindliche Artilleriefeuer hatte stark an Heftigkeit zugenommen und war schon fast zum Trommelfeuer geworden, dessen Schwerpunkt im Talgrund, in der Ortschaft Engelsdorf und auf den Ausfallstraßen lag.

Gegen Abend suchte ich den Divisionsgefechtsstand auf, um über die Lage Bericht zu erstatten. Der IA hatte im Garten des Hotels seinen Anhänger stehen, in dem er arbeitete. Nachdem alles mögliche zwischen uns abgesprochen war, verabschiedete ich mich, um im Haus eine kleine Stärkung zu mir zu nehmen. Im Hotel war noch bis zum 17. Dezember ein amerikanischer Brigadestab untergebracht gewesen, der uns »liebenswürdigerweise« sehr reichliche Vorräte hinterlassen hatte. Den Eingang des Hotels –

vielleicht dreißig Schritte entfernt – hatte ich noch nicht ganz erreicht, als mich ein bekanntes Sausen in der Luft einen Riesensatz in die Tür machen ließ. Das Krachen sagte uns genug. Aus dem Anhänger, der einen Volltreffer erhalten hatte, zogen wir den verwundeten IA heraus.

Er hatte ausgesprochenes Glück gehabt. Ein Splitter in der Größe eines kurzen Bleistiftes war ihm in den Rücken gedrungen, ohne innere Organe zu verletzen.

Mein alter Fahrer, Oberscharführer B., wartete auf mich im Hausflur. Ich rief noch rasch meinen Gefechtsstand an, um mich nach Neuigkeiten zu erkundigen. Dann sprangen wir nach den nächsten Einschlägen in unseren Wagen, der an der Hauswand ziemlich gedeckt stand. Es war stockfinstere Nacht und der Strahl der Stadtlichter durch den dünnen Tarnschlitz der Fahrzeugscheinwerfer kaum zu sehen. So tasteten wir uns langsam in der Mitte der Straße weiter. Kaum waren wir über die Brücke, als drei Einschläge in nächster Nähe erfolgten. Ich spürte einen Schlag gegen die Stirn und sprang aus dem offenen Wagen mit einem Satz in den Straßengraben, den ich mehr ahnte als sah. Da brummte von vorn ein Lastwagen auf meinen Wagen auf, dessen Lichter erloschen waren. Auf mein Rufen antwortete Oberscharführer B. hinter mir. Ich spürte, wie es mir warm übers Gesicht lief. Als ich mit der Hand vorsichtig hinfühlte und über meinem rechten Auge ein blutiges Stück Fleisch griff, das herunterhing, erschrak ich doch. »Ist mein Auge weg?« dachte ich. Es wäre ungefähr das Schlimmste gewesen, was mich treffen konnte. – Mein größtes Mitleid hat immer den Blinden gegolten, deren Schicksal ich mir furchtbar vorstelle. – Ohne mich um die weiteren nahen Einschläge zu kümmern, fühlte ich nochmals mit meinen Fingern unter den Fleischfetzen. Gott sei Dank, ich konnte den Augapfel fühlen.

Gleich war ich wieder mobil. Ich rief meinen Fahrer und fragte ihn, ob der Wagen fahrbereit sei. Er solle wenden. Alles klappte. Auf die kurze Strecke machte es auch nichts, wenn der Kühler durch Splitter oder durch den Zusammenstoß defekt war. Nach wenigen Minuten waren wir wieder auf dem Divisionsgefechtsstand, sehr zum Schrecken der Stabsoffiziere.

In einem Spiegel betrachtete ich mit dem linken Auge meinen Kopf. Es war nicht gerade ein schöner Anblick! Als aber mein Fahrer an meinem rechten Hosenbein vier paarweise zueinander passende Löcher entdeckte und ich beim Nachsehen zwei Schürfstellen von den durchgegangenen Splittern sah, konnte ich mir nur zu meinem unwahrscheinlichen Glück gratulieren und war sofort wieder guter Laune. Die Wartezeit, bis der Arzt kam, vertrieb ich mir mit einem Glas guten Kognaks und ließ mir sogar ein Gulasch aus der Feldküche gut schmecken. Es ärgerte mich nur, daß ich keine Zigarette ausrauchen konnte, da sie immer bald blutig und damit naß wurde. Die Situation erinnerte mich stark an den Mensurboden aus der schönen vergangenen Studentenzeit. Als der Arzt kam, schimpfte er natürlich über all das, was wir angeblich falsch gemacht hatten, anstatt sich mit mir zu freuen. Liegen sollte ich; als ob das schon so wichtig war! – Auf der dann folgenden Fahrt zum Hauptverbandsplatz war mir, ehrlich gestanden, erst wohler, als wir aus dem verd... Talloch heraus waren. Ein zweiter Feuerüberfall, den wir zu durchfahren gehabt hätten, wäre wahrscheinlich nicht mehr so gut ausgegangen.

Auf dem Hauptverbandsplatz der Division, der in einem Landschulhaus untergebracht war, hatte ich Glück. Eben wurde einer der vier Operationstische frei, an denen die Ärzte schon seit Tagen ununterbrochen arbeiteten. Die Verluste in unserem Abschnitt mußten sehr hoch sein. Ich erkundigte mich auch nach den Verwundeten meiner Brigade. Es war kein ganz ernster Fall dabei, soweit sich die Ärzte erinnern konnten. Mit Ausnahme des Adjutanten von Fölkersam; Leutnant Eitel Lochner, der mit einem schweren Bauchschuß ohne Besinnung daniederlag. Er konnte noch nicht operiert werden. Ich wollte ihn später aufsuchen. Jetzt mußte ich mich gehorsam auf den Tisch legen.

Eine stärkere Betäubung lehnte ich ab, nicht weil ich heldenhaft erscheinen, sondern in dieser Nacht einen möglichst klaren Kopf behalten wollte, falls irgend etwas an unserer Frontstelle geschah, was ich eigentlich erwartete. Schlimm hörte sich das Stöhnen von den anderen drei Tischen an. Ich mußte meine Nerven zusammennehmen. Eigentliche Schmerzen spürte ich nur, als mir die Ärzte einige Knochensplitter wegbrachen. Danach kamen noch ein paar Hautfetzen unter die Schere, und dann fühlte ich das mir bekannte Einstechen und Durchziehen der Nadeln. Ein starker Kompressenverband schnürte meinen Schädel ein.

Die Ärzte wollten mich unbedingt in ein rückwärtiges Lazarett verlegen; aber das kam nicht in Frage. Dazu war die Lage zu ernst. Ich kannte meine Natur; die hielt schon etwas aus. Ich erklärte, daß ich auf meine eigene Verantwortung zur Truppe zurückginge.

In einem anderen Raum fand ich Leutnant Eitel Lochner zusammengekrümmt auf einer Tragbahre liegen. Als ich mich zu ihm beugte und seinen Namen nannte, geschah das Unerwartete: Er wachte aus der Ohnmacht auf und erkannte mich gleich. »Was ist mit Ihnen passiert, Obersturmbannführer, sind Sie auch verwundet?« fragte der gute Kerl, ohne an sich zu denken. Ich konnte ihm ehrlich versichern, daß es bei mir nichts Ernstliches sei, und fragte ihn, wie er sich fühle. »Danke«, meinte er, »ich werde schon wieder, wenn erst die ›Bohne‹ aus dem Bauch ist.«

Die Artillerieeinschläge kamen auch hier jetzt näher. Das ganze Haus zitterte mit, sicherlich kein guter Ort für die armen Verwundeten! – Noch in der Nacht mußte dieser Hauptverbandsplatz dann geräumt werden. Der Transport überstieg die Kräfte unseres Kameraden Lochner. Man hob am neuen Standort einen Toten aus dem Transportwagen. – Als ich wieder im Hotel angelangt war, fühlte ich doch, daß ich ein ordentliches Bett brauchte. Ich ließ mir im ersten Stock ein Zimmer zuweisen, obwohl das bei dem einstöckigen Gebäude gar nicht so sympathisch war. Ich kannte die Durchschlagskraft der amerikanischen Granaten! – Rasch war vom Nachrichtentrupp ein Feldfernsprecher in meinem Zimmer angeschlossen, und ich befahl meinen Ordonnanzoffizier zu mir. Die Nacht brachte mir kaum einige Minuten Schlaf. Die ununterbrochenen Einschläge und ein Wundfieber, das ich in mir hochsteigen fühlte, ließen mich nicht zur Ruhe kommen.

Bei Tage fuhr ich schnell nach Born und bat nochmals mündlich um schwere Waffen. Auf dem Rückwege nahm ich sicherheitshalber meinen Oberstleutnant W. mit, der mit seiner Kampfgruppe bei den Kaiserbaracken in Reserve lag. Er sollte mein Vertreter sein für den Fall, daß ich doch nicht ganz aktionsfähig war. Dann zog ich wieder in meinen alten Gefechtsstand.

Dort war es bei dem immer toller werdenden Artilleriefeuer auch nicht mehr ganz geheuer. Wir legten unsere Matratzen auf den Boden und verbauten die Fenster mit dicken Holzstangen. Das Geräusch der pfeifenden Splitter im Zimmer war nicht gerade sympathisch.

Im Laufe der Tage wurden die Artilleristen der »anderen Feldpostnummer« immer »gemeiner«. Zuerst schossen sie uns ein gewisses, beliebtes Örtchen mit Herz durch einen Volltreffer in Trümmer. Dann schlug es vorn im Stall ein und verletzte unsere alte Kuh an der Hinterhand. Das stellte sich dann allerdings als glücklicher Treffer heraus; denn unsere bisherigen Hemmungen, das Tier zu schlachten und als Fleischlieferanten zu »behandeln«, waren nun verschwunden. Notschlachtungen mußten in solchen Fällen vorgenommen werden! Für den geflüchteten Besitzer wurde sogar ein ordnungsgemäßer Requisitionsschein an die Stalltür geheftet.

Es ist merkwürdig, wie gehandikapt man bei Ausfall eines Auges ist. Man kann Richtung und Distanzen nicht so genau abschätzen wie sonst und benimmt sich überhaupt ungeschickt. Ich ging daher nicht viel aus dem Haus. – Wir bereiteten vorsorglich schon die

Schießunterlagen in allen Einzelheiten für die uns versprochene Artillerieabteilung vor. Durch Stoßtrupps hatten wir mehrere Artilleriestellungen der Amerikaner erkundet und freuten uns schon, daß wir bald auf das ständige Trommelfeuer antworten konnten. Nachts weckten uns jetzt neue Geräusche. Als wir nachsahen, erkannten wir V-1-Geschosse, die in feuriger Bahn über uns in Richtung Lüttich zogen. Dies versöhnte mich wieder etwas mit dem üblen Erlebnis, das ich mit dem Tiefladeanhänger bei Stadtkyll gehabt hatte. Als aber eines Nachts einer dieser gefährlichen Vögel keine hundert Meter von unserem Haus entfernt gegen den Hügel brummte, wo er glücklicherweise nicht detonierte, war es mit der »Versöhnung« vorbei. Wir wußten ja nicht, ob das nächste Mal wieder ein harmloser Versager kam. Das Gerücht, daß bei der Montage der Steuerköpfe der V 1 in letzter Zeit vermehrte Sabotageakte durch Fremdarbeiter vorkamen, schien sich doch zu bewahrheiten. – Unser Oberstleutnant W. war anscheinend schußfest und wurde mir fast unheimlich; denn gleichzeitig zog er offensichtlich die Granaten auf sich. Am Vortag hatte er mit zwei Meldern vor seiner Unterkunft gestanden, als eine Granate einschlug. Der eine Melder war sofort tot, der andere schwer verwundet, Oberstleutnant W. selbst blieb unverletzt. – Heute stand er mit seinem Wagen vor meinem Gefechtsstand auf der Straße. Wieder schlug es ein; es gab drei Verletzte, und W. blieb wieder unversehrt.

Am 23. Dezember 1944 wollte ich zum Oberkommando der 6. SS-Panzerarmee nach Meyrode fahren. Ich mußte unsere schlechte Ausrüstung besprechen, die ja nicht für einen längeren Einsatz vorgesehen war. Wir hatten keine Feldküchen und mußten improvisieren, um warmes Essen für die Männer zu bekommen. Das Fehlen der Thermosspeisenträger machte sich jetzt in der beginnenden Kälte auch unangenehm bemerkbar. Wir hatten auch keine Wintertarnbekleidung. Das alles wollte ich persönlich vortragen und gleichzeitig auch an die Zuteilung der Artillerie erinnern. – Das Aufklären des Wetters hatte leider auch den Himmel für die gegnerischen Flugzeuge frei gemacht. Mehr als einmal mußten wir halten und in den Graben springen. Wir kamen dadurch nicht allzu rasch vorwärts und mußten manchmal querfeldein fahren, wenn die Straße gerade unpassierbar war. Nach Nieder-Emmels auf freier Höhe – wir lagen gerade wieder mal flach auf der Nase – überfiel mich plötzlich ein gewaltiger Schüttelfrost. Die Wunde hatte während der letzten Tage etwas geeitert; wahrscheinlich kam dadurch jetzt Fieber. Oberleutnant G. ging mit mir in ein einsames Bauernhaus.
Mehrere Landser eines ausgefallenen Wagens saßen um einen

Tisch und wärmten sich in der Stube. Ich bekam auf meine Bitte von ihnen heißen Tee. Mein Schüttelfrost wurde nicht besser. Ich ließ den Ordonnanzoffizier allein zur Armee fahren und bat die Bäuerin, mir für einige Stunden ihr Bett zur Verfügung zu stellen. Ich hatte einige Aspirintabletten bei mir und, was noch besser war, eine Flasche Rum. Mein Fahrer bereitete mir einen mehr als steifen Grog, dazu wurden fünf Tabletten genommen, und dann schüttelte es mich im Bett so stark, daß ich fürchtete, hinauszufallen. Die Landser aus der Küche übernahmen meine Pflege und bereiteten mir immer noch einen weiteren Grog. Da mir die Zähne so klapperten, trank ich meist nur die Hälfte und überließ meinen Pflegern die andere. – Als meine Männer nach einigen Stunden zurückkehrten, war ich wieder auf dem Damm und konnte »nach Hause«, auf meinen Gefechtsstand, fahren.

Am Morgen des 24. Dezember meldete sich der lang erwartete Abteilungskommandeur einer Werferabteilung bei mir. So paradox es klingt, wenn man von dem Fest der Liebe und Versöhnung spricht und dabei an Krieg, Tod und Verderben denkt: die endlich angekommene Artillerie kam mir wie ein Weihnachtsgeschenk vor.

Ich ließ dem Major kaum Zeit zur Meldung; schon saßen wir über den Karten. Ich zeigte ihm die von mir vorgesehenen Batteriestellungen und die bereits auf der Karte eingetragenen Ziele. Zuerst merkte ich sein Zögern gar nicht; denn er hatte mir noch etwas Wichtiges zu melden. Als ich ihn zum Abschied bat, so rasch wie möglich in die Stellungen einzurücken und mir die Feuerbereitschaft zu melden, nahm er noch einmal das Wort: »Obersturmbannführer, ich melde, daß ich für die ganze Abteilung nur sechzehn Schuß Munition habe und daß ich derzeit auf keinen Nachschub rechnen kann!«

Über diese Eröffnung war ich einfach sprachlos. Ich wußte nicht, sollte ich weinen oder lachen. Was fing ich mit einer Werferabteilung an ohne Munition? Jetzt kam mir diese Weihnachtsgabe wie ein Danaergeschenk vor. Es war klar, daß ich meinen Zorn nicht an dem unschuldigen Major ausließ; aber das nachfolgende Telefongespräch mit dem Korps wurde von meiner Seite betont laut geführt. Die Werferabteilung befahl ich bis zur Ankunft des Munitionsnachschubs in Reservestellung bei den Kaiserbaracken. Sie blieb dort bis zu unserer Ablösung.

Dieses Beispiel ist vielleicht charakteristisch für die Lage an vielen Frontteilen der Ardennenoffensive – der leidige Nachschub fehlte überall. Ich vermag es nicht zu beurteilen, warum der Nachschub nicht funktionierte. Waren die trostlosen Straßenverhältnisse die Ursache hierfür, war es der Mangel an Treibstoff für die Lastwagen, war es die feindliche Luftüberlegenheit, oder fehlte in der Heimat wirklich das Material?

Bei dieser Gelegenheit mußte ich wieder an den 22. Oktober 1944 denken, als mir Adolf Hitler den Auftrag für das nun nicht durchgeführte Unternehmen »Greif« gab. Damals erklärte er mir, daß die Organisation Todt (OT) umfangreiche Vorkehrungen zur Lösung der Nachschubfrage getroffen habe. Holzgas-Lastkraftwagen sollten als Transportmittel für den Nachschub zur Front in reichlichem Maße zur Verfügung stehen. Es seien damals schon auf allen Straßen des Eifelgebietes riesige Holzlager zur Versorgung dieser Fahrzeuge angelegt worden. Im Frontgebiet habe ich jedoch bei all meinen Kreuzundquerfahrten keinen einzigen Holzgaswagen der OT gesehen.

Ein anderes kleines Erlebnis paßt auch in diesen Rahmen. Bei Born – dort war die Kommandokompanie einquartiert – traf ich eines Tages den Oberst der Luftwaffe C., der mit den Brillanten zum Eichenlaub mit Schwertern des Ritterkreuzes, dem höchsten deutschen Tapferkeitsorden, ausgezeichnet war. Er hatte einen Stab und komplizierte Funkeinrichtungen bei sich. Sein Auftrag war, von der Erde aus die Luftkämpfe der neuen Düsenjäger Me 262 zu leiten. Der Himmel war blau, die amerikanische Luftwaffe war Tag und Nacht zu sehen und zu hören, aber nur bei ganz seltenen Gelegenheiten war ein deutscher Jäger oder ein Luftkampf zu beobachten.

Der Oberst erklärte mir, daß er bis dahin noch keine Gelegenheit gehabt habe, auch nur einen einzigen Luftkampf von seinem Gefechtsstand aus zu leiten. Es sollen während »the battle of the bulge« insgesamt 42 neue Düsenjäger eingesetzt worden sein!

Das eben Gesagte soll bestimmt kein Vorwurf gegen die deutsche Luftwaffe als Ganzes sein. Ich weiß, daß am ersten und zweiten Tag der Offensive in wirklich todesmutigen Einsätzen die alliierten Flugplätze angegriffen wurden, und das meist mit den alten Typen He 111 und anderen. Von diesen Einsätzen ist ein großer Prozentsatz der Flieger nicht mehr zurückgekehrt. Also waren der fliegerische Geist und der Wille zur Tat immer noch vorhanden. Es fehlten nur die zu spät in Serienfabrikation gegebenen oder durch Feindangriffe auf die Flugplätze zerstörten modernen Düsenjäger.

Der Weihnachtsabend begann nicht gerade in besonderer Feststimmung. Die amerikanische Artillerie schoß ohne Pause weiter; jede Stunde konnte einen Angriff bringen, der aller Voraussicht nach zum Erfolg für den Gegner führen mußte. Wir wußten, wie dünn unsere Stellungen besetzt waren. – Wir hatten außerdem auch noch andere Sorgen. Die Versorgung unserer Brigade mit

Lebensmitteln war noch immer schlecht, und ausreichende Winterbekleidung hatten wir auch noch nicht erhalten.

Mein junger Ordonnanzoffizier war fortgegangen, um einen Weihnachtsbaum zu holen. Nach langer Zeit kam er wieder. Er hatte den Wipfel einer zehn Meter hohen Tanne geholt und eine einzige Küchenkerze angebracht, die dennoch etwas Weihnachtsstimmung hervorzauberte. Der Hamburger Smutje in der Küche, ein alter Seemann aus der Kommandokompanie, wirtschaftete eifrig herum. Mit Rindertalg zauberte er aus einem zähen Lendenstück der geschlachteten Kuh den Festtagsbraten. Als größte Überraschung für uns alle stellte er mit einem Mal eine Flasche Wein auf den Tisch. Er hatte sie sich vom Pfarrer in Engelsdorf schenken lassen. Nach der Güte des Tropfens zu urteilen, handelte es sich wohl um den Tischwein des Seelsorgers. Für Augenblicke konnte man das furchtbare Geschehen draußen vergessen. Aber sehr schnell wurden wir immer wieder durch Einschläge und das Prasseln der Splitter an unseren Fensterschutz an die rauhe Wirklichkeit erinnert.

Am ersten Feiertag besuchte ich Fölkersam in seinem Gefechtsstand. Er hatte ihn wie immer weit vorn, kaum 300 m hinter der Hauptkampflinie, in einem Bauernhaus aufgeschlagen. Auf dem Weg zu ihm hatten wir immer wieder den Boden zu »küssen«. Einschläge aller Kaliber begleiteten uns »getreulich« auf dem ganzen Weg.

Im Morgengrauen hatte ein von seinem Unternehmen zurückkehrender Stoßtrupp einen gegnerischen Spähtrupp von vier Mann überrascht und gefangengenommen. Dieser hatte eines der tragbaren Funksprechgeräte (»talky-walky«) mit sich, welches von uns wieder eingestellt und durch einen unserer englischsprechenden Männer in Betrieb genommen wurde. Stundenlang liefen die Gespräche hin und her, ohne daß die amerikanische Gegenseite etwas merkte. Erst auf die immer dringender werdende Aufforderung an den Spähtrupp, doch zurückzukommen, ließen die Soldaten noch einmal den angeblichen amerikanischen Unteroffizier sprechen. Er verabschiedete sich von seinen US-Kameraden mit: »I go now to Germany.«

Als Festtagsüberraschung ließ von Fölkersam einen Kaffee und eine prachtvolle Torte servieren! Der famose Panzerkompaniechef a. D. seiner Kampfgruppe, der ja jetzt ohne Panzer und damit beschäftigungslos war, stellte sich als ausgezeichneter Konditor vor.

Am 28. Dezember 1944 wurden wir durch eine Infanteriedivision abgelöst, die nun die wichtige Flankensicherung für das 1. SS-Panzerkorps übernahm. Der von uns gefürchtete Angriff war nicht erfolgt; vielleicht hatten wir den Gegner wirklich durch die Frechheit unserer Stoßtruppunternehmungen über unsere Stärke getäuscht. Ostwärts von St. Vith in Schlierbach ging die Brigade in vorläufige Ruhestellung. Sie sollte bald ganz herausgelöst werden.

An einem dieser Tage kam in einem Rundbefehl der Armee eine merkwürdige Anfrage zu uns: Es sei sofort bei allen Einheiten nachzuforschen, ob irgend etwas über eine Erschießung von amerikanischen Kriegsgefangenen bekannt sei. Das Ergebnis dieser Nachforschungen sei bis zu einem bestimmten Termin zu melden. Diesem Befehl lag eine Rundfunkmeldung des Propagandasenders Calais zugrunde, welche die Erschießung von amerikanischen Soldaten an der Straßenkreuzung südostwärts von Malmedy am 17. 12. 44 behauptete. Die Panzerbrigade 150 erstattete Fehlmeldung. Wir machten uns über diese Meldung keine weiteren Gedanken, da wir ja zur Genüge die Methoden jener Kriegspropaganda kannten. Überdies hielten wir eine vorsätzliche Tat solcher Art von deutschen Truppen für gänzlich ausgeschlossen. Ein deutscher Frontoffizier würde so etwas niemals zulassen und ein deutscher Landser nicht im Traum an ein solches Verbrechen denken, geschweige denn ein solches begehen.

XXVI

Eingeschlossenes Budapest – Nachschub durch die feindlichen Linien – Verwegene Einsätze – Meldung beim Führer – Die Ehrenblattspange – Und trotzdem Freiwillige – Fölkersam auf verlorenem Posten – Vermißt? – Im Rücken der Ostfront.

Die Verbindung mit Friedenthal war während dieser Zeit nicht abgerissen. Wichtige Fragen bekam ich auf dem Fernschreib- oder Funkwege zugeleitet und konnte auf dem gleichen Wege meine Entscheidungen mitteilen. Karl Radl, der in meiner Vertretung in Berlin bleiben mußte, verschonte mich aber gänzlich mit all dem überflüssigen Kleinkram, den jede Heimatdienststelle auch zu bearbeiten hat. Ich wußte, ich konnte mich ganz auf ihn verlassen. Mit den Kleinkampfverbänden der Kriegsmarine war schon seit Monaten vereinbart worden, daß alle Sonderunternehmen, soweit sie auf dem Meere ausgeführt werden sollten, von Admiral Heye, wenn sie im Binnenlande, also auf Flüssen und Seen, vorgesehen waren, von den Jagdverbänden federführend bearbeitet würden. So war von den Jagdverbänden schon im Herbst 1944 der Jagdeinsatz »Donau« aufgestellt worden. Alte erfahrene Donauschiffer des Amtes Ausland-Abwehr waren in den neuen Verband übernommen worden. Dieser Jagdeinsatz hatte in den Herbstmonaten 1944 schon verschiedene Unternehmungen auf der Donau durchgeführt, die unter dem Tarnnamen »Forelle« zusammengefaßt wurden. Mit Treibminen, Kampfschwimmern und Sprengbooten bekämpften diese Männer die Donauschiffahrt, soweit sie schon unter sowjetischer Kontrolle stand. Wenn ich mich recht erinnere, wurden in diesen Monaten immerhin an die 30 000 Tonnen Handelsschiffsraum, vor allem Tankschiffe, versenkt.

In den ersten Dezemberwochen, kurz vor meiner Abreise an die Westfront, hatte der Wehrmachtsführungsstab die Anfrage an die Jagdverbände gerichtet, ob eine Versorgung der eingekesselten Stadt Budapest auf dem Wasserwege möglich sei. Dort kämpfte die eingeschlossene Besatzung seit Wochen einen Verzweiflungskampf. Die Luftversorgung konnte nicht mehr genügend Nachschub in den eng gewordenen Einschließungsraum bringen. Es mußten hauptsächlich Medikamente und Munition nachgeliefert werden.

Dieser Einsatz lag mir noch aus einem besonderen Grund am Herzen. Der Kommandeur der zur Besatzungstruppe in Budapest gehörenden 8. SS-Kavalleriedivision »Florian Geyer« war mein alter Freund und früherer Vorgesetzter aus Rußland SS-Brigadeführer Jochen Rumohr. – Der Jagdeinsatz »Donau« wollte das Unternehmen mit einem der modernsten und schnellsten Donaufrachter wagen, wobei die russische Front zweimal zu durchbrechen war. Die acht Mann starke Besatzung des Schiffes bestand aus alten erfahrenen Steuermännern und Kapitänen; sie wollten auf »ihrem« Fluß den Russen schon ein Schnippchen schlagen. In letzter Minute wurde uns noch eine Schwierigkeit bekannt, mit der niemand gerechnet hatte. Die Hauptfahrrinne der Donau war auch oberhalb von Budapest vermint worden. Das Schiff mußte sich also seinen gefährlichen Weg durch deutsche Minensperren oder auf Seitenarmen des Stromes suchen.

Sorgfältig wurde die Ladung von 500 Tonnen zusammengestellt und im Laderaum verstaut. Die Silvesternacht des Jahres· 1944/45 wurde als Einsatztermin gewählt. Die Front war unterdessen bis Komorn vorgerückt. Dort mußte sie zum erstenmal durchbrochen werden.

Dieses Wagnis gelang jedoch wider Erwarten gut. Ein kurzer Funkspruch meldete dies dem Jagdverband »Südost«. Nach zwei Tagen Wartens kam ein neuer Funkspruch: »Sind 17 km vor Budapest in einem Seitenarm auf Sandbank gelaufen. Versuchen mit Hilfe einer Barkasse zu entladen . . .«

Einem Mann der Besatzung war es tatsächlich in einem kleinen Boot gelungen, durch die feindlichen Linien in die Stadt zu kommen, dort ein größeres Motorboot klarzumachen und den Weg zurückzufahren. Einige Male fuhr die Barkasse nächtlich mit den wichtigsten Teilen der Ladung in die belagerte Stadt. Dann kam ein letzter Funkspruch: »Müssen das Schiff verlassen, versuchen in die Stadt zu den Kameraden durchzustoßen.«

Etwa eine Woche später wurde vom Jagdverband »Südost« ein Stoßtrupp von zehn Mann losgeschickt, um etwas Näheres über das Schicksal des Schiffes festzustellen. Es wurde an der gemeldeten Stelle aufgefunden, merkwürdigerweise nicht von den Russen besetzt. Durch die Bevölkerung der umliegenden Dörfer waren Lebensmittel von Bord des Schiffes geholt worden. Die Mannschaft selbst hatte anscheinend das Schiff freiwillig und in Ordnung verlassen.

Keiner von der Besatzung kam aus der Festung Budapest wieder, niemand kann also über das wirkliche Geschehen dieser Tage genaue Auskunft geben. Acht Soldaten starben, um ihren Kameraden Hilfe zu bringen. – Beim letzten verzweifelten Ausbruch aus Budapest, der erfolgte, als ein Entsatzversuch von Süden her fehlgeschlagen war, wurde mein Freund SS-Brigadeführer und Generalmajor der Waffen-SS Rumohr verwundet und erschoß sich dann selbst, um nicht in sowjetische Gefangenschaft zu fallen. Von den

Zehntausenden deutscher Soldaten erreichten nur 170 Mann völlig erschöpft die deutschen Linien.

An diesem 31. Dezember 1944 wurde ich zur Berichterstattung ins Führerhauptquartier befohlen, das sich damals im Westen, in Ziegenhain, befand. Es war ein kleines Barackenlager mitten im Wald, an einem Berghang gelegen. Zu meinem Erstaunen war die Stimmung der Offiziere, die ich traf und sprach, nicht so schlecht, wie ich sie eigentlich nach dem Fehlschlagen der letzten Offensive erwartet hatte.

Noch am Vormittag wurde ich zu Adolf Hitler geführt, der mich in einem kleinen Besprechungsraum empfing. Als er meinen Kopfverband sah, erkundigte er sich sofort nach der Art der Verletzung und schickte mich zu seinem Arzt Dr. Stumpfecker. Hitler wollte unbedingt sofort ein Gutachten des Arztes über die Wunde hören. Als der Arzt den Verband entfernt hatte und die stark eiternde Wunde und das entzündete Auge sah, schimpfte er fürchterlich. Ich hätte gefälligst in ein Lazarett gehen sollen. Jetzt sei die Schweinerei da und das Auge selbst gefährdet. Es gelang mir aber schließlich, Dr. Stumpfecker von meiner gesunden Konstitution zu überzeugen. Unter diesen Umständen wollte er eine Roßkur an mir versuchen. Mehrere Stunden lag ich auf dem Operationstisch. Die Wunde wurde geöffnet und mit einem starken Rotlicht angestrahlt, und ich bekam eine Vielzahl von Injektionen, die der Eiterbildung entgegenwirken sollten. Die Radikalkur war nicht schön, hat aber letzten Endes geholfen und mein Auge gerettet. Der ehrliche Doktor hatte mir allerdings keinen schönen Abschlußbefund mitgegeben: »Ich kann noch nicht sagen, ob die Injektionen helfen werden; die nächsten beiden Monate werden entscheidend sein. Merken Sie in dieser Zeit eine Schwächung der Sehkraft in Ihrem rechten Auge, dann ist der Augennerv bereits angegriffen und nicht mehr zu retten.« Es ist nur gut, daß ich in der Folgezeit nicht allzuviel Muße hatte, über die gut verheilende Wunde nachzudenken.

Am Nachmittag sollte ich nochmals bei Hitler vorsprechen. Viel Erfreuliches konnte ich ja nicht melden. Der eigentliche Auftrag war nicht ausgeführt worden, und über den Erfolg der Gerüchtemacherei konnte ich damals noch nichts Genaues berichten. Adolf Hitler schien aber doch mit unserem Einsatz als Flankenschutz zufrieden gewesen zu sein. Er zeigte dies, indem er meinen drei Kommandeuren und mir die Ehrenblattspange des deutschen Heeres verlieh.

In der etwa halbstündigen Unterhaltung hatte ich Gelegenheit, Hitler genau zu beobachten. Dieser Mann mußte sich unerhört in der Gewalt haben; denn ich konnte ihm keine Niedergeschlagen-

heit über den großen Fehlschlag der Ardennenoffensive anmerken.
»Wir wollen jetzt im Südosten eine große Angriffsschlacht schlagen«, sagte er beim Abschied. Seine Gedanken waren also schon
wieder an der Ostfront. Ich wurde aus seiner Haltung nicht klug:
Betrog sich Adolf Hitler damals selbst, oder stand er unter der
Einwirkung der Injektionen von Professor Morell? Dr. Morell
hatte es verstanden, einen fast nicht zu durchbrechenden Einfluß
auf Adolf Hitler zu gewinnen. Viele andere Ärzte, darunter auch
Dr. Rudolf Brandt und Dr. Hasselbach, waren schon lange besorgt
um seinen Gesundheitszustand. Wie mir Dr. Brandt erzählte, hat
Morell ständig mit stimulierenden Injektionen gearbeitet. Auf die
Dauer mußten diese schädlich wirken. Durch Zufall kam Dr.
Brandt auch eines Tages darauf, daß Adolf Hitler schon durch
längere Zeit täglich eine größere Menge eines an sich unschäd-
lichen Magenpräparates nahm. Als Brandt diese eigentlich harmlosen Pillen untersuchen ließ, zeigte es sich, daß sie Spuren von
Arsen enthielten. Diese jahrelange Arsenfütterung in kleinsten
Mengen mußte langsam, aber unabwendbar eine Krankheit des
Magens bei Hitler hervorrufen. Brandt warnte davor; jedoch Morell blieb Sieger.
Es war dies die letzte längere Unterredung, die ich mit Hitler
hatte. Auch er und sein engster Mitarbeiterkreis müssen damals
gewußt haben, daß der letzte militärische Trumpf im Westen aus-
gespielt war. War es die Drohung des Morgenthauplanes und des
»unconditional surrender«, die sie verzweifelt weiterkämpfen und
jede Möglichkeit einer politischen Annäherung schroff zurück-
weisen ließ? Oder standen etwa wirklich noch neue, entscheidende
Waffen zu erwarten? Lagen dementsprechende optimistische Meldungen und Berichte im Hauptquartier vor? Alle diese Fragen
hätte mir nur Adolf Hitler beantworten können. Trotz meiner
sorgenvollen Gedanken ging ich aber mit gestärktem Optimismus aus dem Zimmer. Auf mich wirkte die Persönlichkeit Hitlers
immer wieder in dieser Weise. War es seine Suggestivkraft, der
ich mich nicht entziehen konnte? Eines wußte ich gewiß: Ich würde
weiter meine Pflicht als Deutscher und als Soldat tun und noch
mehr, ich würde sie auch weiterhin gern und mit ganzem Herzen
erfüllen.
Feldmarschall Keitel, der mich als Hausherr im Kasino begrüßte,
war sehr ernster Stimmung. Eine Einladung, die Silvesternacht im
Führerhauptquartier zu verbringen, lehnte ich ab. Abends noch
fuhr ich los und hörte die Mitternachtsglocken in Köln läuten.
Frühmorgens war ich wieder bei meiner Brigade.
Ein größerer Teil der Freiwilligen blieb dann bei den Jagdverbänden, als die Panzerbrigade 150 in den ersten Januartagen auf-

gelöst wurde. Es war bezeichnend für die Stimmung, die in diesen Monaten noch im deutschen Heer herrschte, daß sich mehr Freiwillige für Sondereinsätze meldeten, als die Jagdverbände aufzunehmen in der Lage waren. – Im November 1944 hatte ich vom Kommandoamt der Waffen-SS die Erlaubnis erhalten, Freiwillige bei allen Ersatztruppenteilen und Heimatstäben der Waffen-SS zu werben. Es ging nur ein einfaches Rundschreiben an diese Stellen hinaus. Der Erfolg war überaus verblüffend: 70–90% des gesamten Mannschaftsbestandes meldeten sich freiwillig zu meinem Sonderverband. Als sich sogar der Stab des SS-Führungshauptamtes zu 95% zur Verfügung stellen wollte, wurde die Freiwilligenwerbung auf Befehl Himmlers eingestellt. Mir wurde bekannt, daß der Chef des Führungshauptamtes sich geäußert haben sollte:»Wenn das so weitergeht, dann kann ich ja die ganze Waffen-SS auflösen.« Ich erhielt gerade so viele Freiwillige bewilligt, um den Jagdverband Mitte und das Fallschirmjägerbataillon 600 wieder auffüllen zu können. Und mehr wollten wir ja gar nicht.

Es war meinen Stabsoffizieren und mir damals, zu Beginn des Jahres 1945, ganz klar, daß die letzte Phase des Krieges begonnen hatte. Als dann Anfang Januar die Russen ihre große Offensive an der Weichsel starteten und gewaltige Erfolge errangen, war es zur Gewißheit geworden, daß die Entscheidung vom Osten rascher heranrückte als vom Westen. Auch die Entschlüsse der deutschen Führung ließen erkennen, daß sie die verbliebene deutsche Defensivkraft in der Hauptsache im Osten verwenden wollte.

Schon seit Monaten quälte mich Fölkersam, ihm doch die Führung des Jagdverbandes Ost zu übertragen. Es war meine Überzeugung, daß ich keinen besseren Kommandeur für den Kampf im Osten finden würde. Bisher hatte ich allerdings die Bitte abgelehnt, weil ich nur ungern einen so guten Mitarbeiter an meiner Seite missen wollte. Als sich aber dann ein Regimentskommandeur der Division »Brandenburg« zu mir versetzen ließ, hatte ich einen guten Ersatz für Fölkersam als Chef des Stabes und gab endlich seiner Bitte nach. Als von Fölkersam das Kommando des Jagdverbandes Ost am 18. Januar 1945 in Hohensalza im Warthegau übernahm, waren die russischen Divisionen dieser Stadt schon sehr nahe. Er bekam von dem zuständigen Korpsgeneral den Befehl, die Stadt mit seinem Bataillon bis zum Letzten zu verteidigen. Bald danach war Hohensalza von den Russen eingeschlossen.

An Hand der laufenden Funkmeldungen konnte ich genau den Verlauf dieses Kampfes eines Häufleins Soldaten gegen eine Übermacht verfolgen. Ich wußte, es war aussichtslos; auch von Fölkersam war nüchterner Beobachter genug, um sich keinen Täuschungen hinzugeben. Es war mir nicht möglich, ihm eine Verstärkung an Truppen zu senden. Die einzige erbetene Hilfe, die ich noch entsenden konnte, waren einige Lastwagenladungen Munition, die mit knapper Not noch in die Stadt hineinkamen.

Da Fölkersam keine Verbindung mit anderen Kommandostellen außer mir hatte, erhielt ich am 21. Januar, einem Sonntag, seinen Funkspruch: »Lage unhaltbar, soll ich Ausbruch vorbereiten?« Selbstverständlich nahm ich die Verantwortung für die Nichtbeachtung des Korpsbefehls auf mich und gab meine Zustimmung. Das zuständige Korps existierte außerdem nicht mehr. Gleichzeitig ordnete ich an, den Ausfall noch in der folgenden Nacht zu versuchen.

Selten hat mich eine Nachricht so tief getroffen wie ein Funkspruch am Nachmittag des gleichen Tages. Er war von Major Heinz abgezeichnet und lautete: »Von Fölkersam bei einem von ihm selbst geführten Aufklärungsunternehmen sehr schwer verwundet, Kopfschuß. Habe die Führung des Bataillons übernommen und werde Ausbruchsversuch heute nacht durchführen.«

Es ging allen meinen Stabsoffizieren wie mir: wir konnten die furchtbare Nachricht kaum fassen. Der Name von Fölkersam gehörte zu sehr zu unseren Jagdverbänden. – Von dem gesamten Bataillon kamen nur zwei Offiziere und dreizehn Mann durch und zurück nach Friedenthal. Sie waren durch die erlittenen Strapazen ihres mehrwöchigen Marsches durch Feindgebiet, Durchschwimmen eisiger Flüsse und Mangel an Nahrung nur noch menschliche Wracks. Die Pflege unseres Stabsarztes jedoch brachte sie wieder hoch.

Von ihnen erhielten wir die letzten Nachrichten über den Verlauf der Ereignisse in Hohensalza. Der nächtliche Ausbruchsversuch in zwei Stoßkeilen gelang. Der hoffnungslos verwundete und besinnungslose Fölkersam wurde auf eine Zugmaschine gebettet, die jedoch beim Ausbruch abkam und nicht mehr gesehen wurde. Das Gros des Bataillons wurde in der nächsten Nacht von russischen Truppen überfallen. Über sein Schicksal haben wir nie mehr etwas erfahren. Die Namen aller Bataillonsangehörigen mußten in die große Liste aufgenommen werden, die den Vermerk »Vermißt« trug. Oft und oft tauchte der Name Adrian von Fölkersam in unseren Gesprächen auf. Und immer blieb die Frage offen: Ist er vielleicht doch mit dem Leben davongekommen? Lebt er in russischer Gefangenschaft?

Die rapide Verschlechterung der Lage an der Ostfront brachte es mit sich, daß kleine Kommandounternehmungen im Rücken des Feindes an Aktualität gewannen. Sie konnten jetzt wahrscheinlich auch mit größerer Aussicht auf Erfolg durchgeführt werden, da es den Russen nicht möglich war, den gewaltigen Gebietsgewinn in wenigen Wochen gründlich zu durchkämmen und zu »befrieden«. Viele Berichte liefen ein, die diese Ansicht bestätigten. Die Russen waren vorderhand nur auf Vormarsch und Geländegewinn bedacht, ohne sich um die rückwärtigen Gebiete zu kümmern. Deutsche Telefonleitungen blieben noch wochenlang intakt, und man konnte von deutscher Seite aus in das Hinterland des Feindes hinein Ferngespräche führen. So wurde mir eines Tages verbürgt erzählt, daß eine deutsche Firma in Litzmannstadt, dem alten polnischen Lodz, bei einer Berliner Dienststelle anrief und fragte, ob sie die Arbeit wiederaufnehmen solle. Die Russen waren anscheinend an der Stadt nur vorbeimarschiert und hatten noch keinerlei zivile Verwaltung eingerichtet.

Es stand fest, daß hauptsächlich die russischen Nachschubwege, also Bahnen, Brücken und Straßen, angegriffen werden sollten. Gleichzeitig konnten wichtige Nachrichten über Feindbewegungen und die Verhältnisse im Hinterland gesammelt werden. Da auch die Abteilung »Fremde Heere Ost« im OKH solche Einsätze plante, kam es zu gemeinsamen Besprechungen. General Krebs fand ich als Chef des Stabes bei Generaloberst Guderian wieder. Er stellte mich General Gehlen, dem eigentlichen Sachbearbeiter, vor.

Obersturmführer Girg, der den Einsatz in Rumänien geführt hatte, sollte nunmehr mit einer Gruppe von ungefähr Zugstärke von Ostpreußen aus in das Gebiet des ehemaligen Generalgouvernements vorstoßen. Er nahm etwa 12 deutsche und 25 russische Soldaten mit. Doch die Lage entwickelte sich schneller, als wir den Plan ausführen konnten. Ostpreußen ging verloren. Girg ergänzte die Ausrüstung seiner Truppe südlich von Danzig und startete dann mit Hilfe eines dort eingesetzten Korpsstabes durch die Linien.

Einige Tage lang bestand Funkverbindung, die aber dann plötzlich abriß. Wir blieben Wochen hindurch ohne Nachricht und gaben die Gruppe schließlich verloren. Mitte Februar 1945 erst erhielt ich aus der eingeschlossenen Festung Kolberg in Pommern wieder Nachricht. Girg war mit nur drei Mann Verlusten zurückgekehrt. In Kolberg war er zuerst vom Festungskommandanten für einen russischen Spion gehalten worden, bis durch eine Anfrage bei mir die Identität und der Auftrag Obersturmführer Girgs nachgeprüft worden waren.

Ein symbolischer Vorgang spielte sich in diesem Frontabschnitt ab: Tagelang war noch eine schmale Gasse in die Festung Kolberg hinein offen. Sie wurde von der französischen SS-Division »Charlemagne« verteidigt. Die *Franzosen* hielten also diesen Weg für *deutsche* Flüchtlinge, Frauen und Kinder, offen, während zur gleichen Zeit *deutsche* Seydlitz-Soldaten im Verein mit den Russen in härtesten Kämpfen versuchten, diese Absicht zu *vereiteln*.

Die Schilderung aller Erlebnisse von Girg während seines 700 km langen Weges hinter der Front würde zu weit führen. Zeitweise gelang ihm die Tarnung seiner Truppe als rumänische Sondereinheit. Der Funker ertrank in einem im Eise der Weichsel eingebrochenen Lastwagen; er wurde auf dem nächsten Friedhof mit militärischen Ehren als angeblicher rumänischer Leutnant beigesetzt. Dann wieder wurden sie erkannt und hatten um ihr Leben zu kämpfen. Die mitgenommenen Russen bewährten sich vorzüglich. Sie hielten in den gefährlichsten Situationen treu bei Girg aus, und ihre Schlauheit und Schlagfertigkeit klärten oft kritische Lagen. Es war unglaublich, welche Freude ich später zweien dieser Russen mit dem Geschenk einer Armbanduhr machen konnte. Die Schilderungen der Verhältnisse, in denen die Deutschen in den neubesetzten Gebieten leben mußten, waren grauenhaft, Viele dieser Frauen, Männer und Kinder mußten wohl als Kriegsverluste angesehen werden. Es war um so erstaunlicher, wenn Girg berichten konnte, welche Hilfe er von vielen dieser selbst hilfsbedürftigen Menschen erhalten hatte. Besonders Frauen waren es, die jedes Risiko auf sich nahmen. – Um die jugendliche Unbekümmertheit zu kennzeichnen, mit der Girg diesen gefährlichen Einsatz durchführte, sei noch erwähnt, daß er sich während der ganzen Zeit nicht von seinem Ritterkreuz trennte und es unter einem Halstuch verborgen immer trug.

XXVII

30. Januar 1945 – Befehl der Heeresgruppe Weichsel – Sofort an die Front – An der Oderbrücke – Auffangstellung – Aktive Kampf-führung – Geschlagenes Ostheer – Evakuierung der Zivilisten – Befestigungsarbeiten im Brückenkopf – Die Division Schwedt steht – Mit den Russen in Bad Schönfließ – Nachtkämpfe – Der Kreisleiter desertiert – Angriff und Gegenangriff – Zum Rapport bei Himmler – Einbruch in den Brückenkopf – Himmler noch Optimist – Mit Göring in der Feuerlinie – Verzweifelte Abwehr – Englische Rundfunkente – Der Brückenkopf in härtester Bewährung – Nach Berlin zurückbefohlen.

Eines Nachmittags, es war am 30. Januar 1945, saß ich wieder einmal an meinem Schreibtisch in Friedenthal. Es gab Berge von Akten zu bearbeiten, eine Arbeit, deren Sinn mir nicht mehr ganz in den Kopf wollte. Meine Sekretärin, die ich heute übrigens bei der Arbeit an diesem Buche sehr vermisse, kam kaum nach, die Stenogramme in die Reinschrift zu übertragen. Besonders ärgerlich war ich, wenn ich einen Bericht nochmals bearbeiten mußte, den ich nach Schellenbergs Ansicht zu deutlich abgefaßt hatte. Ich glaube auch heute kaum, daß es falsch war, in Berichten die ungeschminkte Wahrheit zu sagen. Richtig war es allerdings auch, daß die Wahrheit an manchen oberen Stellen nicht gern gehört wurde. – Dann empfing ich noch den IA (Generalstabsoffizier) und den IB (Versorgungsoffizier), um zugewiesenes Gerät, Ausrüstung, Waffen, Munition und Betriebsstoff für den nächsten Monat möglichst gerecht an meine Jagdverbände zu verteilen. Wir konnten aber den berechtigten Forderungen der Kommandeure nicht immer nachkommen. Die Decke, nach der wir uns strecken mußten, wurde kurz und kürzer.
Da wurde mir aus dem Vorzimmer ein Telefonanruf aus dem Hauptquartier Himmlers, der eben Chef der Heeresgruppe Weichsel geworden war, durchgegeben. Er enthielt den folgenden Befehl: »Die Jagdverbände marschieren mit allen sofort verfügbaren Einheiten noch heute nach Schwedt an der Oder und bilden ostwärts der Oder einen Brückenkopf. Dieser muß räumlich groß genug sein, um später aus dem Gelände heraus einen Offensivvorstoß führen zu können. Während des Vormarsches entsetzen die Truppen das von den Russen besetzte Städtchen Freienwalde.« Diesen Befehl habe ich mir der Kuriosität halber fast wörtlich gemerkt, und auch der letzte Satz beinhaltet keinen Irrtum. Wie sich die Heeresgruppe Weichsel, sprich: Himmler, den Entsatz

einer Stadt sozusagen im Vorbeigehen vorstellte, ist mir auch heute noch ein Rätsel. Meine Offiziere und ich sahen uns nur an. Das war wieder einmal ein plötzlicher Einsatz! Die Alarmbefehle an den Jagdverband Mitte, das Fallschirmjägerbataillon 600 in Neustrelitz und den nur eine Kompanie umfassenden Jagdverband Nordwest gingen sofort hinaus. Für 21 Uhr befahl ich alle Kommandeure zu mir; es war jetzt 17 Uhr. Wie wir den angeordneten Zeitpunkt »noch heute« befolgen sollten, war mir im Augenblick noch unklar.

Dann ließ ich meinen IC rufen. An Hand der von ihm geführten Lagekarte versuchten wir, uns ein Bild von der Front zu machen. Es war ausgeschlossen. Nur über einzelne Punkte lagen zusammenhängende Nachrichten vor; ein vollständiges Bild daraus zu entnehmen, war unmöglich. Wir versuchten, durch einige Anrufe im Führerhauptquartier in der Wilhelmstraße die Situation an der Oder festzustellen. Es gelang uns nicht einmal, einwandfrei zu klären, ob die genannte Stadt Freienwalde wirklich feindbesetzt war. Wir faßten also den Entschluß, lieber der größeren Aufgabe gerecht zu werden und den Brückenkopf zu bilden – wenn das überhaupt noch möglich war, da von Schwedt überhaupt keine Nachrichten vorlagen. Wir würden also während unseres Marsches noch unsere eigene Aufklärung durchführen müssen.

Noch eine Sorge überfiel uns zentnerschwer. Wie sollten wir überhaupt marschieren? Es waren noch längst nicht alle Fahrzeuge, die beim letzten Einsatz beschädigt wurden, repariert und wieder fahrbereit. Jetzt mußten als erstes die Kraftfahrzeugoffiziere auf Trab gebracht werden. Da ich ja von früher her etwas von dem »Geschäft« verstand, liefen sie bald auf vollen Touren. Das nahe gelegene Kraftfahrzeugdepot erklärte sich bereit, am gleichen und während der folgenden Tage für uns Nachtschicht einzulegen, und wollte uns auch mit einigen Fahrzeugen aushelfen.

Beim Stab herrschte fieberhaftes Leben. Ohne viele Anordnungen wußte jeder, was er zu tun hatte. Mit meinem neuen IA, Hauptsturmführer Hunke, besprach ich die auszuarbeitenden Befehle für den Marsch und die Aufklärung. Wir schätzten, daß wir, wenn alles gut ging, um 5 Uhr früh abmarschieren könnten. Zaubern konnten wir auch nicht.

Auch wegen der Arbeit der Abteilung D des Militärischen Amtes mußte noch verschiedenes besprochen werden. Es war leicht möglich, daß für mich an der Front so heiße Tage kommen würden, daß mir nicht mehr die Zeit blieb, mich um andere Dinge zu kümmern. Major L., mein Vertreter bei Mil D, meldete sich; es war ihm offensichtlich nicht ganz angenehm, daß sein Chef schon wieder in den Einsatz mußte. Er war es gewohnt, alle wichtigen

Fragen mit mir persönlich zu besprechen, und da wir uns sehr gut verstanden, verlief die Zusammenarbeit immer reibungslos. Soweit wie möglich planten wir voraus. Im übrigen war ja die Front nicht mehr weit weg. In knapp zwei Autostunden konnte er immer bei mir sein. Der Gedanke, daß die Front in Luftlinie kaum noch 60 km von der Reichshauptstadt entfernt war, wollte uns eigentlich nicht in den Kopf. Wir würden uns jedoch an diesen Gedanken gewöhnen müssen.

Nachdem die wichtigsten Arbeiten getan waren, wollte ich noch einmal an die frische Luft gehen. Da wurden die Gedanken immer ganz klar, und einen frischen Kopf mußte ich jetzt haben. Ich pfiff meinem Wolfshund Lux, der die ganze Zeit zu meinen Füßen gelegen und den Wirbel mit angesehen hatte. Diese treue Hundeseele nahm ich diesmal in den Einsatz mit. – Wir beide gingen nun das Kasernengelände ab. Der Jagdverband Mitte rüstete zum Aufbruch. Die eine Kompanie empfing gerade scharfe Munition; es war fürs erste die Ausgabe von drei Munitionsausstattungen angeordnet worden. Die andere Kompanie erhielt aus dem Magazin für sechs Tage Sprungverpflegung. Die Landser lachten, wenn sie die guten Sachen sahen. Die dritte Kompanie sah gerade die schweren Waffen nach. Der Waffenoffizier wußte, daß sie blitzblank waren, aber trotzdem – vor dem Einsatz ... Der befohlene Aufklärungszug war schon an den Fahrzeugen beschäftigt. Erfreulicherweise hatten wir wenigstens einige Panzerspähwagen aus dem Westeinsatz mit »nach Hause« gebracht. Sie würden uns jetzt gute Dienste leisten. Lux ging die ganze Zeit brav neben mir her und tat so, als ob er alles verstünde.

Die Stimmung war überall gut. Scherzworte flogen hin und her, und das ist immer ein gutes Zeichen. Ich freute mich darüber, als ich durch die Stuben ging. Wir hatten kurz vorher einen Zimmer-Schönheitswettbewerb durchgeführt; die Möbel waren je nach dem Geschmack der Stubenbewohner aufgestellt worden. Für Verschönerungen und Blumenschmuck wurde den Soldaten völlig freie Hand gelassen. Unwillkürlich mußte ich daran denken, daß so mancher von ihnen wahrscheinlich seine Stube nicht wiedersehen würde. Ich ließ mir aber von diesen Gedanken natürlich nichts anmerken.

Besonders freute ich mich, wenn ich einen der »alten« Männer vom Gran Sasso sah. Sie waren jetzt alle Unteroffiziere oder Feldwebel und begrüßten mich auf eine besondere Art, die unsere alte Zusammengehörigkeit betonen sollte. Die Parole, daß es an die Ostfront ginge, war wie ein Lauffeuer durch alle Quartiere gelaufen. Unser alter Kampfruf »Machen wir leicht!« war in aller Munde. Die Männer würden von mir in den härtesten Kampf geführt werden; aber ich wußte, daß ich mich auf sie verlassen konnte.

Noch während meines Rundganges wurde ich am Telefon verlangt. In einer Kompanieschreibstube ließ ich mich verbinden. Es war wieder die Heeresgruppe Weichsel am Apparat. Man tat ganz erstaunt, daß wir noch nicht abmarschbereit waren. »Wir haben dem Führerhauptquartier bereits Ihren Abmarsch nach Schwedt gemeldet«, kam es durch den Hörer. Darauf konnte ich nur eine despektierliche, aber richtige Antwort geben: »Dann haben Sie eben eine Falschmeldung gemacht; ich habe meinen Abmarsch noch nicht gemeldet.«

Das Echo lautete: »Ich wiederhole Ihnen nochmals den Befehl der Heeresgruppe: Sie haben sofort abzumarschieren!«

Dann wurde auf der Gegenseite wütend eingehängt. Dieses Spiel wiederholte sich noch mehrere Male im Laufe der Nacht. Meine guten Gründe, daß ich zum Beispiel noch nicht alle benötigten Fahrzeuge hätte, um überhaupt ausrücken zu können, wurden nicht berücksichtigt. Als ich sah, daß alles klappen würde, meldete ich der Heeresgruppe den Abmarsch für 5 Uhr früh. Von meinem Vorhaben, mich um nichts zu kümmern, was seitwärts von meiner direkten Straße nach Schwedt lag, sagte ich vorsichtshalber nichts.

Die Kommandeure waren um 21 Uhr zur Befehlsausgabe in Friedenthal gewesen. Soweit wir es jetzt übersehen konnten, würden alle Einheiten zum Termin abmarschbereit sein. Die Mannschaften mußten etwas enger sitzen, die Nachschubfahrzeuge konnten später nachkommen. Jede Stunde erhielt ich Bericht über den Fortschritt der Abmarschvorbereitungen. Zum Schlafen kamen wir diese Nacht nicht. Unsere Küche überraschte uns mit einem Essen um Mitternacht, trotz Packen und Verladen. Unsere Sekretärinnen waren noch aufgeblieben und wurden zum Essen eingeladen; so wurde der rauhe Soldatenton etwas gedämpft.

Die beiden Aufklärungszüge waren um 3 Uhr früh von Neustrelitz und Friedenthal aus abgefahren. Da sie ja schnell fahren konnten, mußten sie, wenn es keine Zwischenfälle gab, gegen 5 Uhr in Schwedt eintreffen. Spätestens auf dem halben Weg würden wir dann Nachricht über die dortige Lage haben. Von Eberswalde aus kam um 4 Uhr befehlsgemäß ein Kradmelder zurück; bis dorthin war die Straße frei.

Um 4.30 Uhr stand der Jagdverband Mitte marschbereit. Auch von Neustrelitz kam die gleiche Meldung. Diesmal gingen alle mit, die nur einigermaßen kriegsverwendungsfähig waren. Nur das notwendigste Stabspersonal und ein paar Wachmannschaften, ältere Volksdeutsche aus Rumänien, blieben zurück. Am liebsten wären sogar die Sekretärinnen und Stabshelferinnen mitgegangen. Ein kurzer Befehl, und die Kolonne setzte sich in Bewegung.

Bald wurde mir der Marsch mit dem Bataillon zu langsam. Ich fuhr mit dem Jeep, den ich aus dem Westen mitgebracht hatte, voraus. Nach kaum einer halben Stunde traf ich den Kradmelder, der aus Schwedt zurückkam: die Straße war frei. Alle Meldungen, daß der Russe schon über die Oder gekommen sei, waren offenbar Parolen, wie sie leider in kritischen Situationen immer wieder entstehen. Ich begriff nur nicht, daß die Heeresgruppe Weichsel keine Möglichkeit hatte, diese falschen Meldungen nachprüfen zu lassen.

Schon vor 7 Uhr war ich in Schwedt; die Aufklärungszüge warteten bei der Oderbrücke auf mich. Sie erhielten Befehl, über den Fluß bis nach Königsberg in der Neumark aufzuklären. Dann kannte ich auch die Lage im Vorfeld meines Brückenkopfes. Danach suchte ich den Stadtkommandanten von Schwedt auf. Es war ein Oberst, der schwer an einer Kriegsverletzung litt. Um die Schmerzen in seinem amputierten Bein ertragen zu können, war er gezwungen, von Zeit zu Zeit Morphium zu nehmen, wie er mir anvertraute.

Durch einen Anruf bei der Heeresgruppe wurden rasch die Befehlsverhältnisse geklärt. Der Oberst und ein kleiner Stab erhielten eine andere Aufgabe zugewiesen und fuhren schon am 1. Februar ab. Hier in Schwedt unterstanden mir jetzt auch drei Ersatzbataillone und ein Pionierbataillon. Als ich mir über ihre Einsatzbereitschaft berichten ließ, mußte ich allerdings feststellen, daß mit ihnen kein Krieg zu gewinnen war. Es waren fast ausschließlich kranke, ältere Soldaten. Die guten Kräfte waren schon längst an die Fronttruppen abgegeben worden.

Ehe die beiden Bataillone eintrafen, wollte ich mir noch rasch selbst den Brückenkopf ansehen. Die fast einen Kilometer lange Oderbrücke überspannte den eigentlichen Fluß und den Oderkanal. Dazwischen war Überschwemmungsgebiet, über das eine Dammstraße führte. Der Fluß war gefroren und hatte eine tragfähige Eisdecke. Das konnte bei Annäherung der Russen sehr unangenehm werden. Das Sprengen der Eisdecke merkte ich mir als erste Aufgabe für das Pionierbataillon vor, das von einem äußerst beweglichen älteren Reservemajor geführt wurde, der mir auf den ersten Blick ausnehmend gut gefallen hatte. Dann konnten vielleicht Eisbrecher aus Stettin angefordert werden, um mit diesen die Eisdecke bis weit über Schwedt hinaus wegzubrechen. Noch etwas fiel mir ein: Durch Öffnen einiger Schleusen konnte doch sicherlich das Überschwemmungsgebiet zwischen Fluß und Kanal unter Wasser gesetzt werden. Das gab auf jeden Fall einen guten

Schutz gegen überraschende Flußüberquerungen des Feindes. Als ich dann langsam die Straße nach Königsberg entlangfuhr, begegnete ich zahllosen Flüchtlingen, zu Fuß oder auf Pferdewagen, die letzte Habe mitschleppend. Ich mochte gar nicht fragen, wo sie alle herkamen; es war ein Bild des Jammers.

Aber auch Soldaten waren darunter. In kleinen Gruppen trafen sie ein, müde, manchmal ohne Waffen – Soldaten einer geschlagenen Armee. Sie waren irgendwie von ihrer Truppe abgekommen und suchten jetzt ihren Weg nach dem Westen. In Königsberg herrschte das gleiche Bild. Alle Straßen waren voll mit Flüchtlingen und versprengten Soldaten. Die beiden Aufklärungszüge bezogen auf den Ausfallstraßen nach dem Osten eine Vorpostenstellung. Ich gab ihnen die Anweisung, alle Flüchtlinge, Zivilisten und Soldaten, auf raschestem Wege über die Oder nach Schwedt zu leiten. In der kleinen Ortschaft Nieder-Krönig, die am Ostufer der Oder lag, sah ich mich näher um. Hier würden wir unseren Gefechtsstand aufschlagen. Als ich dann wieder zur Brücke kam, erlebte ich ein einziges freundlicheres Bild. Etwa 25 Kavalleristen auf verhältnismäßig gut gepflegten Pferden unter Führung eines Offiziers kamen angeritten. Als mich der Leutnant sah, ließ er halten und trabte an meinen Wagen heran. »Leutnant W. vom Kavallerieregiment 8, mit den Resten seines Zuges versprengt, bittet sich melden zu dürfen«, sagte er. »Bitte, Herr Oberstleutnant«, setzte er dann weniger dienstlich hinzu, »haben Sie eine Verwendung für mich?«

Und ob ich die hatte! Ich würde jeden Mann brauchen. Ich antwortete ihm daher: »Melden Sie sich mit Ihren Leuten in der Kaserne und schlafen Sie sich erst einmal aus. Morgen früh melden Sie sich wieder bei mir.«

Als ich in die Kaserne zurückkam, stand mein erster Plan fest. Ich mußte eine gut funktionierende Auffangorganisation einrichten, die alle Versprengten sammelte. Mit diesen Soldaten würden dann die Ersatzbataillone zu kampffähigen Einheiten aufgefüllt. – Hoffentlich ließen uns die russischen Divisionen Zeit dazu! – Einen 180 Mann starken Fähnrichskurs, der sich in der Kaserne befand, teilte ich zum Streifendienst ein. Er bekam zwei Anweisungen; erstens alle zivilen Flüchtlinge weiter nach dem Westen zu schicken und ihnen möglichst dabei zu helfen; zweitens alle Soldaten zu sammeln und in die Kaserne weiterzuleiten. Sie waren während der folgenden Tage und Nächte immer unterwegs und versahen ihren Dienst mit äußerster Gewissenhaftigkeit. Der Erfolg war unglaublich. In wenigen Tagen war die geräumige Kaserne überbelegt und alle vier Bataillone auf Kriegsstärke aufgefüllt. Mit dem Pioniermajor hatte ich noch am Nachmittag eine lange

Besprechung. Wir legten auf der Karte in groben Zügen die Grenzen des beabsichtigten Brückenkopfes fest. Wir wollten als Verteidigungslinie einen Halbkreis mit einem Radius von etwa 6 km bilden, natürlich dem Gelände angepaßt. Dieses war hügelig und gut zur Verteidigung geeignet. Es mußten aber in aller Eile Stellungen gebaut werden; zuerst der äußere Ring, und wenn dieser fertig war, wollte ich zur Sicherheit noch einen inneren, kleinen Brückenkopf befestigen. Wir forderten für die Erdarbeiten ein Regiment des Arbeitsdienstes an, das auch schon am nächsten Tag eintraf. Die männliche Bevölkerung der Stadt und der näheren Umgebung wurde für die ersten Tage ebenfalls zur Arbeit herangezogen. Bauernfuhrwerke bekamen wir in genügender Anzahl; das Pionierbataillon stellte die gelernten Vorarbeiter.

Das Fallschirmjägerbataillon 600 entsandte ich nach Königsberg, wo es ostwärts der Stadt in Stellung ging. Es hatte den Befehl, dem ankommenden Feind hinhaltenden Widerstand zu leisten. Das Volkssturmbataillon »Königsberg« wurde ihm zur Unterstützung beigegeben, geführt vom Kreisleiter der NSDAP von Königsberg. Den Jagdverband Mitte ließ ich in der Linie des späteren inneren Verteidigungsringes Stellung beziehen. Wenn es eine böse Überraschung, einen plötzlichen Durchbruch der Russen geben sollte, so hatte das Bataillon unter allen Umständen den kleinen Brückenkopf zu halten.

In den nächsten Tagen wurde fieberhaft an den Befestigungen gearbeitet. Auch die eingesetzten Zivilisten waren mit größtem Eifer bei der Arbeit. Sie wußten, hier wurde ihre engere Heimat verteidigt. – Der Lehrer schaufelte neben dem Schuster, der Hilfsarbeiter half dem Beamten beim Heben eines Baumstammes. – Dabei konnte man das studieren, was wir Idealisten uns unter Volksgemeinschaft vorgestellt hatten. – In wenigen Tagen war der Hauptteil der Arbeit geschafft. Gedeckte Maschinengewehrnester und Unterstände waren an allen geeigneten Geländepunkten gebaut. Nun wurden noch einige Laufgräben angelegt, und dann konnte mit dem Bau des inneren Verteidigungsgürtels begonnen werden. Den weiteren Ausbau der Stellungen sollte dann die Truppe selbst übernehmen. – Der Kommandeur des Pionierbataillons war unermüdlich unterwegs. Wir gingen oft gemeinsam die Stellungen ab.

Der Zivilbevölkerung von Königsberg hatte ich durch ihren Bürgermeister nahegelegt, die Stadt zu räumen. Die Ortschaften innerhalb des Brückenkopfes mußten ebenfalls evakuiert werden. Mit dem Bürgermeister von Schwedt, einem jüngeren Mann und Reserveoffizier, hatte ich vereinbart, daß die Zivilisten aus diesen Dörfern, wenn sie wollten, in Schwedt untergebracht wurden. Ich wußte, daß es allen Leuten schwer wurde, ihr Heim zu verlassen; aber es mußte sein. Im künftigen Kampfgebiet Zivilisten zu belassen wäre unverantwortlich gewesen.

In Königsberg traf unvermutet ein Volkssturmbataillon aus Hamburg ein, fast ausschließlich Hafenarbeiter, prächtige Burschen. Sie waren, obwohl sie weitab von ihrer Heimat eingesetzt werden sollten, mit Begeisterung bei der Sache, wenigstens soweit ich es überblicken konnte. Ich wußte, daß den beiden Volkssturmbataillonen nicht allzuviel Kampfkraft zuzutrauen war. Vorderhand wurde aber jeder Mann, der ein Gewehr abdrücken oder eine Panzerfaust abschießen konnte, gebraucht. Die Bewaffnung und Ausrüstung des Hamburger Bataillons waren ausgezeichnet; wohl ein Verdienst des dortigen Verteidigungskommissars. Dagegen war das Königsberger Volkssturmbataillon bedeutend schlechter ausgestattet.

Um zu wissen, wo der Feind stand, und um seine Absichten und Angriffsziele kennenzulernen, wurden vom ersten Tag an starke Aufklärungsvorstöße angesetzt. Die beiden Bataillone der Jagdverbände hatten eigene kleine Abteilungen aufgestellt, die diese Aufträge laufend ausführten. Schon am 1. Februar wurden die ersten Feindberührungen in der Gegend von Bad Schoenfließ und südlich davon gemeldet. Wenn es sich um schwächere Aufklärungstruppen des Feindes handelte, wurden sie angegriffen und dabei ganz schöne Erfolge erzielt, und wir hatten kaum Verwundete. Die ausgezeichnete Ausbildung unserer Soldaten machte sich jetzt in jeder Hinsicht bezahlt.

Schon etwa am 3. Februar konnten zwei auf volle Kriegsstärke gebrachte Bataillone in ihre ausgebauten Stellungen einrücken. Das eine bekam den nördlichen Abschnitt des Brückenkopfes mit Anlehnung an den Fluß, das andere den südlichen Abschnitt, der ebenfalls auf der einen Seite von der Oder begrenzt wurde, zugewiesen. Jetzt hatten wir wenigstens Flankendeckung. Die beiden mittleren Abschnitte wollte ich mit meinen beiden eigenen Bataillonen besetzen, da ich aus Richtung Königsberg den Hauptstoß des Gegners erwartete.

Ein Oberstleutnant der Luftwaffe meldete sich bei mir. Er hatte den Auftrag, aus allen abkömmlichen Luftwaffensoldaten Kampfeinheiten zusammenzustellen. Im Laufe einer Woche bekam ich von ihm drei Kompanien zugeführt. Auch überzählige Waffen aus den umliegenden Fliegerhorsten konnte er mir zuweisen.

Das Führerhauptquartier hatte einen eigenen Funktrupp nach Schwedt abgestellt, um die direkte Verbindung herzustellen. Anscheinend wurde dieser Stelle der Front eine besondere Bedeutung zugemessen. Wir konnten jedenfalls das Führerhauptquartier mit sicheren Nachrichten über Feindbewegungen in unserem Abschnitt versorgen.

Als ich an einem der ersten Tage wieder einmal nach Königsberg fuhr, kam ich auch an einem kleinen Feldflughafen vorbei. Dort sah ich das trostlose Bild einer regellosen Flucht der deutschen Besatzung. Einige Flugzeuge standen, durch Sprengung leicht beschädigt, am Rande des Flugplatzes; Waffen lagen in der Nähe der Flugzeughallen herum. Am unbegreiflichsten aber war, daß alle Funkgeräte unzerstört herumstanden. Der Platz war offenbar schon vor dem 30. Januar Hals über Kopf geräumt worden. Wenn der deutsche Rückzug überall so vor sich gegangen war, dann durfte es nicht wundern, daß die Russen so schnell vorwärtskamen und daß die deutsche Industrie mit der Lieferung neuer Ausrüstung nicht mehr nachkommen konnte.

Als ich am Abend dieses Tages nach Schwedt zurückkehrte, meldete sich ein anderer Oberstleutnant der Luftwaffe bei mir. Es war der frühere Flugplatzkommandant von Königsberg. Ihn hatte wohl das Gewissen geplagt, und er hatte seinen Weg nach dem Westen unterbrochen. Ich konnte ihm nur versichern, daß meine Soldaten die Waffen und Funkgeräte bereits sichergestellt hatten. Auf meine Frage, warum er derart kopflos geflohen sei, obwohl doch noch gar keine Gefahr bestanden hätte, erklärte er mir, daß er keine Verbindung mehr mit seinen vorgesetzten Dienststellen gehabt und daher auch keine Befehle erhalten habe. Sein vorgesetzter General sei schon Tage früher abgereist, ohne Befehle zu hinterlassen.

Es war klar, daß dieser Offizier wegen gröbster Pflichtverletzung, vielleicht sogar Desertion, vor ein Kriegsgericht gestellt werden mußte. Wenn er aber als Luftwaffenangehöriger von einem Kriegsgericht der Waffen-SS verurteilt wurde, konnte es leicht zu Spannungen zwischen den beiden Wehrmachtsteilen kommen. Ich rief daher sofort den Chef der zuständigen Luftflotte, Generaloberst Ritter von Greim, an und bat ihn, einen Offizier seines Stabes zu mir zu schicken, damit ich diesem den Fall vortragen könne.

Wider Erwarten landete Generaloberst von Greim am nächsten Tage selbst in einem Fieseler Storch auf dem Kasernengelände. Als ihm die Sachlage vorgetragen wurde, entschied er, daß der Oberstleutnant sich vor einem Kriegsgericht der Luftwaffe zu verantworten habe. Bei der Verhandlung stellte sich dann heraus, daß die Hauptschuld bei dem vorgesetzten General lag. Seine so »frühzeitige« Abreise erschien in einem sehr merkwürdigen Licht. Er soll später noch vor ein Reichskriegsgericht gestellt worden sein.

Der Oberstleutnant wurde zu einer Haftstrafe mit gleichzeitiger Frontbewährung verurteilt. Er trat diese gleich bei der damaligen Kampfgruppe Schwedt an und erwies sich dort als tapferer, umsichtiger Offizier. Er hatte eben durch die Schuld seines Vorgesetzten den Kopf verloren.

Aus diesem Fall und aus der Beobachtung der gesamten, fast chaotischen Zustände an diesem Teil der Front glaubte ich nur einen Schluß ziehen zu können: Nicht der kleine Befehlsempfänger oder gar der einzelne Landser trugen daran die Schuld, sondern es war das Versagen einzelner höherer Stellen, die oft verantwortungslos handelten. Ich hatte seit Monaten in meinem Stabe die Meinung vertreten, daß zum totalen Krieg auch die totale Verantwortung gehöre. Die Masse der Soldaten und der Zivilbevölkerung hätten es als gerecht empfunden, wenn endlich einmal die wahren Schuldigen an kleineren und größeren Katastrophen in öffentlichen Kriegsgerichtsverhandlungen festgestellt worden wären, auch wenn darunter der Nimbus etwa eines Gauleiters oder eines Generals gelitten hätte.

Statt der erbetenen Artillerie wurden der Kampfgruppe Schwedt von der Heeresgruppe 3 Luftwaffen-Flakabteilungen mit Geschützen vom Kaliber 8,8 und 10,5 cm unterstellt. Hier gab es zuerst große bürokratische Schwierigkeiten. Diese drei Flakabteilungen kamen von verschiedenen Flakregimentern, und diese wieder gehörten zwei verschiedenen Flakdivisionen an. Es war ein wunderbares Durcheinander von Befehlen. Erst nachdem ich eine lange Aussprache mit dem zuständigen Korpsgeneral der Luftwaffe hatte, wurden die verschiedenen Unterstellungsverhältnisse klargestellt. Die drei beweglichen Flakbatterien teilte ich in Flakkampftrupps ein und wies ihnen ihre Stellungen im Brückenkopf zu. Für die restlichen Flakbatterien wurden Stellungen am Westufer der Oder ausgebaut, von wo aus sie behelfsmäßig als reine Erdartillerie Verwendung finden sollten.

Dazu mußten sie aber erst geschult werden. Glücklicherweise hatte ich von der Offiziersreserve der Heeresgruppe auch einen Artillerieoffizier zugewiesen erhalten. Er war Reservehauptmann und von Beruf Schriftsteller aus München. Dieser Mann hat in wenigen Tagen Hervorragendes geleistet. Unermüdlich schulte er vorgeschobene Beobachter ein und machte Offiziere und Mannschaften mit den Feinheiten des Erdartilleriekampfes bekannt. Schießpläne wurden vorbereitet, und als der Russe nach etwa acht Tagen seine eiserne Klammer um den Brückenkopf geschlossen hatte, war eine wirksame Unterstützung des schweren Kampfes durch die Flakbatterien möglich.

Eines Tages wurde ein Kommandierender General für unseren

Frontabschnitt ernannt. Südlich von meinem Abschnitt hatte eine Marinedivision am Westufer der Oder eine Verteidigungsstellung bezogen. Die Kampfgruppe Schwedt war zur »Division Schwedt« erhoben worden, und die beiden Divisionen sollten nun zu einem Korps zusammengefaßt werden. Der General, dessen Namen ich leider vergessen habe, gefiel mir in seiner Ehrlichkeit außergewöhnlich gut. Er eröffnete mir, daß das Generalkommando (= Korpsstab) eigentlich nur fiktiv sei, da es nur aus einigen Offizieren bestünde. Er könne weder für Nachrichtenverbindungen noch für Nachschub sorgen. Wir seien daher völlig auf uns allein angewiesen. Mit meinen bisherigen Anordnungen sei er einverstanden. Wir sollten nur so weitermachen. Als einzigen Befehl würde er vorerst nur die Abgrenzungen der Divisionsbereiche festlegen.

Besonders gut gefielen dem Kommandierenden General die von uns getroffenen Absperrmaßnahmen für unser Gebiet. Bald nachdem er sich von mir verabschiedet hatte, kam er zurück. Die Posten hatten ihn nämlich aus dem Bereich von Schwedt nicht herausgelassen, da er ihnen unbekannt war. Sie befolgten ihre Postenanweisungen peinlich genau: Jeder, der den Bereich verließ, mußte einen Befehl des Stadtkommandanten vorweisen können, ganz gleich, ob Offizier oder Mann.

Meine neue Stellung als Divisionskommandeur brachte auch eine Fülle von Verantwortung mit sich. Nicht nur für die Front, sondern auch für die im Bereich der Division wohnende Zivilbevölkerung hatte ich nun zu sorgen. Hierbei war mir der Bürgermeister von Schwedt eine große Stütze, der jeden Abend zu einer Besprechung kam. Mit seiner Hilfe wurden alle Fragen des zivilen Sektors, wie ich glaube, gut gelöst. Ich befahl vorsorglich, vorerst Frauen und Kleinkinder aus der Stadt zu evakuieren, da diese ja bald Kampfgebiet werden konnte.

Schwieriger war schon die Versorgungsfrage der Truppe zu lösen. Von Friedenthal aus wurde der gesamte Nachschub für die Division organisiert. Nacht für Nacht trafen Autokolonnen meines Versorgungsstabes ein und brachten Waffen, Munition, Ausrüstung und Lebensmittel. Wir mußten sogar die Flakmunition aus Berlin herbeischaffen, da zu uns keine Munitionszüge durchkamen. Vergebens hatte ich bisher Panzerabwehrkanonen angefordert. Die Heeresgruppe hatte keine zur Verfügung. Durch Zufall kam mein Versorgungsoffizier darauf, daß ungefähr 50 km südlich von Schwedt eine Fabrik diese Geschütze herstellte. Der Leiter der Fabrik beklagte sich meinem IB gegenüber, daß nun schon seit Wochen keine Geschütze mehr vom Heereswaffenamt abgenommen würden. Hatte das Amt das Werk, das schon im Geschützbereich der Russen lag, bereits als Verlust abgeschrieben? Die Firma war dankbar, als wir ihr zwölf 7,5-cm-Panzerabwehrkanonen abnahmen, und uns war geholfen.

Ähnlich ging es uns mit einer Anforderung von Maschinengewehren des Modells 42. Sie waren nicht zu bekommen. Unser findiger IB hatte ein riesiges Lager dieser Waffen bei Frankfurt an der Oder ausgemacht. Angeblich lagen dort mehrere zehntausend Stück dieses ausgezeichneten MGs. Fronttruppen, die ebenso zufällig wie wir dieses Lager entdeckt hatten, befriedigten dort ihren Bedarf. Auch die Division Schwedt hatte vom Zeitpunkt der Entdeckung an keinen Mangel mehr an Maschinengewehren. – Beide Fälle wurden übrigens auf dem Dienstwege der Heeresgruppe gemeldet. Es entzieht sich meiner Kenntnis, ob die restlichen Waffen noch erfaßt wurden oder ob sie Wochen später dem Russen als willkommenes Beutegut in die Hände fielen.

In diesen Tagen bekam ich einen sonderbaren, äußerst dringlichen und besonders geheimen Befehl über die Heeresgruppe zugestellt: In einem Walde ostwärts von Bad Schönfließ stünden zwei Lastwagen mit unerhört wichtigen Reichsdokumenten. Sie seien durch den Fehler eines Beamten stehengelassen worden. Diese Dokumente dürften auf keinen Fall in die Hände der Russen fallen. Ausgesandte Flugzeuge, die die Wagen durch Bordwaffenbeschuß und Bombenabwurf vernichten sollten, hatten sie nicht auffinden können. Die Division Schwedt habe sofort und unter allen Umständen in einem Angriff diesen Wald zu erreichen und die Dokumente entweder sicherzustellen oder zu vernichten.

Um noch verschiedene Details zu klären, waren einige Rückfragen von unserer Seite nötig. Dabei brachte ich in Erfahrung, daß es sich nicht um Reichsdokumente, wie ursprünglich angegeben, sondern um Parteidokumente aus der Kanzlei Bormanns handelte. Ich verlangte, daß unbedingt der Beamte am Unternehmen teilnehmen solle, der genau den Standort der Lastwagen angeben konnte. Im übrigen müsse erst durch Aufklärungsunternehmen festgestellt werden, ob ein Angriff überhaupt noch möglich sei. Ich dachte gar nicht daran, für diese Dokumente und den Fehler einer Parteidienststelle ein größeres Risiko für meine Truppe einzugehen. Unsere Soldaten würde ich noch für wichtigere Kämpfe brauchen.

Unsere täglichen Aufklärungsvorstöße konnten in den letzten Tagen nicht mehr wie früher 60 und 70 km weit in das feindliche Hinterland eindringen. Deutlich war der Aufmarsch des Gegners zu erkennen, der sich langsam an den Brückenkopf heranschob. Auch Bad Schönfließ war schon von den Russen besetzt. Ein kleiner Spähtrupp von uns war frühmorgens bereits vor Erreichen des Ortes in feindliches Feuer geraten und hatte einen Toten zurücklassen müssen.

Nachmittags wollte ich mich selbst an einem Aufklärungsunternehmen beteiligen. In meinem Schützenpanzerwagen hatte ich als Besatzung eine Gruppe von Soldaten, die mit mir schon in Italien gewesen waren. Auch mein Hund Lux gehörte nun dazu und durfte mich auf jeder Fahrt begleiten. In einem Jeep saß mein IA, Hauptsturmführer Hunke, mit vier weiteren Männern. Unbehelligt erreichten wir die Stelle, an der morgens der Aufklärungstrupp umkehren mußte. Wir sahen, daß der tote Soldat anscheinend nach Papieren durchsucht worden war.

Nun pirschten wir uns vorsichtig weiter an die Stadt heran; die Fahrzeuge ließen wir später nachkommen. Die ersten Häuser lagen still und wie ausgestorben da. Bald erreichten wir das mittelalterliche Eingangstor. Rechts führte eine Straße zum Bahnhof, auf der zwei erschossene Zivilisten lagen.

Endlich sahen wir einen Mann, der vorsichtig aus dem Fenster lugte. Nur zögernd kam er aus dem Haus und konnte es gar nicht glauben, deutsche Soldaten vor sich zu sehen. Er erzählte dann aufgeregt, daß seit zwei Tagen die Russen in der Stadt seien. Ihr Hauptquartier hätten sie am Bahnhof; dort befänden sich auch Panzeransammlungen. Die Eisenbahn sei von den Russen wieder in Betrieb genommen worden, und laufend kämen Züge mit Nachschub und neuen Truppen an.

Von dieser Nachricht wollten wir uns selbst überzeugen. Drei Mann sollten sich vorsichtig durch die Stadt an den Bahnhof heranschleichen; eine andere Gruppe sollte das gleiche auf der Straße, die vor dem Tor zum Bahnhof führte, versuchen. Der Rest sollte als Rückendeckung am Eingangstor bei den Fahrzeugen bleiben. Die Zeit bis zur Rückkehr der beiden Gruppen kam mir sehr lang vor. Ich sah mich etwas beim Tor um und entdeckte zu meinem Entsetzen, auf der Straße liegend, eine fast unbekleidete Frauenleiche, die grausame Verletzungen aufwies.

Mit der Zeit wagten sich einige Einwohner hervor und kamen zu uns; es waren meist Frauen und Kinder und nur einige ältere Männer. Sie baten, mitgenommen zu werden. Das war auf unseren beiden Fahrzeugen ganz ausgeschlossen. Ich schlug ihnen daher vor, die wenigen Kilometer bis Königsberg zu marschieren; wir würden die Straße noch eine halbe Stunde lang offenhalten. Die Menschen waren jedoch so verstört, daß sie meinen Vorschlag wahrscheinlich gar nicht verstanden. Sie kamen mir irgendwie apathisch vor. Sie mußten Schreckliches erlebt haben. Leise schlichen sich die meisten wieder fort in ihre Häuser.

Endlich kamen meine beiden Spähtrupps zurück. Sie berichteten, daß sie beim Bahnhof tatsächlich etwa 30 Panzer gesehen hätten. Die russischen Truppen lagerten anscheinend im Süden und Osten der Stadt. Auch meine Soldaten hatten noch einige Leichen von Zivilisten auf den Gehsteigen und in Hauseingängen gefunden, sonst aber keinen Einwohner auf den Straßen bemerkt. Wir wußten nun genug. Ein Vorstoß durch die russischen Truppen bis in den Wald zu den beiden »reichswichtigen« Lastwagen war aussichtslos. Außerdem hatten die Russen die Fahrzeuge sicherlich schon gefunden. – Zwei junge Frauen mit Säuglingen waren inzwischen bei uns stehengeblieben. Nur ihre Augen baten uns, sie doch mitzunehmen. Wir ließen sie am Boden des Schützenpanzerwagens Platz nehmen und fuhren an. Wir hatten alle ein schlechtes Gewissen, als wir wieder nach Königsberg zurückfuhren. Aber wie konnten wir den anderen vielen Leuten in der schon besetzten Stadt helfen? Den Leichnam unseres toten Kameraden legten wir dann noch in den Jeep. Er sollte ein richtiges Soldatengrab bekommen. – Als wir hinter uns Panzergeräusche hörten, hatte uns schon der schützende Wald aufgenommen.

Jeden Abend hielt ich eine Besprechung mit sämtlichen Kommandeuren ab. Wir mußten uns gegenseitig kennenlernen, und die Offiziere mußten zu mir Vertrauen fassen. Nur so konnte aus unserem zusammengewürfelten Haufen eine wirklich kampfkräftige Division werden. Tagsüber war ich immer unterwegs und besuchte alle Einheiten, damit auch die Mannschaften mich kennenlernten.

Es kam jetzt darauf an, bis zum Kampf um den Brückenkopf noch etwas Zeit zu gewinnen. Wenige Tage Aufschub konnten für uns entscheidend sein. Zu diesem Zweck beschloß ich, auch einige außerhalb des befohlenen Brückenkopfes gelegene Ortschaften zu besetzen und erst auf stärkeren Druck der Russen die Truppen in die ausgebauten Stellungen zurückzunehmen, die trotzdem auch schon besetzt sein mußten. Nach Königsberg, auf das ich den ersten Stoß erwartete, legte ich außer einer Kompanie des SS-Fallschirmjägerbataillons 600 noch das dritte eben aufgefüllte Heeresbataillon und beließ auch die beiden Volkssturmbataillone in der Stadt. Das Kommando führte der Bataillonskommandeur, ein Major des Heeres.

Noch am gleichen Abend griffen die Russen mit etwa 40 Panzern und mehreren Bataillonen Königsberg an. Den ersten Stoß hatte die Fallschirmjägerkompanie unter starken eigenen Verlusten zurückgewiesen. Gegen Mitternacht war der Gegner jedoch, von Norden und Süden kommend, in die Stadt eingedrungen. Es entwickelte sich ein hartnäckiger Häuserkampf. Mehr als zehn feindliche Panzer wurden mit der Panzerfaust abgeschossen. Schrittweise gingen unsere Truppen befehlsgemäß zurück. Gegen Morgen konnten sie sich ohne größere Verluste vom Feind lösen und in den Brückenkopf zurückziehen. Dieser erste Kampf hatte mir den Zusammenhalt der neuaufgestellten Einheiten bewiesen. Sie würden sich mit jedem Kampftag besser bewähren.

Als ich in den frühen Morgenstunden nach Schwedt, in meinen rückwärtigen Gefechtsstand, von Königsberg zurückkehrte, wartete zu meinem Erstaunen der Kommandeur des Volkssturmbataillons »Königsberg«, seines Zeichens Kreisleiter der NSDAP, schon auf mich und meldete mir aufgeregt: »In Königsberg ist alles verloren!« Wie ich erfuhr, wartete er schon seit mehreren Stunden auf mich. Er war also einfach davongelaufen und hatte seine Männer allein kämpfen lassen. Das nannte man in der Soldatensprache: Feigheit vor dem Feind und Fahnenflucht. Ich ließ den Mann verhaften und vor das Kriegsgericht der Division stellen. Der Fall lag so klar, daß an dem Ausgang des Gerichtsverfahrens kein Zweifel sein konnte. Das Gericht fällte das verdiente Todesurteil.

In einer längeren Aussprache legte mir der Gerichtsoffizier dar, daß eine Verfügung bestehe, nach der die Hoheitsträger der Partei nur von einem Parteigericht verurteilt werden könnten. Wir kamen jedoch zu der Überzeugung, daß in diesem Falle der Bataillons-Kommandeur des Volkssturmes vor Gericht gestanden habe und nicht der Parteifunktionär. Das Urteil wurde also bestätigt und 2 Tage später öffentlich vollstreckt.

Aus Berlin erhielt ich eine Warnung: Bormann sei wütend über diesen »Übergriff« in die Rechte der Partei. Wahrscheinlich spielte auch die Erinnerung an seine verlorenen Dokumente eine Rolle. Ich konnte jedenfalls einen der im Dritten Reich leider üblichen Querschüsse von dieser Seite erwarten, und es ließ sich auch am nächsten Tag Gauleiter Stürz bei mir melden. Zuerst überschüttete er mich wegen seines Kreisleiters mit Vorwürfen, bis ich ihn auf meine Hausherrnrechte aufmerksam machte. Auf meine simple Frage, ob Fahnenflucht bei Parteifunktionären straflos sei, streckte er die Waffen. Er mußte einsehen, daß auf meiner Seite nur der Rechtsstandpunkt eine Rolle gespielt hatte. Ich glaube nicht, daß nachträglich noch Adolf Hitler von dieser Angelegenheit erfahren hat, bin aber sicher, daß ich auch bei ihm recht erhalten hätte.

Aus Friedenthal hatte ich noch wertvollen Truppennachschub bekommen. Aus Soldaten, die von Kursen oder aus Urlaub zurückgekehrt waren, war eine Sturmkompanie unter meinem alten und verläßlichen Obersturmführer Schwerdt aufgestellt worden. Sie war mit Schützenpanzern ausgerüstet und hatte so einen beachtlichen Kampfwert. In den nächsten Wochen bildete diese Kompanie meine beste Eingreifreserve. Ein Zug Scharfschützen, die eine entsprechende Ausbildung erhalten hatten, war als Verstärkung ebenso willkommen.

Zu meinem Bedauern wurde der Kommandierende General des Korps abgelöst. An seine Stelle kam der mir schon aus Budapest bekannte SS-Obergruppenführer und General der Polizei von dem Bach-Zelewski. Er brachte einen arbeitsfähigen Stab mit, und eine Flut neuer Befehle ergoß sich über die zwei unterstellten Divisionen; aber der Nachschub konnte vom Generalkommando noch immer nicht organisiert werden. Da ich manchmal anderer Meinung war als der hohe Korpsstab, hatten wir uns bald in den Haaren und konnten uns gegenseitig nicht ausstehen. Vor allem war ich wütend darüber, daß sich keiner der Offiziere des Generalkommandos die Mühe machte, die Verhältnisse, in die blind hineinbefohlen wurde, an Ort und Stelle – nämlich im Brückenkopf selbst – zu studieren. Bach-Zelewski selbst besuchte uns hie und da in meinem rückwärtigen Gefechtsstand im Schwedter Schloß. Da ich meist nicht da war, ließ er sich von einem meiner Offiziere Bericht erstatteten, trank seinen Kognak und ging wieder. Sonst habe ich bis zum Ende des Bestehens der Division Schwedt vom Korps aus weder Besuche noch Nachschub, aber auch keine weiteren unsinnigen Befehle erhalten.

Etwa am 7. Februar hatten wir alle Vorpostenstellungen außer im Dorf Nipperwiese aufgegeben. Nun stieß der Russe jeden Tag gegen den Brückenkopf vor. Mit Hartnäckigkeit rannte er immer wieder gegen die gleichen drei Stellen an, um einen Durchbruch zu erzwingen. Jeden Tag führten wir einen Gegenangriff durch. Den russischen Panzern hatten wir nichts Gleichwertiges entgegenzusetzen. Sie kamen fast jedesmal bis in die Hauptkampflinie und mußten dort im Nahkampf mit der Panzerfaust bezwungen werden. Aus Gefangenenaussagen wußten wir, daß uns gegenüber ein russisches Gardepanzerkorps lag. Es war zu gleichen Teilen mit verbesserten T-34-Panzern und mit amerikanischen Panzern aus den »lend and lease«-Lieferungen ausgerüstet.

So ging es tagelang hin und her. Angriff wechselte mit Gegenangriff ab. Einmal stießen zwei russische Panzer von Norden her bis einige hundert Meter vor die Brücke durch, wo sie von einem Flakkampftrupp abgeschossen wurden. Die nachstürmende Infanterie konnte fast ausschließlich von dem Scharfschützenzug allein zurückgetrieben werden. Ein anderes Mal waren zwei Panzer im Süden durchgestoßen und hatten mit ihren Kanonen das Schloß Schwedt beschossen. Sie wurden beide von dem neuen Bataillonskommandeur dieses Abschnitts persönlich mit der Panzerfaust abgeschossen. Solche Beispiele wirkten bei der Truppe Wunder; meine anfänglichen Befürchtungen wurden zerstreut. Die Truppe schlug und hielt sich wunderbar.

Eines Tages mußte auch die Luftwaffenkompanie, die als letzten Vorposten das Dorf Nipperwiese hielt, der feindlichen Übermacht weichen. Diese Tatsache berichtete ich vorschriftsmäßig in der Abendmeldung an das Korps. Am nächsten Morgen – eben war ein heftiger Angriff der Russen auf Grabow gemeldet worden – kam ein Funkspruch des Korps: »Ist der Kompaniechef, der in Nipperwiese befehligte, bereits vor ein Kriegsgericht gestellt oder schon erschossen?« In aller Eile und wütend über den Inhalt dieses Funkspruchs entwarf ich die Antwort: »Der Kompaniechef ist weder erschossen worden noch wird er vor ein Kriegsgericht gestellt!« Dann fuhr ich zum Bataillonsgefechtsstand des Fallschirmjägerbataillons in den Brückenkopf.

Dort waren äußerst heftige Kämpfe im Gange. Die Hauptkampflinie mußte in diesem Abschnitt mehrmals geräumt werden und konnte nur unter starken Verlusten wieder genommen werden. Zweimal hatte ich von der Flanke her die Sturmkompanie einsetzen müssen, um die Lage zu bereinigen. Und wieder griff der Russe mit neuen Panzern, neuen Bataillonen ein.

Unter diesen Umständen hatte ich ganz und gar den Funkspruch vom Morgen vergessen. Wir saßen im Keller eines Bauernhauses, dessen Wände von den Einschlägen der Granaten leicht zitterten. Da kam ein Telefonanruf von meinem Gefechtsstand durch: ich hätte mich um 16 Uhr bei der Heeresgruppe zum Rapport einzufinden. Blitzartig schoß es mir durch den Kopf, daß das mir nicht wohlgesonnene Generalkommando wahrscheinlich meine nicht gerade höfliche Antwort im gleichen Wortlaut an die Heeresgruppe weitergegeben habe. Also war ich wieder einmal in Ungnade gefallen. Aber jetzt hatte ich an Wichtigeres zu denken. Links von der Straße war der Russe erneut durchgebrochen und drohte, in Grabow selbst einzudringen. Er hatte sich in einem Busch- und Gartengelände festgesetzt und sofort seine Schützenlöcher gebaut. Auf der anderen Seite der Straße griffen Panzer an. Zwei rasch vorgezogene Pakgeschütze und ein Flakkampftrupp griffen in das Gefecht ein. Wie die Indianer schlichen unsere Soldaten, die Panzerfaust in der Hand, hinter den Panzern her. Hier und dort zeigte eine Rauchwolke an, daß wieder einer getroffen worden war. Das Gelände links der Straße mußte Schritt für Schritt wieder gewonnen werden; um jedes einzelne Schützenloch mußte gekämpft werden. Es war erstaunlich, mit welcher Zähigkeit die Russen hier wieder einmal fochten. Von den Gegnern kamen aber nicht viele in ihre Linien zurück.

Als wir unsere alte Hauptkampflinie wieder erreicht hatten, war es schon dämmerig. Ein Blick auf die Uhr: 18 Uhr! Seit zwei Stunden wartete man bei der Heeresgruppe auf mich! Jetzt mußten wir fahren trotz des heftigen Artilleriefeuers, das auf Grabow und der Straße lag. – Lux benahm sich wie ein alter Kriegshund; er schlich längs einer Mauer hin, um dann in den Schützenpanzerwagen hineinzuspringen. Mit lautem Kettengerumpel fuhren wir im Höchsttempo über die Brücke nach Schwedt. Dort riß ich mir rasch meine Wintertarnbekleidung ab, mein Fahrer bürstete verzweifelt an meiner Uniform, und ab gings im Volkswagenkübel nach Prenzlau. Etwa um 20.30 Uhr traf ich dort ein und ließ mich beim Oberbefehlshaber der Heeresgruppe, Himmler, melden. Von den meisten der Offiziere wurde ich empfangen wie ein bereits degradierter Verbrecher. Vom Adjutanten Himmlers konnte ich erfahren, daß der gewünschte Rapport tatsächlich mit dem Funkspruch zusammenhing und daß der »Reichsführer« wegen meiner Unpünktlichkeit tobe. »Nun müssen Sie noch etwas warten«, mit diesen Worten entließ mich der Adjutant. Ich ging ins Kasino. Wenigstens die Ordonnanzen waren freundlich zu mir und brachten mir guten Kaffee, Kognak und Zigaretten.

Überraschend bald wurde ich gerufen. Ich kam in den mir schon bekannten Raum, in dem seinerzeit die Besprechung über den Einsatz der V 1 von U-Booten aus stattgefunden hatte, und meldete mich vorschriftsmäßig. Himmler beachtete kaum meinen Gruß und begann sofort lauthals mit seinen Vorwürfen. »Frechheit–Ungehorsam-Degradieren-Kriegsgericht« hörte ich heraus. Im übrigen stand ich stramm und wartete, bis ich zu Wort kam. Gegenangriff ist immer die beste Verteidigung, dachte ich bei mir.

Himmler war, während er mich abkanzelte, auf und ab gegangen. Jetzt blieb er vor mir stehen. Ich holte noch einmal tief Luft und erklärte in kurzen Worten den Vorgang um Nipperwiese.

»Der Offizier hat sich auf meinen Befehl in den Brückenkopf zurückgezogen«, schloß ich meinen Bericht darüber.

Und dann legte ich gegen das Generalkommando los. Dem seit Tagen angesammelten Groll ließ ich jetzt freien Lauf:

»Die Division Schwedt hat bis jetzt vom Korpsstab zwar eine Menge unsinniger Befehle, aber noch kein Kilogramm Nachschub erhalten«, beendete ich meinerseits meine Vorwürfe und war erstaunt, daß ich ausreden durfte.

»Aber Sie haben mich vier Stunden warten lassen!« begann Himmler von neuem.

Ich entschuldigte mich damit, daß ich während der heutigen Kämpfe meinen Posten nicht verlassen konnte.

Plötzlich war Himmlers Zorn verraucht und seine Stimmung wie umgewandelt. Nun mußte ich vom Brückenkopf berichten. Himmler hörte aufmerksam zu und ließ sich alles an Hand der Karte zeigen. Als ich bemerkte, daß ich für kräftige eigene Gegenstöße Panzer benötigte, wurde mir eine Sturmgeschützabteilung zugesagt. Da hatte ich ja mehr erreicht, als ich jemals erwartet hatte, dachte ich, sprach es aber vorsichtshalber nicht aus.

Himmler lud mich sogar zum Abendessen ein, und als wir das Zimmer verließen, legte er die Hand auf meine Schulter. Ich sehe noch heute die erstaunten Gesichter der Stabsoffiziere, die mindestens einen »degradierten Skorzeny« zu sehen erwartet hatten.

Während des Abendessens kam das Gespräch auf das Versagen mancher Stellen und auf den Verrat aus eigenen Reihen. Dazu konnte ich etwas aus eigenen Erfahrungen von Schwedt berichten. Unsere Funker hatten den feindlichen Panzerfunk abgehört. Einwandfrei waren dabei deutsche Stimmen vernommen worden. Es schien also etwas Wahres an dem Gerücht um die Seydlitz-Armee zu sein. Zumindest aber kämpften nun einzelne Deutsche auf Seiten der Russen. – Später hörten übrigens meine Soldaten nach einem abgeschlagenen nächtlichen Panzerangriff deutsche Kommandos aus einem der zurückgehenden Panzer. Auch zwei Angehörige des Fallschirmjägerbataillons 600, die in Gefangenschaft gerieten und später fliehen konnten, berichteten, daß sie von zwei deutschen Offizieren verhört worden waren.

Die Mahlzeit war zu Ende, Himmler stand auf, um mich zu verabschieden. Rasch fragte ich noch: »Reichsführer, wir haben jetzt nur von negativen Dingen gesprochen. Sie wissen sicher viel mehr als ich über neue Waffen und anderes. Wie können wir unter den gegenwärtigen Umständen noch den Krieg gewinnen?«

Seine Antwort blieb mir fast wörtlich in Erinnerung: »Sie können mir glauben, Skorzeny, letzten Endes gewinnen wir den Krieg doch noch.«

Da keine nähere Begründung für diesen Optimismus mehr erfolgte, blieb mir nichts übrig, als zu grüßen und mich zu verabschieden. Die Rechnungen, die oft im Hauptquartier Himmlers aufgestellt wurden, enthielten zu viele unbekannte Größen. Himmler predigte seinen Glauben, daß auch das russische Reservoir eines Tages erschöpft sein müsse, und setzte den Termin hierfür von Monat zu Monat fest. Durch diese Fehlrechnung setzte er auch die Offensive in Pommern im Februar 1945 zu früh an. Der Flankenstoß, der den Gegner tödlich treffen sollte, stieß auf starke russische Reserven, die nach Himmlers Rechnung nicht mehr vorhanden waren.

Noch einmal wurde ich im Februar in Himmlers Hauptquartier befohlen. Diesmal wurde ich für 22 Uhr bestellt. An der Besprechung nahmen auch Rüstungsminister Speer und Oberst Baumbach, der Kommodore des Kampfgeschwaders 200, teil. Beide kannte ich schon von früher. Minister Speer hatte für meine Wünsche immer größtes Verständnis gehabt, und ich schätzte ihn als Menschen sehr. Mit Baumbach hatte ich schon längere Zeit eng zusammengearbeitet.

An diesem Tage nun sollte eine mögliche Aktivierung der operativen Luftkriegsführung gegen Rußland besprochen werden. Minister Speer glaubte, die benötigten Flugzeuge zur Verfügung stellen zu können. Die vorbereitenden Arbeiten waren seit Monaten sehr weit gediehen. Maßstabgetreue Modelle aller Zielobjekte waren angefertigt und genaue Berechnungen der benötigten Spezialbomben durchgeführt worden. Wie weit die fliegerischen Vorbereitungen gediehen waren, konnte ich nicht beurteilen.

Als möglicher Einsatztermin wurde die erste Aprilwoche genannt. Himmler kam mir wieder sehr zuversichtlich vor. Später saß ich noch einige Zeit mit Minister Speer zusammen; er erschien mir sehr überarbeitet. Als ich etwas über neue Geheimwaffen erfahren wollte, bekam ich keine klaren Antworten: »Die Entscheidung muß bald fallen«, meinte er nur abschließend. – Von den Einsatzplänen der Luftwaffe gegen Rußland habe ich später nichts mehr gehört.

Mit der Sturmgeschützabteilung machten wir mehrere sehr erfolgreiche Ausfälle aus dem Brückenkopf. Einer dieser Angriffe stieß auf ein russisches Flammenwerferbataillon, das sich gerade zum Angriff bereitgestellt hatte, und rieb es völlig auf. Der Kommandeur, ein Hauptmann, wurde gefangengenommen. Das Verhör, bei dem ich anwesend war, ließ uns erkennen, wie sehr die sowjetische Propaganda auf die national-russische Linie umgeschwenkt war, und zwar mit größtem Erfolg. Vor uns stand nicht ein linientreuer Marxist, der folgerichtig international hätte denken müssen, sondern fast ein russischer Chauvinist und Nationalist. Die Haltung, die dieser Offizier bei dem Verhör an den Tag legte, hat mir imponiert.

Ein anderes Mal nahmen wir die außerhalb des Brückenkopfes liegende Ortschaft Hanseberg. Die Beute an Granatwerfern, Pakgeschützen und Maschinengewehren war so bedeutend, daß uns die Zahlen vom Generalkommando kaum geglaubt wurden. Die Offiziere des Korpsstabes konnten die Beute später persönlich in Schwedt besichtigen.

Ein dritter Angriff richtete sich gegen einen Straßenknotenpunkt, der gegen Königsberg zu lag. Unsere Soldaten nannten diesen Punkt bezeichnenderweise »Knochenmühle«. Die Kämpfe mit dem sich verbittert wehrenden Gegner dauerten fast zwei Tage. Über Nacht waren einige Sturmgeschütze und die Kompanie des Jagdverbandes Nordwest auf einem Hügel eingeschlossen, bis ihnen bei Tagesanbruch der Durchbruch zu den eigenen Linien gelang. Sie waren in der Hitze des Gefechtes zu weit vorgeprellt. Leider wurde die Sturmgeschützabteilung nach zehn Tagen zurückgezogen. Trotzdem blieben wir nach Möglichkeit offensiv und hatten immer Erfolg damit.

Wenn den Russen ein Panzerdurchbruch gelang, dann geschah es häufig, daß ein oder zwei Panzer bis in ein undurchsichtiges Buschgelände in der Mitte des Brückenkopfes durchstießen. Die isolierte Mannschaft kämpfte weiter und verstand es so meisterhaft, sich zu tarnen, daß es oft zwei Tage dauerte, bis wir das Versteck ausfindig machen und die Besatzungen nach heftigem Kampf überwältigen konnten. Ähnliche Erfahrungen hatten wir mit den russischen Scharfschützen. Sie schlichen sich nachts hinter unsere Linien und machten dann tagsüber die Gegend unsicher. Ehe man sich versah, pfiff einem ein wohlgezielter Schuß um die Ohren oder traf, was noch öfter der Fall war. Es war nur gut, daß unser Scharfschützenzug mit ähnlichen guten Leistungen aufwartete. Es ist mir heute noch unverständlich, warum wir im deutschen Heer der Kampfführung mit Scharfschützen, die so unzählige Varianten zuließ, nicht mehr Aufmerksamkeit geschenkt hatten.

Reichsmarschall Hermann Göring war an den Vorgängen im Brückenkopf Schwedt äußerst interessiert (seine Besitzung Karinhall lag westlich von Schwedt). Nachts um 2 Uhr war gewöhnlich der letzte Anruf aus Karinhall fällig, der sich nach der Lage erkundigte. Als ich eines Tages im Auftrage Görings gefragt wurde, ob ich irgendwelche Wünsche habe, meinte ich, daß Truppenverstärkungen immer erwünscht seien.

Prompt rückte am nächsten Tag ein neu aufgestelltes Bataillon der Division »Hermann Göring« in Schwedt ein; lauter prachtvolle junge Menschen. Der Kommandeur war ein Major, ausgezeichnet mit dem Eichenlaub zum Ritterkreuz. Er bat sofort um Zuweisung eines Kampfabschnittes. Als ich ihn nach seinen infanteristischen Erfahrungen fragte, stellte sich heraus, daß er bis vor kurzem Jagdflieger gewesen war. Ebenso verhielt es sich mit den meisten seiner Männer.

Es wäre geradezu ein Verbrechen gewesen, das Bataillon so in den Einsatz zu schicken. Trotz des anfänglichen Protestes des Majors löste ich das Bataillon in lauter kleine Gruppen auf, die ich meinen besten Verbänden als Verstärkungen zuwies. Als nach etwa zwei Wochen das Bataillon abgezogen wurde, war mir der Fliegeroffizier dankbar. Seine Soldaten hatten keine großen Ver-

luste erlitten und waren in der kurzen Zeit durch praktische Erfahrungen zu einer brauchbaren Fronttruppe geworden.
Die Härte der Kämpfe steigerte sich beinahe von Tag zu Tag. An gewissen Stellen griff der Russe immer wieder an. Auch die feuchtkalte Witterung stellte schwere Anforderungen an die körperliche Widerstandsfähigkeit unserer Soldaten. Da wir viele Soldaten in die neu aufgestellten Bataillone einreihten, die sich buchstäblich seit Wochen in der Gegend herumgetrieben hatten, war es verwunderlich, daß in der ganzen Zeit nicht mehr als 6–7 Fälle von Desertion vorkamen. Ich brauche eigentlich nicht zu erwähnen, daß die fahnenflüchtigen Soldaten vor das Divisionskriegsgericht gestellt wurden. Meiner Erinnerung nach endeten vier Verhandlungen mit einem Todesurteil. Nach Bestätigung durch das Generalkommando wurden diese Urteile vollstreckt. Bei der überwiegenden Mehrheit meiner Soldaten waren jedoch keine Anzeichen einer gelockerten Disziplin bemerkbar. Im Gegenteil; nach dem Urteil erfahrener Kommandeure schlugen sich die Einheiten so hervorragend wie eine jahrelang zusammengeschweißte Frontdivision. Die Stadt Schwedt hatte in ihren Parkanlagen einen Heldenfriedhof angelegt. Die Reihen der Gräber wuchsen und wuchsen. Gewiß, wir hatten im Vergleich zu anderen Frontabschnitten wenig Verluste; trotzdem bedrückte mich ihre wachsende Zahl. – Wie stark der Zusammenhalt unter den Landsern geworden war, mag folgendes Beispiel zeigen: Nicht einmal die Gefallenen blieben im Brückenkopf im Feindes- oder Niemandsland liegen; nächtliche Stoßtrupps holten die toten Kameraden heim. Heute sollen die Gräberreihen in den Parkanlagen von Schwedt eingeebnet sein. – Eines Tages kam eine Kosakenkompanie unter der Führung des russischen Obersten S. an. Sie führte einige tapfere Einsätze durch. Dann wurde mir ein rumänisches Regiment zugeteilt.
Die Rumänen schlugen sich wie ihre deutschen Kameraden. In den Reihen der Bataillone der Jagdverbände kämpften Norweger, Dänen, Holländer, Belgier und Franzosen. Man konnte beinahe sagen, hier kämpfte eine europäische Division tapfer und gut. Damals stand dort im Kleinen ein vereintes Europa. Vielleicht fehlt heute zur Erreichung dieses Zukunftszieles im Großen das Erlebnis des Schulter-an-Schulter-Kämpfens. Wir hatten dieses Erlebnis jedenfalls gehabt, und es lebt auch in unserer Erinnerung, trotz der Härte dieser Tage, fort.
Eines Tages gab es Großalarm. In der Morgendämmerung war es den Russen mit ganz starken Kräften gelungen, unsere Hauptkampflinie entlang der Straße von Königsberg zu überrennen. Wenige Stunden später hatte er auch das Dorf Grabow genommen und stand kaum mehr 3 km von der Oder. Der innere Stellungsgürtel

lag abwehrbereit. Mit der Sturmkompanie und Teilen des Pionierbataillons, mit unseren letzten Reserven, setzten wir zum Gegenangriff an und wurden zurückgeschlagen. Erst der dritte Flankenstoß gelang; wir waren wieder an das Dorf herangekommen. Nun mußte Haus für Haus zurückerobert werden. Brennende Panzer und Häuser erhellten den nebligen Tag. Langsam, unendlich langsam ging es vorwärts. Verbissen wurde um jede Mauer, um jede Hecke gekämpft. Es war schon fast dunkel, als wir die alte Hauptkampflinie erreicht hatten.

Die Sanitäter hatten viel Arbeit. Vor der halbzerschossenen kleinen Dorfkirche lagen unsere Toten. Nicht weniger als vier meiner alten Gran-Sasso-Kameraden waren dabei. Stumm drückte ich Obersturmführer Schwerdt die Hand, dem sie besonders nahegestanden hatten. Als ich in den wiedereroberten Keller, den Bataillonsgefechtsstand der Fallschirmjäger, kam, war wunderbarerweise die Fernsprechleitung noch intakt. Ich rief den Divisionsgefechtsstand an, um die Beendigung der Kämpfe anzuzeigen, und erfuhr, daß der Reichsmarschall seit Stunden in Schwedt auf mich wartete. Ich meldete mein sofortiges Kommen an.

In der Kaserne fand ich Hermann Göring in seinem offenen Wagen, umringt von Landsern. Mir fiel auf, daß Göring zu seiner grauen Uniform keine einzige Auszeichnung trug. Nachdem ich ihm kurz über die Lage berichtet hatte, wollte er unbedingt in den Brückenkopf fahren. Ich war einverstanden. Nicht so ganz schien seine Umgebung davon beglückt zu sein. Ein General raunte mir zu: »Das geht auf Ihre Verantwortung.« Ich zuckte nur mit den Achseln; denn ich freute mich über den ersten »hohen Besuch« in unserem Brückenkopf.

Schon kurz hinter Nieder-Krönig ließ ich die beiden Wagen halten. Von hier an konnte der Feind die Straße einsehen, und einen Artilleriebeschuß auf den Reichsmarschall wollte ich doch nicht riskieren. So marschierten wir nebeneinander im Straßengraben auf das brennende Dorf zu. Mehrmals lagen wir auch nebeneinander auf dem Ackerboden, wenn eine Granate von drüben besonders nahe einschlug.

Schon von weitem sahen wir einen brennenden Russenpanzer auf der Straße stehen. Jetzt kamen wir auch bei einer 8,8-Flak der Luftwaffe vorbei. »Na, Jungs, das habt ihr fein gemacht«, meinte Göring, auf den Panzer deutend. Neben einem Händedruck bekam der Flakkampftrupp auch Schnaps und Zigaretten. Wenige hundert Meter weiter stand eine Panzerabwehrkanone in Stellung. Die Bedienung von meinem Jagdverband Mitte meldete sich stramm. »Ist es nicht ein Jammer, daß ihr den Panzer nicht geknackt habt?« fragte Göring die Soldaten.

Der Unterscharführer lief vor Aufregung rot an und stieß hervor: »Melde gehorsamst, Herr Reichsmarschall, der hat von uns zwei Treffer verpaßt bekommen.« Lachend nahm Göring das zur Kenntnis und hatte auch für diese Geschützbedienung etwas Gutes bei sich.

Nun waren wir im Dorf. Göring musterte genau die Spuren des Kampfes. Besonders interessierten ihn die Panzer. Gut, daß wir sie noch nicht gesprengt hatten, wie wir es sonst sofort mit jedem abgeschossenen Panzer taten. Göring kroch noch in den Bataillonsgefechtsstand und teilte Geschenke aus. Zuletzt bekam auch mein IA, der Zigarrenraucher war, noch eine Kiste von der besten Sorte. Bald war es finster, und ich ließ die Wagen nachkommen. Nach Erreichen der Brücke in Schwedt verabschiedeten wir uns voneinander. Als Görings Wagen davonfuhr, hörte ich, wie ein Brückenposten sagte: »Und ein schneidiger Kerl ist der dicke Hermann doch!«

Den Flugplatz Königsberg hatten die Russen bereits wieder in Betrieb genommen. Mit unserer weitreichenden 10,5-Flakbatterie versuchten wir, den Flugverkehr zu stören. Auf einer Kirchturmspitze in Hohen-Krönig hatten wir einen Beobachter sitzen, der fernmündlich jedes zur Landung ansetzende Flugzeug meldete. Einige gut gezielte Schüsse auf die Landebahn werden wahrscheinlich manchen Bruch verursacht haben. An einigen Tagen machten sich schnelle russische Kampfmaschinen recht unangenehm bemerkbar.

An einem verhältnismäßig ruhigen Tag wollte ich endlich einmal ausschlafen. In meinem Arbeitszimmer war auch mein Bett aufgeschlagen. Plötzlich wurde ich durch klirrende Fensterscheiben geweckt. Ein russischer Flieger hatte die ganze Fassade des Gebäudes mit einer MG-Garbe bestrichen und mir dabei zwei Schüsse ins Zimmer gesetzt. Auch mein Hund fand diese rauhe Art des Weckens äußerst unfein und gab seiner Meinung durch wütendes Knurren Ausdruck.

Eine englische Rundfunknachricht, die eines Abends von BBC (British Broadcasting Company) verbreitet wurde, machte uns viel Spaß. Sie lautete etwa: »Der bekannte SS-Obersturmbannführer Skorzeny, der seinerzeit das Mussolini-Unternehmen durchführte, ist nunmehr zum Generalmajor ernannt worden. Gleichzeitig wurde er mit der Verteidigung Berlins betraut und ist damit tatsächlich der mächtigste Mann in der deutschen Reichshauptstadt.« – Da aber zu einer solchen Meldung immer etwas Pfeffer gehört, kam zum Schluß: »Skorzeny hat bereits mit der Liquidierung der unsicheren Bevölkerungsteile im Norden Berlins begonnen.« Nachdenklich stimmte es mich später, als ich hörte, daß tatsächlich um diese Zeit in der Reichskanzlei der Gedanke ventiliert wurde, mich irgendwie bei der Verteidigung Berlins zu verwenden. Aus dieser bloßen Nennung meines Namens war möglicherweise die oben angeführte Rundfunkmeldung unter Beigabe von etwas Phantasie entstanden. Wie aber kam die Nachricht aus der Reichskanzlei so rasch nach England?

Das ehemalige Offizierskasino des Kavallerieregiments in Schwedt machten wir zum Erholungsheim für besonders tapfere Soldaten. Jeweils 20 Mann von der Front konnten hierher ein paar Tage auf Urlaub gehen. Wer aus eigener Erfahrung weiß, was für den Landser ein weißüberzogenes Bett, ein Badezimmer und ein hübsch gedeckter Tisch bedeuten, der wird verstehen, mit welcher Freude die Eröffnung dieses neuartigen Soldatenheims aufgenommen wurde. Nur am Rande sei vermerkt, daß ich gewisse Schwierigkeiten überwinden mußte, bis ich erreichte, daß das Heim auch das feudale Silberbesteck benutzen durfte.

Nach einigen Wochen hatte ich keine Sorgen mehr, daß unsere Front eines Tages nicht mehr standhalten könnte. Fast bildete ich mir ein, natürlich bildlich gesprochen, daß ich in Schwedt »alt und grau« werden würde. Tagsüber fuhr ich im Brückenkopf herum und besichtigte die Stellungen oder beobachtete, wie ein Angriff der Russen abgeschlagen wurde. Abends kam dann die Stabsarbeit an die Reihe, und nachts wurden die Geschäfte der Jagdverbände und der Abteilung Mil D erledigt. Fast jeden Tag brachte irgendein Besuch aus Berlin Abwechslung, der meist bei meiner Rückkehr schon auf mich wartete. Es ist eine Tatsache, daß man, nur mit den Sorgen um seinen Divisionsabschnitt belastet, nicht allzuviel über die große Lage nachdenkt. Und das war in diesem Falle auch besser so.

Unvermutet erreichte mich am 28. Februar 1945 der Befehl, daß ich nach Berlin zurückkehren solle. Es sei der Wunsch des Führerhauptquartiers. In dem Kampf, auch einige meiner Truppen mitnehmen zu dürfen, unterlag ich. Ich ahnte, daß die beiden Bataillone und die Sondereinheiten für mich so gut wie verloren waren. Innerhalb von 48 Stunden mußte ich die Division an den neuen Kommandeur übergeben.

XXVIII

Die Katastrophe im Westen – Remagenbrücke – Einsatz der Kampfschwimmer – Im Eiswasser des Rheins – Verlegung in die Alpenfestung – Zum letzten Male bei Hitler – Eichenlaub zum Ritterkreuz – Der einzige Lichtblick – Bei Feldmarschall Schörner – Letztes Wiedersehen mit Wien – Russen in meiner Heimatstadt – Schwerer Abschied – Einsatz in Oberösterreich – Letztes Reduit? – 20. April 1945 – »Der Führer ist tot, es lebe Deutschland!« – Waffenstillstand – Letzte Tage in Freiheit.

In Berlin konnte ich mich zuerst gar nicht wieder zurechtfinden. Die Stabsarbeit am Schreibtisch behagte mir schon lange nicht mehr. Außerdem war sie sehr erschwert, da die Masse meines Stabes nach Hof in Bayern verlegt worden war. Die Versorgungsschwierigkeiten wurden immer größer. Selbst die beste Organisation konnte die ständigen Schäden an den Bahnanlagen, die durch die alliierten Luftangriffe verursacht wurden, nicht mehr vollständig beheben. Der Zugverkehr konnte nur noch mit großen Verspätungen und durch Umleitungen aufrechterhalten werden.
Eines Tages wurde Oranienburg von einem verheerenden Luftangriff heimgesucht. Ein Bombenteppich ging etwa einen Kilometer von Friedenthal entfernt nieder. Ob dieser »Gruß« von oben uns gegolten hatte? Am Abend wurden unsere Zweifel behoben. Ein englischer Sender berichtete, daß an diesem Tage das Stabsquartier des »berüchtigten Mussolini-Räubers« Skorzeny Ziel eines alliierten Bombenangriffes gewesen sei und daß es vernichtend getroffen wurde. Obwohl wir diese Falschmeldung nicht dementierten, erfolgten später noch zwei Angriffe. Der letzte, im April 1945, hatte teilweise Erfolg; das leere Stabsgebäude fiel den Russen ausgebrannt in die Hände.
Am 7. März 1945 kam es zu einer Katastrophe an der Westfront. Die Rheinbrücke bei Remagen fiel den Amerikanern unversehrt in die Hände. In den folgenden Tagen wurden Luftangriffe auf die Brücke geflogen, um sie zu zerstören; sie hatten nicht den gewünschten Erfolg. Eines Abends wurde ich in das Führerhauptquartier in der Reichskanzlei befohlen. Generaloberst Jodl gab mir den Auftrag, sofort meine Kampfschwimmer zur Zerstörung der Rheinbrücke bei Remagen einzusetzen. Flugzeuge für den nächtlichen Transport von Wien nach dem Westen seien schon angefordert.
Es war das erste Mal, daß ich einen Auftrag nicht bedingungslos annahm. Die Wassertemperatur des Rheins war zu dieser Zeit

etwa nur 6–8 Grad Celsius, und der amerikanische Brückenkopf hatte stromaufwärts bereits eine Ausdehnung von fast 10 km. Ich erklärte daher, daß ich nur äußerst geringe Chancen für einen Erfolg sähe. Ich würde meine besten Männer an Ort und Stelle bringen, dort sollten diese selbst entscheiden, ob sie dieses Wagnis unternehmen wollten.

Untersturmführer Schreiber war der Führer des Jagdeinsatzes »Donau«. Er entschloß sich, mit seinen Männern in diesen fast aussichtslosen Einsatz zu gehen. Es dauerte noch Tage, bis wir von der Nordseeküste die notwendigen Torpedominen an den Rhein gebracht hatten. Mehrere Transporte wurden von feindlichen Jabos angegriffen und blieben auf der Strecke liegen. Als alles bereit war, hatte der Brückenkopf stromaufwärts bereits eine Breite von 16 km.

In kalter Nacht schwammen die Männer los; manche von ihnen verschwanden kälteerstarrt in den Wellen. Scheinwerfer der Amerikaner suchten die Wasseroberfläche ab. Bald erhielt die Gruppe Beschuß von den Ufern, und es gab Verwundete. Furchtbar muß die Enttäuschung gewesen sein, als die Schwimmer kurz vor dem Ziel auf mehrere Pontonbrücken stießen, die die US-Armee bereits gebaut hatte. Trotzdem brachten sie noch Sprengladungen an. Ob die starren Finger noch alle Handgriffe richtig ausführen konnten, wissen selbst die wenigen Überlebenden nicht anzugeben. Halbtot krochen sie ans Ufer – in die Gefangenschaft.

In dieser Angelegenheit und in anderen Dienstgeschäften hatte ich häufig die Reichskanzlei aufzusuchen. Eines Tages verbrachte ich eine der Wartestunden in Hitlers Sekretariat, wo Dr. Stumpfecker mein Auge untersuchte. Später kam noch eine junge Dame dazu, der ich vorgestellt wurde. Es war Eva Braun, von deren Existenz ich damals zum ersten Male erfuhr. Sie war ausgesprochen elegant angezogen und machte einen sehr sympathischen, bescheidenen Eindruck auf mich. Zu einem näheren Kennenlernen kam es leider nicht, obwohl sie mich einlud, mit ihr und ihrer Schwester einmal einen Abend zu verbringen, da sie schon viel von mir gehört habe. Der Einladung leistete ich keine Folge. Ich hatte von Dr. Stumpfecker erfahren, daß auch Fegelein an solchen Abenden anwesend war. In später Nachtstunde würde dieser angeblich leicht ausfällig gegen anwesende Untergebene werden, und einer solchen Situation wollte ich mich nicht aussetzen.

Es mag gegen Ende März 1945 gewesen sein, als ich wieder einmal im Vorzimmer des großen Lagezimmers auf einen Offizier des Wehrmachtsführungsstabes warten mußte. Als ich für kurze Zeit im großen Gang der Reichskanzlei stand, war eben die Lagebesprechung vorbei. Adolf Hitler kam aus dem Vorraum den Gang hinunter. Entsetzen packte mich beim Anblick dieses müden und gebückt gehenden alten Mannes. Als er mich sah, kam er auf mich zu und gab mir beide Hände.

»Skorzeny, ich muß Ihnen danken für Ihre Leistungen an der Oderfront«, sagte er. »Ihr Brückenkopf war lange Tage der einzige Lichtblick. Ich habe Ihnen das Eichenlaub zum Ritterkreuz verliehen und werde es Ihnen in einigen Tagen persönlich aushändigen. Dann müssen Sie mir über Ihre Erfahrungen berichten.«

Ich konnte gerade noch meinen Dank murmeln; dann stieg Hitler mit seiner Begleitung in den tiefen Bunker hinunter.

Eines Abends, gerade war wieder Fliegeralarm gegeben worden, fuhr ich in den Zoo-Bunker. Im dort eingerichteten Luftwaffenlazarett suchte ich meinen IA, Hauptsturmführer Werner Hunke, auf. Er lag dort mit einer Gehirnerschütterung, war aber kreuzfidel und wollte bald wieder bei uns sein. Hier lernte ich auch Oberst Rudel kennen, den Stukaflieger. Er hatte Hunderte von Panzern vieler russischer Regimenter abgeschossen. Wenige Tage vorher mußte ihm nach einer Verwundung ein Fuß abgenommen werden; der junge Offizier wollte aber trotzdem bald wieder fliegen. – Auch Hanna Reitsch lag krank im Bunkerlazarett, ein »kleiner Soldat« unter Soldaten. Ich wußte, wie Generaloberst von Greim sie als Pilotin vermißte. Als ich ihr das sagte, strahlte ihr Gesicht. Sie war eine Idealistin, wie ich sie nur selten fand.

»Da ich fliegen kann, ist es mir möglich, einen Soldaten zu ersetzen. Ich bin auch bald wieder an der Front, wo ich als deutscher Soldat hingehöre«, das waren ihre Worte beim Abschied. – Die Flakgeschütze auf dem Dach hatten zu schießen aufgehört, und ich konnte die Heimfahrt antreten.

Wenige Tage später, am 31. März 1945, erhielt ich den Befehl, meinen Stab in die sogenannte »Alpenfestung« zu verlegen. Dort würde ich neue Befehle erhalten. Da das unausbleibliche Ende vorauszusehen war, konnte ich nur annehmen, daß auch das Führerhauptquartier in die »Alpenfestung« verlegt und daß dort der bittere Schlußkampf ausgefochten werden würde.

Noch einmal versuchte ich, wenigstens die Männer mit Bergerfahrungen unter meinen Soldaten von der Ostfront freizubekommen. Nach langen Verhandlungen erreichte ich es endlich, daß der Kommandeur des Jagdverbandes Mitte mit 250 Mann freigegeben wurde. Mit zwei Kompanien mußten wir also wieder von vorne anfangen.

In Hof, wo ich mich zur Vorbereitung der weiteren Verlegung aufhielt, erreichte mich ein neuer Befehl. Ich sollte auf dem Umweg über den Gefechtsstand von Generaloberst Schörner in die Ostmark fahren und mit diesem seine Einsatzmöglichkeiten für den Jagd-

verband Ost II besprechen. Für den in Hohensalza untergegange-
nen Jagdverband Ost war unterdessen diese Neuaufstellung erfolgt.

Ein Volkswagenkübel nahm meinen Begleitoffizier, einen Funker,
meinen alten Fahrer Oberscharführer B. und mich auf. Am
10. April 1945 traf ich im Hauptquartier der Heeresgruppe Mitte
gerade noch rechtzeitig ein, um Schörner zum Marschallstab gratulieren zu können. Nach der kurzen Bekanntschaft konnte ich mir
vorstellen, daß Schörner bei manchen wegen Sturheit verhaßt, bei
anderen wegen seines Draufgängertums beliebt war. Die zwei geplanten Kommandounternehmungen meines Jagdverbandes auf
zwei wichtige Straßenbrücken im Hinterland des Feindes waren
bald besprochen. Sie wurden in der Woche darauf mit Erfolg durchgeführt.

Die Weltöffentlichkeit sollte wissen, daß damals alles, was wirklich in vorderster Front stand, bis zum letzten Augenblick zu
Deutschland gehalten hat. Es kam auch an der gefährdeten Ostfront kaum ein Deserteur aus der Hauptkampflinie, sondern nur
aus der Etappe; es gab in Deutschland kaum einen Saboteur an
der Werkbank, nur in höheren Stellen. Wie wäre es sonst möglich gewesen, daß die Arbeiter an der Ruhr im Herbst 1944 die
Flucht demoralisierter Etappeneinheiten aus Frankreich mit Knüp-
peln aufhalten wollten? Wie wäre es sonst möglich gewesen, daß
die Kumpel in späteren Monaten im unmittelbaren Frontgebiet
in ihre Gruben einfuhren? Es wurden buchstäblich noch unter dem
Schlachtfeld des Krieges Kohlen für die Verteidigung der Heimat
gefördert. Es ist mir persönlich bekannt, daß zu einer Zeit, als die
russischen Truppen schon an der Oder standen, aus Litzmannstadt in Berlin angerufen wurde, ob die Fabriken weiterarbeiten
sollten. Wie wäre es sonst zu erklären, daß in Schlesien die Fabriken noch weiterarbeiteten, als sie schon im Feuerbereich der russischen Artillerie lagen? Ja, daß die Arbeiter selbst in den Fabriken
blieben, als die Stellungen vorne geräumt wurden? Es war der
Glaube, daß die deutschen Soldaten wiederkommen würden.

Durch die Meldung eines Stabsoffiziers hörte ich erst von der
kritischen Lage in Wien. Ich erfuhr auch, daß feindliche Truppen
schon in die Stadt eingedrungen waren. Sorgen um den Jagdverband Südost trieben mich nun nach dem Süden. Auch wollte ich
meine Mutter noch sehen und sie aus dem Kampfgebiet wegbrin-
gen. Dazu kam wahrscheinlich eine geheime sentimentale Regung,
die ich mir selbst nie eingestanden hätte: ich wollte Wien, meine
Heimatstadt, noch einmal sehen.

Nach kaum sechsstündiger Fahrt traf ich, von Korneuburg kommend, auf der Ausfallstraße Wien–Floridsdorf ein. Die Bilder der

regellosen Flucht, die ich auf dieser Straße sah, erschreckten mich tief. Es waren auch Soldaten darunter, denen man ansah, daß kein Auftrag sie begleitete.

An einer Panzersperre gab es einen kleinen, unfreiwilligen Aufenthalt. Verwundete saßen im Straßengraben. Ein dicker Feldwebel, der nach seinen »Kriegsauszeichnungen« zu urteilen, den Krieg auf einem Schreibtischsessel verbracht hatte, fuhr mit einem Pferdefuhrwerk vorbei, hinter ihm noch fünf andere ähnliche Fuhrwerke. Auf meine Aufforderung zu halten, wollte er erst nicht hören, bis mein Funker das Geschirr des Pferdes ergriff.

»Wollen Sie nicht die Verwundeten mitnehmen?« fragte ich mit mühsam zurückgehaltenem Ärger.

Er deutete nach hinten: »Alles voll.«

Was ich nun an Ladung sah, trieb mir eine Blutwelle ins Gesicht: Polstermöbel, Couches, Nachtkästchen und anderes »militärisches« Gut fielen mir ins Auge. Das nette Mädchen allein, das dabei war, hätte ich ihm vielleicht verziehen.

»Sofort alles abladen!« kam mein drohendes Kommando. Die Waffen nahm ich ihm und den anderen Helden ab. »Schießen werden Sie ja doch nicht mehr«, erklärte ich ihnen und gab die Waffen an die leichter Verwundeten, die ich herbeigerufen hatte. Mit ihrer Hilfe wurde die Ladefläche sehr rasch frei. Auf den Bock kam je einer der Verwundeten, die schwerer Verletzten wurden auf die Wagen gehoben.

»Fahren Sie bis zum nächsten Lazarett, das Sie aufnimmt, und nehmen Sie noch so viele Verwundete mit, wie Sie können«, schärfte ich jedem von ihnen ein. Die Blicke der abgesetzten Heimatkrieger waren nicht gerade freundlich, und ich kann mir vorstellen, daß ihnen der bevorstehende Fußmarsch nicht leichtgefallen sein mag. In kritischen Situationen und in der Angst um das eigene bißchen Leben fallen eben die Masken der Menschen, und es tritt der krasseste Egoismus zutage.

Es war schon leicht dämmerig, als ich über die Floridsdorfer Brücke in die Stadt hineinfuhr. Entfernter Geschützlärm war zu hören, aufsteigender Rauch zeigte einzelne Brände an. Wie und wo standen die Fronten? Rasch fuhr ich beim Generalkommando, dem früheren Kriegsministerium, am Stubenring vor. Das riesige Gebäude lag unbeleuchtet da. Ein Posten gab mir die Auskunft, daß sich die Gefechtsstände in der Hofburg befänden. Die Straßen der Stadt waren wie ausgestorben, keine Straßenlaterne brannte. Hie und da sah man einen Schatten die Häuserfronten entlanghuschen. Viele Ruinen zeigten an, daß Wien auch schwer unter Luftangriffen gelitten hatte. Am Schwedenplatz konnte ich nicht mehr am Kai entlang weiterfahren; ein Blick überzeugte mich, daß das

Haus, in dem mein Bruder wohnte, halb eingestürzt war und seine Trümmer die Straße versperrten.

In der Wiener Dienststelle des Jagdverbandes Südost erfuhr ich, daß der Kommandeur sein Standquartier diesen Nachmittag nach Krems verlegt und daß auch der Jagdeinsatz »Donau« sein Trainingsquartier im Dianabad geräumt hatte. Auf meiner Rückfahrt wollte ich beide Einheiten besuchen.

In den weiten Höfen und Durchfahrten der Hofburg standen viele Wagen. In einem Keller fand ich Offiziere bei der Arbeit. Dort erfuhr ich, daß die feindlichen Truppen an mehreren Stellen in die Vorstädte eingedrungen waren, überall aber aufgefangen und bekämpft wurden. Genaues konnte mir niemand sagen. Es war unterdessen schon kurz vor Mitternacht geworden. Ich wollte rasch noch in meinen alten Betrieb fahren. Völlig leer gähnten jetzt die dunklen Straßen; Absperrungen zwangen mich zu Umwegen. Als ich den Matzleinsdorfer Gürtel erreichte, hörte ich starken Gefechtslärm von links. Die breite Straße war durch Barrikaden abgesperrt.

Um mich umzusehen, stieg ich aus. Plötzlich sah ich zwei Gestalten aus dem Dunkel auftauchen: zwei Wiener Polizisten, den Stahlhelm auf dem Kopf, mit Maschinenpistolen bewaffnet. »Wir sind die Besatzung der Barrikaden hier«, erklärten sie mit grimmigem Humor. »Im Südbahngelände sitzen die Russen«, fuhr der eine fort. »Unsere Truppen haben sie angeblich eingekesselt.«

Auf dem ganzen Weg bis hierher hatte ich keine Truppen oder besetzte Abwehrstellungen gesehen. Ich konnte mir nicht vorstellen, wie das weitergehen sollte. War Wien unter diesen Umständen erfolgreich zu verteidigen?

Auf Umwegen kam ich schließlich nach Meidling zu meiner Firma. Über den Hof gelangte ich zu meinen alten Büroräumen. Meine Männer blieben unten im Wagen. Der Gefechtslärm war so nahe, daß man sehr vorsichtig sein mußte. Oben traf ich meinen Kompagnon und seine Sekretärin. Es war für beide eine große Überraschung, mich in dieser Nacht hier zu sehen. Was ich erfuhr, war nicht sehr ermutigend: Telefon, Licht und Gas hatten seit heute ausgesetzt. Einzelne Plünderungen öffentlicher Gebäude waren bereits vorgekommen. Unbegreiflicherweise hatten die Behörden verboten, daß Privatpersonen mit ihren Autos die Stadt verlassen. Nach dem, was ich gesehen hatte, hielten sich nicht alle Wiener an diese Verordnung. Noch unbegreiflicher war es mir, daß aus den sicherlich vorhandenen Lebensmittelvorräten der Stadt nichts im voraus an die Bevölkerung ausgegeben wurde. In den kommenden Tagen würde hier bestimmt nichts mehr funktionieren!

Wir saßen bei Kerzenlicht zusammen und tranken einen auf der

Spiritusflamme zubereiteten Tee. Für das warme Getränk war ich sehr dankbar. Unsere Gespräche drehten sich nur um die düstere Zukunft; für andere Gedanken war kein Platz mehr. Die Tatsache, daß Wien jetzt Kampfgebiet war und daß fast alle Fronten im Reichsgebiet verliefen, wollte noch nicht so recht in meinen Kopf. War das der Sinn der Opfer, die das ganze Volk mehr als fünf Jahre hindurch gebracht hatte? Waren Millionen Menschen einfach umsonst gestorben? Man dachte als Soldat besser nicht zuviel über diese Dinge nach! Es machte die Pflichterfüllung nur schwerer. Wir gingen dann in die Garage im Hof hinunter, wo mein Privatwagen seit Kriegsbeginn aufgebockt stand. Dort hatten sich etwa 40—50 Personen, Männer und Frauen aus der Umgegend, eingefunden. Wien schien heute nacht nicht zu schlafen. Viele waren darunter, die mich kannten, auch Arbeiter aus meinem Betrieb. Es wurde mir warm ums Herz, wie mich die Leute begrüßten. Wie lange war es eigentlich her, daß ich hier meinem Beruf nachging? Mehr als fünf lange Kriegsjahre lagen zwischen dem damaligen Leben und heute.

Da kam mein Fahrer zu mir und flüsterte mir zu: »Unten auf der Hauptstraße fahren schon seit einiger Zeit Panzer in die Stadt. Ich glaube nicht, daß es die unseren sind.«

Nun wurde es Zeit, daß wir weiterkamen. Ich hatte keine Lust, schon jetzt in Gefangenschaft zu gehen. Viele Hände streckten sich mir zum Abschied entgegen; ein Arbeiter meinte zum Schluß: »Kommen Sie nur gut heraus, Herr Ingenieur, und denken Sie an uns!«

Ich war froh, daß ich mich in Wien so gut auskannte. Immer durch Nebenstraßen fahrend, gelangten wir wieder zum Gürtel und stießen auf die unbesetzten Barrikaden. Wir hörten jetzt deutlich die Abschüsse von Panzerkanonen. An ein, zwei Stellen leuchteten Brände auf. Es wurde direkt unheimlich in dieser scheinbar toten Stadt, die wie apathisch ihr Schicksal erwartete. Eigentlich war es ein Katz-und-Maus-Spiel, das der Russe hier trieb. Wenn er nämlich wollte, konnte er jederzeit quer durch die Stadt bis zum Donaukanal durchstoßen.

Wieder kam ich zur Hofburg. Ich traf auf den Adjutanten des Gauleiters Baldur von Schirach, Oberleutnant H. Kurz, ich erzählte ihm, was ich eben erlebt und gesehen hatte. Er wollte es nicht recht glauben. »Wir haben doch aber, nach allen Berichten zu urteilen, eine feste Front«, meinte er; dann führte er mich zu seinem Gauleiter.

Der Raum wäre mir zu elegant für einen Gefechtsstand, dachte ich bei mir, als ich eintrat. Baldur von Schirach war nämlich gleichzeitig »Reichsverteidigungskommissar«. Ich berichtete ihm das gleiche, was ich eben seinem Adjutanten gesagt hatte. Als Quintessenz fügte ich hinzu: »Ich habe bei meiner Fahrt durch Wien keinen einzigen deutschen Soldaten gesehen. Die Barrikaden stehen leer! Der Russe kann einmarschieren, wo er will.«

Seine Antwort war: »Ausgeschlossen!«

Dann wurde mir erklärt, daß unter anderem zwei SS-Divisionen die Front bildeten. Man machte sich offenbar falsche Vorstellungen davon, wie viele Kilometer Frontlinie abgekämpfte und ausgeblutete Divisionen in einem Stadtkampf überhaupt noch besetzen konnten. Kämpfen würden sie bestimmt verzweifelt, aber den Feind aufhalten? Ich schlug von Schirach vor, doch selbst auf Erkundung zu fahren oder wenigstens jemanden auszuschicken.

Doch Baldur von Schirach war in Gedanken schon weiter. Er ließ auf seiner Karte Divisionen von Norden her angreifen und eine andere von Westen her die Zange schließen. Er befreite Wien nach einem Plan, der Ähnlichkeit mit der Befreiungsschlacht im Türkenkrieg 1683 hatte. Damals hieß der Retter Wiens Fürst Starhemberg. Diese operativen Erklärungen auf der Lagekarte bei Kerzenlicht im tiefen Keller der alten Kaiserburg hatten etwas Gespenstisches für mich. War es nicht ein Operieren mit Gespensterdivisionen? Ich wußte doch, daß keine Truppen vorhanden waren. Dann verabschiedete ich mich. Und heute noch klingen mir die Worte nach: »Hier werde ich kämpfen und fallen!« Ist Baldur von Schirach ein Breslauer Hanke? dachte ich im Hinausgehen.

Im Nebenraum saßen einige ältere Freunde des Gauleiters, Kunstsachverständige. Dort nahm ich einen angebotenen Imbiß zu mir. Der stellvertretende Gauleiter Scharitzer kam von draußen; er war in Soldatenkleidung und hatte sich im nächtlichen Wien umgesehen. Er bestätigte das, was ich berichtet hatte. Dabei erfuhr ich, daß einige Offiziere des Generalkommandos Wien mit den Russen Verbindung aufgenommen hatten. Wozu? Konnten sie wirklich das Schlimmste verhindern? Doch nur dann, wenn sie wirklich die gesamte Truppe hinter sich hatten. Was nützte hier das Streifendienstbataillon, wenn es nicht mehr kämpfen wollte? Bei den Frontdivisionen war nicht ein Kommandeur, der mit ihnen ging. Es war das Gesetz der Mehrheit und der Pflicht, das immer noch entschied.

Ich fuhr noch rasch zu meinem gemieteten Haus in Döbling. Bei der Schottenkirche sah ich zwei deutsche Panzer stehen. Weiter hinaus war das gleiche Bild wie schon einmal: einsame Straßen, leere Barrikaden am Gürtel, durch die man nur schwer eine Durchfahrt fand. In den Gärten ringsum herrschte Totenstille. Von fern her hörte man Gewehrschüsse. Ich suchte schnell einige Jagdwaffen zusammen; vielleicht konnten wir sie in den kommenden Monaten gebrauchen. Sonst blieb die Wohnung unberührt. Es bestand für uns Offiziere das Verbot, auch nur ein Möbelstück aus gefährdeten Gebieten zu evakuieren. Ich habe mich daran gehalten. Bezugsfertig wird das Haus dem Feind oder den Plünderern überlassen, dachte ich.

Mein Fahrer draußen mahnte zur Eile. Die Gewehrschüsse waren jetzt näher zu hören. Wahrscheinlich kamen einzelne russische Patrouillen vom Wiener Wald herunter. Man hörte aber keinen Gefechtslärm. Wo war hier die Front? Wir sprangen in den Wagen und fuhren wieder stadtwärts. Als wir zu dem Mietshaus kamen, in dem meine Mutter wohnte, fanden wir auch dieses halb in Trümmern. Meine anfänglichen Besorgnisse wurden jedoch von einigen Hausbewohnern zerstreut, die vom Haustor aus die immer zahlreicher werdenden Brände in den Vororten beobachteten. Meine Mutter hatte Wien vor einigen Tagen verlassen.

Ich fuhr nochmals in die Hofburg und schilderte dem Adjutanten, wie es im Westen der Stadt aussah.

»Morgen ist Wien in russischer Hand«, war meine Meinung.

Am 11. April, gegen 5 Uhr früh, waren wir wieder an der Floridsdorfer Brücke. Ich sah mich nochmals um: Brände und Geschützdonner – ein Brückenposten schoß, irgendwohin. – Das war mein Abschied von Wien. Irgend etwas in mir war zerbrochen. In den nächsten Tagen fehlte mir der alte Schwung.

Über die Waldviertler Straßen, die noch nicht so verstopft waren, erreichten wir Oberösterreich. Von hier sandte ich einen Funkspruch an das Führerhauptquartier ab: »Wien geht meiner Meinung nach heute noch verloren. Rückzugsbewegungen auf den Straßen müssen durch verstärkte Wehrmachtsstreifen geregelt werden.« Ich ahnte, daß ich mit diesem Funkspruch vielleicht in Befugnisse anderer Stellen eingriff. Da ich aber den Auftrag hatte, wichtige Meldungen unmittelbar nach oben durchzugeben, tat ich es trotzdem und berichtete auch die Wahrheit.

Die Reste der Jagdverbände Südost und Südwest hatte ich in die Alpenfestung befohlen. Sie waren in Fronteinsätzen während der ständigen Rückzüge nahezu »verbraucht« worden. Mehrere Einheiten standen noch im Kampf, irgendeinem Korps unterstellt. Ich vergegenwärtigte mir, daß die Alpenfestung das letzte Kampffeld sein würde. Das Ende konnte eigentlich nicht mehr zweifelhaft sein, oder hatte das Führerhauptquartier noch eine andere Lösung in der Hand? Ich wollte gern daran glauben.

In Oberösterreich wurde ein Streifendienst organisiert und der unübersehbare Flüchtlingsstrom auf Nebenstraßen in geordnete Bahnen gelenkt; die Hauptstraßen waren frei für den Nachschubverkehr. Versprengte Soldaten wurden neu eingeteilt. Eine oberösterreichische Division, unter deren Leitung all diese Maßnahmen durchgeführt wurden, bezog eine Auffangstellung an der Enns mit Front gegen Osten.

Nun interessierte ich mich natürlich für die sagenhafte »Alpenfestung«. Gewiß, seit Wochen wurden hier in den Vorbergen Stellungen gebaut; waren aber auch genügend Lebensmittelvorräte und Material gelagert, Waffen- und Munitionsvorräte vorhanden oder Fabriken aufgebaut? Mit all diesen notwendigen Vorbereitungen sollte erst jetzt begonnen werden. War das nicht zu spät? Ich hatte mir vorgestellt, daß alle Vorbereitungen längst beendet waren. So war es aus den Gesprächen in Berlin zu entnehmen gewesen. Ich konnte auch keinen einheitlichen Plan erkennen, nach dem vorgegangen wurde. Offensichtlich dachte jeder Gauleiter und Reichsverteidigungskommissar nur für seinen Gau. Wo war die Stelle, die all diesen guten Willen zusammenfaßte? Saß Hitler nicht in Berlin auf verlorenem Posten?

Das mir verliehene Eichenlaub wurde von einem Kurierflieger aus Berlin gebracht. Ich war stolz auf diese Anerkennung für den Einsatz im Brückenkopf Schwedt an der Oder. Die Beförderung zum SS-Standartenführer (Oberst) der Reserve sollte unterwegs sein. Sie erreichte mich nicht mehr.

Mitte April hatte auch Hauptsturmführer Radl den Befehl erhalten, nach Süden zu gehen. Voller Freude begrüßten wir uns in Linz. Als sich auch Hauptsturmführer F. mit seinen 250 Soldaten des Jagdverbandes Mitte bei mir meldete, war wenigstens ein »kleiner Haufen« wieder zusammen. Eines Tages – es war nach meiner Erinnerung der 1. Mai – wurde ich zum Wehrmachtsführungsstab Süd an den Königssee bestellt. Hier glaubte man anscheinend an einen Kampf um die »Alpenfestung«. Als letzte Ausweichstelle für das Hauptquartier war die Gerlosplatte vorgesehen. Ich erhielt den Auftrag, aus den Resten meiner Verbände das Gerippe für ein Schutzkorps »Alpenland« aufzustellen. Da war im Moment nicht viel zu tun, solange uns keine Truppen zugewiesen wurden. Erst dann konnte das Schutzkorps dort kämpfen, wo es hingestellt wurde.

Die Lage im Norden konnte ich nicht übersehen. Vielleicht war dort in einer Ecke Deutschlands eine Verteidigungsbastion vorbereitet. Ich hörte etwas von der »Nordseefestung Schleswig-Holstein«, von den Festungen »Dänemark« und »Norwegen«. Aber all das war höchst unklar und unbestimmt.

Der Tagesbefehl des OKW am 20. April 1945 lautete:
»Berlin bleibt deutsch, Wien wird wieder deutsch!«

Es war derselbe 20. April, an dem die erste russische Granate in der Stadtmitte von Berlin einschlug. Es klang für den Einsichtigen

wie der Gong zur letzten Runde. Die Worte des Aufrufs von Göbbels zu diesem »Führergeburtstag« werden mir unvergessen bleiben: »Die Treue ist der Mut zu einem Schicksal.«
Was würde unser Schicksal, was das Schicksal Europas sein? War die totale Niederlage Deutschlands, die von Tag zu Tag näherrückte, eine Lösung? Konnte für das Problem des ewig uneinigen Europas und seine Befriedung nicht ein anderer, positiver Weg gefunden werden? Gewiß, der Krieg war entschieden; aber wer würde den Frieden gewinnen?
Eine Nachricht wurde uns bekannt, die uns unglaublich erschien: Hermann Göring sollte Adolf Hitler ein Ultimatum gestellt haben und daraufhin verhaftet worden sein. Das war doch bestimmt ein Irrtum, ein Mißverständnis! Herrschte in Berlin Weltuntergangsstimmung? So konnte dieser Krieg doch nicht zu Ende gehen, in Auflösung und Chaos!
Am 30. April kam die Rundfunknachricht vom Tode Adolf Hitlers durch: Gefallen in Berlin, der Reichshauptstadt, die von den Russen eingeschlossen war. Ob das ein Vermächtnis sein sollte? Ich ließ die restlichen Offiziere und Männer meines Stabes zusammentreten und gab die Nachricht bekannt. Ich wußte, meine Männer erwarteten mehr von mir. Was sollte ich ihnen sagen? Meine kurze Rede klang in den Worten aus: »Der Führer ist tot, es lebe Deutschland!«
Die Meldung, daß Adolf Hitler tot sei, erschien uns zuerst unfaßbar. Zu fest hatten wir auf sein Kommen in die fiktive »Alpenfestung« gehofft. Erst als ich in den Nachtstunden zum ruhigen Nachdenken kam, wurde es mir klar: »Der Führer des Großdeutschen Reiches« mußte in seiner Hauptstadt sterben. Er konnte die unausbleibliche Niederlage nicht erleben. – Der Abstand von dem damaligen Geschehen ist heute noch zu gering, um Hitlers Persönlichkeit beurteilen zu können, weder im positiven noch im negativen Sinn. Das bleibt Historikern der kommenden Jahrzehnte vorbehalten. Für viele gutgläubige, anständige Deutsche ging damals mit Adolf Hitler jede Hoffnung auf eine gute Zukunft verloren.
Die neue Reichsregierung war ernannt, Großadmiral Dönitz ihr Chef. Ein aufrechter Mann, dessen Wahl allgemein begrüßt wurde.
Doch der Krieg, wenn man ihn noch so nennen konnte, ging weiter. Da vor der Wehrmacht nur das Schicksal der bedingungslosen Unterwerfung stand, mußte es wohl weitergehen bis zum bitteren Ende.
Wir konnten uns vorstellen, daß wir weiterkämpften, solange es eine deutsche Regierung gab, die es befahl, und solange es einen

Flecken Deutschland gab, der unbesetzt war. Nach dem Sinn aber wagten wir nicht zu fragen.

Wenn mir nach dem Kriege von manchen Leuten gesagt wurde: »Warum habt ihr noch weitergekämpft? Es war ja ein Unsinn oder sogar ein Verbrechen!«, dann antwortete ich unter anderem einmal mit einem Vergleich, der mir in den Sinn kam: Jeder Schiffbrüchige schwimmt, solange er eben kann. Wenn neben ihm ein Luxusdampfer vorüberfährt, hätten die Passagiere auf diesem Schiff leicht reden, wenn sie sagten, es sei ein Unsinn, daß sich dieser arme Mann so quäle, er solle doch lieber untergehen!

In diesen Tagen kapitulierte die Südarmee in Italien; der Wehrmachtsführungsstab Süd war anscheinend nicht davon unterrichtet. Denn am 1. Mai noch erhielt ich den Befehl, durch einige Offiziere die Verteidigung von Südtiroler Pässen organisieren zu lassen. Es war zu spät! Während die Armee kapitulierte, konnte man keine neue Verteidigungslinie errichten; meine Offiziere waren vernünftig genug, sofort umzukehren.

Ein letzter Befehl von Großadmiral Dönitz wurde bekannt: Waffenruhe ab 6. Mai 1945. Nach diesem Zeitpunkt durften keine Truppenbewegungen mehr vorgenommen werden. Ich hatte mich schon entschlossen, mit meinen engsten Mitarbeitern in die Berge zu gehen. Meine letzten Kampfgruppen hatten den klaren Befehl, weitere Weisungen von mir abzuwarten.

So saßen wir am 6. Mai nachts in einer Hütte auf dem Dachstein. Oberstleutnant W., Radl, Hunke und drei Mann waren bei mir. Wir haben kaum etwas vorbereitet. Durch zwei Mädel vom Arbeitsdienst wollten wir Verbindung mit dem Tal halten. Wir mußten uns erst langsam an den Gedanken gewöhnen, daß nun alles zu Ende, daß all unser Idealismus und guter Wille umsonst gewesen war. Deutschland hatte den Krieg verloren! Würde Europa dadurch gesunden?

Es wären fast Urlaubstage gewesen, diese ersten »Friedenstage« in den Bergen bei Schnee und Sonne, wenn nicht die Sorgen geblieben wären; Sorgen darüber, was nun werden sollte. Auch die Verantwortung für meine Männer lastete auf mir; sie warteten noch auf meine letzte Weisung. Jeder von uns hing allein seinen Gedanken nach. Hätten wir etwas besser machen können? Hatten wir wirklich alles getan, was möglich war? Man wird sicher das deutsche Soldatentum schmähen, aber man wird uns niemals Pflichtvergessenheit vorwerfen können.

XXIX

Mut zur Verantwortung – Das Ende des Nationalismus – Frei-
willig in Gefangenschaft – »Tonight you will hang!« – Immer
noch gefährlich? – Gefesselte Offiziere – Unfreundliche Verneh-
mung – Immer wieder: Ist Hitler tot? – Würdelose Behandlung –
Finger am Drücker – Füsilieren? – Durch die Mühlen des CIC –
Ein fairer Vernehmungsoffizier – Leibesvisitation immer wieder –
In der Gefängniszelle.

Lockend stand vor mir der Gedanke an eine Flucht ins Ausland
oder an die Flucht aus dem Leben. Es wäre für mich ein leichtes
gewesen, mit einer Ju 88 von irgendeinem Flugplatz aus ein sicheres Auslandsziel zu erreichen. Aber das hätte bedeutet: alles im
Stich lassen – Heimat, Familie und Kameraden. Und die Flucht aus
dem Leben? Viele hatten diese Konsequenz gezogen. Ich fühlte
aber, daß es weiter meine Pflicht war, vor meinen Kameraden zu
stehen und mit ihnen weiterzuleben. Ich hatte vor unseren Feinden
nichts zu verbergen. Ich hatte meinem Vaterlande gedient und
meine Pflicht, aber nichts Unrechtes getan, hatte also auch nichts
zu befürchten. Für meine Kameraden und mich mußte es einen
neuen Anfang geben!
Aus dem Tal erhielten wir die Nachricht, daß die Amerikaner in
Radstadt und Annaberg eingerückt seien und daß Kriegsgefangenenlager eingerichtet würden. Also war auch unsere nächste Zukunft vorgezeichnet. Da ich vermutete, daß ich von der US-Armee
gesucht würde, schickte ich eine Botschaft an die im Tal statio-
nierten US-Truppen: Man möge mich nicht suchen; es sei sinnlos,
da man mich nicht finden könne. Ich würde mich in kurzer Zeit
freiwillig stellen.
Wir machten uns zwar noch keine Vorstellung darüber, wie es
uns in der Gefangenschaft ergehen würde, aber in der Freiheit auf
den Bergen war es jedenfalls schöner. Einige Tage wollten wir
noch genießen. Wir mußten auch noch mit manchen Gedanken in
uns ins reine kommen. Das Warum? Wozu? und Wieso? Die
ganze Problematik der letzten Jahre ließ uns noch nicht los.
Wir deutschen Soldaten wurden uns in diesen Tagen über manches
klar: Die Zeiten der Nationalstaaten, des engen Nationalismus
sind vorbei. Wir mußten jetzt nach höheren Zielen streben. Wir
alle, ehemalige Gegner und frühere Freunde, mußten eine europäische Lösung finden. Wir durften unsere Ideale nicht verlieren,
mußten sie nur höher setzen. Und wir glaubten, daß der europäische Gedanke organisch aus dem verbliebenen Chaos wachsen

mußte. Und sicher wuchs er am besten bei jenen, die von glühender Vaterlandsliebe, Einheitsstreben und Opferbereitschaft für Europa beseelt gewesen waren wie die Freiwilligen in den Reihen der Waffen-SS. –

Von der Regierung Dönitz ergingen keine weiteren Befehle an die bewaffneten Streitkräfte des Reiches. Wir wußten gar nicht, ob sie überhaupt noch existierte. Wir mußten also selbst handeln. Da uns der Weg in die Kriegsgefangenschaft nicht erspart blieb, wollten wir ihn bald gehen.

Der späte Schnee schmolz sehr schnell vor der Maisonne; so würden wir einen trockenen Weg ins Tal haben. Noch einmal sandten wir eine Botschaft an die amerikanische Einheit im Tal. Wir baten für den 15. Mai 1945, 10 Uhr vormittags, um einen Wagen zur Fahrt nach Salzburg. Wir wollten uns dort bei einem Divisionsstab melden und vorschlagen, daß wir alle unsere Gruppen des Schutzkorps »Alpenland« sammeln und so geschlossen in die Gefangenschaft gehen wollten.

Es wurde bestimmt, daß mich nur Hauptsturmführer Radl, Hauptsturmführer Hunke und als Dolmetscher Standartenjunker P. begleiteten. Die anderen sollten sich der nächsten Gruppe von uns, die in einem Tal bei Radstadt lag, anschließen. In ordnungsgemäßem Dienstanzug und mit unseren Waffen stiegen wir ins Tal hinunter. Bei Annaberg sahen wir deutsche Wehrmachtseinheiten seitwärts der Straße lagern. Sie warteten auf Befehle, die jetzt von den Amerikanern kamen.

Wir meldeten uns in der Kanzleistube der amerikanischen Einheit. Der Sergeant war zwar stark beschäftigt, da seine Truppe eben einen Verlegungsbefehl erhalten hatte; trotzdem bekamen wir einen Wagen für die Fahrt nach Salzburg. Der Fahrer, meiner Erinnerung nach aus Texas gebürtig, war ein Gemütsmensch. Vor einem Gasthaus hielt er und wollte eine Flasche Wein kaufen. Ich ging mit ihm und bezahlte. Während der Weiterfahrt trank er und gab uns dann die Flasche mit den Worten: »Drink, you guys! Tonight you will hang.« Ich ließ mir das Gesagte erst genau übersetzen: »Burschen, trinkt, heute abend werdet ihr hängen!« – Es war eine wirklich freundliche Einladung. Ich drehte mich um und trank meinen Kameraden zu: »Auf unsere Gesundheit!«

In Salzburg fand der GI, trotz vieler Hinweisschilder, den Divisionsstab nicht. Er setzte uns vor einem Hotel, das amerikanische Einquartierung hatte, ab, drehte um und – war verschwunden. Um das Hotel herum standen einige »abgerüstete« deutsche Offiziere, die uns wegen unserer Waffen neugierig ansahen. Da gerade Mittagszeit war, mußten wir etwas warten. Endlich kamen wir zu einem US-Major, der sich unsere Vorschläge anhörte und anscheinend damit einverstanden war. Er gab uns einen Leutnant als Begleiter mit. Wir sollten uns wieder nach St. Johann im Pongau begeben und uns dort von der deutschen Ortskommandantur Fahrzeuge und Fahrbefehle geben lassen, um unsere Gruppen bei Radstadt zu sammeln.

Auf der Fahrt gab mir der Leutnant zu verstehen, daß er darüber im Bilde sei, wer ich war. Mir konnte das nur recht sein; ich hatte mich in Salzburg auch deutlich vorgestellt. Im übrigen unterhielten wir uns sehr vernünftig, soweit das bei meinen mangelhaften Sprachkenntnissen möglich war. – Mit dem bisherigen Gang in die Gefangenschaft konnten wir zufrieden sein; ob es weiter so blieb?

In St. Johann, in der noch deutschen Ortskommandantur, war Feiertagsstimmung; gerade noch, daß wir mit dem General sprechen konnten. Er war genauso erstaunt über unser Auftreten wie die deutschen Offiziere in Salzburg. Ich erlebte es auch zum erstenmal, wie ein deutscher General vor einem amerikanischen Leutnant aufsprang und dienerte. Da ich »von den Bergen« kam, hatte ich noch keine Gelegenheit gehabt, so etwas zu sehen, viel weniger aber hatte ich dergleichen erwartet. Als der US-Leutnant sich nachdrücklich einschaltete, schien auch unser Vorhaben zu gelingen: wir erhielten Kraftfahrzeuge und Fahrbefehle versprochen. Der Leutnant verließ uns dann nach netter Verabschiedung. Er wollte nach Salzburg zurückfahren.

Als die Fahrbefehle ausgeschrieben waren, wollte der General sie nicht unterschreiben und schickte uns zu einem US-Bataillon nach Werfen. Mir kam die Sache etwas faul vor, und ich beauftragte Hunke, zurückzubleiben und die versprochenen Fahrzeuge auszusuchen. Radl und ich wollten nach Werfen fahren. Für den Fall, daß wir in drei Stunden nicht zurückkehrten, sollte Hunke von sich aus die Gruppen des Schutzkorps »Alpenland« verständigen. Dann seien wir nämlich am Zurückkommen gehindert worden, das Zusammenführen der Gruppen hinfällig, und es stünde jeder unserer Gruppen frei, entweder in Gefangenschaft zu gehen oder zu versuchen, sich einzeln nach Hause durchzuschlagen.

In Werfen hatte sich der US-Bataillonsstab in einer hochgelegenen großen Villa etabliert. Im ersten Vorraum blieben Radl und der Standartenjunker zurück. Ich wurde in einen zweiten Vorraum geführt, stellte mich einem Captain vor und bat um seine Unterschrift unter die Fahrausweise. Das Warten dauerte hier besonders lange. Ich wußte noch nicht, daß es die Vorbereitungen für das Kommende waren, die so lange Zeit beanspruchten.

Endlich wurde ich in einen großen Speisesaal geführt. Zwei amerikanische Offiziere und ein Dolmetscher saßen mir am Tisch gegenüber. An Hand der Karte erklärte ich noch einmal, wo meine Gruppen standen, und bat nochmals um die Unterschrift.

Plötzlich wurden die drei in den Saal führenden Türen aufgestoßen und auch die Fenster auf der einen Schmalseite. Von allen Seiten waren drohend die Läufe von Maschinengewehren auf mich gerichtet. Jetzt erst verlangte mir der Dolmetscher meine Waffe ab. Ich schob sie ihm über den Tisch zu mit den Worten: »Achtung, die Waffe ist scharf geladen.« Mit spitzen Fingern zog er sie auf seine Seite.

Dann wurde ich in einen Nebenraum geführt, wo ich alle Taschen ausleeren mußte. Danach wurde eine peinliche und intensive Leibesvisitation vorgenommen. Ich würde aber in Zukunft noch andere kennenlernen. Mein Privateigentum bekam ich zurück, bis auf meine Armbanduhr. Da begann ich zu protestieren. Die Offiziere waren nicht mehr zu sehen und mußten erst gerufen werden. Ich wurde vor das Haus geführt, wo bereits eine beachtliche Wagenkolonne vorgefahren war. Als erster stand ein Panzerspähwagen, das Rohr der Kanone nach rückwärts auf den ersten Wagen geschwenkt; in den sollte offenbar ich einsteigen. Dann folgten zwei Jeeps und am Schluß wieder ein Panzerspähwagen, dieser mit dem Rohr auf 0 Uhr, also nach vorn.

Vorerst weigerte ich mich einzusteigen und verlangte energisch, den Offizier wegen meiner Uhr zu sprechen. Die Uhr, eine gute Omega-Sportuhr, hatte ich während des ganzen Krieges getragen. Sie war mir zu wertvoll, um darauf zu verzichten. Endlich kam der Offizier und fand auch heraus, wer von den Soldaten die Uhr an sich genommen hatte. Als ich sie zurückerhielt, befestigte ich sie dummerweise wieder am Handgelenk.

Meine Kameraden Radl und der Standartenjunker standen etwas abseits. Anscheinend war es ihnen ähnlich wie mir ergangen. Uns allen hatte diese Überraschung etwas zugesetzt, so daß wir wohl alle drei etwas blaß aussahen. Mit dem Kopf deutete ich auf die Kolonne und meinte: »Zuviel der Ehre für uns!« und stieg in meinen Jeep. Vorn beim Fahrer saß ein Offizier (ich fand das ungeschickt, wenn die Kanone auf mich schießen sollte!). Neben mir nahm ein GI mit grimmiger Miene Platz; seine Maschinenpistole hatte er auf meinen Bauch gerichtet. Da ich das Modell kannte, sah ich auch, daß die Waffe ungesichert war. Und noch dazu hatte der Mann den Finger am Drücker. Am liebsten hätte ich ihm das Unvorschriftsmäßige seines Umgangs mit Waffen klargemacht. Aber mein Vokabularium der englischen Sprache reichte nicht aus; so schwieg ich lieber.

Hinten hatten auch die anderen Platz genommen, jeder meiner Kameraden in einem Wagen, und die Fahrt ging los. Es war schon ziemlich spät geworden und begann bereits zu dämmern. Als wir in Salzburg ankamen, war es ganz finster. Wir waren in das Villenviertel gefahren worden. Ein gänzlich ungewohntes Bild fiel mir sofort auf: Die Fenster waren hell erleuchtet und weit geöffnet. Die jahrelange Verdunkelung gehörte der Vergangenheit an. Wir wurden in einen Vorgarten geführt. Ich zündete mir eine Zigarette an und harrte der Dinge, die da kommen sollten. Plötzlich wurden wir drei von mehreren Gestalten von hinten angesprungen. Ehe wir auch nur wußten, wie uns geschah, waren unsere Hände auf dem Rücken gefesselt. Mich führte man in den ersten Stock des Hauses.

In dem Zimmer, das in den Vorgarten hinausging, saßen zwei Offiziere und ein Dolmetscher an einem Tisch. Vor dem Fenster war eine Stuhlreihe aufgebaut. Hier hatten drei Herren in Uniform ohne Rangabzeichen Platz genommen. An den Stenogrammblocks in ihren Händen erkannte ich Reporter in ihnen; dahinter hatten sich einige Kameramänner aufgestellt. Seitwärts von mir standen zwei GIs. Ihre Maschinenpistolen waren wieder genau auf meinen Nabel gerichtet. Alle Anwesenden starrten mich an. Wie ein wildes, eben eingefangenes Tier kam ich mir vor. Blitzlichter blendeten mich. Mir war es noch nicht klar, daß das hier das erste Verhör sein sollte.

Der eine Offizier, ein Captain, wollte mit seinen Fragen beginnen. Ich stellte eben hinter meinem Rücken fest, daß meine Armbanduhr schon wieder auf eine unerklärliche Art verschwunden war. Insgeheim mußte ich die Fingerfertigkeit des Betreffenden bewundern; ich hatte nämlich gar nichts bemerkt. So protestierte ich also wieder einmal: erstens gegen die Handschellen und zweitens gegen den Raub – oder war es Diebstahl? – meiner Uhr. Ich erklärte feierlichst, keine Antwort geben zu wollen, ehe meine Uhr nicht zurückgegeben und meine Fesseln gelöst sein würden. Den Reportern empfahl ich, die Art der Behandlung von deutschen Kriegsgefangenen zu schildern.

Mehr als eine halbe Stunde ging es hin und her. Es wurde telefoniert, da der Captain nicht allein entscheiden konnte. Dann wurden die Handschellen aufgeschlossen, und ich erhielt meine Armbanduhr zurück. Ich dachte auch jetzt noch an nichts Böses und band sie wieder um mein Handgelenk.

Nun wollte der Captain endlich mit seinem Verhör beginnen, als ich noch um einen Moment Geduld bat und zum Erstaunen aller zum Fenster ging. Nachher wunderte ich mich, daß ich nicht einige Kugeln im Rücken hatte. Ich rief zu meinen beiden Kameraden ins Finstere hinunter: »Seid ihr noch gefesselt?«

Von unten ertönte Radls Baßstimme (wenn er einen Bariton hat, möge er mir diesen Lapsus verzeihen; aber ich bin bekanntlich unmusikalisch): »Ja, verdammte Schweinerei!«

Jetzt drehte ich mich um und sagte ins Zimmer hinein: »Das gleiche gilt natürlich auch für meine Kameraden. Ehe diese nicht auch der Handfesseln ledig sind, gebe ich keine Antwort.« Diesmal waren keine Telefonanrufe nötig. Ich blieb am Fenster stehen, bis von unten wieder Radls Stimme zu hören war: »Ist in Ordnung. Danke schön!«

Nun ging ich zum Tisch, setzte mich und bat, die Fragen zu stellen. Zuerst wurden meine Personalien festgestellt; dann kam eine Frage, wie aus der Pistole geschossen: »Wollten Sie General Eisenhower ermorden?«

Ich glaube, daß ich gelächelt habe, als ich die Antwort gab: »Nein!« Und dann gab ich den meiner Meinung nach einfachsten Beweis: »Wenn ich jemals einen Befehl bekommen hätte, das alliierte Hauptquartier in irgendeiner Art und Weise anzugreifen, hätte ich es auch geplant. Hätte ich es aber geplant, dann hätte ich es auch versucht; und hätte ich es versucht, dann wäre der Einsatz wahrscheinlich auch geglückt.«

Eifrig schrieben die Reporter jedes Wort mit.

Dann kam der Vernehmer auf den Mussolini-Einsatz zu sprechen. Eine Frage jagte die andere, so daß ich kaum mit dem Antworten nachkam. Am meisten interessierten der Luftlandeeinsatz und der Umstand, daß die Italiener nicht geschossen hatten. Als ich darauf die Antwort gab, daß das vorausberechnet worden sei, schüttelten Vernehmer und Reporter die Köpfe.

»Im Jahre 1940«, erklärte ich weiter, »war von Fallschirmjägern der bekannte schneidige Einsatz auf das Fort Ebn Emael mit Erfolg durchgeführt worden. Damals gab die überraschte belgische Besatzung erst nach drei Minuten den ersten Schuß ab. Mindestens mit der gleichen Zeit konnte ich auch in Italien rechnen, um so mehr, als auf diesem Gelände bestimmt niemand eine Luftlandung erwarten konnte. Diese Spanne Zeit haben wir eben benützt.«

Diese Erklärung befriedigte anscheinend meine Zuhörer.

Dann kam eine Frage, die mich überraschte, später aber buchstäblich noch Hunderte von Malen an mich gerichtet wurde:

»Glauben Sie, daß Adolf Hitler tot ist?«

»Ich bin ganz sicher, daß Adolf Hitler tot ist.«

»Haben Sie dafür Beweise?« kam sofort die nächste Frage. »Woher wollen Sie das wissen?«

Da konnte ich natürlich nur mit irrationalen Beweisen aufwarten, mit meinem Glauben an die Rundfunknachricht und daran, daß Hitler sicherlich diesen Ausgang des Krieges nicht erleben wollte. Dann wollten die Reporter noch einige Fragen stellen, die der

Captain aber abschnitt. Ich wurde abgeführt. Mit einem letzten Blick auf meine Uhr (ich wußte nicht, daß es der allerletzte sein würde) stellte ich fest, daß es schon auf Mitternacht ging.

Kaum war ich im Vorgarten bei meinen Kameraden, als sich der indianerhafte Überfall von vorher wiederholte. Ehe wir's uns versahen, waren unsere Hände abermals gefesselt. Diesmal faßte ich gleich nach meinem Handgelenk; meine Uhr war wieder weg. Meine Proteste gegen das offene beleuchtete Fenster hin nützten diesmal nichts. Zwei Läufe von Maschinenpistolen gegen meinen Rücken drückten mich auf die Straße hinaus.

Dort war ein Fahrzeug mit hellen Scheinwerfern vorgefahren, in deren Licht wir uns aufstellen mußten. Ob es auch diesmal ein Panzer war, der uns »beschützte«, konnte ich gegen das grelle Licht nicht feststellen. Etwa einen halben Kilometer mußten wir zu einem Wachlokal marschieren. Dort durften wir uns rittlings auf Stühle setzen. Auf meine Anfrage wegen der Fesseln und der Uhren – meine Kameraden vermißten ihre ebenfalls – lernte ich sofort eine neue, anscheinend viel gebrauchte Vokabel: »Shut up!« Ich ließ mich belehren, daß es »Maul halten!« heißt. Wir hatten ungefähr eine Stunde Reitsitz zu üben. Ich hatte bisher immer gedacht, daß es die größte Tugend des deutschen Soldaten gewesen sei, die ihm mit viel Mühe anerzogen wurde: warten zu *können*. Nun mußte ich nach und nach lernen, was uns Kriegsgefangenen in den nächsten Jahren als höchste »Tugend« zwangsweise beigebracht wurde: warten zu *müssen!*

Dann wurden wir in ein Auto verfrachtet und in ein anderes Wachlokal gebracht. Dort, anscheinend in einem früheren Gastzimmer einer Kneipe, befanden sich schon zwei Personen. Ein Landser schlief trotz des hellen Lichtes auf seiner breiten Holzbank den Schlaf des Gerechten. Ein Generalstabsmajor lag auf einer roten Couch, konnte aber anscheinend nicht schlafen. Wir drei wurden an eine äußerst schmale Holzleiste geführt, die entlang der Wand angebracht war. Hier mußten wir uns, die Hände nach wie vor auf dem Rücken gefesselt, hinsetzen. Es blieben kaum zehn Zentimeter für die Sitzfläche übrig, und wir scheuerten uns die Hände an der Wand wund.

Dem Posten sah man an, daß er nach dem reichlichen Genuß von alkoholischen Getränken viel lieber geschlafen hätte. Um sein Schlafbedürfnis zu verbergen, setzte er eine um so bedrohlichere Miene auf. Mit dem Lauf seiner Maschinenpistole zielte er diesmal abwechselnd auf drei Bäuche – Radls, des Standartenjunkers und meinen. Besonders aufreizend für uns waren die aufgeschlagenen Feldbetten, die neben- und übereinander in reichlicher Anzahl vorhanden waren.

Das Sitzen wurde in kurzer Zeit zur Qual. Auf jede geringste
Bewegung von uns reagierte der Posten mit drohenden Gebärden
und Lauten. Wir wollten uns an den Schultern des Nachbarn die
Mütze etwas aus der Stirn schieben; es war verboten. Als ich ein
Knie über das andere legte und versuchte, meinen Kopf darauf zu
legen, stürzte der Posten sofort auf mich zu und bekam nahezu
einen Wutanfall. Dabei hatte er auch die scheußliche Angewohn-
heit, den Zeigefinger am Abzug der MPi zu halten. Daß er sie
gesichert hatte, wagte ich schon gar nicht mehr anzunehmen.
Kritisch wurde die Situation erst, als Standartenjunker P. den
Raum verlassen wollte, um einem dringenden Bedürfnis abzuhelfen. Obwohl P. dem Posten die Notwendigkeit dieses Ganges
in klassischem Englisch begreiflich machte, erreichte er nur ein
»Shut up!«, wobei der Posten wie wild mit der MPi in der Gegend
herumfuchtelte. Fast hätte ich bei dieser Szene die Nerven verloren und mich auf den Posten gestürzt. Der ruhigere Radl hielt
mich von dieser Unbesonnenheit zurück. Es war nur ein Glück,
daß wir an dem Tage außer einem Stück Schokolade nichts gegessen und auch nichts getrunken hatten.
Mit der Zeit wurde ich auch ruhiger. Die Hände waren wie abge-
storben. Da wir nicht miteinander reden durften, hatten wir Zeit,
unseren Gedanken nachzuhängen. Der erste Tag hatte ja übel
geendet! Aber vielleicht war diese Geduldsprobe zu etwas nutze.
Es war nur natürlich, daß ich wieder über das Ende des Krieges
und all unserer Hoffnungen nachdachte. Endlos grübelte ich darüber nach. Dann aber kam mir ein Gedanke, der wieder ins Posi-
tive führte. Wo es ein Ende gab, mußte es auch einen Anfang
geben, wenn man weiterleben wollte. Und diesem neuen Anfang
zu leben, ergab den Sinn eines neuen Daseins. War es nicht etwas
Schönes, wieder neu beginnen zu dürfen? Aus dem Alten, Vergangenen zu lernen und das Neue nach bestem Wollen und
Können besser zu gestalten?
Auch diese erste Nacht in Unfreiheit verging. Als das frühe Licht
des Morgens zu den Fenstern hereinsah, wurde alles schon etwas
freundlicher. Ich hatte jetzt direkt Mitleid mit unserem Posten, der,
anscheinend von seinen Kameraden vergessen, die ganze Nacht
ohne Ablösung ausgeharrt hatte. Auch ihm mochte der Stuhl zu
hart geworden sein. Es war etwa gegen 9 Uhr – ich mußte mich
ja von jetzt an daran gewöhnen, die Zeit zu schätzen –, als ich in
den ersten Stock geführt wurde.
Dort erwartete mich in einer ehemaligen Wohnung ein Major der
US-Armee, diesmal ohne Reporter. Er wollte gleich allerhand
Fragen stellen; aber ich machte ihm begreiflich, daß ich wesentlich
dringendere Wünsche hätte. Erstens bat ich, mir die Fesseln ab-

zunehmen, da ich sonst für kein Verhör zu haben sei. Dieser Wunsch wurde mir erfüllt. Nachdem ich meine Handgelenke durch Massage halbwegs wieder geschmeidig hatte, bat ich, mich an einen gewissen Ort zu führen. Hierbei lernte ich, daß man als Gefangener kaum mehr privat und allein sein konnte.

Ohne weitere Bitte meinerseits wurden dann eine Tasse heißer Kaffee und ein Stück Weißbrot vor mich hingestellt; während des Frühstücks begann die Unterhaltung mit dem Major. Es waren Fragen wie gestern auch schon. Am Schluß wollte auch der Major wissen, ob Adolf Hitler wohl noch lebe. Wieder wurde ungläubig mit dem Kopf geschüttelt, als ich mit einem klaren »Nein!« antwortete.

Dann begann ich mich vorsichtig zu erkundigen, ob es bei den Amerikanern üblich sei, kriegsgefangene Offiziere zu fesseln, sie von ihren Uhren zu »befreien« und überhaupt so zu behandeln, wie man uns behandelt hatte. Der Major bedauerte das alles sehr und bedeutete mir, daß ich sofort zu einem höheren Stab kommen würde und daß »oben« auch die Behandlung besser sei. Meine Hände würden zwar gefesselt, aber nicht mehr so fest und nach vorne. Kein großer Trost!

Als ich auf den Hof hinunterkam, sah ich meine Kameraden wieder; sie hatten sich sogar etwas waschen dürfen. Fotografen waren auch schon anwesend und knipsten drauflos, als ob sie es bezahlt bekämen. Drei Generale des Heeres warteten anscheinend mit uns auf den Abtransport. Da kam noch ein Zivilist aus dem Hause, der komisch genug aussah. Unter einem Hubertusmantel sah eine himmelblaue Pyjamahose hervor, die nackten Füße steckten in Pantoffeln, und der runde Kopf trug einen Hut mit Gemsbart. Es war Reichsleiter Dr. Ley. Trotz der ernsten Situation konnte ich ein Lächeln nicht unterdrücken.

Dann fuhr eine Wagenkolonne vor, als erstes diesmal nur ein Jeep mit einem aufgebauten Maschinengewehr. Ein höherer Offizier malte den um ihn herumstehenden Offizieren und Soldaten eine Zeichnung in den Sand und schien seinen Leuten etwas zu erklären. Wir drei Gefesselten nutzten die Gelegenheit und redeten leise miteinander. Plötzlich flüsterte mir Radl zu: »Sie führen uns irgendwohin und erschießen uns.«

Tatsächlich konnte die Zeichnung, aus der Ferne gesehen, eine derartige Anweisung bedeuten.

»Dann versuchen wir zu fliehen. Lieber auf der Flucht erschossen als so. Wenn die Kolonne in einen Feldweg einbiegt, dann ist der richtige Augenblick«, flüsterte Radl weiter.

Ich nickte zum Einverständnis. Ich konnte mir das »Auf-der-Flucht-erschossen-Werden« zwar auch nicht allzu vergnüglich vorstellen, aber es war immerhin besser, als sich wie ein Kalb auf die Schlachtbank führen zu lassen.

Der erste Wagen wurde mir zugewiesen. Es schien also nicht nach Rangordnung zu gehen! Hinter mir kamen Radl und P. in je einem Jeep, dann Dr. Ley und zum Schluß die drei Generale. Zu mir stieg ein Captain ein, und diesmal saßen sogar zwei GIs neben mir, die unvermeidlichen Maschinenpistolen gegen meinen Unterleib gerichtet und die Hände lässig am Drücker. Die Fahrt ging durch die Hauptstraßen Salzburgs. Die Passanten auf der Straße blieben kaum stehen; sie waren solch einen Anblick wahrscheinlich gewohnt. Nur hie und da hob sich eine Hand und winkte uns heimlich zu. – Das war der Abschied von der Heimat.

Der Tag wurde drückend heiß. Einmal rasteten wir auf einer Wiese am Straßenrand. Bis jetzt waren wir noch nicht von der Straße abgebogen; also waren unsere Vermutungen falsch. Während ich im Grase lag und an einem Stück Schokolade knabberte, das mir Radl aus seiner Tasche hatte geben dürfen, versuchte ich, meine Hände in den Handschellen zu drehen. Ich hatte einmal bei Edgar Wallace gelesen, daß geübte Verbrecher dabei einen besonderen Trick hatten. Sie hielten ihre Hände beim Fesseln etwas verdreht und konnten dann später leicht herausschlüpfen. In der Frühe hatte ich meine Hände so hingehalten. Tatsächlich gelang es mir jetzt, die Handschelle von meiner linken Hand bis zu den Fingerwurzeln vorzuschieben. Hier hatte ich also den praktischen Beweis, wie wichtig eine gute Kriminallektüre sein kann.

Nachmittags kamen wir in Augsburg an. Dort fuhren wir in den Hof eines großen vierstöckigen Bürohauses ein. Wir drei Kameraden wurden in den kleinen Vorraum eines Büros im ersten Stock geführt. Bald hatten sich dort mehrere höhere Offiziere eingefunden. Ich erinnere mich an Colonel Sheen, den ich bereits erwähnte, und an zwei Majore, deren Namen ich nicht mehr weiß. Es spielt auch insofern keine Rolle, als sie meiner Meinung nach bestimmt falsche Namen nannten.

Auf meinen Protest hin gegen die Fesselung wurden uns die Handschellen sofort abgenommen. Colonel Sheen gab mir sein Ehrenwort, daß dies das letzte Mal gewesen sei, daß wir Fesseln tragen mußten. Wir würden künftighin als Kriegsgefangene behandelt werden. Im Nebenzimmer begann dann ein mehrstündiges Verhör abwechselnd durch Colonel Sheen und den einen Major geführt. Ich muß gestehen, daß die beiden Herren beachtlich gut unterrichtet waren. Dadurch kamen wir in eine flüssige Unterhaltung, die äußerst sachlich geführt wurde. Die Organisation meiner Verbände wurde durchgesprochen. Die Namen meiner

Mitarbeiter, die bekannt waren, gab ich zu. Colonel Sheen hatte Verständnis dafür, daß ich keine anderen nennen wollte. Dann wollten die beiden Offiziere noch alle möglichen Details über den Einsatz »Greif« wissen. Hier gab es jetzt nichts mehr zu verheimlichen; ich konnte alles offen berichten.

In einer Pause wurde ich allein im Zimmer gelassen. Als ich aus dem Fenster blickte, sah ich gerade, wie ein Lastwagen voll Gefangener mit Sack und Pack ankam. Auch einige Frauen waren darunter. Ich war erstaunt, als ich einen meiner Fachoffiziere unter ihnen entdeckte. Es war Obersturmführer K., der als Ingenieur für die Baulichkeiten in Friedenthal verantwortlich gewesen war. Es war merkwürdig und ging mir während der ganzen Gefangenschaft so; ich freute mich über jedes bekannte Gesicht, und wenn ich es auch nur wie hier aus der Ferne sah.

Gegen Ende des Verhörs wurde ein ganz neuer Trick mit mir probiert, um auf eine alte Frage zu kommen. Colonel Sheen wollte plötzlich wissen:

»Wir wissen genau, daß Sie Ende April 1945 in Berlin waren. Was haben Sie dort gemacht?«

Ich konnte darauf nur antworten, daß ich Berlin Ende März verlassen hatte und nie wieder in die Stadt zurückgekommen war. Darauf fiel der Major ein: »Aber Major Radl hat es schon zugegeben!«

»Dann bitte ich, meinen Adjutanten hereinbringen zu lassen, damit ich ihm sagen kann, daß er lügt. Er war zu dieser Zeit täglich mit mir zusammen, und zwar in Österreich.«

Daraufhin herrschte einige Zeit Schweigen. Mir wurde erneut eine Zigarette angeboten, und Colonel Sheen fing wieder an:

»Aber Colonel Skorzeny, wir wissen, daß Sie Adolf Hitler aus Berlin weggebracht haben. Wohin haben Sie ihn gebracht?«

Auf diesen plumpen Überrumpelungsversuch hatte ich meine Antwort schon bereit:

»Erstens, Colonel«, gab ich zur Antwort, »ist Adolf Hitler sicher tot. Und zweitens wäre ich doch nicht hier, wenn ich ihn weggebracht hätte. Dann wäre ich doch wohl bei ihm geblieben und hätte mich nicht freiwillig gestellt.«

Colonel Sheen war mit der Erklärung zufrieden, während ich von dem Gesicht des Majors die unausgesprochene Frage deutlich ablesen konnte: »Ob das nicht ein ganz schlauer Trick von dem verdammten Kerl ist, sich trotzdem freiwillig zu stellen?« So ähnlich ging es mir noch oft, wenn die gleichen Fragen in verschiedenen Varianten von Generälen oder Wachposten, von neugierigen Journalisten oder noch neugierigeren Frauen, von Untersuchungsrichtern oder Zivilisten, von Engländern, Russen, Franzosen, Belgiern, Holländern oder Österreichern an mich gerichtet wurden und ich dann die gleiche Antwort gab. Ein guter Prozentsatz dieser Leute ließ sich nicht überzeugen und schüttelte zweifelnd den Kopf. Bis zum heutigen Tage verfolgen mich diese Fragen. Die Motive, warum so viele Menschen wissen wollen, ob Adolf Hitler tot ist, sind verschieden. Sie schwanken zwischen Liebe und Haß, zwischen geschichtlichem Interesse und reiner Sensationslust.

Auch meine Kameraden waren in ähnlicher Art vernommen worden. Dann saßen wir wieder gemeinsam im Vorraum und aßen die K-Ration, die man uns vorsetzte, allerdings wieder mit der Beigabe eines drohenden Maschinenpistolenlaufs. Wir mußten doch ganz gefährliche Burschen sein! Dann kam für uns ein neues Moment im Kriegsgefangenenleben: wir wurden fotografiert in der Art, wie man bei uns Bilder fürs Verbrecheralbum anfertigt. Diese Prozedur wurde übrigens mindestens noch zehnmal mit uns vorgenommen, und der Vergleich dieser Aufnahmen mußte ganz interessant sein. Der Grad der Verwahrlosung, die man beim besten Willen nicht ganz vermeiden kann, und das Schmalerwerden der Gestalt mußten analog der Dauer der Gefangenschaft zu sehen sein. Ein Schild mit Aufsteckbuchstaben mit unseren Namen in der Hand haltend, wurden wir en face und en profile mehrmals fotografiert, übrigens mit einer deutschen Leicakamera.

Aber die Überraschungen dieses Tages waren noch nicht zu Ende. Ein neuer, größerer Raum war es, in den ich geführt wurde. Für die nun folgende Prozedur hatte sich wohl der ganze CIC-Stab von Augsburg versammelt. Ich wurde splitternackt ausgezogen, und der Inhalt aus allen meinen Taschen verschwand in einem großen Sack. Es waren recht wertvolle Dinge darunter. Leider vergaß ich damals, mir eine Empfangsbestätigung geben zu lassen. Im Adamskostüm mußte ich einige Turnübungen machen, um sämtliche Körperteile, die gerade erwünscht waren, zur genauesten Visitation herzuzeigen. Obwohl als bekanntester Saboteur verschrien, hatte ich weder geheime Waffen noch andere verbotene Dinge an meinem Körper, außer einigen wohlerworbenen Narben, die ebenfalls genau zu Protokoll genommen wurden. – Dann bekam ich meine Kleider zurück, und in einem Auto ging es ab in das Stadtgefängnis.

Wir wurden in getrennten Zellen untergebracht. Bei mir gab es noch eine etwa einstündige Besichtigungstour; dann hatte ich Zeit und Muße, über meinen zweiten Tag in Gefangenschaft nachzudenken. Allein war ich eigentlich doch nicht in der Zelle; denn die bekannten kleinen Mitbewohner machten sich sehr schnell bemerkbar. Nun, begeistert war ich gerade nicht von meinen Erfahrungen als PoW. Da ich aber wußte, daß es am nächsten Tag zu einer höheren Stelle, nämlich ins alliierte Hauptquartier, gehen sollte – und alles sollte ja, je weiter nach oben, desto besser werden –, ließ ich meinen alten Optimismus walten und schlief erst einmal fest und traumlos die Nacht durch.

Am nächsten Tag wurde ich allein in dasselbe Gebäude wie am Vortag gebracht. Die Organisation meiner Jagdverbände und von Mil D wurde in stundenlangen Verhören noch einmal durchgesprochen. Manchmal hatte ich bezüglich der Arbeitsgebiete jedoch ganz beachtliche Korrekturen zu machen. Ich merkte deutlich, daß man uns wesentlich größere Bedeutung und stärkeren Einfluß zumaß, als wir jemals besessen hatten. Besonders was die Ausstattung mit Geldmitteln anbelangte, so hatte der gegnerische Nachrichtendienst sich anscheinend »nur um« – sagen wir – das Zehntausendfache verschätzt. Colonel Sheen war direkt erschüttert, als ich ihm der Wahrheit gemäß erklären mußte, daß ich zuletzt für sage und schreibe 500 Reichsmark oder den Gegenwert von 50 Reichsmark in Devisen zeichnungs- und ausgabeberechtigt war.

Gegen Nachmittag kamen wir auf politische Themen aller Art zu sprechen. Unter anderem wurde ich gefragt: »Haben Sie eigentlich nie unseren Rundfunk gehört, und warum haben Sie den Tatsachen, die wir darin verbreiteten, nie Glauben geschenkt?«

Meine negative Antwort darauf war sehr lang und konnte von mir gut begründet werden: »Ich wußte, daß auch die Alliierten Propagandasendungen brachten, die nicht immer Tatsachenberichte zu sein brauchten. Täglich erhielt ich die gesamten Nachrichtensendungen aller Länder der Erde vorgelegt. Soweit ich Zeit hatte, habe ich sie auch gelesen.«

Und dann brachte ich eine Fülle von Beispielen, an denen ich selbst den Wahrheitsgehalt nachgeprüft hatte. Am überzeugendsten aber wirkte anscheinend die Feststellung, die ich am Schluß vorbrachte:

»Sehen Sie, Colonel Sheen, wenn ich Ihrem Nachrichtendienst vollinhaltlich geglaubt hätte, wäre der Mussolini-Einsatz niemals zur Durchführung gekommen. Sie haben nämlich bereits am 10. September 1943 gemeldet, daß Mussolini als alliierter Gefangener an Bord eines italienischen Kriegsschiffes in Afrika eingetroffen sei. Eine kleine Rechnung überzeugte mich, daß diese Meldung nicht stimmen konnte. Am 12. September war Mussolini noch immer in Italien und am Abend als ein freier Mann auf dem Flug nach Deutschland.«

Am nächsten Tag ging es nach Wiesbaden weiter. Diesmal war zwar die Eskorte bei weitem nicht mehr so stark wie das letzte

Mal; wir fuhren nur in zwei Jeeps. Aber das Versprechen Colonel Sheens galt anscheinend nichts vor dem Offizier, der uns begleitete. Trotz unseres Protestes wurden uns wieder Handschellen angelegt. Auf dieser Fahrt lernte ich dann das Tempo der amerikanischen Kraftfahrer kennen; es war beachtlich. Der Fahrer meines Jeeps war aber offenbar noch besser als der, mit dem Radl und P. fuhren. Wir hatten sie nämlich bald verloren, und sie holten uns auch bei einer längeren Rast nicht ein. Auf dem heißen Motor des Wagens konnte ich mir sogar eine Konservenbüchse mit Neskaffee wärmen.

XXX

Im alliierten Hauptquartier in Wiesbaden – Unerwartetes Wie-
dersehen mit Dr. Kaltenbrunner – Endlose Vernehmungen – Col.
Fisher – Pseudonym? – Auch ein Tagesprogramm – Andenkenjagd
– Von allem »befreit« – Zur Erleichterung ins Gefängnis – Häft-
lingsroutine – 31 G 350086 – Vernehmungslager Oberursel – »Mak
snell« – Gefilmtes Verhör – Wiedersehen mit Radl – Bestaunte
Wundertiere.

Abends trafen wir in Wiesbaden in der Bodelschwinghstraße in
einer Dienststelle des U.S.-Hauptquartiers ein. Nachdem mich die
Masse der dort diensttuenden GIs und andere genug betrachtet
hatten, betrat ich meine Wohnung für die nächsten Wochen – eine
Holzhütte, die neben dem Wohnhaus aufgestellt war. Es standen
fünf dieser Hütten nebeneinander. Wieder mußte ich mich ganz
auskleiden und verschiedene Freiübungen machen. Diesmal bekam
ich aber meine schon gründlich durchsuchte Uniform nicht zurück. Es wurde mir eine steife, nicht gerade passende Gefängnis-
kluft gereicht, und dann schlug jemand die Tür zu. Auf einem
Feldbett – ein zweites stand an der anderen Wand, von dem meinen durch einen Klapptisch getrennt – nahm ich nachdenklich
Platz. Was würden nun also die nächsten Tage bringen? – Da ging
noch einmal die Tür auf, es war anscheinend der Haussergeant,
der hereintrat. Wie ich später erfuhr, war er Sprachlehrer für
Deutsch an einer High School. Er machte mich mit einer strengen
Hausregel bekannt: Wenn es klopfte, hatte ich aufzuspringen,
mich mit abgewandtem Gesicht zur Tür zu stellen und dann
»O.K.« zu schreien. Bei nicht genauer Einhaltung dieser Spiel-
regel würde ich kein Essen bekommen.
Dann war ich wieder allein. Es war heiß und dumpf in dieser
Bretterbude, da die Fenster begreiflicherweise nicht zu öffnen waren. Außerdem gab es kein Kopfkissen, alles war unbequem; aber
der Mensch ist ein Gewohnheitstier, und endlich war ich doch ein-
geschlafen. Da ging die Tür nochmals auf, und ich bekam einen
Schlafgenossen, der sich auf dem anderen Bett niederließ. Es war
gänzlich dunkel, so daß ich mein Gegenüber nicht erkennen konnte. Mich plagte die Neugierde auch nicht weiter; ich wollte nur
schlafen. Das verhinderte aber mein Zimmergenosse durch halb-
laut anschwellende und in ein Röcheln ausartende Schnarchtöne.
Beim Erwachen war meine Überraschung groß: mir gegenüber
lag SS-Obergruppenführer Dr. Kaltenbrunner, der Chef der deutschen Sicherheitspolizei. Da ich nicht annehmen konnte, daß man

uns aus reiner Menschenliebe zusammengelegt hatte, weil wir Landsleute waren, dachte ich über andere Gründe hierfür nach. Und die waren nicht schwer zu finden. Es war anzunehmen, daß bereits hörbegierige Ohren an Telefonmuscheln lagen, die mit Mikrophonen in unserer Hütte verbunden waren. Ein Blick aus dem Fenster zeigte mir außerdem Drähte am Boden, die meine Annahme bestätigten.

Als mein Gegenüber dann aufwachte, war auch sein Erstaunen groß. Die Begrüßung mag im Mikrophon gut zu hören gewesen sein; auch die nicht gerade freundlichen Erinnerungen an die eben vergangenen Tage, die wir danach austauschten. Obwohl wir auch später keine Staatsgeheimnisse zu besprechen hatten, sei eines hier verraten: Ein Scharren mit dem Fuß in einem schalltragenden Holzraum verursacht im Mikrophon außergewöhnlich starke und unangenehme Nebengeräusche!

Etwa fünf Tage teilte ich mit Dr. Kaltenbrunner den Raum. Er erzählte mir, daß er damals von einem Geschichtsprofessor einer englischen Universität in einer durchaus loyalen Form verhört worden sei, die seinen Optimismus für die Zukunft in einer Weise steigerte, die ich nicht ganz teilen konnte. Den größten Teil unserer Zeit aber verbrachten wir keinesfalls mit Gesprächen, die die jüngste Vergangenheit betrafen. Die wurde ausführlich genug in unseren Verhören berührt. Wir sprachen viel lieber von der viel besseren und schöneren Studentenzeit, die wir beide verlebt hatten, und von gemeinsamen österreichischen Bekannten. Oder wir bemühten uns, mit Hilfe eines englischen Wörterbuches englische Zeitungsnotizen zu übersetzen, wobei wir zu unserem Erstaunen feststellen mußten, welche Menge amerikanischer Wörter es gab, die in einem Oxford Dictionary nicht zu finden waren.

Während meiner Zeit in der Holzhütte erlebte ich drei Vernehmer. An den ersten, einen Leutnant, habe ich kaum eine Erinnerung mehr. Der zweite ließ sich gern als »Captain« titulieren. Er hatte mir auch genauestens erklärt, daß er nur zur Tarnung eine Bluse ohne Rangabzeichen anziehen mußte. Wie ich später feststellte, war er tatsächlich nur Zivilangestellter. Er hatte in früheren Jahren als deutscher Staatsangehöriger in Berlin gelebt und nannte sich mir gegenüber Bovais. Wir kamen gut miteinander aus.

Der dritte war ein englischer Colonel, der sich mir als Colonel Fisher vorstellte. Er trug aber in Wirklichkeit den Namen eines weltbekannten Bankhauses. Schon seine Zugehörigkeit zum traditionsbelasteten und weltbekannten englischen Secret Service verpflichtete ihn dazu, der am meisten mit Fachwissen ausgestattete und intelligenteste meiner Gegner zu sein.

Mr. Bovais machte es sich nach kurzer Zeit äußerst bequem. Er

gab mir für jeden Tag eine schriftliche Hausaufgabe über irgendein Verhörthema auf, die ich am nächsten Tag abzuliefern hatte.
Hatte ich nach seiner Auffassung in qualitativer und quantitativer
Hinsicht genug geschrieben, dann bekam ich Zigaretten, Zeitungen und wohl auch ein Buch eines im Dritten Reich verboten gewesenen Schriftstellers zu lesen. Dementsprechend schwankte mein
Zigaretten- und Lesevorrat auf und ab. Im großen und ganzen
konnte ich aber mit den Lieferungen zufrieden sein, was dafür
spricht, daß mein Vernehmer seinerseits mit mir zufrieden war.
Als wir uns im Jahre 1948 in Nürnberg wiedersahen, habe ich mich
nicht ungern an ihn erinnert.
Mit Colonel R. alias Fisher spielten sich die Verhöre in schärferer
Form ab. Sachlich bekam er damit sicherlich nicht mehr aus mir
heraus als Mr. Bovais. Besonders böse schien der Oberst auf mich
zu sein, weil meine Versorgungsstaffel einen verlassenen Bergwerk-
stollen in Salzburg mit verschiedenen Sprengstoffsorten, Munition und übrigen Waffen gefüllt und dann den Eingang zum Einsturz gebracht hatte. Dabei waren wir keinesfalls geheimnisvoll
zu Werke gegangen, und die gesamte Bevölkerung der Umgebung
wußte davon. Ich hielt den Sprengstoff bei Kriegsende dort für
besser aufgehoben, als wenn er irgendwo in der Gegend in Schup-
pen oder Magazinen herumgelegen hätte. Trotzdem hielt mir
Colonel R. diesen Tatbestand etwa als mittleres Kriegsverbrechen
vor. Mein Einwand: »Ich wußte gar nicht, daß Sprengstoffbesitz
in Kriegszeiten für uns deutsche Soldaten ein Kriegsverbrechen
ist.« Ich mußte erkennen, daß die Behandlung eines »high brow«
des Secret Service auch gelernt sein wollte.
Noch ein anderes Mal zog ich mir Colonel R.s Zorn zu. Er war nach
Salzburg gereist und hatte aus dem unterdessen geöffneten Stollen verschiedene Musterexemplare mitgebracht, die er von mir erklärt haben wollte, so zum Beispiel auch eine Nipolith-Handgra-
nate, eine Handgranate mit Aufschlagzünder und anderes. Als ich
mit diesen Dingen, weil sie mir vertraut waren, ziemlich unacht-
sam umging und sie unter anderem von einer Hand in die andere
warf, schrie mich der Oberst an. Er warf mir vor, daß ich ihn mit
der ganzen Hütte in die Luft sprengen wollte. Dieser Vorwurf
war völlig ungerechtfertigt, da ich mein Leben liebte und mich
keinesfalls dieser Gefahr ausgesetzt hätte. Fast gänzlich verdarb
ich es mir aber mit diesem Oberst, als ich ihm eine unangenehme
Wahrheit sagen mußte. Er warf mir vor, daß ich ungebührlich
viel Sprengstoff auf Vorrat gehabt habe. Darauf konnte ich ihm
nur eines sagen:
»Colonel, dann hätten Sie nicht so viele Versorgungsbomben für
die Widerstandsbewegungen in Frankreich, Belgien und Holland

abwerfen dürfen. Wie Sie sich ja selbst überzeugt haben dürften, stammt der größte Prozentsatz des gefährlichen Materials aus diesen Bomben made in England. Wir haben diese Marke schon immer hoch geschätzt.

Ich weiß nicht, ob nicht vielleicht der Dolmetscher einen Übersetzungsfehler machte; jedenfalls war das Verhör rasch zu Ende. Dem Leser soll auch nicht der Bericht über die anderen Tagesereignisse eines Gefangenen erspart bleiben, deren es vorderhand nur drei gab: Essenausgabe, Waschen und so weiter und Verhöre. Über die letzteren habe ich schon auszugsweise berichtet, und es würde langweilig werden, noch mehr darüber zu sagen; denn der Inhalt dieser Verhöre war nicht wesentlich von den vorausgegangenen Vernehmungen verschieden.

Beim Essen wäre nur die Art der Ausgabe erwähnenswert. Es klopfte also dreimal täglich. Die Zeremonie, die ich schon geschildert habe, milderte sich mit der Zeit, das heißt, ich stand später nicht mehr auf. Dann öffnete ein Filipino-GI die Tür, sah mich mit sehr ängstlichen Augen an, ließ das Tablett mit dem Essen fast auf die Schwelle fallen – was immer ein Überschwappen des Inhalts der Gefäße zur Folge hatte – und schlug mit unglaublicher Behendigkeit die Tür zu. Er machte den Eindruck, als wenn er jedesmal wieder froh war, mit dem Leben davongekommen zu sein. Wir mußten ihm also mindestens ebenso gefährlich wie die wilden Tiere seines heimatlichen Urwaldes geschildert worden sein.

Zum Waschen und zu anderen Reinlichkeitsbedürfnissen wurden wir einzeln in eine der Hütten geführt. Die Tür blieb offen und wurde von zwei Posten mit Maschinenpistolen (Handhabung und Sicherung der Waffen genau wie immer) bewacht. Sie hatten anscheinend den Befehl, von der ersten Minute an den Warnruf »mak snell« (schnell machen!) auszustoßen. Er wurde in immer kürzeren Intervallen gerufen und steigerte sich etwa in der dritten Minute zu einem Gebrüll, das überdies von drohenden Gebärden begleitet war. Länger als vier Minuten habe ich wohl nie für alle Verrichtungen brauchen dürfen.

Für das Waschwasser und anderes stand ein Kübel in der Ecke. Obwohl wir ungeheuer streng getrennt gehalten wurden, konnte man doch nach dem steigenden Inhalt dieses Kübels wenigstens auf die Belegstärke der Hütten schließen, wenn auch andere Feststellungen ohne das Talent eines Sherlok Holmes nicht möglich waren. Auf einen Stuhl war eine Waschschüssel gestellt, die anscheinend aus einem soliden Bürgerhaushalt aus der Mitte des vorigen Jahrhunderts stammte. Ein Handtuch zeigte uns am Grad der Feuchtigkeit auch die Zahl der Vorbenützer an; eine rote Seife war

ebenfalls vorhanden. Wir wurden damals übrigens stolz darauf
hingewiesen, daß diese rote Seife von dem großen Verbündeten
und Bruder Rußland erzeugt und geliefert wurde. Rasiert wurden
wir ungefähr ein- bis zweimal in der Woche von einem amerikani-
sierten Italiener, der die Tätigkeit eines Figaros anscheinend auch
im Zivilberuf ausübte. Mit der Zeit gewöhnte ich mich sogar an
seine gefährliche Gewohnheit, bei seinem Gilette-Apparat den unteren Teil zu vergessen, mit dem sonst die Klinge festgespannt
wurde.

Es wäre ungerecht, wenn ich vergessen würde zu erwähnen, daß
mir Mr. Bovais zwei Bitten erfüllte. Erstens bekam ich nach einigen Tagen meine Uniform und Wäsche zurück. Es war nur ein
kleiner Schönheitsfehler, daß das Futter des Uniformrockes fast
gänzlich herausgetrennt war und nur noch an wenigen Fäden mit
dem Stoff zusammenhing. Ich war trotzdem sehr dankbar für den
Rock. Wäsche hatte ich zwar keine mehr zum Wechseln. Radl hatte
sie mit in seinem Gepäck gehabt, und dieses war ebenso wie meine
Toilettengegenstände »verloren«gegangen. Mr. Bovais hatte einen
Trost für mich:

»Sie müssen doch verstehen, daß die Leute von Ihnen ein Souvenir
haben wollen«, meinte er und schenkte mir eines seiner Taschen-
tücher.

Zweitens erhielt ich nach etwa vierzehn Tagen auf meine Bitte
fast jeden Abend 5 bis 10 Minuten Spaziererlaubnis im Garten.
Um das kleine Rondell, um das ich spazierengehen durfte, waren
etwa acht bis zehn Posten aufgestellt. An den Abenden, an denen
der von mir immer freudigst begrüßte Spaziergang ausfiel, waren
wahrscheinlich nicht genügend Posten zur Verfügung. – Auf meine
anderen Bitten, wie sie eben ein Gefangener zu stellen pflegt, hatte
Mr. Bovais entweder ein: »Sorry, against the rules« oder das übliche »I'll see what I can do for you« bereit.

In diesen Tagen wurde mir eine Bescheinigung über die mir ab-
genommenen Wertgegenstände und Orden zur Unterschrift vorgelegt. Die Liste war leider bei weitem nicht vollständig, da die
fehlenden Sachen der Einfachheit halber nicht aufgeführt waren.
Ich durfte sie aber wenigstens auf einen besonderen Zettel schreiben, und es wurde mir versprochen, daß Nachforschungen angestellt würden. Aber der Weg von Augsburg bis Wiesbaden ist
eben lang. Daß ich selbst keine Empfangsbestätigung erhielt, war
äußerst praktisch, da sich die »Haben«-Liste auf dem Weg über
Oberursel bis Nürnberg weiter verkleinerte und die von mir ge-
schriebene »Soll«- oder »Verlust«-Liste noch vergrößerte. Von
Nürnberg an, wo ich selbst eine Kopie meiner Besitzliste erhielt,
blieb der Restbestand erhalten, bis er mir zu guter Letzt von einem

guten »Kameraden«, der ein Spitzel war, veruntreut wurde. Dann war ich allen schnöden Mammon und alles andere endgültig los. Meinen Geburtstag, den 12. Juni, feierte ich, da es ein heißer Tag war, leichtest bekleidet. Der Sergeant ließ gegen Abend für eine halbe Stunde die Tür offen und setzte einen eigenen Posten davor. Obwohl es strengstens verboten war, wechselte ich einige Worte mit diesem. Er war ein naturalisierter Ungar. Als er hörte, daß ich Wiener sei, flog ein Paket »Camel« vor meine Füße. Es sei diesem GI nie vergessen!

Die Tage wurden immer heißer und der Aufenthalt in der Holzhütte immer ungemütlicher; denn alle Tage war nicht Geburtstag, und es gab daher auch keine frische Luft durch eine offene Tür. Schon fast eine Woche hatte ich keine Vernehmungen mehr über mich ergehen lassen müssen. Waren diese wirklich schon abgeschlossen? Am 21. Juni 1945 – ich kann die Daten aus meiner Gefangenschaft genau angeben, da ich auf ganz kleinen Zetteln ein Kalendarium führte und dieses wunderbarerweise durch eine Vielzahl von Leibesvisitationen durchgekommen ist – wurde ich von dem Sergeanten aus der Hütte gerufen. Ich sollte in die Villa kommen; dort wünschten mich mehrere hohe Herren zu sprechen. Als ich mich anziehen wollte – ich war völlig verschwitzt, nur mit einer Unterhose bekleidet –, gab mir der Sergeant den wohlmeinenden Rat, ich solle so bleiben, wie ich sei, und gleich an höchster Stelle auf die unerträgliche Hitze in unserer Behausung hinweisen. Ich bin kein Mensch, der sich einen guten Rat zweimal geben läßt. Mein Aufzug muß ungeheuer komisch, dabei aber auch eindrucksvoll gewesen sein: Holzpantinen an den bloßen Füßen, und am Körper einen verschwitzten Pyjama, der an den Ärmeln viele Löcher aufwies. Als ich in die große Halle der Villa kam, schämte ich mich sehr. Ich stand vor drei Generalen und anderen hohen Offizieren der US-Armee. Als ich meine Entschuldigung hervorstotterte, zeigten die Offiziere außer Humor auch noch Verständnis für meine Lage. Sie entschuldigten meine Kleidung und boten mir als erstes einen Whisky an. Als höflicher Mensch und Whiskyliebhaber konnte ich nicht nein sagen.

Thema der Unterhaltung waren militärische Fragen von »the battle of the bulge«. Alle Gesprächspartner lernten bei diesem Gespräch neue Gesichtspunkte kennen. Mir jedenfalls wurde hier zum erstenmal bewußt, wie überraschend diese Offensive für unsere damaligen Gegner gekommen war. Und wie nahe wir vor unserem Ziel, der Maas, gestanden hatten. Die persönlichen Leistungen unserer Truppenverbände wurden von den Offizieren jedenfalls anerkannt. Man hatte auch, allgemein gesehen, den deutschen Armeen keine solche letzte Kraftleistung mehr zugetraut. Diese

Offiziere bestätigten mir auch offen, daß die von uns in die Welt gesetzten Gerüchte ein neuartiges Kampfmittel von ungeahnten Wirkungen gewesen seien. Zuletzt kam auch die Frage zur Sprache, ob ein Angriff auf das alliierte Hauptquartier geplant gewesen sei, die ich wieder einmal verneinen mußte. Ich hatte das Gefühl, daß meine Ausführungen volles Verständnis fanden. Zum erstenmal war auch zu spüren, daß ein Gespräch zwischen reinen Soldaten geführt wurde. In dieser Berufsgruppe fand ich jedenfalls oft das Verständnis, das auch der Sieger gegenüber dem Besiegten aufbringen müßte.

Ich hatte den Eindruck, daß die Offiziere mir nach unserer Unterhaltung gern persönlich geholfen und ein kühleres Quartier verschafft hätten. Aber wie so oft konnte sich der gute Wille einzelner nicht durchsetzen oder verkehrte sich in das Gegenteil. Am nächsten Tage wurde ich in das Stadtgefängnis von Wiesbaden verlegt. Eine Einzelzelle sollte nun bald ein gewohnter Aufenthalt für mich werden. Für Mitmenschen, die so etwas noch nicht kennen, sei gesagt, daß es die Gitterstäbe sind, an die man sich als erstes gewöhnen muß. Dies fällt, wie ich glaube, allen gleich schwer; die Gefängnisverwaltung möge mir daher verzeihen, daß ich mir gleich in der ersten Nacht bessere Aussicht verschaffte.

Das Gefängnis hatte auch unter den Luftangriffen gelitten, und ein Trakt war kaum mehr bewohnbar. Vor den Gittern war eine Blende aus starkem, undurchsichtigem Drahtglas angebracht. Und ausgerechnet in meiner Zelle war nicht eine Scheibe kaputt, so daß mir jeder Ausblick in die Tiefe verwehrt war. Bei der ersten genauen Durchsuchung der Zelle, die ich gleich nach Inbesitznahme dieses zwangsweise zugewiesenen Wohngemaches vornahm, fand ich einen abgebrochenen Löffelstiel, der sich glänzend zur Beseitigung des Glaserkitts eignete, in den das Drahtglas eingebettet war. Dies war die Arbeit der zweiten Nacht; am Morgen lagen die beiden Scheiben zerschmettert auf einem Schuttberg des Nachbarhofs. Jetzt war der Ausblick in zwei Höfe frei; die Mühe hatte sich gelohnt.

Mit Karli Radl hatte ich einen Pfiff vereinbart, der uns als Erkennungssignal dienen sollte. Als ich ihn zum erstenmal gebrauchte, war auch bald Antwort da. Wie mir Radl später erklärte, war mein Pfiff mit seinen unmelodischen Halbtönen unverkennbar. Ich konnte feststellen, daß er links unter mir im ersten Stock des Gefängnisses untergebracht war. Standartenjunker P. war, wie ich später erfuhr, bereits in ein Lager abgeschoben worden. Bald konnten wir uns auch gegenseitig mitteilen, daß wir gesund waren und den Mut nicht verloren hatten. Und das war ja die Hauptsache.

In unserer Lage mußte man sich auch Mühe geben, den Neid zu unterdrücken gegenüber anderen Kameraden, denen es anscheinend etwas besser ging. In dem Hof, der direkt unter meinen Fenstern lag, waren sechs oder acht Holzhütten aufgestellt, wie ich sie von meinem bisherigen Aufenthalt her kannte. Nur mit dem Unterschied, daß sich die Gefangenen, alles »Nazis« und »Militaristen«, tagsüber frei bewegen konnten und erst abends in ihren Hütten eingeschlossen wurden, zwischen denen sich sogar ein kleiner Rasenplatz befand. Mit der Zeit lernte ich alle Leidensgenossen namentlich kennen; wir brachten es sogar fertig, uns gegenseitig vorzustellen. Es waren außer zwei höheren SS- und Polizeiführern noch drei Gesandte des Auswärtigen Amtes, einige Generalstabsoffiziere, ein Feldwebel, ein ungarischer und ein indischer Zivilist. Zuletzt freute ich mich, wenn unten im Garten eine Bridgepartie im Gange war oder ein Sportbeflissener nackt auf dem Rasen seine Freiübungen machte. So war ich auch nur durch das Zusehen ganz zufrieden und glaube, daß andere Gefangene ihrerseits mich beneidet haben.

Mir war nämlich zugestanden worden, daß ich zweimal täglich in einen der anderen beiden großen Höfe zum Spazierengehen geführt werden durfte. Die Wachposten waren hier freundlicher, und so dehnte sich die Freizeit in der frischen Luft oft über die vorgeschriebenen 15 Minuten aus. Allerdings war ich immer allein. In dem einen Hof befand sich sogar ein Luftschutzteich als Überbleibsel aus dem Kriege. Leider wurde mir die Benutzung dieses Wasserbeckens als Schwimmbassin aus hygienischen Gründen später verboten. Bei diesen Spaziergängen lernte ich nach und nach die ganze Belegschaft des Gefängnisses kennen, da ich fleißig alle Fenster beobachtete. Von meinen Jagdverbänden trafen im Laufe dieser Zeit einige Offiziere ein.

Auch vom Wiesbadener Gefängnis ist einiges am Tagesablauf bemerkenswert. Die Gebäude waren leider sehr alt und die hygienischen Einrichtungen dementsprechend. Aber ich hatte auch hier wenigstens in einer Beziehung Glück. Im Laufe der Zeit kannte ich einige Wachposten recht gut, die mich wenigstens einmal täglich in einen kleinen Raum einließen, an dessen Tür ein Schild mit der Aufschrift hing: »For Americans only«. Nicht zu ändern aber war die Tatsache, daß für einen ganzen Flur, das heißt etwa 30 Zellen mit 50 Insassen, nur ein Ausguß vorhanden war, in dem außer den Eßgeschirren auch andere Behälter aus den Zellen ausgewaschen werden mußten. Wie der Raum manchmal, wenn es eine Verstopfung gab, aussah, kann man nicht beschreiben. Das Waschen in der Zelle mußte in einem spartanisch kleinen, anscheinend aus einer mittelalterlichen Klosterzelle stammenden rostigen Waschgeschirr besorgt werden. Aber schließlich gewöhnt sich der Mensch an alles, und ich zählte damals die vollen Wochen der Gefangenschaft, wobei ich getreulich nach den Vorbildern in der Zelle, die bis in die zwanziger Jahre zurückgingen, einen eigenen Kalender an der Wand anlegte. Später habe ich nur noch die vollendeten halben Jahre gezählt.

Unter mir in der Zelle saß ein ehemaliger Oberleutnant der Luftwaffe. Wie ich später erfuhr, war er als ehemaliger NSFO (nationalsozialistischer Führungsoffizier) hier interniert. Da die Welt bekanntlich sehr klein ist, fand ich im Verlauf der Gespräche von Fenster zu Fenster auch mit ihm einige gemeinsame Bekannte; besonders konnte er mir von einigen Bekannten aus meiner Studentenzeit Nachricht geben. Der arme Teufel war aus unerfindlichen Gründen mit totalem Zigarettenentzug bestraft worden. Es war selbstverständlich, daß ich ihm aushalf, wobei sich das große Loch in meiner Blende wieder einmal bewährte. Ganz nahe an der Mauer fallengelassen, erreichte jedes der kleinen Liebesgabenpäckchen sein Ziel.

In diesem Gefängnis verhörten mich auch zwei französische Offiziere. Sie erzählten mir, daß einer der Offiziere des Jagdverbandes Südwest in französischer Gefangenschaft sei. Dieser sei aber in keiner Weise zum Sprechen zu bewegen.

»Sie verlangen doch wohl nicht von mir, daß ich ihm einen Befehl dazu gebe?« fragte ich darauf. Die Offiziere, die wirkliche Kavaliere waren, meinten, daß sie mir nur davon erzählt hätten, weil sie die gute Haltung des Mannes loben wollten. Von ihnen erfuhr ich auch noch, daß einer der ganz wenigen bezahlten Agenten, mit denen wir je gearbeitet hatten, ein gewisser N., »auf zwei Schultern getragen« hatte und sich von beiden Seiten sein Geld geben ließ. Es ist von Interesse, daß wir dies schon während des Krieges vermuteten; nur der letzte schlüssige Beweis hatte gefehlt. – Das ganze Gespräch war von einer Atmosphäre getragen, die mich für das spätere Nebeneinanderleben der beiden Völker Frankreichs und Deutschlands nur das Beste hoffen ließ.

Auch Mr. Bovais hatte noch einige Male Fragen an mich. Es waren nach meiner Ansicht eigentlich nur Wiederholungen aller längst besprochenen Dinge. Schade nur, daß in solchem Falle der Vernehmer und der Vernommene immer anderer Ansicht sind. Im Verlauf dieser ersten Wochen hatte ich nun schon eine ganz beachtliche Menge von Erfahrungen über meine Vernehmer und ihre verschiedenen Methoden gesammelt. Im Laufe der nächsten drei Jahre habe ich erkennen müssen, daß man als Gefangener in dieser Beziehung niemals auslernt.

Auch Colonel R. lernte ich noch von einer anderen Seite kennen.

Wie ich schon erzählte, waren wir nicht eben die besten Freunde. Mitte Juli kam er eines Tages noch einmal zu mir. Ich sollte meine Unterschrift unter ein Protokoll setzen, das drei Fragen enthielt, die ich mit »Ja« oder »Nein« zu beantworten hatte. Ich wußte genau, welche Antworten der Oberst von mir erwartete, konnte sie ihm aber, da sie nicht der Wahrheit entsprochen hätten, nicht geben. Daraufhin gab mir Colonel R. eine Stunde Bedenkzeit in meiner Zelle. Gleichzeitig ließ er so nebenbei fallen, daß die Verhörmethoden in England noch ganz andere seien und daß er mir noch heute eine Einladung zu einem Flug nach England verschaffen könne. In meiner Zelle setzte ich sofort meine Antworten auf das ominöse Schriftstück. Ich weiß und habe es im Laufe der Zeit hundertfach erfahren, wie Kameraden in ähnlichen, oft natürlich noch viel bedrückenderen Augenblicken schwach wurden ... Ich kann es ihnen nicht nachtragen, da ich weiß, welchen Ruck man sich innerlich geben muß, um aufrecht zu bleiben. – Nach einer Stunde wurde das Schriftstück abgeholt. Dann erwartete ich meinen Abtransport. Mein Zigarettenverbrauch während dieser Zeit war beachtlich. Er stieg aber auch deshalb, weil es eine feste Regel für uns PoWs war, vor einer Verlegung alles restlos aufzubrauchen; an jedem neuen Platz wurde einem doch alles abgenommen. Wer beschreibt aber mein Erstaunen, als die Tür aufging und mehrere US-Sergeants hereinkamen. Ich wartete vergeblich auf das schon bekannte »let's go!« Dafür klopften mir die Soldaten auf die Schulter und gaben mir zu meinem Erstaunen hundert Zigaretten. Wie ich aus ihren Worten heraushörte, hatte mich Colonel R. als »fine boy« bezeichnet.

Ich darf nicht vergessen zu erwähnen, daß ich auch im Wiesbadener Gefängnis nochmals für die mir aufbewahrten Wertgegenstände unterschreiben mußte. Wieder legte ich eine größer gewordene Verlustliste bei. Außerdem erhielt ich dort eine PoW-Nummer, die mich die nächsten Monate begleiten sollte: 31 G 350086. Ich habe sie bis heute nicht vergessen.

Am 30. Juli 1945 wurde es mit der Verlegung der meisten Insassen des Wiesbadener Gefängnisses ernst. Nach einem unerhört komplizierten Plan wurde die Verlegung durchgeführt. Die PoWs wurden in ganz bestimmte Gruppen eingeteilt, kamen in ein Zimmer, mußten einige Stunden warten und wurden dann wieder nach einem anderen Plan auf die wartenden Wagen verteilt. Alles in allem dauerte diese Prozedur »nur« etwa vier Stunden. Einem alten General, den ich nicht kannte, konnte ich in unserem Wartezimmer einige Zigaretten zustecken; ich habe selten ein glücklicheres Gesicht gesehen. Die alten Herren hatten unter den veränderten Umständen viel mehr zu leiden als wir. – Auf der Straße,

beim Einsteigen in den Wagen, pfiff ich unseren Signalpfiff. Als ich die Antwort hörte, wußte ich, daß auch Radl verlegt wurde. Unsere Fahrt ging in das nahe Oberursel, in ein früheres sogenanntes Fliegerdurchgangslager, jetzt »Camp King« genannt. – Die Zellen, die dort in Holzbaracken angelegt waren, waren wohl kleiner, aber auch sauberer als die in Wiesbaden. Meine Tür trug die Nummer 94. Ein weißes Kärtchen erhielt anstatt des Namens einen roten Querstrich. Es gab auch blaue, grüne und doppelte rote Striche. Ganz habe ich das Geheimnis dieser Striche nie ergründet; aber aus verschiedenen Anzeichen schloß ich später, daß ein roter Strich soviel wie »Achtung, gefährlicher Mann!« bedeuten mochte. Eine erfreuliche Neuerung waren für uns die sauberen Waschanlagen. Nur das auch hier heimische »mak snell« hinderte uns am vollen Genuß des fließenden Wassers. Etwas Neues für mich waren die Winksignale, die man vom Inneren der Zelle aus betätigen konnte, wenn man austreten wollte. Manchmal geschah es, daß das Signal von außen wieder hochgetan wurde. Dann hieß es, die Zähne zusammenzubeißen und zu warten. Ein nochmaliger sofortiger Versuch bedeutete mit Sicherheit, daß man mindestens bis zum Abend warten mußte. Ich unternahm den Versuch, meinem Wollen und Müssen durch eine sofortige Wiederholung des Signals Nachdruck zu verleihen, nur einmal und nie wieder. Auch mit dem Öffnen der Fenster war ein Geheimnis verbunden. Am besten war es, nicht darum zu bitten und sich auf die eigene handwerkliche Geschicklichkeit zu verlassen und sie selbst zu öffnen. Man mußte dann nur sehr behende sein, um sie beim unerwarteten Öffnen der Tür rasch zu schließen. Wie wohl aber so ein abendlicher Blick auf den nahen Taunus tat, werden mir nur die Leidensgenossen jener Tage bestätigen können, wenn dieser Blick auch durch Stacheldraht vor dem Fenster, den doppelten Stacheldrahtzaun in einigen Metern Entfernung und von der Lagermauer behindert war. Die Flüsternachrichten, die abends die Fenster entlangliefen, berichteten mir auch, daß Hanna Reitsch hier war. Obwohl ich nicht wußte, wegen welcher angeblichen »Untaten« diese tapfere Fliegerin inhaftiert war, freute ich mich doch, als ich hörte, daß sie überhaupt noch lebte.
Es war wohl als Zeichen dafür, daß sich der aufsichtshabende Unteroffizier geärgert hatte, zu werten, daß mir dreimal kurz vor dem Schlafengehen der Strohsack aus der Zelle weggeholt wurde. Ich erhielt ihn jedesmal am nächsten Tag zurück, allerdings erst nach Protest bei dem anderen Sergeanten. Unangenehm war nur, daß die Querbretter der Holzgestelle nicht ausreichten, um den ganzen Zwischenraum zwischen Bettanfang und -ende auszufüllen. – Essen gab es einmal am Tage, es waren ein Napf mit

irgendeinem Gemüseeintopf und eine Tasse Kaffee. Schade nur, daß das eine Stück Brot, welches es dazugab, meist auf dem Grund des Napfes schwamm. – Wie froh war ich, daß mir nichts mehr meinen guten Humor nehmen konnte.

Eines Tages, es war nach meinen Aufzeichnungen der 2. August 1945, geschah etwas Merkwürdiges. Ich wurde von zwei schneidigen »guards« zu einem Vernehmungszimmer gebracht. Dort sah ich in zwei Ecken des Raumes Tonfilmkameras aufgebaut. An einem Tisch saß ein Captain mit einem Dolmetscher. Und dann ging die Sache los, ganz wie bei einer richtigen Aufnahme für einen Spielfilm, nur mit dem Unterschied, daß der »Star« als einziger unbezahlt blieb. Sogar die Tonfilmklapper fehlte nicht. Nach etwa anderthalb Stunden lief der Film noch immer holprig ab, da die Fragen oft nicht ganz verständlich waren oder auch schlecht übersetzt wurden. Ich schlug daraufhin eine Regiebesprechung vor. So wurde es gemacht.

Wir besprachen dann vorher die Fragen, die sich in der Hauptsache um die Ardennenoffensive und den Mussolini-Einsatz drehten. Danach ging alles glatt weiter. – Den Zweck dieses Verhörfilmes habe ich nie ergründen können. Auch habe ich von keinem anderen Gefangenen gehört, daß er per Tonfilm vernommen worden ist.

Am nächsten Tag wurde ich von Lt. Colonel Burton Ellis vernommen. Thema war »the battle of the bulge«; die Hauptfrage, die immer wiederkehrte, war: »Hat die 6. SS-Panzerarmee einen Befehl herausgegeben, daß US-Gefangene zu erschießen seien?« Ich konnte nur immer wieder erklären, daß ich weder einen solchen Befehl gesehen habe noch an die Existenz eines solchen glauben könne. Ich hielt es überhaupt für ausgeschlossen, daß es damals von Teilen deutscher Truppen vorsätzlich zu solchen Erschießungen gekommen war. Es hätte sonst unbedingt auch in weiteren Kreisen bekanntwerden müssen. Ich konnte auch darauf hinweisen, daß gegen Ende 1944 von der 6. SS-Panzerarmee eine diesbezügliche Rundfrage als Antwort auf eine Behauptung des Feindsenders Calais an sämtliche unterstellten Einheiten ergangen sei, was doch auch von keinem schlechten Gewissen zeuge. – Diese Vernehmung dauerte vier Stunden und wurde in einem so lauten Ton geführt, wie ich ihn bisher noch nicht erlebt hatte.

In den folgenden Wochen kam es noch zu vier oder fünf Vernehmungen über die Ardennenoffensive, die rein militärischen Charakter hatten und wesentlich erfreulicher verliefen. Von den Vernehmern erfuhr ich auch vieles bisher Unbekannte über die starke Wirkung der von uns ausgestreuten Gerüchte. Unter ihnen befanden sich zum Beispiel zwei Offiziere, die selbst als »verdächtige« Angehörige der Panzerbrigade 150 festgenommen worden waren und mehrere Tage gesessen hatten.

Der 11. August war ein besonderer Glückstag. Als unvermutet die Tür meiner Zelle geöffnet wurde, stand mein Freund Radl in der Türöffnung und wurde hineingeschoben. Er selbst war ebenso überrascht wie ich. Beide hatten wir schon seit Wochen Mr. Bovais bearbeitet, uns doch zusammenzulegen, da angeblich unsere Verhöre abgeschlossen waren. Nun hatte es endlich geklappt! Es war wohl selbstverständlich, daß wir uns viel zu erzählen hatten. Nun verging auch die Zeit, die sich in der Einzelzelle endlos hinzog, um so rascher. Gemeinsam machten wir nun unseren täglichen Zweiminutenspaziergang, gemeinsam wuschen wir uns im Eilzugtempo, gemeinsam lachten wir jetzt über das, was uns früher als Einzelhäftlinge sicher geärgert hätte. Wir waren übrigens in den Flügel A auf Zelle 5 A übergesiedelt. Unser Fenster bot uns, soweit es offen war, nicht nur den Einblick in einen Toilettenraum, sondern auch auf den Platz, auf dem wir spazierengehen durften. An den anderen Spaziergängern, die fast durchweg der Prominenz angehörten, konnten wir erkennen, daß wir »befördert« worden waren. Es fragte sich nur, in welchem Sinne.

Eine andere Abwechslung brachten die ziemlich häufigen Besichtigungen in unser sonst eintöniger werdendes Leben. Eines Tages mußten besonders hohe Gäste angesagt worden sein. Ein Sergeant brachte uns vorher bei, daß wir nach einem Klopfzeichen mit dem Rücken zur Tür in »attention«-Stellung und »hands up« stehen müßten. Ich fand das »Hände hoch« drei Monate nach der Kapitulation reichlich verspätet. Aber wir konnten nicht umhin und mußten weiterhin Befehlen gehorchen, auch wenn sie uns widersinnig erschienen. Wenn die Gäste unsere Kehrseite betrachten wollten, so sollte das ihre Sache sein. Der Besuch ging dann auch an unserer Rückseite vorbei und tat uns nicht weh.

Am 10. September war unsere schöne gemeinsame Zeit plötzlich vorbei. Ein Posten riß die Tür auf, schrie herein: »Mak snell, in five minutes you have to be ready!«, zeigte auf mich, knallte die Tür zu und war verschwunden. Nun, zu packen hatte ich nicht viel, wenn ich auch mit der Zeit ein zweites Hemd erworben hatte. Nur zum Abschiednehmen hätten wir längere Zeit gebraucht. Draußen empfingen mich wieder die unvermeidlichen Handschellen, und fort ging's im Auto zum Flugplatz. Erst dort wurde mir beim Anblick der anderen Flugpassagiere klar, wohin es ging: nach Nürnberg!

XXXI

Prominentenflug nach Nürnberg – Göring als Vis-à-vis – Rudolf Heß – Kampf gegen Depressionen – Pater Sixtus – Im freien Zeugenflügel – Entthronte Götzen – Selbstverteidigung zu weit getrieben – Wer bedroht Nürnberg? – Nach Dachau – »Guarded like a Cobra« – Wieder nach Nürnberg – Lager Regensburg – Wieder im Bunker – Österreicher – Ausländer.

In der zweimotorigen Maschine sah ich viele bekannte Gesichter: Großadmiral Dönitz, Generaloberst Guderian, SS-Oberstgruppenführer und Generaloberst der Waffen-SS Sepp Dietrich, Minister Seldte, den ich nur von Bildern her kannte, Baldur von Schirach, Dr. Kaltenbrunner und andere, die ich überhaupt nicht erkannte. Wir hatten schönstes Flugwetter; aber ich konnte mich dem Genuß des Fliegens nicht hingeben. Die Ungewißheit über die Zukunft war nicht geeignet, die sonstige Hochstimmung eines Fluges aufkommen zu lassen. Auch die Gesichter der anderen Fluggäste waren ernst.

Vom Flugplatz in Nürnberg fuhren uns Rote-Kreuz-Wagen zum Justizpalast. Schon vorher hatte mir ein Captain die Fesseln gelöst; diese Vorsichtsmaßnahme war ihm wohl selbst lächerlich erschienen. Niemand dachte damals daran, daß manche von denen, die durch das Tor des Justizpalastes traten, dieses Gebäude nicht mehr verlassen würden. In einem Raum wurden wir von Colonel Andrus, dem Gefängniskommandanten, empfangen. Ich weiß nicht, ob es anderen auch so ging: er erinnerte mich beim ersten Anblick mit seinem Kneifer an Heinrich Himmler, nur daß ich jenen nie mit einem so neu glänzenden Kunststoff-»Stahl«helm gesehen hatte. – Großadmiral Dönitz und ich trugen noch als einzige die Schulterstücke an unserer Uniform. Als wir belehrt wurden, daß es hier nur noch »Gefangene« gäbe, taten wir uns gegenseitig den Liebesdienst, dieses letzte Zeichen unserer früheren Zugehörigkeit zur deutschen Wehrmacht abzunehmen.

Die Zelle 31 im Parterre nahm mich auf. Neugierig sah ich durch die offene Klappe der Zellentür meine neue Umgebung an. Mein erster Blick fiel auf eine Zellentür schräg gegenüber. Aus ihr nickte mir Hermann Göring, anscheinend gut aufgelegt, zu. Die Organisation klappte hier wirklich vorzüglich, und ich war in den ersten Tagen von dem Wechsel wenigstens in dieser Hinsicht recht angenehm berührt. Schon nach zwei Tagen wurde ich in den ersten Stock in die Zelle 97 verlegt. Hier war es luftiger, und ich hatte sogar die Möglichkeit, einige Baumwipfel und ein Stückchen Himmel zu sehen. Manchmal trug der Wind die Musik eines fernen Rummelplatzes durch mein Fenster hinein. »Stürmisch die Nacht, und die See geht hoch ...«, spielte eine alte Drehorgel ununterbrochen.

All das, was ich in den Monaten sah und erlebte, was ich dachte und fühlte, würde die Seiten eines eigenen Buches füllen. Es war für mich eine sehr harte Zeit, da ich mit vielen ungelösten Fragen und Problemen in meinem Innern selbst und allein fertig werden mußte. Sie wurde mir dadurch aber auch wertvoll, und ich würde sie heute ungern missen. Ich habe in den folgenden Monaten viel für mein weiteres Leben zugelernt.

Auch heute kann ich nicht sagen, was es eigentlich gewesen ist, das mich seelisch in den ersten Wochen der Nürnberger Zeit auf einen Tiefpunkt brachte, wie ich ihn früher noch nie gekannt hatte. Ich sah alles grau in grau – die Vergangenheit und die Zukunft. Die Atmosphäre des kommenden Prozesses mag ihren Anteil daran gehabt haben oder auch die für mich neue Erkenntnis menschlicher Schwächen bei Männern, die ich früher höher eingeschätzt hatte. Waren es die gänzliche Abgeschiedenheit von der Außenwelt und die Ungewißheit über das Schicksal meiner Familie oder der unsagbar tiefe Sturz des Vaterlandes, die diese Depression in mir auslösten? Ich fühlte nur, daß ich allein damit fertig werden mußte. Niemand, auch nicht der beste Kamerad und Freund, konnte hier helfen. Und ich wurde dieser Stimmung Herr, die mich schon an allem zweifeln ließ. Langsam gewann ich neuen Mut zum Leben und meinen alten Optimismus wieder.

Auf den Spaziergängen im Gefängnishof sah ich manchmal auch Rudolf Heß. Er war stets mit einer Hand an seinen Wachposten gefesselt. Den Blick starr geradeaus gerichtet, ging er mit raschen Schritten seinen Weg ab. Trotzdem machte er auf mich nicht den Eindruck eines Geistesgestörten; eher erweckte er in mir den Anschein, als ob sein ganzes Gehaben eine starre Maske sei, die er aus eigenem Willen trug. Ich habe dann später mit verschiedenen Leuten gesprochen, die Heß schon früher kannten. Immer wieder stieß ich auf die Frage, ob Rudolf Heß nicht doch im Auftrage Hitlers gehandelt und den Flug nach England unternommen hatte und von ihm zum Schweigen verpflichtet worden war.

Einige Verhöre durch Beamte der Anklagebehörde hatten wohl ergeben, daß mein Wissen in keiner Weise für den in Vorbereitung stehenden Prozeß vonnöten war. Wochenlang entbehrte ich daher auch die Abwechslung, die selbst ein Verhör für einen Gefangenen zu bieten hat. Ich kam mir wie vergessen vor. Als fair empfand ich die Art der Mitteilung des Colonels Andrus, die er um den 20. Oktober 1945 herum selbst in meine und die Zellen anderer Gefangener brachte, daß wir uns nicht als »war criminals« (= Kriegsverbrecher) zu betrachten hätten, sondern als Zeugen, die eben noch einige Zeit zur Verfügung stehen müßten. Als der Selbstmord Dr. Leys und dann der Dr. Contis das Gefängnis in nicht gelinden Aufruhr gebracht hatten, kam es zu einer unangenehmen Neueinführung für uns Gefangene. Nachts wurden die Zellen durch eine Lampe, die durch die Klappe der Zellentür schien, hell erleuchtet. Das Gesicht mußte auch beim Schlafen für den Posten draußen ständig sichtbar sein, durfte also nicht unter der Decke verborgen werden. Eines Nachts weckte mich ein besonders gewissenhafter Posten des öfteren und kam dann sogar mit dem diensthabenden Offizier in meine Zelle. Diesem erst konnte ich plausibel machen, daß ich mich keineswegs am Kopfende verstecken und mein Gesicht verbergen wollte. Es war nur meine Länge, die mich zwang, wirklich jeden Zentimeter der Schlafpritsche auszunutzen. Nachdem das alles durch Augenschein bewiesen worden war, mußte sich der Posten zufriedengeben, und ich konnte in Ruhe weiterschlafen.

Eines Tages wurde ich in ein besonders großes Vernehmungszimmer gerufen. Eine Anzahl älterer Herren in Uniform, darunter ein US-General, erwartete mich. Ich mußte in ausführlicher Berichterstattung wieder einmal den ganzen Italieneinsatz darlegen. Zum Schluß stellte der General noch einige ergänzende Fragen, die größte Sachkenntnis verrieten. Leider erfuhr ich erst viel später, daß es Major General William O'Donovan gewesen war, der mich vernommen hatte. Er war während des Krieges Kommandeur des »Office of Strategic Services« gewesen. Ich hatte also, ohne es zu wissen, den Offizier getroffen, der in der amerikanischen Armee das gleiche Aufgabengebiet bearbeitete wie ich in der deutschen. Für kurze Zeit sollte er damals Vorsitzender des Nürnberger Gerichts werden, legte aber später bekanntlich unter Protest dieses Amt nieder, da er mit dem mehr als merkwürdigen »Gerichtsverfahren« nicht einverstanden war.

Wenn ein ehemaliger Insasse des Nürnberger Gefängnisses von dieser Zeit erzählt, muß er unbedingt einen Mann erwähnen, der wohl allen bekannt war: es war der katholische Gefängnisgeistliche Captain Pater Sixtus O'Connor. Schon sein Name ließ erkennen, daß er irischer Abstammung war, aber auch sein Temperament sprach dafür. In regelmäßigen Abständen besuchte er alle Gefangenen, die seinen Besuch wünschten, in der Zelle. Er hat nie, wenn es nicht dem Wunsch des Betreffenden entsprach, eigentlich religiöse Gespräche geführt. Allein seine menschliche Art der Anteilnahme am Geschick der einzelnen gewann ihm Freunde. Mit ihm konnte man als einzigem andere Gesprächsthemen finden als

Prozeß und Vergangenheit. Er zerbrach so den engen Ring der Gedanken, in den sich jeder unmerklich begeben hatte. – Wenn manch einen die Angst plagte und viele Zeugen nun plötzlich in Nürnberg ein neues religiöses Gefühl in sich entdeckten und eifrige Anhänger der römisch-katholischen Kirche wurden, so glaube ich, daß Pater Sixtus derjenige war, der das Konjunkturhafte dieser Erscheinung klar erkannte und innerlich auch ablehnte. Pater Sixtus ist von sich aus nicht als Seelenfänger für seine Kirche aufgetreten.

Ungerecht wäre es, über Nürnberg zu schreiben und dabei das deutsche Gefängnispersonal zu vergessen. Es waren deutsche Landser, die erst als Kriegsgefangene entlassen wurden und dann zum Teil freiwillig als Zivilangestellte dort blieben. Sie haben sich, von ganz wenigen Ausnahmen abgesehen, immer äußerst korrekt und kameradschaftlich gegenüber allen Gefangenen benommen. Unter ihnen waren auch zwei Landsleute von mir. Es war direkt rührend, wie besonders nett sich diese beiden meiner annahmen. Durch kleine, natürlich verbotene Liebesdienste – einmal ein Stück Kuchen, ein andermal eine Tasse Kaffee extra, aber auch hin und wieder durch ein Scherzwort – halfen sie mir über viele schwere Stunden hinweg. Und ich muß ehrlich gestehen, daß ich stolz darauf war, wenn dieser Arbeiter aus Wien und jener Kleinbauer aus Niederösterreich von »unserem« Skorzeny sprachen. Es war, als ob mir nach dem Kriege noch ein ganz hoher Orden verliehen worden wäre.

Am 21. November wurde ich plötzlich in den sogenannten offenen Zeugenflügel verlegt, nachdem ich zwei diesbezügliche Gesuche geschrieben hatte. Es war doch eine große Erleichterung, wieder unter Menschen zu kommen, mit denen man sich tagsüber aussprechen konnte. Erschüttert war ich nur, daß ich unter den vielleicht 60–80 Insassen des Zeugenflügels ganz wenige »Männer« fand, die uns paar Jüngeren Beispiel und Vorbild sein konnten. Uns Frontsoldaten und Einsichtigen war es schon Jahre früher klargeworden, daß unsere vielen »Führer« weder Halbgötter waren noch in vielen Fällen überhaupt den Namen eines Führers verdienten. Sie waren Menschen – mit allen menschlichen Fehlern und Schwächen. Wir hatten allerdings erwartet, daß sie nach dem Zusammenbruch wenigstens Haltung bewahren und für das einstehen würden, was sie jahrelang ohne Widerspruch willig vertreten hatten. Es war für mich erschütternd, daß es gerade in Nürnberg viele ehemalige hohe Führer gab, die sich jetzt als erbärmliche Schwächlinge zeigten.

Als ein einziges Beispiel – ich will in diesem Buch nicht schmutzige deutsche Wäsche waschen – will ich nur den früheren Reichsleiter

Amann anführen. Dieser entblödete sich nicht, allen Ernstes zu behaupten, er sei von Adolf Hitler förmlich gezwungen worden, sich für anderthalb Millionen Reichsmark seinen Besitz am Tegernsee aufzubauen. Ihm sei dieser Luxus gar nicht gelegen. Zum Überfluß betätigte er sich noch als eifriger Verbreiter dümmsten Hofklatsches aus Hitlers nächster Umgebung. Ich war selbst einmal Zeuge, als ihm Pater Sixtus bei einer solchen Gelegenheit sagte, er als Amerikaner sei gar nicht an solchen »Histörchen« interessiert.

Über Sinn und Zweck der Nürnberger Prozesse habe ich viel nachgedacht. Viele Juristen, Staatswissenschaftler und andere Personen haben seither ihre gewichtigere Meinung darüber geäußert. Die offizielle Lesart ist die, daß durch diese Prozesse ein neues, für die ganze Welt gültiges Völkerrecht geschaffen werden sollte. Die vier großen siegreichen Nationen Amerika, Großbritannien, Frankreich und die Sowjetunion bildeten das Tribunal. Nach Beendigung des ersten Prozesses gingen sie auseinander, ohne das eigentliche Werk, die Aufstellung eines neuen Völkerrechts, angefangen, geschweige denn vollendet zu haben. Wird es jemals geschaffen werden?

Der Kampf um den eigenen Kopf bei manchen Angeklagten und die Angst vor der Zukunft und der später möglichen eigenen Anklage für manchen Zeugen haben im Nürnberger Justizpalast dazu geführt, daß eben diese Leute in ihren »Geständnissen und Affidavits« zu weit gingen. In der gleichen Weise, in der diese Personen ihre Servilität im Dritten Reich zu weit getrieben hatten, gingen sie auch jetzt in den Eingeständnissen ihrer angeblichen und schon immer vorhanden gewesenen »inneren Gegnerschaft«, ihrer »Sabotage von Befehlen« oder ihres angeblich geführten »Widerstandskampfes« gegen das System zu weit. Aber selbst wenn man einen großen Teil. dieser Protokolle als unter dem Druck der neuen Situation geschrieben beurteilen wollte, bleiben noch genügend Tatsachen für diese Feststellung übrig. Unglückseligerweise hatten aber diesmal die Sieger selbst diesen Zustand herbeigeführt. Nicht nur die Dokumentensammlung in Nürnberg, auch die Arbeiten bei der amerikanischen Historischen Division in Neustadt könnten eine Fundgrube solcher Selbstentschuldigungen sein.

In einer späteren Zeit, in der diese Sammlungen einmal der Öffentlichkeit zugänglich gemacht werden müssen, wird es eine schwere und verantwortungsvolle Aufgabe der Historiker sein, Spreu und Weizen zu scheiden. Wird dieser Umstand bei einer späteren Geschichtsschreibung nicht in Betracht gezogen, dann sehe ich eine schwere Gefahr darin für eine neue Legendenbildung à la »Dolchstoßlegende«, diesmal aber genährt und bewiesen aus alliierten Archiven und eidesstattlichen Aussagen.

Wöchentlich einmal wurden wir in das Kellergeschoß geführt, wo sich die Duschräume befanden. Auf dem Wege dorthin fiel mir ein ganzer Stapel von Leintüchern auf. Sollten wir den Luxus einer Bettwäsche genießen? Drei Wochen lang sah ich diesen Stapel mit begehrlichen Augen, dann konnte ich nicht mehr widerstehen. Auf dem Rückweg in unsere Zellen tat ich einen raschen Griff, und drei Leintücher waren in meinem Besitz. Noch am selben Abend verschenkte ich zwei davon; eines bekam der schon seit Tagen bettlägerige Feldmarschall von Blomberg, das andere überreichte ich meinem österreichischen Landsmann, dem früheren Minister General Glaise-Horstenau. Beide versicherten mir am nächsten Morgen, daß sie schon lange nicht so gut geschlafen hätten. Auch mein Gewissen machte sich nicht unangenehm bemerkbar; das dritte Leintuch begleitete mich durch alle Jahre meiner Gefangenschaft.

Weihnachten und Neujahr gingen vorüber. Eine große Erleichterung war es für alle Gefangenen, als im Februar 1946 die Postverbindung mit den Angehörigen erlaubt und langsam wieder aufgenommen wurde. Nun erfuhren wir wenigstens, ob und wer von unseren Angehörigen noch am Leben war und wo sie sich aufhielten. Manch einer von uns erhielt aber auch die furchtbare Nachricht: vermißt – verschollen – tot.

Eines Tages merkten wir, daß in fieberhafter Eile kriegerische Vorbereitungen getroffen wurden. Bei den Einfahrten in den Gefängnishof wurden durch Einrammen von Holzpflöcken Panzersperren errichtet, an vielen Ecken mit Hilfe von Sandsäcken Maschinengewehrnester gebaut, ja selbst im Innern des Gebäudes an den Übergängen mittels Panzerplatten befestigte Stände für die Gefängnisposten geschaffen und das Bewachungspersonal vervielfacht.

Dies alles ging unter unseren erstaunten Augen vor sich. Wir wußten uns keine Erklärung dafür zu geben. Bis eines Nachmittags Pater Sixtus lachend in meine Zelle kam, tappte auch ich im dunkeln. Was mir der Pater erzählte, kam mir selbst unglaubhaft vor. Aber Pater Sixtus hatte in der Offiziersmesse den General kennengelernt, der mit der Leitung dieser unverkennbaren Sicherheitsmaßnahmen betraut war. Der General erzählte im Kreise der Offiziere, warum diese Maßnahmen getroffen wurden. Angeblich sammelten sich in der Nähe von Nürnberg deutsche Truppen, welche die Absicht hatten, den Justizpalast zu stürmen und die dort Gefangenen zu befreien. Klang schon diese Nachricht phantastisch genug, so hatte sich Pater Sixtus über den Schluß der Erzählung noch mehr gewundert: Der Anführer dieser Truppen sei der durch den Mussolini-Einsatz bekanntgewordene Oberst Skorzeny!

Pater Sixtus warf natürlich sofort ein, daß dieser besagte Skorzeny ja schon seit September des vergangenen Jahres im Nürnberger Gefängnis säße. Er begegnete nun seinerseits einem fassungslosen Staunen auf der anderen Seite. Der General meinte, seine Nachrichten seien verbürgt, und vielleicht sei der im Gefängnis befindliche Skorzeny nicht der richtige. Erst nach umständlichen Rückfragen und komischen Verhören stellte sich heraus, daß ich »echt« war. Trotzdem blieben die erhöhten Sicherheitsmaßnahmen noch wochenlang in Kraft.

Vollständig konnte ich es niemals aufklären, wie dieses phantastische Gerücht entstanden war. Spukte noch immer die Panzerbrigade 150 in den Köpfen verschiedener Leute? Als ich jedoch Monate später meinen früheren Funkoffizier M. im Lager Regensburg traf, fand ich einen kleinen Anhaltspunkt. M. erzählte mir, daß er sich nach dem Kriege, ohne ein Kriegsgefangenenlager zu passieren, zu seiner Familie nach Nürnberg durchgeschlagen hatte und dort friedlich lebte. Als er hörte, daß ich im Justizpalast sei, beschloß er, mir zusammen mit einigen anderen ehemaligen Soldaten zu helfen. Sie entwarfen einen phantasievollen und gutgemeinten, aber unmöglich durchführbaren Plan, mich zu befreien. Durch die Schwatzhaftigkeit eines der Eingeweihten flog aber die ganze Sache auf, und alle Beteiligten wurden verhaftet und nach den entsprechenden Verhören in Nürnberg in ein PoW-Lager eingewiesen. Ich bekam niemals die Beweise dafür in die Hand, ob diese Tatsachen mit den oben erzählten Vorgängen im Justizpalast in ursächlichem Zusammenhang standen. Die Möglichkeit ist jedoch nicht von der Hand zu weisen.

Anfang Mai 1946 hatte die Zeit in Nürnberg plötzlich ein Ende. Unvermutet hieß es für mich: »Fertigmachen!« Mein Gepäck war bereits etwas größer geworden. Da uns unsere eigenen Uniformen schon fast vom Körper fielen, hatten wir abgelegte Bekleidung und Wäschestücke der US-Army bekommen. Zwei Kartons faßten aber doch alle meine Habseligkeiten. Dann ging es ab in Richtung Süden im Auto, einem richtigen Käfigwagen.

Nachts kamen wir in Dachau an. Unser Weg führte uns direkt in den Bunker. Wieder saß ich in Einzelhaft und konnte über die Gründe hierfür nachdenken. Nach einigen Tagen erhielt ich die Aufklärung durch einen Vernehmer, einen gewissen Mister Harry T. Den Gegenstand der Vernehmung bildete wieder die Ardennenoffensive. Er wollte wissen, welche Befehle der Armee mir bekannt seien, welche Ansprache der Korpskommandeur gehalten habe und vieles andere mehr. So gut ich noch alles in Erinnerung hatte, gab ich ihm Auskunft. Aber anscheinend war diese nicht so, wie er sie sich wünschte.

In den nächsten Tagen wurde er dringlicher. Er gab mir die völlig überflüssige Versicherung ab, daß das Militärgericht in Dachau nicht gegen mich vorgehen wolle. Es sei aber immer von Vorteil, wenn man helfe, die Wahrheit zu finden. Darauf konnte ich ihm nur versichern, daß dies auch mein Wunsch sei. Aber eben deswegen müsse ich bei meinen bisherigen Aussagen bleiben und nochmals erklären, daß mir weder von mündlichen noch schriftlichen Befehlen der gewünschten Art, nämlich Erschießungsbefehlen, irgend etwas bekannt sei.

Eines Tages zeigte mir derselbe Mister T. die Aussage eines Majors der 1. SS-Panzerdivision, die mich persönlich angeblich schwer belastete. Er meinte, ich könne dieses Dokument für mich behalten und vernichten, aber ich sollte ihm doch helfen. Auf dieses Angebot erwiderte ich ihm, daß ich in so ernsten Angelegenheiten wie Aussagen vor Gericht keine Geschäfte zu machen wünschte. Im übrigen interessiere mich die Aussage des Majors, den ich überhaupt nicht kannte, gar nicht.

Unglückseligerweise bekam ich gerade in dieser Zeit meine heftigen alten Gallenanfälle. Tagelang gelang es dem deutschen Bunkerarzt nicht, meine Verlegung in das Lagerlazarett durchzusetzen. Als ich endlich in das Spital eingeliefert wurde, war aber vorerst von einer Erholung keine Rede. Ich bekam ein Einzelzimmer zugewiesen, und Tag und Nacht saß ein amerikanischer Soldat an meinem Bett. Persönlich waren die GIs alle nette Kerle. Sie hatten aber anscheinend alle kein Verständnis dafür, daß ein Kranker nachts auch schlafen wollte. So brachten sie zum Beispiel eines Abends für die Nachtwache ein Radio mit; denn Wachehalten mit Musik war doch bedeutend amüsanter. Dann wieder arrangierten sie hinter meinem Bett eine Pokerpartie, die natürlich nicht so rasch beendet war. Einem anderen GI passierte dann auch das schon lange erwartete Mißgeschick mit seiner Waffe. Plötzlich ging ein Schuß in die Decke; es war nur ein Glück, daß der Hebel der Maschinenpistole nicht auf Dauerfeuer eingestellt war. Auch die Kranken in den Nebenräumen hatten auf diese Art und Weise eine recht lebhafte Zeit.

Einmal brachte mir ein GI ganz stolz eine Ausgabe der Soldatenzeitung »Stars and Stripes« mit und zeigte mir einen Artikel »Guarded like a Cobra«; darunter sah ich mein Bild. In diesem Artikel konnte ich lesen, daß ich bereits vier- oder fünfmal aus der Gefangenschaft entkommen und daß deshalb besonders strenge Bewachungsvorschriften für meine »guards« ausgegeben worden seien. Nun konnte ich mir vieles erklären. Meine dritte schriftliche Beschwerde hatte endlich Erfolg; die Bewachung wurde zurückgezogen, und ich kam in ein gewöhnliches Krankenzimmer. Um diese Zeit lief der bekannte Malmedyprozeß. Die Anklageseite bemühte sich seit Wochen mit Drohungen und Versprechungen, mich als Zeugen der Anklage zu gewinnen. Ich erklärte immer wieder, daß ich nichts für die Anklage auszusagen hätte. Wenn es der Anklage aber um die Sensation ginge, den »Skorzeny« als ihren Zeugen auf die Bühne dieses Schauprozesses zu bringen, so könnte sie gewiß sein, daß mein Auftritt ein sensationeller sein würde – allerdings in einem anderen Sinn, als es die Anklage erhoffte. Ich gab weiter meiner Erwartung Ausdruck, daß die internationale Presse, Rundfunk und Fernsehen anwesend sein würden. Ich war fest entschlossen, im Gerichtssaal einen Skandal zu provozieren, um so die abscheulichen Methoden, die in den sogenannten »Kriegsverbrecherprozessen« zur Anwendung kamen, vor die Öffentlichkeit zu bringen. – Dreimal wurde ich aus dem Lazarett bis zur Tür des Gerichtssaals gebracht. Jedesmal stellte ich die Frage, ob auch alles für den sensationellen Skandal vorbereitet sei, und dreimal wurde ich in mein Krankenbett zurückgebracht. Man verzichtete doch auf meinen Auftritt.

Als die Urteile im Malmedyprozeß bekannt wurden, hielten wir alle sie zuerst für einen Irrtum. Zuviel hatten wir von Kameraden darüber gehört, wie die Behandlung der Gefangenen in Schwäbisch-Hall gewesen und wie die verschiedenen »Geständnisse« zustande gekommen waren. Wir konnten uns nur vorstellen, daß dem Gericht alle diese Umstände nicht bekannt waren. Aber eine kommende Revisionsverhandlung mußte ja die Wahrheit ans Licht bringen.

Ebenso plötzlich, wie ich nach Dachau transportiert worden war, wurde ich nach Nürnberg zurückgebracht. Auf Anordnung des Arztes machte ich diese Reise auf einer Tragbahre. Im Nürnberger Zeugenflügel herrschte unterdessen Hochbetrieb; jede Zelle war doppelt belegt. Es standen gerade die als »verbrecherisch« angeklagten Organisationen vor Gericht. Hier sollte ich für die Verteidigung einige Affidavits abgeben.

Über den Ausgang des ersten großen Prozesses gegen die »Hauptkriegsverbrecher« war sich bei dieser einmalig einseitigen Prozeßführung niemand im unklaren. Der Fall, daß ganze Organisationen als »verbrecherisch« angeklagt wurden, war aber so neu, daß niemand von uns sich ein Bild über den Prozeßverlauf machen konnte. Es konnte ja auch bei der Anklage nur mit allgemeinen Argumenten vorgegangen werden. Es muß ein Fall recht nach dem Herzen von Völkerrechtlern und Juristen gewesen sein. Für uns

Betroffene war es weniger erfreulich, da wir überhaupt nicht wußten, wie wir uns wehren sollten.

Nach wenigen Wochen schon war wieder ein Wohnungswechsel fällig. Auf drei großen Lastwagen verließen etwa 90 Häftlinge das Nürnberger Gerichtsgefängnis. Diesmal ging es in das Camp Nürnberg-Langwasser. Aber die Freude, endlich das freiere Lagerleben kennenzulernen, war nur kurz. Schon nach zwei Stunden wurden Feldmarschall Kesselring und ich aufgerufen und in einem Jeep in die Einzelhaftzellen des Lagers gebracht.

Hier lernte ich die Behandlungsmethoden eines amerikanischen Truppenarztes kennen, die sich kaum von denen eines einfachen Heilgehilfen unterschieden. Da ich kaum etwas essen konnte und außerdem fast ständig starke Gallen- und Leberschmerzen hatte, bat ich um entsprechende Medikamente. Ich bekam großzügigerweise Aspirintabletten zur Verfügung gestellt – in jeder Menge. In etwa einer Woche war auch dieser Aufenthalt zu Ende.

Ein Lastwagen voll mit PoWs, meist früheren Offizieren der Wehrmacht, rollte weiter gen Süden in das Lager Regensburg. Nach etwa acht Tagen Aufenthalt im Bunker – dort war es das Gerippe eines Fabrikgebäudes – wurde ich in das Lagerlazarett eingeliefert. Dieser ewige Wechsel von Einzelhaft zum Camp ging selbst mir schon auf die Nerven.

Eines Tages bekam ich dort Besuch; es war Mister Harry T., der mich, durchaus einseitig, wie einen alten Freund begrüßte. Er erklärte mir feierlichst, daß er nunmehr für die Verteidigung im Malmedyprozeß, und zwar für General Pries, arbeite, der Kommandeur des I. SS-Panzerkorps gewesen und im Prozeß zu einer schweren Kerkerstrafe verurteilt worden war. Ich sollte für ihn eine eidesstattliche Erklärung abgeben, welche die genauen Befehlsverhältnisse während der Ardennenoffensive schildern sollte. In einigen Tagen wollte er wiederkommen und die Erklärung abholen. Die Sache kam mir äußerst merkwürdig vor; aber eine Nachprüfung war nicht möglich. So mußte ich mich als PoW fügen und diese nichtssagende Erklärung abgeben, obwohl ich genau wußte, daß sie für andere Zwecke bestimmt war.

Der Aufenthalt im Lager war für mich äußerst wohltuend. Die Kameraden kamen mir mit so viel Vertrauen entgegen, wie ich es kaum erwartet hatte. Oft wünschten sie von mir meine Meinung über Vergangenheit und Zukunft zu hören; aber da ich mir damals über vieles selbst noch nicht klar war, mußte ich sie vielleicht enttäuschen. Eines aber gelang mir: nämlich ihnen etwas von meinem eigenen Optimismus für die Zukunft zu geben. Dies schien mir auch besonders wichtig zu sein angesichts der verzweifelten Stimmung, die bei den meisten herrschte. Ohne einen Ausweg sahen sie die nächste Zukunft vor sich liegen. Viele hatten jeden Glauben an das Gute im Menschen und an eine Gerechtigkeit verloren. Ich konnte sie damit trösten, daß eben das Pendel des Lebens von einem Extrem zwangsläufig ebenso stark nach der anderen Seite ausschlägt. Das Auspendeln zur Ruhe braucht Zeit. Und die Kunst des Lebens heißt: warten können!

Die Österreicher im Lager, darunter auch ich, warteten auf ihre Zwangsrepatriierung. Eines Tages wurden wir, ungefähr 250 Mann »Ausländer«, in Güterwaggons verladen, und ab ging es zum Lager Darmstadt, wo ich auch Karli Radl wußte. Die erste Fahrt durch die deutsche Landschaft tat wohl. Bei der amerikanischen und polnischen Zugwache war ich der Vertrauensmann des Transportes. Es war für viele von uns die erste Möglichkeit, wenigstens kurz mit deutschen Zivilisten, Eisenbahnarbeitern und Reisenden in Fühlung zu treten. So kam ich mit unserem Lokomotivführer und dem Heizer ins Gespräch, denen die Wache gesagt hatte, wer ich sei.

Dieses Gespräch gab mir wieder viel von dem verlorenen Glauben an unser Volk zurück. Es war ja gar nicht wahr, was die Zeitungen schrieben, daß wir Internierten und ehemaligen Soldaten vom ganzen Volk gehaßt und verachtet würden. Es war ja gar nicht wahr, daß die Denazifizierungswelle mit allen ihren Ungerechtigkeiten vom Volke gewünscht und unterstützt wurde. Gewiß, jeder lehnte das Verbrechen, in welcher Form auch immer es sich gezeigt hatte, ab; aber sie verstanden alle, daß man als Idealist und Patriot auch für das gestürzte Dritte Reich sein Bestes geben konnte.

Der harte Boden und das Rütteln des Güterwagens hielten mich und andere Kameraden in den beiden Nächten der Fahrt lange wach. In langen Gesprächen diskutierten wir die Frage: Österreicher oder Deutscher, wie sie an uns in Darmstadt vor der Repatriierung gestellt werden würde. Konnte man nicht ein guter Österreicher und ein guter Deutscher zugleich sein? War es nicht ein Widersinn, zwischen Teilen eines Volkes wieder eine Grenze aufzurichten, wo doch unsere einzige Zukunftshoffnung in einer freiwilligen Niederlegung der Grenzpfähle in ganz Europa bestand? Konnte Europa nicht nur als Ganzes gesunden? Jeder eigenstaatliche Egoismus konnte doch nur den Gesundungsprozeß hemmen, wenn nicht ganz verhindern.

Aber noch eine andere Überlegung führte zu meinem späteren Entschluß: Wir hatten doch nicht nur für unsere engere Heimat Österreich gekämpft, es war doch Deutschland, für das wir zu den Waffen geeilt waren! Die Mehrzahl aller meiner Kameraden mußte sich in die Mühle der deutschen Denazifizierung begeben. Das gleiche wollte ich auch tun. Das gleiche Volk, dessen Bestes

ich gewollt und für das ich mich mit ganzer Begeisterung eingesetzt hatte, sollte auch darüber urteilen, ob ich ihm gegenüber
Unrecht getan hatte. Ich beschloß, auch die schlechten Tage mit
meinen Männern zu teilen und in Deutschland zu bleiben. Für
mich sollten die Zeilen der Nationalhymne »... und im Unglück
nun erst recht« mehr als ein Lippenbekenntnis sein. Und noch
etwas: Die Erfahrungen, die sich unsere Generation in den sechs
Jahren des Krieges so bitter erkämpft hatte, würden ein anderes
Mal sicherlich nicht leichtsinnig vergessen werden. Wir wollen hoffen, daß diese Generation die Erfahrungen unsentimental in der
Praxis anwendet.

Aber vorläufig wurde ich an der Durchführung meines Ent-
schlusses durch höhere Gewalt gehindert. Wir standen stundenlang auf dem Darmstädter Bahnhof, ohne den Abmarschbefehl
zum nahen Lager zu bekommen. (Wie ich später erfuhr, war im
Lager bereits die Parole unter den Kriegsgefangenen verbreitet:
»Skorzeny ante portas!«) Wir bekamen unterdessen Hunger,
denn die Fahrt hatte länger gedauert, als für Reiseproviant ge-
sorgt war. Die Rote-Kreuz-Station am Bahnhof löste auf meine
Bitte hin dieses Problem: Die Schwestern zauberten trotz der
schwierigen Ernährungslage Suppe, Brot und etwas Fett hervor.
Dann hieß es plötzlich »einsteigen!«, und es ging zwei Tage zurück
nach Regensburg. Unsere Kreuzfahrt durch Deutschland stand
unter dem Motto: Es lebe die unsterbliche Bürokratie! Unser
Transport war nämlich nicht vorschriftsmäßig in Darmstadt ange-
meldet worden und wurde daher zurückgeschickt.

Auf dem Lagergelände war für jedes »cage« ein Lautsprechermast
aufgestellt. Die Anteilnahme der Internierten an den Sendungen,
die von der Lagerleitung für uns ausgewählt wurden, war nicht
groß. Am 1. Oktober 1946 aber waren die Lautsprecher umlagert;
da verließ auch der stumpfste Internierte seine Baracke. Die Urteile des ersten Kriegsverbrecherprozesses wurden verkündet!
Stumm, ohne die geringste Bewegung zu zeigen, nahmen wir die
elf Todesurteile gegen die einstigen Führer des Dritten Reiches
auf. Tiefe Niedergeschlagenheit löste jedoch das Urteil gegen
die als »verbrecherisch« angeklagten Organisationen aus. Noch
schlimmer aber war, daß wir dieses Urteil in seiner ganzen Tragweite damals noch gar nicht erfaßten. Niemand von uns dachte
daran, daß es für große deutsche Bevölkerungsteile die Deklas-
sierung auf Jahre hinaus bedeuten würde. Trotz aller verlogenen
Erklärungsversuche des Kommentators Gaston Culman erweckte
der Spruch bei uns nur das Gefühl der Richtigkeit des Spruches von
Libius: »Vae victis! – Wehe dem Besiegten!«

XXXII

Wieder in Einzelhaft in Wiesbaden — Verbrecherische Organisationen? — Nochmals in Oberursel — An den Lastwagen gefesselt — Einzelzelle in Dachau — Operation unter Bewachung — Tapfere Frauen.

Aber auch die Regensburger Tage dauerten für mich nicht mehr lange. Eines Tages kam der Befehl durch:»Skorzeny, fertigmachen!« Begleitet von einigen Kameraden, ging ich zum amerikanischen Lagerkommandanten. Als man mir wieder einmal Handschellen anlegen wollte, protestierte ich auf das heftigste. Auch der Captain sah die Notwendigkeit dieser Maßnahme nicht ein und telefonierte über eine Stunde vergeblich, um die Rücknahme der betreffenden Anordnung zu erreichen. Dann erst gehorchte er dem nicht abzuändernden Befehl. Aber der Sergeant, der mich begleitete, hatte wohl eine Spezialanweisung: denn keine fünf Minuten nach dem Verlassen von Regensburg befreite er mich von dem entehrenden Gerät.

Da wir Wiesbaden, unser Ziel, nicht am selben Abend erreichen konnten, hielten wir im Heim des deutschen Fahrers, der selbst Internierter war, unsere Nachtrast. Von der Familie wurde ich wie ein Sohn des Hauses aufgenommen. Es war das erstemal nach dem Kriege, daß ich an einem gedeckten Tisch saß, von Tellern aß und wieder mit Gabel und Messer hantieren durfte. Ich mußte mich erst langsam wieder daran gewöhnen, daß es auch für uns noch solche Kulturutensilien gab.

Am nächsten Tage landete ich also wieder in meinem alten Wiesbadener Gefängnis, das bereits den deutschen Behörden übergeben war und nur eine kleine »amerikanische« Abteilung hatte. Ein Captain, der mich besuchte, eröffnete mir, daß ein Oberstleutnant mich zu sprechen wünsche. Ich war nahe daran zu antworten, daß für ein solches Gespräch wohl der Aufwand einer Verlegung zu groß gewesen sei. Da es aber in solchen Fällen meist besser ist zu schweigen, behielt ich meine Meinung für mich.

Gesundheitlich ging es mir nicht gut. Auch die totale »Schonkost«, die es damals im Gefängnis gab, kurierte meine Gallenkoliken in keiner Weise. Die deutschen Gefängniswärter, fast alle ehemalige Soldaten, behandelten mich nicht nur korrekt; es war auch ein Unterton alter Kameradschaft dabei. Von den anderen Gefängnisinsassen bekam ich niemanden zu Gesicht. Unbekannte Spender schoben mir aber in stillen Stunden manche Zigaretten oder einen Leckerbissen sowie Zeitungen zu.

In meinem Schlafsack, aus einer Decke eigenhändig genäht, liegend, las ich hier von der Urteilsvollstreckung in Nürnberg. War damit die Tragödie Deutschlands wirklich zum Abschluß gekommen? War es nicht nur ein destruktiver Aktschluß im Ringen um das Idealbild einer weltumspannenden Gerechtigkeit? Der angeblich ideale, konstruktive Sinn und Zweck des Prozesses blieb noch im Dunkel. Unwillkürlich drängte sich einem die Frage auf: Wird nicht in künftigen Kriegen die Führung jeder Partei bis zum Weißbluten kämpfen? Wird nicht jeder Unterlegene eine Wiederholung von Nürnberg befürchten müssen? – Daß Hermann Göring den Freitod wählen konnte, war wahrscheinlich auf eine letzte Hilfe von deutscher Seite an den Angeklagten Nr. 1 dieses Prozesses zurückzuführen, der sich während des Verfahrens als Mann benommen hatte. Ich hätte allen Angeklagten die Möglichkeit einer solchen Lösung gewünscht.

Welche Folgerungen aber würde der Präzedenzfall der Verurteilung ganzer Organisationen als »verbrecherisch« in der Zukunft schaffen? Wohlweislich hatte man den Generalstab als Organisation nicht verurteilt. Aber schon, daß diese Institution, die jedes Land besitzt und deren Arbeitsweise überall die gleiche ist, »auf der Anklagebank« saß, war eine Tatsache, deren Tragweite nicht abzusehen war. Erschütternd wirkte auch das Kollektive dieser Urteile gegen Millionen von Menschen. Wo war der Schlußstrich, der doch einmal gezogen werden mußte, wenn neu angefangen werden sollte? Diffamierte Völker interessieren sich kaum mehr dafür, was als gut oder böse gilt. Gut und böse sind als Begriffe wandelbar und unbeständig. Es wird uns oder, besser gesagt, unseren Vätern vorgeworfen, daß sie das Ergebnis des Jahres 1918, die Niederlage, nicht anerkannt haben. Heute wollen wir auf dieser Tatsache neu aufbauen, gleichgültig, wie es dazu kam.

Nach etwa einer Woche wurde ich in das mir schon vertraute Vernehmungslager Oberursel verlegt, diesmal ungefesselt und unter angenehmeren Umständen. Der Oberstleutnant war noch nicht zu mir gekommen. Jetzt, im Oktober 1946, erfuhr ich durch Hörensagen, daß andere Insassen als 1945 das Lager bevölkerten. Deutsche Laute hörte ich nur noch selten; dagegen bildeten Ausländer aller Sprachen das Hauptkontingent der Häftlinge. Mehrere Frauen waren darunter. Das hysterische stundenlange Weinen einer weiblichen Gefangenen in meiner Nähe nahm auch meine Nerven mit. Durch Zuspruch aus meinem Fenster versuchte ich, sie zu beruhigen; es war jedoch vergebene Liebesmüh', denn sie verstand kein Wort Deutsch, und auch mit meinen englischen und französischen Sprachkenntnissen hatte ich kein Glück. Sie stammte wohl aus einem Land jenseits des Eisernen Vorhangs, der damals schon im Niedergehen war, wenn auch noch unmerklich für die Öffentlichkeit.

Organisation und Verpflegung waren in dem nun international gewordenen »Camp King« unbestreitbar besser geworden. Zum Waschen und zur Erledigung anderer Dinge wurde ich von zwei mit Maschinenpistolen – die Finger waren noch immer am Drükker – bewaffneten, grimmig und gefährlich aussehenden Posten geführt. Das alte »Mak snell« wurde von Fußtritten gegen die offene Holztür unterstützt. Daß es jetzt manchmal länger dauerte, bis mein Winkersignal beachtet wurde, fand ich begreiflich, da ja erst die beiden Posten herbeigeholt und sich »kampffertig« machen mußten.

Streichhölzer bekam ich im Vergleich zu meiner Tabakration – ein Paket pro Woche – viel zuwenig, da ich durch besondere Kniffe bis zu hundert Zigaretten aus dem Inhalt dieses Pakets anfertigte. Zu einem Kettenraucher wollte ich mich nicht entwickeln; so mußte ein anderer Ausweg gefunden werden. Da war ja die elektrische Heizung, die zuvorkommenderweise ständig in Betrieb gehalten wurde. Rasch waren die Blechkästen ein wenig aufgebogen, und der beste elektrische Zigarettenanzünder stand mir in der eigenen Zelle zur Verfügung. Einmal wurde ich in eine Nachbarzelle verlegt, von wo aus ich laute Hammerschläge aus der Richtung meiner alten Zelle hörte. Nach meiner Rückkehr stellte ich fest, daß man meine Zelle von außen durch alte Eisenplatten einbruchs- oder soll ich besser sagen ausbruchssicher gemacht hatte. Eine gänzlich überflüssige Arbeit, da ich niemals beabsichtigte, auszubrechen, und es wohl auch niemandem in den Sinn kam, mir von außen einen Besuch abzustatten.

Aber auch hierher kam der erwartete Besuch des amerikanischen Offiziers nicht. Wieder hieß es eines Tages: »Get up, in ten minutes you will leave!« Da auf dem Lastwagen, auf dem ich die Reise antreten sollte, nur zwei Posten für mich eingeteilt waren, wurde ich in verdrehter Haltung an die Rücklehne meines Sitzes gefesselt. Später hatten die beiden genügend Einsicht, um festzustellen, daß diese Haltung auf die Dauer unmöglich war, und fesselten mich auf dem Boden an zwei Benzinkanister. Wie ich später erkennen mußte, wollten sie lediglich ihre Nachtruhe nicht verlieren; denn sie schliefen viele Stunden getreulich an meiner Seite. In den frühen Morgenstunden landete ich dann wieder einmal in Dachau. Dort gab es gleich zu Anfang ein Mißverständnis. Ich kam nach den restlichen Nachtstunden im Arrest des Lagers zu meinem Erstaunen in das Freilager. In den kurzen 48 Stunden, die ich dort blieb, hatte ich zum Schlafen kaum Zeit. Viele alte Kameraden und noch mehr unbekannte PoWs wollten mit mir plaudern.

Wie viele neue Erlebnisse konnten wir miteinander austauschen! An vielen Ideen und Gedankengängen merkte ich aber die Stacheldrahtpsychose, die viele Soldaten mit der Zeit befallen hatte. Man vergißt, daß man die Geschehnisse der Welt auch noch von einem anderen Blickfeld aus betrachten kann, als es der engumgrenzende Stacheldraht gestattet. Es war meiner Meinung nach nicht alles so schwarz, wie es sich vom Standpunkt mancher der nun schon über ein Jahr kriegsgefangenen Kameraden aus ansah. Ich war immer noch Optimist.

In diesen Monaten bedienten sich die Amerikaner schon vieler Deutscher zu verschiedenen Hilfsdiensten. Durch einen solchen Deutschen, einen ehemaligen Soldaten, der den Dachauern noch über ein Jahr erhalten blieb, bekam ich nach zwei Tagen wieder den Befehl überbracht: »Sachen packen und am Tor melden.« Von dort kam ich wieder in den Bunker in Einzelhaft. Die Bunkerverwaltung, die mich als alten Insassen begrüßte, legte mich in meine alte Zelle Nr. 10. Aber der angekündigte Besuch des Oberstleutnants kam noch immer nicht.

Tag für Tag verging, ohne daß sich eine offizielle Stelle um mich kümmerte. Es wurde mir auch nicht der Grund für die Verschärfung meiner Haft durch eine Einzelzelle mitgeteilt. Ich kam mir langsam wie vergessen vor. Meine Kameraden, die irgendwie Verbindung zu mir bekommen konnten, halfen mir auf jede erdenkliche Weise. Die Essenausteiler steckten mir manchmal eine kleine Extraportion oder einen Teil einer Liebesgabensendung zu. In solchen Situationen ist man für jeden Beweis kameradschaftlicher Verbundenheit besonders dankbar. Aber auch der amerikanische Gefängnissergeant drückte manchmal beide Augen zu, wenn er irgendwo helfen konnte. So habe ich mich später im Frühjahr während des kurzen täglichen Spazierganges oft zu den Beeten gebückt, in denen Radieschen wuchsen. Eine Handvoll davon ersetzte mir wenigstens in kleinem Maße die so lange entbehrten Vitamine aus frischem Obst und Gemüse. Der Sergeant, der mich bei diesem Tun schon länger beobachtet hatte, kam später zu mir mit der Frage: »You like raddishes?« und drückte weiterhin die Augen zu.

Mein Gesundheitszustand wurde immer schlechter; trotzdem konnte es der deutsche Bunkerarzt, ein internierter Österreicher, nicht durchsetzen, daß ich in das Lazarett verlegt wurde. Dies wäre nur gestattet worden, wenn ich mich sofort einer Gallenoperation unterzogen hätte. Als aber auch der Arzt, zu dem ich großes Vertrauen hatte, zur Operation riet, entschloß ich mich endlich dazu und wurde in das Lagerspital, wieder in ein Einzelzimmer, übergeführt. Tag und Nacht saß ein Posten an meinem Bett, obwohl ich zu dieser Zeit kaum kriechen konnte und vor der Operation noch aufgefüttert werden sollte.

Am 6. Dezember 1946 war es dann soweit. Damit ich nicht mitsamt dem Operationstisch fliehen konnte, begleitete mich der Posten in den Operationssaal. Während des langsamen Erwachens aus der Narkose fluchte ich mich bei halber Besinnung erst einmal furchtbar aus. Dies tat mir trotz des Wiedereinsetzens der Schmerzen ausgesprochen wohl. Eine in den nächsten Tagen auftretende Lungenentzündung überstand mein zäher Körper nur durch kameradschaftlichste Hilfe. Einen Fall vorbildlicher Kameradschaft muß ich hier schildern: Für deutsche Kranke gab es damals noch kein Penizillin; dieses damals noch neue Wundermittel war ausschließlich für Amerikaner reserviert. Mein Zustand war anscheinend ziemlich ernst. Da entschlossen sich zwei der ebenfalls kriegsgefangenen deutschen Ärzte, für mich einen nächtlichen Einbruchsdiebstahl zu wagen. Aus der amerikanischen Militärapotheke in Dachau stahlen sie für mich das neue Arzneimittel. Diese einmalige Kameradschaftstat werde ich nie vergessen.

Dann begann eine langwierige Rekonvaleszentenzeit. Es dauerte Wochen, bis ich wieder halbwegs gehen konnte. Kaum war es im Februar 1947 soweit, wurde ich sofort aus dem Spital und diesmal in den sogenannten »Gerichtsbunker« gelegt. Dieser Bau, zwar erst nach dem Kriege im Jahre 1946 entstanden, war in jeder Beziehung schlechter als der alte Dachauer Lagerbunker, dessen Zellen im Vergleich dazu beinahe als erstklassige Hotelzimmer erschienen. Die neue Zelle war etwa 2,50 m lang, 1,40 m breit und ungefähr 2,20 m hoch. Sie war gänzlich in Beton ausgeführt und hatte nur ein schmales Luftloch von zirka 15 × 60 cm. Die Einrichtung bestand aus zwei übereinanderliegenden Bettgestellen und einer offenen Mehrzweckmuschel. Das schlimmste aber war, daß im Mittelgang zwischen den Zellen Holzbretter gelegt waren, auf denen die polnischen Posten die ganze Nacht auf und ab gingen.

Den mir zugestandenen täglichen zehnminütigen Spaziergang konnte ich kaum ausführen, da mir das Gehen noch ziemlich beschwerlich war. Nach etwa acht Tagen wurde ich zur staatsanwaltlichen Abteilung für Kriegsverbrecherprozesse gerufen. Zu meinem Erstaunen erkannte ich da als Chef der Abteilung einen der hervorragenden amerikanischen Verteidiger im Malmedyprozeß, Lt. Colonel D. Er fragte mich, aus welchem Grunde ich in den Gerichtsbunker gekommen sei. Ich konnte ihm nur erwidern, daß ich dieselbe Frage auf der Zunge hatte, als ich den Raum betrat. Lt. Colonel D. erklärte mir, daß seines Wissens keinerlei Prozeßverfahren gegen mich liefen und ich daher sofort den Gerichtsbunker verlassen müsse. Ich konnte seiner Ansicht nur beipflichten. Meine leise Hoffnung, in das Freilager zu kommen, erfüllte sich jedoch nicht. Der Bunker und die Zelle 10 nahmen mich wieder als ihren alten Bekannten mit offenen Armen auf. Von meinem alten Adjutanten Karl Radl hatte ich ebenfalls Nachricht. Er war auch auf dem Weg über Wiesbaden in Dachau eingetroffen und hatte es hier im Lager zu einem guten »Job« gebracht. Er »managte« mit einigen anderen meiner Leute, von den amerikanischen Vorgesetzten nur »Skorzeny boys« genannt, den Gemüsebetrieb von Dachau. Dadurch konnte er mir manchmal auf geheimen Wegen etwas »Grünfutter«, wie wir es nannten, zuschieben.

Die Stimmung unter den mehr als 300 Gefangenen im Dachauer Bunker war oft tief unter dem Nullpunkt. Manche von ihnen saßen nun schon viele Monate lang ohne Vernehmung und ohne zu ahnen, was man mit ihnen vorhatte. Unglaublich war die gute Laune der mit uns inhaftierten Mädchen; sie waren vielen Männern ein Beispiel. Unter ihnen befanden sich Sekretärinnen, die wirklich nicht wußten, wie sie zu dieser langjährigen Haft kamen.

XXXIII

Vernehmer in Doppelrolle – Die Anklage – Unbekannte »Mit-
verschwörer« – Deutsche und amerikanische Verteidiger – Sprecher
für alle – Böse Vorzeichen – Wetten um meinen Kopf – Objektive
Presse? – Ungewohnte Justizmethoden – »Catch as catch can« –
Belastungszeugen? – Unerwartete Entlastung – Ein englischer
Offizier – Im Zeugenstuhl – Freispruch – Wieder unter Kamera-
den – Historische Division – Skorzeny alias »Abel« – Die »Axis-
Sally« – Urlaub auf Ehrenwort – Gerüchte um Hitler – Als Be-
lastungszeuge ungeeignet – Freiwillig vor die Spruchkammer – Un-
faire Methoden – Korrupte Ankläger – Siebenmal verschoben –
Ich habe es satt! – Schritt in die Freiheit!

Es mag etwa im März 1947 gewesen sein, als der lange angesagte
Oberstleutnant in Begleitung des mir schon bekannten Mister
Harry T. bei mir erschien. Auf meine Frage an ihn, ob er jetzt für
Anklage oder Verteidigung arbeite, erklärte mir Mister T., daß er
nunmehr in einer Untersuchungskommission tätig sei. Drei lange
Verhöre über meinen Einsatz bei der Ardennenoffensive führte der
Oberstleutnant in äußerst sachlicher Weise mit mir durch. Ich hatte
den Eindruck, daß nun zum letztenmal der Einsatz »Greif« unter
die Lupe genommen werden sollte. Da ich bestimmt wußte, daß
nichts Unrechtes geschehen war, hatte ich auch keine Sorgen.
Als ich das letzte Protokoll unterschrieben hatte, bat ich den
Oberstleutnant, mir offen seine Meinung darüber zu sagen, ob
bei dem Unternehmen der Panzerbrigade 150 irgendein Vergehen
gegen die Kriegsgesetze vorgekommen sei. Der alte Frontoffizier
versicherte mir, daß seiner Auffassung nach kein Verstoß vorliege und daß eine Entscheidung seiner vorgesetzten Dienststelle
in dieser Richtung in etwa vier Wochen zu erwarten sei. Genau
verzeichnete ich dieses Datum auf meinem »Wandkalender«. Allein
die Wochen vergingen, die angegebene Zeit war längst überschritten; und noch immer war ich ohne Nachricht.
Mir war bekannt, daß sich einige Angehörige der Panzerbrigade
150 in Dachau befanden; auf keinen Fall aber dachte ich daran,
daß dies im Zusammenhang mit einem etwaigen Prozeß gegen
meine Offiziere und mich stehen könnte. Als ich etwa Mitte Juli
1947 in das Arbeitszimmer des polnischen Bunkerkommandanten
gerufen wurde, erwartete mich eine Menge mir unbekannter Personen. Nur Colonel Rosenfeld, der sich seinerzeit mit mir hatte
fotografieren lassen, und Mister Harry T. waren alte Bekannte.
Reporter hielten ihre Kameras schußbereit; alles in allem schien

sich eine hochwichtige Sache vorzubereiten. Als dann der Reihe nach acht weitere deutsche Gefangene, Angehörige der Panzerbrigade 150 – ein zehnter lag schwerkrank im Spital –, hereingeführt wurden, wußte ich Bescheid: also doch Anklageerhebung. Langsam musterte ich die Gesichter meiner Mitangeklagten; sechs von ihnen waren mir unbekannt. Dann begann Colonel Rosenfeld, die Anklageschrift vorzulesen. Mister Harry T., der anscheinend doch wieder für die Anklage arbeitete, gab den Text übersetzt in die deutsche Sprache wieder. Den zweiten Anklagepunkt konnte ich überhaupt nicht fassen. Nach den Einleitungsworten, die von einem gemeinsamen Plan und gemeinsamer Verschwörung sprachen, kamen dann die Worte »... und haben amerikanische Kriegsgefangene mißhandelt, gemartert und getötet, deren Zahl und Namen nicht feststehen.« Es sind aber mindestens hundert getötet worden.

Der weiteren Vorlesung der Anklageschrift hörte ich kaum noch zu. Auch meine Kameraden schienen gerade über diesen Punkt am meisten erschüttert. In allen Vernehmungen während der zwei Jahre meiner Gefangenschaft war mir nicht der geringste Vorwurf in dieser Richtung gemacht worden. Wie ich dann feststellte, war das gleiche auch bei den anderen Angeklagten der Fall. Um es gleich vorwegzunehmen: In der Verhandlung hatte zuerst die Anklage für einige Tage das Wort. Tag für Tag wartete ich darauf, daß irgend etwas vorgebracht würde, um einen Beweis für diesen Punkt der Anklage zu liefern. Am Ende des Anklagevortrags zog Colonel Rosenfeld Punkt 2 zurück. Der Vorsitzende des Gerichts machte den Oberst noch besonders darauf aufmerksam, daß dieser Anklagepunkt niemals wieder aufgegriffen werden dürfe. Es hat mich später kaum versöhnt, als ich vertraulich hörte, daß der Anklagepunkt auf Mord, also Punkt 2, nur deshalb gestellt werden mußte, um überhaupt eine Anklageerhebung gegen uns durchsetzen zu können. Im Jahre 1947 sollten nämlich nur noch Prozesse durchgeführt werden, wenn sie mit einer Mordanklage verbunden werden konnten.

Nach der Anklageverlesung wurden wir in den Bunkerhof geführt. Dort stellte ich mich erst einmal den sechs mir noch nicht bekannten angeblichen »Mitverschwörern« vor. Dann wollten die Presseleute etwas von mir hören. Ich konnte nur zuversichtliche Antworten geben und ließ mir auch nichts von der in mir herrschenden Wut wegen des zweiten Anklagepunktes anmerken. Ich sagte den Reportern ungefähr wörtlich: »Es ist doch ein glatter Unsinn, uns des gemeinsamen Planes und der Verschwörung anzuklagen! Eben habe ich sechs meiner neun Mitangeklagten zum erstenmal im Leben gesprochen!« – Diese einzige Meinungsäußerung kam mit der

Schlagzeile in eine gewisse Presse: »Skorzeny bezeichnet den Prozeß gegen ihn als Unsinn«. Ein solche Bemerkung allein wäre fast eine Frechheit meinerseits gewesen und sollte wohl auch als solche aufgezeigt werden. Daraus und aus anderen Erfahrungen ist auch meine Abneigung gegen eine unseriöse Presse zu verstehen.

Meine Mitangeklagten – fünf Marineoffiziere, drei Heeres- und ein Waffen-SS-Offizier – und ich hatten während der folgenden drei Tage eine schwere Zeit zu überstehen. An Stelle von Mister Harry T. vernahmen uns nun die uns zugeteilten Verteidiger Lt. Colonel Robert D. Durst, Lt. Colonel Donald McClure und Major L. I. Horowitz nach allen Regeln der Kunst. Ich war mir nicht klar darüber, was damit bezweckt werden sollte. Erst am letzten Tag erhielt ich von Lt. Colonel Durst, dem Hauptverteidiger, die Aufklärung. An diesem Tage gab er mir zum erstenmal die Hand. Er versicherte mir, daß er nunmehr von meiner und meiner Kameraden Unschuld restlos überzeugt sei.

Er würde mich wie seinen eigenen Bruder verteidigen. Dieser Ehrenmann hat sein Wort auch voll und ganz gehalten. Später erklärte er mir noch, daß er nach der speziellen Gerichtsordnung, der die Dachauer Gerichte unterlagen, auch als Verteidiger zur objektiven Wahrheitsfindung im Prozeß verpflichtet gewesen sei und damit zu einem gewissen Grad zu einer Zusammenarbeit mit der Anklage! Zu den drei amerikanischen Verteidigern gesellten sich bald noch sieben deutsche, die sich freiwillig erboten, unsere Interessen zu vertreten. Ehrlich erklärte ich ihnen, daß sie auf keinerlei Bezahlung von unserer Seite rechnen könnten; wir seien alle arme Schlucker und könnten höchstens einen ungedeckten Zukunftswechsel ausstellen. Die deutschen Anwälte hielten ihr Angebot trotzdem aufrecht. – Am meisten Freude bereitete mir, als nach einigen Tagen ein Landsmann von mir, Dr. Peyrer-Angermann, aus Salzburg eintraf. Er hatte sich sogar in Salzburg verhaften lassen, um in einem Gefangenentransport nach Deutschland und damit nach Dachau kommen zu können. Eine andere Möglichkeit gab es damals nicht, um von Österreich nach Deutschland zu kommen. – Rücksichtslose Ehrlichkeit war Dr. Peyrer-Angermanns größte Tugend.

»Ich habe mich in Salzburg erst nach Ihrem Renommee erkundigt, ehe ich gekommen bin«, versicherte er mir gleich nach der Begrüßung, »und die Auskünfte waren positiv.«

Schon in den nächsten Tagen mußten wir Angeklagten zwei schwerwiegende Entschlüsse fällen. Lt. Colonel Durst erklärte mir, daß er nur dann für einen Erfolg des Prozesses einstehen könnte, wenn die Arbeit in Form eines »teamwork« mit einem »teamleader« geleistet werde. Er verlangte deshalb unsere Zustimmung dazu,

daß er als einziger über die Art der Verteidigungsführung zu entscheiden habe; kein anderer Verteidiger dürfe ohne seine Einwilligung etwas unternehmen. Er würde sich vor jeder Entscheidung mit mir als dem »leader« der Angeklagten beraten. Wir sollten also für unseren Prozeß auf Anraten eines gereiften Demo-
kraten zum »Führerprinzip« zurückkehren, mit dem wir in seiner
überspitzten deutschen Form eben so schlechte Erfahrungen gemacht hatten. Für mich war es eine riesengroße Verantwortung,
die ich für das Schicksal, vielleicht sogar für das Leben meiner
Kameraden übernehmen sollte. Auf Wunsch von Lt. Colonel Durst
sollte ich nämlich nach Möglichkeit als einziger in den Zeugen-
stand gehen und die Verteidigung aller mit übernehmen.
Es kostete mich lange Überlegungen, ehe ich entschlossen war,
diese schwerste Verantwortung auf mich zu nehmen. Allerdings
wollte ich es nur dann tun, wenn meine Kameraden mir in de-
mokratischer Abstimmung diese Aufgabe übertrugen. Auch über
die Alleinvollmacht an Lt. Colonel Durst ließ ich abstimmen. Alle
Angeklagten hatten sowohl dem Hauptverteidiger als auch mir
gegenüber volles Vertrauen und übertrugen uns beiden ihre Vollmachten. Als erste sichtbare Folge legten daraufhin drei der deutschen Anwälte die Vertretung nieder. Sie warnten uns davor, dem
amerikanischen Anwalt ein solches »Pleinpouvoir« zu geben. Dies
war zwar kein guter Anfang, aber letzten Endes doch eine richtige
Entscheidung, wie sich später gezeigt hat.
Überhaupt standen die Wochen vor Prozeßbeginn nicht gerade
unter einem glücklichen Stern. Eine üble Nachricht kam nach der
anderen. Zuerst war Colonel Durst mit der Zusammensetzung des
Gerichts recht zufrieden. Mir persönlich war es nicht gerade sympathisch, als ich erfuhr, daß Lt. Colonel Ellis, der Anklagevertreter
im Malmedyprozeß, mit dem ich mich nicht besonders gut vertra-
gen hatte, Kommandeur der »War Crimes Group« in Dachau
geworden war.
Einige Tage später kam Lt. Colonel Durst ziemlich bedrückt zu mir.
Die Zusammensetzung des Gerichtshofes sei geändert worden,
alle Mitglieder des Gerichts stünden unter Einfluß des Vorsitzenden Colonel Gardner. Als ich dazu noch flüstern hörte, daß der
Vorsitzende den nicht unbedingt humorvollen Spitznamen »the
hanging Gardner« trug, weil er bisher nur Todesurteile »durch
Erhängen« gefällt hatte, wurde mir nicht leichter zumute. Nur
ungern gab ich die Einwilligung dazu, daß Lt. Colonel Durst
gegen die Ernennung Colonel Gardners und anderer Mitglieder des
neun Mann starken Gerichtshofes Einspruch erhob. Es war mir
klar, daß wir uns dadurch die Feindschaft verschiedener Personen
zuziehen würden; aber bei dem bevorstehenden Prozeß ging es

um mehr. Als Endergebnis wurden vier oder fünf Mitglieder des Gerichtshofes ausgewechselt, Colonel Gardner aber blieb Vorsitzender. Die neu dazugekommenen Beisitzer waren alle verdienstvolle amerikanische Frontoffiziere; sie urteilten später nach ihrer Überzeugung.

Oberstleutnant Durst organisierte mit persönlicher Hingabe in kürzester Zeit seinen unteren Mitarbeiterstab, der aus Zivilangestellten der »War Crimes Group« bestand. Bei einem erhoben wir Einspruch. Dieser hatte vor kaum zwei Wochen einen der mitangeklagten Heeresoffiziere verhaftet und ihn auch einem ersten Verhör im Auftrage der Anklage unterzogen. Außerdem hatte er im »Malmedy-Prozeß« auf der Anklageseite gegen meine Kameraden gearbeitet. Wir konnten uns nicht vorstellen, daß derselbe Mann nun auch ein vollgültiger Mitarbeiter der Verteidigung würde. Noch einen zweiten Zivilamerikaner, Herrn Kirschbaum, lehnten wir ab. Uns war bekanntgeworden, daß er in Schwäbisch-Hall der »erfolgreichste« Vernehmer der Anklage gegen meine Kameraden der 1. SS-Panzerdivision gewesen war. Und wenn dieser Mann allein durch seine Mitarbeit für uns den Prozeß zu unseren Gunsten entschieden hätte, wir hätten ihn dennoch abgelehnt.

Im Bunker lagen wir neun Angeklagten nun zu dritt in drei Zellen. Wir arbeiteten mit Hochdruck an der Vorbereitung der Verteidigung. Die Hauptarbeit war erst während des Prozesses zu erwarten; denn wir erhielten vorher kein einziges »belastendes« Dokument – und übrigens auch später nicht – zur Einsicht. Auf die mehr als allgemein gehaltenen Anklagepunkte konnten wir praktisch keine andere Erwiderung als die wahrheitsgemäße Darstellung der Vorgänge selbst vorbereiten. Es wurde uns im Punkt 1 der Anklage vorgeworfen, daß wir in feindlicher Uniform gekämpft hätten. Wir wußten nur, daß dies nicht den Tatsachen entsprach. Aber wie sollten wir das beweisen, wenn uns nur diese allgemeine Formulierung bekannt war? In den Anklagepunkten 3 und 4 wurde uns vorgeworfen, daß wir amerikanischen Kriegsgefangenen Ausrüstungsgegenstände und Rote-Kreuz-Pakete gestohlen hätten. Wir wußten hingegen nur, daß wir unsere gesamte, leider so mangelhafte Ausrüstung auf Anforderung vom Wehrmachtsführungsstab, der den Einsatz befohlen hatte, erhalten hatten. Wie sollten wir eine Verteidigung vorbereiten, wenn wir nicht wußten, wann, wo, wie und durch wen die »Untaten« der Punkte 3 und 4 begangen sein sollten?

Eine erfreuliche Tatsache konnten wir aber auch feststellen. Die Stimmung bei dem polnischen und amerikanischen Bewachungspersonal war nach der Anklageerhebung uns gegenüber bestimmt nicht schlechter geworden. Mit meinen dreizehn Monaten

Dachauaufenthalt konnte ich mich schon für einen halben »Ehren-
bürger« des Bunkers halten. Natürlich konnte ich nicht erwarten,
daß mich die Posten, die mit mir während dieser Zeit zu tun hatten,
liebten; aber es hatte den Anschein, als hätte ich mir die Achtung
dieser Soldaten erworben. Und das genügte mir.
Etwas ungewöhnlich mutete es mich an, als ich erfuhr, daß über
den Ausgang des Prozesses eine Unmenge von Wetten abgeschlossen wurde. Die Amerikaner von Verteidigung und Anklage
wetteten gegeneinander um beachtliche Dollareinsätze. Ein Toto,
von uns Angeklagten geführt, wäre ein gutes Geschäft gewesen.
Aber leider waren wir nur indirekt und als Objekte beteiligt; denn
es ging ja schließlich um unseren Kopf und um unsere Freiheit.
Ein Gutes aber hatte diese Wettleidenschaft; an den Quoten, die
von Anfang an zu unseren Gunsten standen und bis zum Ende
des Prozesses bis auf die Quote 1:10 stiegen, konnten wir unsere
steigenden Chancen ermessen.
Nicht ganz so einfach war es, alle zehn Angeklagten unter einen
Hut zu bringen und zu einem Team zusammenzuschweißen. Kein
einziger Offizier war dabei, den ich näher kannte. Merkwürdigerweise war keiner meiner engeren Mitarbeiter aus meinem Stab
angeklagt worden. Die Interessen der einzelnen gingen in den
ersten Tagen ziemlich auseinander. Ich will nur schildern, wie ich
meinen besten Mitstreiter in dieser Zeit gewann:
Leutnant zur See M. kam eines Tages zu mir und gestand mir
folgendes: Er sei der Sohn eines Deutschen und einer englischen
Mutter und schon immer ein Gegner des Dritten Reiches gewesen.
Zu meiner Brigade habe er sich nur gemeldet, um Gelegenheit zu
finden, zum Feinde überzulaufen. Nach seiner Gefangennahme
habe er all dies ausgesagt. Auch gegen mich, den er nur einmal
gesehen hatte, habe er einen Haß empfunden, ohne einen Grund
dafür angeben zu können. Während seiner Kriegsgefangenschaft
seien ihm aber die Augen aufgegangen, auch darüber, daß seine
Schwarzweißmalerei des Bildes Deutschland – Alliierte nicht
richtig gewesen sei. Erst als PoW sei er ein guter Deutscher geworden. In den Tagen, in denen er mich persönlich kennengelernt habe, seien auch seine Vorstellungen über mich korrigiert
worden. Ich könne ihm trotz seines damaligen Irrtums voll vertrauen; er würde jetzt mein bester und treuester Kamerad sein.
Er ist mein Freund bis heute geblieben, und wir alle wurden ein
eisernes Team, das niemand mehr sprengen konnte.
Über den gesamten Verhandlungsverlauf zu berichten, ist in diesem Rahmen unmöglich. Da ein Teil der deutschen Presse nur
über die ersten Tage, in denen die Anklage das Wort hatte, schrieb,
mag das schließlich gefällte Urteil Erstaunen erweckt haben. Wenn

die Presse außer den Schlagzeilen den Text etwas ausführlicher gehalten hätte, wäre das nicht der Fall gewesen.

Am 18. August 1947 begann die Verhandlung. Als erster Belastungszeuge der Anklage trat mein langjähriger Adjutant und Freund Radl auf. Obwohl er einzig und allein die Echtheit eines Fernschreibens des Wehrmachtsführungsstabes, die niemand bestritten hatte, bestätigen mußte, erfuhr davon die Öffentlichkeit nichts. Nur die optische Wirkung des Umstandes: »der Adjutant sagt gegen seinen Chef aus«, blieb. Ich weiß, wie schwer es Radl wurde, bei diesem erzwungenen Auftreten vor Gericht ruhig zu bleiben.

Auch einigen zum Tode verurteilten Kameraden des Malmedyprozesses erging es nicht anders. Sie wurden gezwungen, vor Gericht als Zeugen zu erscheinen. Standartenführer Peiper, der Hauptangeklagte des Malmedyprozesses, stellte dies in einer offenen Erklärung vor Gericht fest, wozu schon allerhand Mut gehörte. Sie alle hatten nichts Belastendes auszusagen; wir hingegen wunderten uns, warum sie überhaupt als Zeugen vorgeführt wurden. Als später zu meiner Überraschung – ich wußte vorher nichts von seinem Vorhaben – Lt. Colonel Durst als erster öffentlich die Art der Verhandlungsführung im Malmedyprozeß angriff, und das mit sehr drastischen Worten, freuten wir uns ehrlich, dadurch vielleicht ein wenig unseren verurteilten Kameraden geholfen zu haben. Lt. Colonel Durst ging im Gerichtssaal auf Colonel Rosenfeld, den früheren Vorsitzenden im Malmedy-Prozeß und jetzigen Hauptanklagevertreter, los: »Sie, mit den bluttriefenden Fingern aus dem Malmedy-Prozeß, ich garantiere Ihnen, ein gleiches wird Ihnen in diesem Prozeß nicht gelingen!«

Die ominöse belastende Aussage des Majors Knittel zerfiel auch in Nichts. Knittel, der sich ebenfalls im Landsberger Gefängnis befand, konnte wegen angeblicher Erkrankung nicht vor Gericht erscheinen. Dieses Nichterscheinen eines wichtigen Zeugen fiel mir auf. Mr. Harry T., der Gehilfe der Anklage, hatte im Zeugenstuhl beschworen, daß Knittels Aussage freiwillig vor ihm abgelegt, beschworen und unterzeichnet worden sei. Ein amerikanischer Gehilfe der Verteidigung erreichte es dann, Knittel in Landsberg zu vernehmen. Dieser Amerikaner beschwor im Zeugenstuhl, daß er dem Major Knittel das fragliche Dokument gezeigt, worauf dieser ihm geschworen habe, daß niemals ein solches Protokoll von ihm unterschrieben und beschworen worden sei und daß sich außerdem Major Knittel völlig wohlauf befinde. – Auf den Meineid des Mr. T. erfolgte – nichts. Die Aussage eines amerikanischen Offiziers, daß er während der Zeit der Ardennenoffensive in deutscher Kriegsgefangenschaft etwa drei Pfund an Gewicht abgenommen habe, konnte uns kaum belasten. – Ein US-Leutnant bestätigte, daß einige deutsche Soldaten bei den Kämpfen in Stouomont das amerikanische »field jacket« über ihrer deutschen Uniform getragen hätten. Im Kreuzverhör der Verteidigung sagte er aber ebenso ehrlich aus, daß diese Gefangenen auf Befragen die 1. SS-Panzerdivision als Truppenteil genannt hätten. Es waren also gar keine Angehörigen der Panzerbrigade 150 gewesen. Im weiteren Verlauf des Prozesses stellte sich heraus, daß viele deutsche Soldaten im Westen ein gefundenes »field jacket« getragen hatten, weil sie dadurch die fehlende oder schlechte eigene Winterbekleidung wettmachen konnten.

Nach Beendigung aller Anklagevorträge stellte Lt. Colonel Durst zum erstenmal den Antrag auf Freispruch aller Angeklagten von allen erhobenen Anklagepunkten. Der Antrag wurde abgelehnt.

Das Auftreten des ersten Zeugen der Verteidigung war die größte Überraschung für den ganzen Gerichtssaal, für uns Angeklagte am meisten. Der britische Wing Commander F. Yeo-Thomas, der im Auftrag des englischen Secret Service führend in der französischen Widerstandsbewegung gearbeitet und gekämpft hatte, trat als Zeuge auf. Einen Moment mußte ich nachdenken; dann fiel es mir ein, wo ich den Namen schon gelesen hatte: In dem bekannten Buch von Eugen Kogon »Der SS-Staat«. Dort war allerdings zu lesen, daß er im Konzentrationslager liquidiert worden sei. Und jetzt lebte derselbe Mann und wollte für mich, seinen früheren deutschen Gegner, aussagen. Der Bericht dieses englischen Offiziers gab dem Gericht das anschaulichste Bild davon, welche Art von tapferen Einsätzen während des Krieges von englischer Seite durchgeführt wurden. Tarneinsätze waren im Kampf um den Sieg nichts Verbotenes! Die Beschaffung der dazu nötigen Ausrüstung erfolgte um jeden Preis. Ich konnte dem Kameraden von der anderen Seite leider nicht die Hand drücken, als er vor dem Gerichtshof erklärte: »Meine Herren, Oberst Skorzeny und seine Offiziere haben immer als Gentlemen gehandelt und gekämpft!«

Auch drei amerikanische Offiziere aus Standorten in der Nähe Münchens hatten sich der Verteidigung zu Aussagen freiwillig zur Verfügung gestellt; sie wurden jedoch nicht benötigt.

Nachdem noch einige Zeugen der Verteidigung ihre Aussagen gemacht hatten, kam ich als Zeuge für alle meine Kameraden auf den Stuhl, der inmitten des Gerichtssaales aufgebaut war. Der Hauptverteidiger Lt. Colonel Durst ließ mich fast immer in freier Rede dem Gerichtshof über Befehlsgebung, Vorbereitung und Durchführung des Unternehmens »Greif« berichten. An Hand einer wandgroßen Landkarte des Gebietes konnte ich meine Ausführungen anschaulich machen. Auch mein Kreuzverhör durch Colonel Rosenfeld, den Hauptankläger, wurde auf die fairste und höflichste Weise geführt.

Leider konnte ich nicht näher auf das Gerücht über den sogenannten »Eisenhower-Plan«, den angeblich geplanten Einsatz auf das alliierte Hauptquartier, eingehen. Ein Antrag der Anklage, daß über dieses Thema nicht gesprochen werden dürfe, wurde vom Gericht angenommen.

Die Schlußrede des Verteidigers Lt. Colonel McClure machte größten Eindruck. Er wandte sich an den Gerichtshof mit den Worten: »Meine Herren, wenn ich einmal in einer von mir befehligten Fronteinheit solche Männer wie diese Angeklagten hätte, wäre ich stolz darauf.«

Der Freispruch für alle Angeklagten wurde vor einem überfüllten Gerichtssaal am 9. September 1947 ausgesprochen. Bevor ich noch meinem Verteidiger die Hand schütteln konnte, kam der Hauptankläger Colonel Rosenfeld zu mir herüber. Er wollte mir die Hand drücken, was ich aber verweigerte, und beglückwünschte mich zu meinem Erfolg. Ich müsse einsehen, meinte er, daß er mit der Anklageerhebung nur seine Pflicht getan habe und einem Befehl nachgekommen sei. Er habe es nicht gerne getan! Meine Erwiderung darauf war nicht weniger deutlich: »Dann sollten Sie, Colonel, auch uns Deutsche verstehen, da wir nur unsere Pflicht getan und Befehlen gehorcht haben.« Die nur anscheinend ehrlich gemeinte Gratulation meines Prozeßgegners hätte mich als die eines Gentlemans aufrichtig mit allem versöhnt.

Deshalb kann ich nur an einen Irrtum der Presse glauben, als sie einige Tage später ihren Lesern erzählte, daß Colonel Rosenfeld mich als den »gefährlichsten Mann Europas« bezeichnet habe. Dieses mir nicht zustehende Attribut fand leider immer dann Verwendung, wenn ein zugkräftiger Titel der phantasievollen Storys über mich, die immer noch nicht aufhören wollen, veröffentlicht werden sollte.

Einige Stunden nach dem Freispruch fanden wir uns im Bunker wieder zusammen, diesmal nicht mehr im Einzelzellenteil. Die Gratulationen selbst des Bunkerpersonals waren ehrlich gemeint. Auch verurteilte Kameraden gönnten uns das Glück, das uns sicher aus den Augen strahlte. Wieder einige Stunden später zogen wir in das amerikanische Freilager ein. Den Empfang durch die Kameraden werde ich nie vergessen. Wohl jeder der Lagerinsassen brachte uns etwas: ein Stück Kuchen oder Wurst oder den letzten Apfel aus dem Paket von daheim. Unsere nächsten Kameraden hatten schon alles mögliche vorbereitet. Auf mich wartete, von Radl und Hunke vorbereitet, ein Essen à la Wien.

Wir benötigten wohl einige Tage, bis wir richtig fassen konnten, daß die schwere Zeit nun vorbei war. Die Kameraden des Heeres und der Kriegsmarine rüsteten sich zur Entlassung. Von den zehn Angeklagten blieben nur ein Kamerad der Waffen-SS und ich in Haft, da wir beide noch unter den sogenannten »automatischen Arrest« fielen. Aber dieses Schicksal trugen ja noch Hunderttausende; da fiel uns dieses »Bleibenmüssen« nicht allzu schwer.

Des Abschieds von meinen Kameraden, die sich gerade ihre Entlassungspapiere holten, wurde ich enthoben; denn wie ein Blitzstrahl traf mich ein neuer Befehl: »Fertigmachen und packen; in 15 Minuten am Lagerausgang!« Am Mittag des 12. September 1947, es war ein Freitag, war ich wieder im Bunker gelandet als angeblich »war crimes« verdächtig. Die bereits vorbereitete Abschiedsfeier für meine Kameraden, die mit dem vierten Jahrestag unseres Italieneinsatzes verbunden werden sollte, mußte ohne mich vor sich gehen.

Mein amerikanischer Verteidiger Lt. Colonel Durst konnte mich leider nicht mehr unterstützen, den vorliegenden glatten Irrtum aufzuklären. Ihm wurde es nicht mehr erlaubt, mit mir zu sprechen. Unterdessen hatten die Zeitungen schon die Schlagzeilen gebracht: »Der eben freigesprochene Oberst Skorzeny wird wahrscheinlich an Dänemark oder an die Tschechoslowakei ausgeliefert!« Selbst die Bunkerverwaltung schien die angeblichen Beschuldigungen nicht zu glauben und behandelte mich bevorzugt. Ein polnischer Oberleutnant, der als angeblicher russischer Spion ebenfalls im Bunker saß und von seinen Landsleuten, die als Bewachungsmannschaften fungierten, naturgemäß besonders nett behandelt wurde, schlug mir vor, mit ihm zu fliehen. Ich lehnte dieses Angebot wie schon frühere Vorschläge einer ähnlichen Hilfe ab. Die Angelegenheit mußte sich aufklären, und ich wollte jeden derartigen Verdacht entkräften, ehe ich in die Freiheit ging.

In nur vierzehn Tagen war es tatsächlich soweit und alles aufgeklärt. Ein dänischer Auslieferungsantrag hatte niemals vorgelegen. Wahrscheinlich war es eine Verwechslung durch einen »überbeschäftigten« Beamten gewesen, vielleicht lag aber auch eine Absicht vor. Ich hatte früher einmal dänischen Offizieren versprochen, jederzeit, auch wenn ich in Freiheit sei, als Zeuge in ihr Land zu kommen. – Der Fall Tschechoslowakei klärte sich noch einfacher nach zwei Wochen emsigen Suchens: Es war überhaupt kein derartiger Akt gegen mich vorhanden. Anscheinend hatte jemand gezaubert oder besonders für mich eine Nummer erträumt. Also kam ich wieder in das Freilager zurück, ein Grund, ein nochmaliges Freudenfest nach Maßgabe der Lagermittel zu feiern. Es dauerte allerdings noch etwa vierzehn Tage, bis die auch dort herrschende heilige Bürokratie mich endgültig von der Liste der »Kriegsverbrecher« strich. Sie hat wahrscheinlich dicke Tintentränen darüber vergossen.

Amerikanische Armeeangehörige, bis zum Lagerkommandanten aufwärts, hatten mir gegenüber jetzt jede unfreundliche Haltung abgelegt. Als ein Sergeant fand, daß ich wirklich schon zu abgerissen aussah in meinem PoW-Zeug, ließ er mir in der Lagerschneiderei sogar einen Anzug aus deutschem Militärstoff schneidern. Ein anderer lud mich zu einer Tasse Kaffee ein, der dritte gab mir Bücher. Aus jedem Gespräch fühlte ich, nun war ich wieder Soldat unter Soldaten, wenn ich auch das Los der anderen Kriegsgefangenen in aller Welt noch teilte.

Von den Arbeiten der amerikanischen »Historischen Division« in Neustadt an der Lahn, die mit Hilfe deutscher Offiziere an kriegsgeschichtlichen Forschungen arbeitete, hatten wir schon oft gehört. Radl und ich wurden eines Tages aufgefordert, ebenfalls eine entsprechende Arbeit über unseren Italieneinsatz zu schreiben. Wir beiden Freunde wollten ja unbedingt diese traurige Zeit gemeinsam beenden, nachdem wir auch in besseren Tagen nebeneinander gestanden, gekämpft und gerungen hatten. Allerdings erbaten wir eine Überstellung nach Neustadt, um unter den gleichen Bedingungen wie die anderen Offiziere arbeiten zu können.

Die Verlegung nach Neustadt erfolgte gemeinsam mit anderen Freigesprochenen aus Dachau in einem Käfigwagen. Diese unwürdige und jetzt durch nichts mehr gerechtfertigte Art des Transportes machte uns den Abschied von Dachau leicht und trug dazu bei, daß wir diesen Ort trotz des guten Abschlusses unseres Prozesses nicht gerade in bester Erinnerung behielten. Zu unserem Erstaunen landeten wir wieder in dem alten Vernehmungslager Oberursel, im Camp King, in Anbetracht der späten Nachtstunde sogar wieder einmal in Einzelzellen. Kleider und Schuhe mußten nach der neuen Hausordnung auf den Gang gestellt werden; es war wieder einmal eine neue Überraschung! Am nächsten Tag erhielten Radl und ich zwar eine gemeinsame größere Zelle, wir beschlossen aber, unter den vorliegenden Umständen keinesfalls für die Historische Division zu arbeiten. Das gaben wir auch dem Chef dieser Division, Colonel Potter, der uns mit einigen Offizieren besuchte, zu verstehen. Er brachte für unsere Forderung nach einem besseren Quartier volles Verständnis auf. Es dauerte jedoch noch einige Tage, bis in dem von drei Personen bewohnten Haus »Alaska« Platz für uns gemacht worden war.

Vorher waren uns jedoch nach besonderen geheimdienstlichen Regeln Tarnnamen verliehen worden. Radls Name wurde Baker, der meine Abel. Wir kamen gerade zum Abendessen im Haus

»Alaska« zurecht. Zwei Bekannte aus Italien stellten sich mit tod-
ernsten Gesichtern als X-Ray und Zebra vor; wir murmelten, das
Lachen verbeißend, unser »Abel« und »Baker«. Am Tisch saß auch
eine Dame, wie sich später herausstellte, Miß Mildred Gillard, die
als Axis-Sally über deutsche Sender während des Krieges antibol-
schewistische Propaganda an ihre amerikanischen Landsleute verbreitet hatte. Die Situation wurde fünf Minuten später ausgesprochen peinlich, allerdings nicht für uns, als mich ein wohlbeleibter
Sergeant mit meinem richtigen Namen laut und deutlich vor die
Tür rief.
Nerven und Gesundheit der Axis-Sally hatten während der langen
Haft schwer gelitten. Sie war jedoch trotz ihrer in Gefangenschaft
schlohweiß gewordenen Haare immer noch eine interessante und
für jede Art von Unterhaltung zugängliche Persönlichkeit. Bei ihr
verbesserten wir unser mangelhaftes Englisch, und manche Abend-
stunde verbrachten wir in ihrem Zimmer bei einer unterhaltsamen
Partie Bridge, aufgewärmtem Kaffee vom Frühstück und einem
Stück Toast, das wir uns kunstvoll auf einer elektrischen Platte
rösteten.
Miß Gillard war ein ruhender Punkt im ewigen Wechsel der Personen im Hause »Alaska« seit mehr als einem Jahr geblieben.
Durch sie erfuhr ich zum erstenmal vom Schicksal vieler Deutscher, die einmal für kürzere oder längere Zeit »Zwangsgäste« des
Hauses »Alaska« gewesen waren. Als wir uns sogar noch ein
Rundfunkgerät leihen konnten, führten wir in unserem Zimmer
ein beinahe luxuriöses Leben, um so mehr als wir uns die eigenen
Leintücher aus Dachau mitgebracht hatten.
Am 6. Dezember 1947 saßen wir drei, Miß Gillard, Radl und ich,
beim Abendessen; die beiden anderen Bewohner des Hauses
waren auf Urlaub. Plötzlich hieß es: »Colonel Skorzeny, Ihre Frau
ist vor dem Haus.« Durch einen Irrtum, der wahrscheinlich für
den wachhabenden Offizier unangenehme Folgen hatte, verbrachte
sie sogar drei kurze Tage mit mir im Haus »Alaska«.
Weihnachten 1947 erhielten Radl und ich vierzehn Tage Urlaub
auf Ehrenwort. Wir hielten natürlich unser Wort und waren
pünktlich wieder zur Stelle. Es war mein erstes Wiedersehen mit
dem deutschen Leben außerhalb des Stacheldrahtes. Es war der
Hungerwinter. Die Not draußen war größer, als wir es uns je
vorgestellt hatten. Unser erster Besuch galt Hanna Reitsch, von
der wir wußten, daß sie in Oberursel wohnte. Bei ihr lernte ich
einen römisch-katholischen Priester kennen. Es war für mich eine
erste lange Aussprache mit einem früheren Gegner. Sie war ein
Gewinn für beide Gesprächspartner, und wir schieden als Männer,
die sich gegenseitig achteten und verstanden.

Dann suchte ich noch Wiesbaden und Berchtesgaden auf. Überall gab es große Begrüßung mit alten Freunden und neuen Bekannten. Die amerikanischen Beamten der Militärregierung, bei denen ich mich melden mußte, waren von zuvorkommender Freundlichkeit. Die Gespräche mit dem einfachen Mann auf der Straße ließen mich erkennen, wie tiefe Wunden der Krieg gerissen hatte. Ich war froh, daß ich jedem dieser armen Teufel frei ins Gesicht sehen konnte; denn ich stand so arm wie eine Kirchenmaus vor ihnen, ich hatte wie sie allen früheren Besitz verloren. Nur vor den vielen Kriegsversehrten schämte ich mich fast meiner gesunden Glieder.

Etwa im Februar 1948 war unsere Arbeit für die Historische Division beendet. – Noch immer spukte der Geist des toten Hitler in den Köpfen mancher Männer. In Oberursel erschien eines Tages eine kleine Kommission, um den Bericht eines anscheinend geistesgestörten ehemaligen Luftwaffensoldaten zu überprüfen. Er hatte angegeben, daß er als Wache auf einem Privatflugplatz Skorzenys in der Nähe von Hohenlychen eingeteilt gewesen sei. Dort habe er mich selbst mit Hitler aus einem von mir gesteuerten Storch in den ersten Maitagen 1945 aussteigen sehen. Hoffentlich mußte der gute Mann für diesen Unsinn nicht zu lange Zeit in einer Nervenheilanstalt zubringen!

Im Februar waren die Zeitungen voll von einer neuen »story«: Ein Offizier von Skorzeny habe ausgesagt, daß er auf dessen Befehl Hitler mit einer Ju 52 von Berlin nach Dänemark und von dort nach Spanien begleitet habe. Leider sei er mit seiner Maschine über Südfrankreich abgeschossen worden. Dabei habe er eine Kopfverletzung davongetragen. Er war mir außerdem völlig unbekannt. Diese schön ausgedachte Geschichte war mit ein Grund zu unserem nochmaligen Wiedersehen mit Nürnberg. Die Aussage wurde dort sofort als nicht stichhaltig erkannt. Als wir spät nachts in dem uns schon bekannten Zellenbau des Nürnberger Gefängnisses ankamen, erwartete uns eine Überraschung. Eine Kompanie »black soldiers« der US-Army hatte den inneren Sicherheitsdienst übernommen. Ich kann nur feststellen, daß ich niemals korrektere Wachmannschaften kennengelernt habe. 1945, während des »Hauptkriegsverbrecherprozesses«, hatte ich das Gefühl, daß die damals weißen Wachsoldaten belehrt worden waren, sie hätten »criminals« oder »wilde Tiere« zu bewachen. Und viele handelten und benahmen sich danach. Die Negersoldaten waren dieser Propaganda anscheinend nicht unterlegen. Dafür versuchten sie auch nicht, wie es vor zwei Jahren gang und gäbe gewesen war, uns Andenken abzuhandeln.

Der Zeugenflügel in Nürnberg war jetzt wesentlich schwächer belegt als in früheren Zeiten. Es waren dafür aber die für mich wesentlich interessanteren Menschen dort. Stahl-, Chemie-, Wirtschaftsfachleute und -wissenschaftler waren versammelt. In Stunden ernstester Gespräche habe ich für mein künftiges Leben von diesen Männern nur gelernt. Eben war der Flick-Prozeß zu Ende. Der IG-Farben-Prozeß und der Wilhelmstraßen-Prozeß waren in vollem Gange. In der Hauptsache war ich wohl geholt worden, um in Sachen Schellenberg als Zeuge vernommen zu werden.

Schellenberg selbst war deshalb sehr ängstlich und glaubte wohl, daß ich mich für recht unfreundliche Aussagen von ihm revanchieren könne. Dies hatten anscheinend auch andere Leute in Nürnberg angenommen. Es zeigte aber nur, wie schlechte Menschenkenner sie alle waren. Ich konnte Schellenberg beruhigen. Es waren mir tatsächlich keinerlei Fakten bekannt, die das Nürnberger Gericht vom Standpunkt der Beurteilung von Kriegsverbrechen hätten interessieren können. Eine alte Bitte von Schellenberg, ihm seine Beteiligung oder zumindest seine Verbindung zum 20. Juli 1944 zu bezeugen, konnte ich auch damals nicht erfüllen. Auch wenn es um Milderungsgründe ging, wollte ich in bezug auf so ernste geschichtliche Ereignisse bei der reinen Wahrheit bleiben. Zwei äußerst aufschlußreiche und für mich erinnerungswerte Gespräche führte ich in diesen Tagen mit dem als Hauptankläger bekannten Professor Dr. Kempner und dem Vorsitzenden Captain Musmano. Ich kann mir allerdings vorstellen, daß die beiden Herren in ihren Prozessen nicht so vornehm und höflich wie zu mir gewesen sein mögen. Bei beiden Gesprächen ging es hauptsächlich wieder um das alte Thema »Adolf Hitler«; im Hintergrund mag wohl auch ein geringes Interesse an meiner Person vorgelegen haben. Beiden Herren konnte ich nur erzählen, welchen starken Eindruck die Person Hitlers 1943 auf mich gemacht hatte. Ebenso schilderte ich aber auch meinen letzten Eindruck von ihm, den eines zerbrochenen, unter der Last seiner Sorgen kaum mehr aufrecht gehenden, kranken, alten Mannes. Professor Kempner gegenüber formulierte ich auch das, was mich und wahrscheinlich viele andere Männer und Soldaten dazu trieb, bis zum letzten Tage unbeirrt bei der Stange zu bleiben: »Für Menschen, die Charakter haben, gibt es unter bestimmten Voraussetzungen nur einen einzigen Weg, den sie gehen können. Wer unter den gleichen Voraussetzungen zwei Wege für sich weiß, ist vielleicht ein Lebenskünstler, aber kaum ein Mann, den man achten wird.« Professor Kempner muß wohl meinen Standpunkt verstanden haben. Seine Verabschiedung war mir ein Beweis dafür und zugleich das größte Kompliment, das mir jemals von einem ehemaligen Gegner gemacht wurde. Er meinte nämlich: »Colonel Skorzeny, im long run (auf weite Sicht) werden Sie mit Ihrer Haltung recht behalten.«

Mit Captain Musmano sprach ich auch lange über Mussolini und Italien, das er gut kannte. Ich warf die Frage auf, ob es ein reiner Zufall sei, daß Hitler und Mussolini so viele gleichartige Interessen, aber auch gleiche Schicksalszüge aufwiesen. Beiden gemeinsam war ihr Wissen und ihre Anteilnahme an allen Fragen der Architektur, beide verehrten den Philosophen Nietzsche, und beide trugen das Schicksal einer menschlichen Einsamkeit, die nur als tragisch empfunden werden kann. Keiner von beiden hatte einen wirklichen Freund und Vertrauten; es waren in ihrer Umgebung zu viele Lakaienseelen und zu wenige Männer, die ihre führende Stellung auch als unabhängige Persönlichkeiten ausfüllten.

Zufällig fielen mir auch zwei Zitate von Nietzsche ein, die ich aus dem Munde Hitlers und auch Mussolinis gehört hatte. Waren es Worte, die sich beide als Wahlspruch für ihr Leben gewählt hatten?

>Strebe ich denn nach meinem Glück?
Ich strebe nach meinem Werk!«

Und das kurze, aber bedeutungsvolle Wort:

>Lebe gefährlich!«

Nach diesem letzten Nürnberg-Intermezzo gingen Radl und ich wieder gemeinsam freiwillig in das deutsche Internierungslager Darmstadt, um auch unsererseits durch die »Entnazifizierungsmühle« gedreht zu werden. Wir hatten keine Sorge; denn schließlich hatten wir nie gegen die Interessen Deutschlands oder des neuen Staates Hessen gekämpft und waren auch nie politisch aktiv gewesen. Und die Alliierten, gegen die wir aktiv gewesen waren, gegen die wir gefochten hatten, hatten durch meinen Freispruch dokumentiert, daß wir als ehrliche Deutsche nur unsere Pflicht getan hatten.

Die sogenannten formellen Belastungen aber hatten wir nach einer gerechten Auslegung des Nürnberger Urteils gegen die Organisationen auch nicht zu fürchten. Wir hatten nun fast drei Jahre Internierung hinter uns. Findige Juristen könnten den unpassenden Vergleich mit Strafmaßnahmen für kriminelle Taten ziehen. Ein Raubüberfall zum Beispiel, zum erstenmal begangen, wird nach den heute üblichen Strafmaßen auch nicht mit mehr als drei Jahren Gefängnis geahndet.

Das Lagerleben, das Millionen deutscher Soldaten kennengelernt haben, brauche ich nicht weiter zu schildern. Es mag sein, daß es in manchen Lagern besser, in anderen Lagern schlechter war als in Darmstadt. Die Angehörigen des Zivil- und Bewachungspersonals kamen mir zum größten Teil in anständiger Form entgegen. Für sie waren ihre Stellungen ein Broterwerb, den sie nur ungern, aber als hartes Muß auf sich nahmen, wenn sie nicht arbeitslos sein wollten.

Bald erhielten wir einen Vorsitzenden für unser kommendes Spruchkammerverfahren zugewiesen. Als ehemaliger Reserveoffizier brachte er volles Verständnis für uns auf und war gewillt, ein rasches, korrektes Verfahren gegen uns durchzuführen. Wir waren mittlerweile die beiden letzten unseres »Haufens« geworden, die noch in der Internierung saßen. Nun, da alle meine ehemaligen Untergebenen die Lagertore hinter sich gelassen hatten, war es meiner Ansicht nach auch für uns beide, Radl und mich, Zeit geworden, den Stacheldraht von außen zu betrachten.

Um nicht untätig zu sein, gingen wir freiwillig zum Schutträumen in Darmstadt. Ich kann nur versichern, daß wir mit der Bevölkerung und den Bauarbeitern, mit denen wir in Berührung kamen, glänzend auskamen. Die Darmstädter verstanden jedenfalls den Grund für unsere lange Internierungszeit nicht. Kleine Beweise einer Anerkennung für uns gab es viele; sei es, daß der »Trümmerexpreß« von Darmstadt anhielt, um uns mitzunehmen; sei es, daß mir die Studenten der Technischen Hochschule auf dem Schwarzmarkt teuer erworbene Zigaretten brachten oder die Frau aus dem Nebenhaus Kuchen und Kaffee in der Mittagspause zur Verfügung stellte.

Unsere Hoffnung auf eine rasche Verhandlung stellte sich jedoch bald als trügerisch heraus. Der erste Termin im April 1948 wurde abgesagt, da plötzlich ein höherer Beamter des Sonderministeriums den Einfall hatte, daß ich wegen des Mussolini-Einsatzes als politischer Tat angeklagt werden müsse. Auf eine solche Idee wäre nicht einmal der gehässigste ausländische Vernehmer im Dachauer Lager gekommen. Der nächste Termin wurde auf Weisung von oben verschoben, weil eine halbe Stunde vor Verhandlungsbeginn angeblich neue, wichtige Akten angekommen waren. Wir fühlten deutlich, hier waren uns unbekannte Kräfte am Werk, die unter allen Umständen persönliche Belastungen gegen mich heranschaffen wollten. Ich hatte nichts dagegen. Solche Aussagen konnten nur auf Irrtümern oder Denunziationen beruhen und waren sicherlich zu widerlegen.

Natürlich ging ich unterdessen im Lager Darmstadt mit offenen Augen herum. Was ich hier an Bestechungen, Korruption und Schiebungen sah und feststellte, war so ungeheuerlich, daß es meiner Meinung nach kaum von einem anderen Internierungslager überboten werden konnte. Selbst Zeitungen hoben den Schleier von solchen Skandalgeschichten, da sie schon nicht mehr zu verheimlichen waren. Besonders unter den öffentlichen Klägern grassierte die »Beurlaubungskrankheit«, die später oft im Gefängnis endete. Und von solchen Männern sollte ich mir meinen Idealismus, meine Liebe zu Deutschland, die sie gar nicht verstehen konnten, zum Vorwurf machen und mich anklagen lassen? Radl hatte als juristisch »vorbelasteter« Mann eine Liste von über 70 nachweisbaren Bestechungs- und Korruptionsfällen und anderen kriminellen Vergehen während einiger Monate gegen das Spruchkammer- und Lagerpersonal zusammengestellt und später einer Zeitung übergeben. Sie ist leider nur auszugsweise veröffentlicht worden, und Radl wurde niemals dafür zur Verantwortung gezogen, was wohl am besten für die Richtigkeit der Anwürfe sprach. Langsam kamen mir Zweifel, ob es richtig sei, sich hier einem Verfahren zu unterwerfen. Als ein neuer Hauptankläger, ein Herr Hammel, ernannt wurde, wollte ich es noch einmal versuchen. In einer persönlichen langen Unterredung, die etwa im Juni 1948 stattfand, machte ich ihm einen Vorschlag: da jetzt angeblich zwei persönliche Belastungen gegen mich vorlagen, bat ich darum, wie dies auch bei normalen Verfahren der Fall ist, diese Anwürfe schon vor dem Verfahren klären zu lassen. Ich sei überzeugt, daß ich diese Punkte auch während der Verhandlung widerlegen könne, was aber zu einer Blamage der Spruchkammer führen würde, an der ich kein Interesse habe. Allerdings müsse ich darauf bestehen, daß, wenn die Unrichtigkeit einer solchen beschworenen Aussage festgestellt würde, der Betreffende wegen Meineides verfolgt würde.

In meinem Beisein wurde ein Fernschreiben an die Heidelberger Kriminalpolizei abgesandt. Diese amtliche Stelle wurde ersucht, den einen vorliegenden Fall zu untersuchen. Ein Soldat hatte beeidet, daß ich ihn, weil er einen Einsatz nicht mitmachen wollte, zum Tode verurteilt habe. –

Nach einigen Wochen angespannten Wartens kam der abgeschlossene Akt zurück; es kam in dem neuen Schriftstück nicht einmal mehr mein Name vor. Als ich daraufhin Strafverfolgung des Betreffenden forderte, wurde ich von Herrn Hammel beinahe ausgelacht und mit den Worten abgespeist: »Die Spruchkammer hat andere Dinge zu tun!« Nach dieser Auskunft erklärte ich dem Hauptankläger ganz offen, daß unter diesen Umständen meine Geduld bald erschöpft sein werde. Eines Tages würde ich aus dem Lager verschwinden.

Der zweite sogenannte Belastungszeuge, der Pionierhauptmann G., brach bei der späteren Verhandlung gegen Radl völlig zusammen. Weinend erklärte er, daß alle seine belastenden und beschworenen Aussagen gegen Radl und mich unwahr und seinerzeit von ihm erzwungen worden seien. Auch er ist nicht wegen Meineides verfolgt worden.

Trotzdem wollte ich es noch einmal mit meinem neuen Kläger Haas versuchen. Die Verhandlung gegen mich war unterdessen zum siebenten Male verschoben worden. In langen Unterredungen versuchte ich, mit Herrn Haas eine Basis zu finden, obwohl ich über seine Charaktereigenschaften kaum mehr Zweifel hatte. Als ich ihm einen militärischen Zusammenhang erklären wollte, gab er zur Antwort: »Davon verstehe ich nichts und will auch gar nichts davon wissen. Das ist mir ganz egal.«

Da war meine Geduld zu Ende. Ganz klar und eindeutig erklärte ich ihm das auch und versicherte ihm, daß ich nunmehr das Lager verlassen würde. Diese letzte Aussprache fand am 25. Juli 1948 statt. Jedem der Funktionäre des Lagers, den ich traf, gab ich dieselbe Ankündigung meiner Absichten.

In der letzten Nacht hinter Stacheldraht überdachte ich nochmals die eben vergangene Zeit der Freiheitsberaubung. Trotz allem Häßlichen, das ich erlebt hatte, spürte ich keinen Haß in mir, nur eine grenzenlose Verachtung für eine gewisse Sorte von Menschen, die uns unter allen Umständen schaden wollten, gleichgültig mit welchen Mitteln. Der ehrliche Gegner von gestern, der für seine Überzeugung mit offenem Visier kämpfte, kann morgen mein Freund sein. Nur mit dem feigen, hinterhältigen Feind, dessen Waffen nur Lüge und Verleumdung sind, ist keine Verständigung möglich.

Es widerstrebt mir, immer von meiner »Flucht« sprechen zu müssen. Es war ein einfaches Weggehen von einem Aufenthaltsort, den ich freiwillig aufgesucht hatte, um Recht über mich sprechen zu lassen. Da ich aber nur Unrecht und Lüge sah, war für mich jede innere Veranlassung gefallen, dort freiwillig noch länger zu bleiben.

Am 27. Juli 1948 machte ich mich auf den Weg; ohne Drahtschere und Strickleiter, ohne Bestechung und fremde Hilfe fand ich ihn. – Ich tat einen entscheidenden Schritt, den entschlossenen Schritt zu einem neuen Leben, zur

»Freiheit«.

Dieses Buch wurde 1949 geschrieben und jetzt unverändert nach dem Originalmanuskript neu herausgegeben.

Das Bildmaterial wurde von ehemaligen Kriegsberichtern der Waffen-SS sowie vom Verfasser freundlicherweise zur Verfügung gestellt

IN MEMORIAM

Otto Skorzeny, der Verfasser dieses Buches, ehemals Standarten=
führer der Waffen=SS und Kommandeur der deutschen Jagdver=
bände während des zweiten Weltkrieges, bekanntgeworden unter
der Bezeichnung „Mussolini=Befreier", ist am 5. Juli 1975 im 67.
Lebensjahr an den Folgen einer heimtückischen Krankheit in
Madrid gestorben.

Damit ist wieder einer der größten deutschen Soldaten zur Großen
Armee abberufen.

In seinen beiden Büchern „Lebe gefährlich" und „Wir kämpften —
wir verloren" hat er seinen Lebensweg und seine Einsätze geschil=
dert. Sein Kampf war ausgerichtet auf ein einiges, großes deutsches
Vaterland. Er hat entscheidend mitgeholfen, es zu neuem Glanz
erstehen zu lassen; aber er hat es auch nicht vermocht, seinen er=
neuten Verfall zu verhindern. Auch der Tapferste muß versagen,
wo Verrat und zu große Übermacht nicht mehr überwunden werden
können. Aber sein Glaube an das Reich war ungebrochen — der
Glaube des bewußten Deutschen aus Wien, der nach dem verlore=
nen Krieg nicht wieder in seine Heimat zurückkehren konnte,
wollte er sich nicht der Rache geifernder Gegner aussetzen — mit
seinen ehemaligen Feinden war er inzwischen gut Freund gewor=
den: Soldaten wissen, was sie voneinander zu halten haben und
sich gegenseitig schuldig sind. Sie haben sich im Kriege nichts
geschenkt, und deshalb können sie sich im Frieden mit Hochach=
tung begegnen. Nur Heloten denken anders!

Als seine beiden Bücher in der westdeutschen Republik, die das
provisorische Erbe des Deutschen Reiches angetreten hat, wegen
„staatsgefährdenden Inhalts" auf dem Richtertisch lagen, wurden
dem Verfasser nicht einmal „freies Geleit" für die An= und Abreise
zugesichert. Man möchte den bösen Spruch vom Dank des Vater=
landes zitieren; aber zur Zeit existiert das deutsche Vaterland nur
in unseren Herzen — und auch Otto Skorzeny war nicht bereit,
einen der drei Teilstaaten oder die geraubten deutschen Gebiete
als Ersatz für das Ganze zu nehmen.

Unser Verlag rechnet es sich zur Ehre an, über die vielen harten
Jahre Skorzenys Bücher immer bereit gehalten zu haben, trotz
Anklage wegen „Staatsgefährdung", trotz Indizierung wegen „Ju=
gendgefährdung", trotz notwendigem Exil des Verlages.

Und so neigen wir unser Haupt — innerlich aber heben wir den
Kopf: trotzig und stolz!

Lohmar, im Juli 1975   Der Herausgeber

STURMBATAILLON 500

[Ingo Petersson]
SS-Sturmbataillon 500 am Feind
Der verbissene Kampf der Männer des legendären Sturmbataillons 500 mit ihrem „Untersturmführer Vorwärts", soldatische Kameradschaft und unverbrüchliche Treue finden in dieser militärgeschichtlichen Saga die gebührende Würdigung. Dem meisterhaften Erzähler Ingo Petersson ist mit der Darstellung des Erlebten ein großartiger Wurf gelungen. Mitgerissen von der Einsatz- und Opferbereitschaft, vom Pflichtbewußtsein und Stehvermögen der Ostfrontkämpfer werden die dramatischen Bilder des Krieges vor dem inneren Auge des Lesers eindrucksvoll entwickelt. Auch den an der Seite des deutschen Landsers kämpfenden europäischen Freiwilligen setzt dieser Band ein Denkmal, das den Zeitgeist von heute sicherlich überdauern wird.
320 S., geb., viele Abb., Best.-Nr.: 10435   **19,80 €**

[Ingo Petersson]
Baska und die Männer vom Sturmbataillon 500
Die tapfere Wolfshündin Baska war mit den Männern des Bewährungsbataillons jahrelang im Einsatz an der Ostfront, bei Stoßtrupps und Kommandounternehmen hinter den feindlichen Linien, im Häuserkampf und beim Bergen von Verwundeten. Eine atemberaubende Schilderung, fesselnd von der ersten bis zur letzten Seite – und ein würdiges Denkmal für alle treuen vierbeinigen Kameraden der Weltkriegssoldaten.
276 S., viele Abb., geb., Best.-Nr.: 10503   **19,80 €**

[Ingo Petersson]
Ein sonderlicher Haufen – Die Saga vom Sturmbataillon 500
Über das Bewährungsbataillon der Waffen-SS wird von einem der wenigen Überlebenden mit einem naturhaften Erzählertalent berichtet, daß der Leser förmlich mitgerissen ist. Das Bataillon bestand meist aus Offizieren der Waffen-SS, die wegen einer Disziplinlosigkeit degradiert wurden, hatte aber Vorrechte beim Reichsführer-SS, wie keine andere Einheit der Wehrmacht. Es kämpfte mit einzigartiger Verbissenheit, Draufgängertum und ungewöhnlichen Erfolgen.
238 Seiten, geb., Best.-Nr.: 10444   **19,80 €**

[Ingo Petersson]
Die Flucht des Untersturmführers »Vorwärts«
Dieses Buch ist weit mehr als nur eine Schilderung einiger aus sowjetischer Kriegsgefangenschaft entflohener deutscher Soldaten. »Vorwärts« – ganz und gar Frontkämpfer geblieben – zieht das Wagnis der Flucht und den monatelangen, kräftezehrenden Marsch nach Westen einem Sklavendasein hinter Stacheldraht mit ewigem Hunger und Demütigungen durch die Sieger vor. In klarer, aufwühlender Sprache erfährt der Leser von den tausend Gefahren, Entbehrungen und Schicksalsschlägen der Heimkehrer auf ihrer Odyssee, so als wäre man selbst zusammen mit »Vorwärts« unterwegs.
238 Seiten, geb., Best.-Nr.: 10570   **19,80 €**

[Ingo Petersson]
Die Waldwölfe
Unter baltischen Freiheitskämpfern 1947 bis 1950
Nach Beendigung des 2. Weltkrieges führten in den baltischen Ländern jahrelang Freiheitskämpfer, unter Mithilfe von Angehörigen der früheren deutschen Kurlandarmee, gegen die sowjetische Besatzung einen Partisanenkrieg. Diese Erzählung läßt den Leser unmittelbar an den Geschehnissen, an harter Entbehrung, Opfermut und männlicher Kameradschaft, teilnehmen.
272 Seiten, s/w-Bilder, geb., Best.-Nr.: 10569   **19,80 €**